中国文化产业研究丛书

中国文化产业重大问题新思考

Key Issues of China's Cultural Industries: New Insights

商务印书馆
The Commercial Press

2019年·北京

图书在版编目(CIP)数据

中国文化产业重大问题新思考/范周著.—北京:商务印书馆,2019
(中国文化产业研究丛书)
ISBN 978-7-100-17827-3

Ⅰ.①中… Ⅱ.①范… Ⅲ.①文化产业—研究—中国 Ⅳ.①G124

中国版本图书馆 CIP 数据核字(2019)第 198868 号

权利保留,侵权必究。

中国文化产业研究丛书
中国文化产业重大问题新思考
范 周 著

商 务 印 书 馆 出 版
(北京王府井大街 36 号 邮政编码 100710)
商 务 印 书 馆 发 行
北京艺辉伊航图文有限公司印刷
ISBN 978-7-100-17827-3

2019 年 10 月第 1 版　　开本 880×1230　1/32
2019 年 10 月北京第 1 次印刷　印张 15¾
定价:65.00 元

中国文化产业研究丛书

总　序

　　早在20世纪80年代末，邓小平就提出了"科学技术是第一生产力"的著名论断，这已成为中国发展的一个重要指导思想。文化产业也是伴随着科学技术的革新与拓荒应运而生的。20世纪初期，工业革命引发的科技进步及资本主义的机械化生产以不可阻挡的势头迅速发展，部分哲学家和社会学家认为机械化复制的工业生产是对文化和艺术的亵渎。20世纪40年代，法兰克福学派的本雅明（Walter Benjamin）在《机械复制时代的艺术作品》中表达了关于文化工业的思想，讨论了大工业生产方式和技术复制手段所产生的文化和审美领域的革命。1947年，法兰克福学派的阿多诺（Theodor Wiesengrund Adorno）和霍克海默（Max Horkheimer）在《启蒙辩证法》的"文化产业：欺骗公众的启蒙精神"一章中首次明确提出"文化产业"和"大众文化"的概念，用来指工业生产时代大批量生产标准化、规格化、工业化的文化商品。可以看出，这个时期人们对文化产业抑或文化工业是带有批判色彩的。美国媒体文化研究者、批判家尼尔·波兹曼在1985年出版的《娱乐至死》一书中也强烈表达了对人们在工业化时代受工业化生产、消费所支配的"赫胥黎预言"式担忧。

　　约瑟夫·奈（Joseph Nye）在《注定领导世界？——美国权力

性质的变迁》一书中首次提出"软实力"的概念,把软实力界定为文化的吸引力、制度的吸引力、掌握国际话语权的能力。20世纪90年代以来,以信息技术革命为中心的科学技术迅猛发展,国际竞争日益激烈。面对人类社会发展带来的资源和环境困境,各个国家开始意识到文化产业发展的重要性,积极探索文化产业作为国家长期发展战略的可行性,英国提出发展文化创意产业的国家社会经济发展战略,日本提出"文化立国"战略等。

当下,随着国际文化战略竞争的进一步加剧和中国发展战略的调整,中国文化产业发展面临着前所未有的时代发展机遇与挑战。在某种程度上,中国文化产业是伴随着中国改革开放的不断深入而产生与发展的,是在破除经济体制障碍、调整经济结构的背景下提出来的,是在加入WTO、更深入地融入现代世界经济体系、敞开国门走向世界的背景下发展起来的,是在应对中国社会主义文化建设和意识形态建设所遭遇的前所未有的困难和挑战中提出来的。

毋庸置疑,改革开放对中国文化产业发展产生了积极广泛的影响,为文化的繁荣发展创造了良好的环境和氛围。从党的十五届五中全会首次提出"文化产业"的概念,将文化产业纳入国家发展计划,到党的十七大提出"推动社会主义文化大发展大繁荣",将文化产业纳入国家发展战略,再到党的十九大提出"坚定文化自信,推动社会主义文化繁荣兴盛",中国经历了文化产业发展的萌芽期、初步形成期和快速扩张期,中国文化产业开始进入全面提升期,成为推动中国经济高质量发展的重要引擎。

基于此背景,对于中国文化产业的发展历史、演化进程、改革创新与未来趋势等问题必须予以高度重视和探讨;对于文化产业的理论体系建设、文化产业的学科体系建设、文化产业人才培养战略以及未来文化产业发展方向等问题的研究，是文化产业学界应当持续关注的重要课题。

一、回顾：近20年文化产业的实践探索

回顾过去、展望未来才能够更好地把握现在。回首过去，中国文化产业发展取得了骄人的成就，公共文化事业不断进步，文化投资规模持续增长；文化产业规模不断扩大，新型文化业态迅猛崛起；文化需求快速增长，文化走出去亮点纷呈。立足新时代，中国文化产业呈现高质量、跨越式发展态势。但是由于发展起步较晚，中国文化产业在发展进程中不可避免地存在一些问题。

（一）文化产业发展与经济发展相协调，但供需关系仍不平衡

根据国家统计局数据，1998年，中国国内生产总值（GDP）仅为8.52万亿元，而到2018年GDP已经达到90.03万亿元，是1998年的10倍多。根据《文化蓝皮书：中国文化消费需求景气评价报告（2016）》，从1994年到2014年这20年间，全国城乡文化消费总量由1054.24亿元增长至14915.39亿元，年均增长14.17%；城乡文化消费人均值由88.46元增长至1093.29元，年均增长13.40%。其中2014年文化消费增长明显加速，总量增长14.80%，人均值增长14.22%。可以说，中国文化产业的发展进程是与中国经济社会发展总基调协调一致的。改革开放40多年，尤其是最近20年，中国文化产业呈现出快速增长的态势，对推动国民经济持续健康发展起到越来越重要的作用。

然而，随着中国特色社会主义进入新时代，我国社会主要矛

盾已经转化为人民日益增长的美好生活需要和不平衡不充分的发展之间的矛盾。这个矛盾在文化产业发展领域集中表现在现有的文化供给结构不能适应和满足人们的文化需求结构的变化。从数量上看，中国文化产品供给数量严重不足。以出版业为例，国家统计局数据显示，2017年，全国总人口比2016年增加0.05%，城镇居民人均可支配收入增长8.3%，而图书出版总印数仅增长2%，电子出版物增长为负，文化产品的增长速度远远落后于社会经济发展。从质量上看，长期以来中国文化产业中产品创意不足、精品匮乏等问题仍然存在。相较于欧美发达国家，中国还较为缺乏被国际普遍认可和喜爱的文化品牌。中国文化产业发展仍有很长的路要走。

（二）文化体制改革取得初步成效，但政策法规体系仍不健全

在文化体制改革的有利推动下，中国文化产业加快发展，从无到有、从弱到强，产业规模不断扩大，产业实力不断增强，文化市场经济体制改革不断完善：从计划经济条件下的传统文化管理体制到社会主义市场经济条件下现代文化治理体系，从单纯依靠政府投入的文化事业到政府主导、社会参与的现代公共文化服务体系，从短缺的文化生产供给、零散的文化经营活动到繁荣活跃的现代文化市场体系，从较为封闭单一的对外文化交流到以我为主、多层次、宽领域文化开放格局。进入新时代，在习近平新时代中国特色社会主义思想指引下，现代公共文化服务体系建设、现代文化市场体系建设初见成效，坚定文化自信、高扬改革旗帜、锐意进取创新，中国特色社会主义文化发展道路越走越宽广。

近年来，中国文化体制机制改革已取得突破性进展。深化文化体制改革的政策相继出台；推进公共文化机构法人治理结构改革、基层综合性文化服务中心建设的重点措施得以落实；文化扶贫工作取得重大进展；文化市场改革方面，政府简政放权，推行一系列融资举措，鼓励文化企业进入市场，释放市场活力、主体动力和社会潜力。但是，随着中国改革开放进入深水区，根据"五位一体"的战略发展布局要求，文化管理体制还存在文化决策多层次化制约、文化管理法制化不健全、过多注重文化事业的政治职能和意识形态属性等问题，文化产业体制机制改革仍需深化。新时代，文化体制改革只有进行时，没有完成时。

（三）文化产业结构和所有制结构逐渐优化，但区域发展仍不均衡

改革开放以来，中国经济发展突飞猛进、思想解放不断深入，文化产业政策作为产业发展风向标的效果日益显现。自党的十六大首次将文化产业与文化事业区分开来以后，经营性文化产业与公益性文化事业"比翼双飞"，成效显著。其中以文化事业单位转企改制效果最为明显，此举不仅增强了传统文化事业发展动力，刺激文化消费动力，更激发了全民文化创作活力。在中国特色市场经济体制下，文化政策对产业发展不断发挥着引导和推动作用，逐渐把文化发展从政府包办的禁锢中挣脱出来，有力推动了社会主义大发展大繁荣。

但是，从空间布局上看，区域发展不均衡影响了中国文化产业的整体发展。国家统计局数据显示，2018年，中国东部地区规模以上文化及相关产业企业实现营业收入68688亿元，占全国77.0%；中部、西部和东北地区分别为12008亿元、7618亿元和943亿元，占全国的比重分别为13.4%、8.5%和1.1%。从增长速度上看，西部地区增长12.2%，中部地区增长9.7%，东部地区增长 7.7%，东北地区下降 1.3%。我国文化建设"东高西低"的现象仍然存在，东西部地区在人才、资本、技术、规模等方面均存在较大差距。

（四）对外文化交流逐渐起步，但国际文化软实力仍需提升

改革开放以来，中国的国际文化交流纽带日渐牢固。文化自信深入人心、国家文化软实力不断增强，中国文化"走出去"的步伐迈向纵深。当前，中国对外文化交流日趋活跃，"中法文化年""中俄国家年"等一系列大型文化外交活动效果良好，中华文化的国际影响力日益扩大。文化和旅游部、国家统计局、国家汉办公开数据显示，截至 2017 年年底，中国已与 157 个国家签署了文化合作协定，累计签署文化交流执行计划近 800 个，初步形成了覆盖世界主要国家和地区的政府间文化交流与合作网络。截至 2017 年，海外中国文化中心开展各类文化活动达 4000 余场次，直接受众达到 800 余万人次。此外，文化贸易是文化"走出去"的重要载体，中国对外文化贸易规模不断扩大。根据海关发布的数据，2018 年，中国文化产品进出口总额 1023.8 亿美元，同比增长 5.4%。其中，出口 925.3 亿美元，增长 4.9%；进口 98.5 亿美元，增长 10.3%；顺差 826.8 亿美元，规模比上年扩大 4.3%。

尽管如此，从整体来看，中国文化贸易逆差依然存在，文化贸易结构仍不平衡。一方面，文化商品贸易与文化服务贸易结构失衡；另一方面，文化商品和文化制造业占比大，且缺乏科技含量高、附加值高的文化商品，对于中华文化的传播和文化形象的塑造影响甚微。据《中国电影报》报道，2017 年国产电影海外票房收入达到 42.53 亿元，较去年有所增长，但依然不到国内票房的十分之一。

（五）文化人才培养初见成效，但学科建设任重道远

文化产业是一门适应社会发展需求而出现的新兴交叉学科。随着文化产业在社会整体发展中的地位日益重要，业界对于建立文化产业学科体系、强化文化产业学科建设的呼声越来越高。根据教育部 2003—2018 年发布的《普通高等学校本科专业备案和审批结果》，截至 2018 年，中国开设"文化产业管理"本科专业的学校共 212 所，700 多所高校开设了相关课程，形成了文化产业教育的基本培养模式。根据现实需求适时进行学科目录的调整、学科平台搭建及人才培养模式的创新成为文化产业学科建设中的重中之重。

然而，从人才培养及学科建设现实来看，中国文化产业专业性人才和复合型人才较为稀缺。在欧美发达国家，创意产业就业人数所占比例普遍偏高，且集中在文化创造力方面。而我国这方面的人才则占比较低，且多为技能型创意执行人员。同时，学科的交叉属性使文化产业在学科归属划分、师资培训等方面尚不明晰。此外，文化产业学科体系有待建设，教材体系有待完善，社会实践有待加强。在文化和旅游融合的大趋势下，文化旅游人才短缺问题将更为突出。

总体而言，回顾文化产业发展进程，可以看出，中国文化产业尚未真正突破发展瓶颈，建立健全的产业发展体系仍是未来产业发展的重中之重。文化产业发展朝气蓬勃，需要我们认清新形势、拿出新思路、制定新战略，打造新一代文化基础设施，破除"GDP 魔咒"，从构建"统一、竞争、开放、有序"的现代文化市场体系着手，紧抓重大发展机遇，推动文化产业发展日益成熟完善。

二、展望：未来 20 年文化产业发展趋势

（一）全方位融合时代到来，产业界限日趋模糊

当前中国经济进入新常态，新产品、新业态不断涌现，融合发展渐成趋势，继续深化改革成为各方共识。文化产业具有强渗透、强关联性。在产业大融合的背景下，"文化+"产业融合不仅仅是技术、管理和市场的融合，更重要的是以文化为核心的全方面的融合，是对传统产业融合的创新发展，是产业融合的新趋势。

文化产业新业态作为文化创意与科技创新融合发展的产物，具有高知识含量、低资源消耗、高附加值及对传统产业的改造提升等特性，正逐步成长为经济增长的新亮点。文化产业新业态发展以技术为支撑，以互联网新思维为导向，不断深化跨界融合，推动产业业态创新。文化产业新业态呈现分享化、平台化、融合化的发展特征，成为推动经济结构转型的新生力量将指日可待。

（二）技术驱动业态升级，数字文创产业更新迭代

中国信息通信研究院测算数据显示，2018 年，中国数字经济总量达到 31.3 万亿元，占 GDP 比重超过三分之一，达到 34.8%，同比提升 1.9 个百分点。数字经济蓬勃发展，推动传统产业改造提升，为经济发展增添新动能。2018 年，数字经济发展对 GDP 增长的贡献率达到 67.9%，贡献率同比提升 12.9 个百分点，超越部分发达国家水平，成为带动中国国民经济发展的关键力量之一。

首先，万物互联打破行业壁垒，跨界融合持续深化。近年来，以 BAT 为首的互联网企业不断涉足网络、内容生产、娱乐、媒体等，并逐步向人工智能、区块链、无人驾驶等技术进军。未来，

随着5G时代的到来，无论是文化还是科技，都将继续与制造业、农业、金融等产业深度融合，在跨界思维的引导下裂变出涉及内容更广、运行机制更复杂的新兴业态。其次，文化资源开放共享、数字化、社会化发展或成主流。传统的文化事业机构，如图书馆、博物馆、文化遗产地等因储存着丰富的文化内容和素材而承担更多公共文化服务的功能，一方面借助数字化手段实现版权化的再生，在跨媒体、跨介质传播方面发挥更大的作用；另一方面，凭借数字化手段"飞入寻常百姓家"。再次，新兴产业叠加创意，颠覆文化消费方式。随着消费社会的崛起，大众文化接受方式将进一步向文化消费和文化市场延伸。虚拟现实、增强现实、全息成像、裸眼三维图形显示、交互娱乐引擎开发、互动影视等新的沉浸式技术发展、设备普及和内容创新发展，在带动消费者文化体验升级的同时，催生新一轮的文化消费革命。

（三）文化自觉深入人心，文化出海步伐更加稳健

美国《纽约时报》专栏作家托马斯·弗里德曼在《世界是平的》一书中说，世界正在走向"平坦化"。对外文化贸易的发展，不仅肩负着经济使命，还肩负着传播本国文明、文化价值观的使命，因此在对外文化贸易中既要解决文化产业的创新发展问题，也要注重本土文化的保护和国际表达，推动国家文化软实力的进一步提升。

一方面，要推动中国文化国际化。在中国文化"走出去"的过程中，要寻求中国故事的国际表达形式的有效途径，形成可与国际社会沟通的外部话语体系，让世界聆听和认识中国文化，了解和理解中国文化。同时，努力增强对外文化贸易的竞争力，树立中国形象，传播中国声音，形成推动中华民族振兴的文化力量。

另一方面,做好外来文化的中国化。十九大报告中首次提出"坚持总体国家安全观",文化安全是国家安全的重要领域,也是国家文化认同的重要支撑。经济全球化和文化全球化促进了国家文化交流的深入,也加深了文化安全隐患。因此,不仅要重视文化产业"引进来"和"走出去"的政策倾向,还要注重保护国家文化安全,科学谨慎对待外来文化,善于利用中国话语体系转为自用,逐步建立以国家利益为最高利益的文化发展观,积极建立国家文化安全预警体系。

(四)监管方式不断完善,体制机制改革驶向纵深

从2003年的文化体制改革元年到2019年的改革关键年,文化改革经过了"摸着石头过河"的摸索阶段,将全面进入落地攻坚期。改革本身就是一场深刻的社会变革,需要进行利益调整、体制转换和观念更新,文化因其本身的意识形态特性,使得文化体制改革与政治体制改革紧密相连,具有其政治性、敏感性。

文化体制改革经过多年的实践积累了丰富的经验,也存在一些不完善的地方。某些环节的改革可能需要很长的时间去实现。深入改革的核心在于顶层设计,重点在于依法改革,落脚点在于群众得实惠。一方面,要更好地发挥政府的政策调节、市场监管、社会管理和公共服务职能。按照政企分开、政事分开原则,推动党政部门与其所属的文化企事业单位进一步理顺关系,赋予企事业单位更多的法人自主权,尽快完善现代企业管理制度,让市场发挥资源配置的决定性作用。另一方面,要加大文化法律法规建设。文化法律法规是对文化建设规律的概括和总结,具有极强的稳定性、规范性和强制性。新时期的改革是依法改革,要把文化建设实践中形成的新成果、新经验用法律的形式固定下来,为新

时期文化体制改革发展提供更为科学、更为具体的遵循,有效地解决改革中遇到的新问题。

(五)消费偏好更为精细,由大众消费转向圈层消费

根据国际经验,当人均GDP接近或超过5000美元时,文化消费将迅速进入"扩张时代",目前中国人均GDP已经超过8000美元,这意味着中国文化消费将迎来大发展时期。随着科技的更新迭代,传统业态转型升级,新兴业态不断涌现,产业间融合逐步加深,文化消费形态日渐多元化。针对不同细分市场和差异化消费需求的文化产品和服务日益丰富,并向品质化、精细化、定制化方向发展。同时,随着消费主体结构的变化,"新世代"消费群体将引领消费潮流,儿童和老年消费群体成为文化消费增长的新驱动力。

首先,消费总量持续增长,消费结构进一步优化。在消费升级的大背景之下,文化消费逐渐成为新的消费增长点,消费总量将持续增长,在居民消费生活中所占的比重将会越来越大。其次,数字化、信息化文化消费渐成主流。信息技术的发展,尤其是数字化、虚拟现实、人工智能等技术在文化产业领域的运用,极大推动了文化消费变革,重塑人们的消费习惯、消费方式和消费渠道。最后,体验式、分众化文化消费日趋普遍。随着人们消费需求层次的提高和消费理念的转变,消费体验和消费场景变得越来越重要。无论是零售行业还是服务行业都更加注重服务品质与用户体验,将更多的注意力放到场景和氛围的营造上。文化消费的精神属性将越来越突出,将会出现更多个性化、复合型、体验型、交互式的文化产品、服务和消费空间,满足人的多维度感官需求与深层次心理和情感需求。

（六）文化建设以点带面，与国家战略一脉相承

在"十二五"时期提出东中西部协调发展的基础上，2017年，中共中央办公厅、国务院办公厅印发《国家"十三五"时期文化发展改革规划纲要》，指出要进一步深化区域协同，提出"以区域发展总体战略为基础，以三大战略为引领，引导各地根据资源禀赋和功能定位，走特色化、差异化发展之路"。一方面，文化产业的发展为各经济带发展提供动力，有利于增强经济带、特别是跨区域板块的文化软实力；另一方面，经济带规划也为未来文化产业发展提供了更为广阔的空间，从而促进文化产业结构的优化升级，促进文化市场资源的合理配置，促进中华文化的传承与交流。

从2014年京津冀协同发展战略提出到2015年《推动共建丝绸之路经济带和21世纪海上丝绸之路的愿景与行动》发布，从2016年9月《长江经济带发展规划纲要》正式印发到2017年4月具备"千年大计、国家大事"高度的雄安新区设立，区域发展不再是简单割裂的资源共享——打破界限、联动发展，区域文化发展进入新格局。

三、感悟：见证文化发展40年的六点体会

作为一名文化产业研究人员，我试图把自己从事文化产业多年来的所思、所想、所感碎片汇集起来与大家分享，期望能够通过反思与回顾探寻文化产业的内在规律和发展脉络。以下是我主要思考的几个方面，欢迎大家批评指正。

（一）文化发展40年的理性回顾

学科发展史、方法论和学科经典案例是一个完整学科体系不可或缺的三大要素。文化产业的学科建设刚刚起步，对于产业史

学的研究较为缺乏。在《中国文化产业40年回顾与展望（1978—2018）》一书中，我尝试将改革开放作为中国文化产业的起始点，把中国文化产业发展分为4个阶段：1978年到1991年为文化产业发展的萌芽期，1992年到2001年为文化产业发展的初步形成期，2002年到2011年为文化产业发展的快速扩张期，2012年至今为文化产业发展的全面提升期。此外，我还从文化资源、文化治理、文化经济、文化软实力、文化再思考等方面对中国文化产业40年发展进行回顾和反思，通过梳理时代机遇，展望新时代文化产业发展航向，提出文化产业发展的未来研判。囿于文化产业的发展阶段和我对文化产业研究的局限性，我对文化产业发展史的分析未必正确，但作为一个记录者，我认为这项工作有其自身的价值。

（二）时代变迁下文化消费的思考

文化消费是文化产业的一个重要组成部分，也是关乎人民对美好生活向往的大事。多年来，我持续关注和研究中国文化消费问题，于2009年主持进行了"中国城市文化消费调研"，对城市居民文化需求和消费状况开展了深入的调查研究，并组织编写了《中国城市文化消费报告》（6卷本）。2016年起，我参与了文化部、财政部开展的"引导城乡居民扩大文化消费试点工作"的中期考察指导工作，通过走访调研文化消费试点城市，对文化消费领域进行了更加深入和系统的研究。这些调研使我真切感受到文化消费从无到有、从单一到多元的变化过程。《时代变迁下的文化消费》是我重新审视中国文化消费，从时代变迁的视角观察和思考文化消费领域的新情况、新现象和新趋势的一个阶段性呈现，记录了文化消费对拉动城市经济发展、对消费者物质文化生活改变的影响，也记录了鼓励引导文化消费体制机制变革的过程，还记录了互联网时代文化消费方式、诉求和理念的变革，等等。

（三）新型城镇化文化发展的变迁

新型城镇化也是我这些年来致力于研究的一个重点领域，从承接多项国家相关部委委托课题到落地多项省市级城镇规划、新农村建设规划、古村落保护规划、历史文化名城建设规划等，以及参与承接雄安新区管委会的《雄安新区起步区公共服务规划》《雄安新区起步区公共文化服务发展规划》等，我在实践中不断加深自己在新型城镇化文化建设方面的学习和思考。《新型城镇化文化发展战略研究》是我这些年来对新型城镇化学习和研究的一个系统性回顾、反思与展望。本书从中国城镇化演变历程与规律着手，对新型城镇建设的文化顶层设计、文化遗产的保护与活化，以及未来新型城镇化文化发展研究领域与趋势等内容进行了深入细致的论述。

（四）"互联网+"下数字创意产业的迭代

自从 2015 年李克强总理首次提出"互联网+"行动计划以后，截至 2019 年，中国政府工作报告已经连续 5 年提及"互联网+"。文化产业作为新兴产业，其发展变革的步伐是与科技发展密不可分的，网络时代下科学技术的更新迭代不断催生文化产业新思路、新业态、新模式，深刻影响着文化产业生产、消费的方式与习惯。《数字经济下的文化创意革命》从数字经济这一宏观背景出发，试图在梳理数字创意产业发展历程的基础上，总结出数字创意产业的内涵与外延，是我对科技加持下文化产业未来发展所面临的机遇与挑战的分析，以及我对未来数字创意产业发展的趋势判断。

（五）文化发展重大问题的阶段性反思

伴随着文化产业的快速发展，文化产业实践和理论研究不断向纵深发展，需要从战略性产业的整体布局和宏观思路出发，对文化产业的发展路径进行新思考。多年来，我和我的研究团队参与了《公共文化服务保障法》的制定，参与了很多文化产业重大事件、重要政策的起草和出台工作，在这些研究工作中，我有很多思考和启发。我把对这些思考所涉及的核心问题进行整理，包括文化产业基础导向、文化产业发展的内生驱动、文化产业产权保护、文化平台建设、文化产业区域战略布局、文化跨界融合、文化立法及文化产业研究方法等文化产业发展的重点问题，并对这些重点问题做了一个阶段性的记录和系统梳理，形成《中国文化产业重大问题新思考》一书。

（六）文化产业发展的碎片化思考

《文化发展研究札记》是从我创办的文化领域自媒体平台"言之有范"已发表的文章中精选百余篇结集而成。我把它定位为一名文化研究者的学术笔记，它见证和记录了五年来我对文化发展的碎片化思考。出版此书的原因有三：一是我时常教导我的学生们要"把论文写在大地上"，本书正是"言之有范"顶天立地的见证和记录；二是记录"言之有范"创办五年来，我对于文化产业相关领域的碎片化思考；三是我一直把"言之有范"作为重要的实践教学基地，通过这种自媒体实践的形式进行硕士、博士研究生培养教育。五年来，近百名研究生在这个平台上学习了文化产业的知识，锻炼了专业素养和研究能力，出版此书也是对他们成长轨迹的记录。

四、反思：文化产业发展的责任担当

近20年是文化产业从无到有的20年，是我真正参与、见证文化产业发展变化的20年。我深知20年对于年轻的文化产业来说仅是个开始，再回首，或许我的许多研究成果并不能尽如人意，但作为一位研究文化产业的学者，一位从事文化产业学科建设的参与者，我怀着学者的人文情怀，身体力行地实践着文化产业学者的三大历史重任，即专业研究、培养学科人才及专业实践，期望能够尽自己的一点薄力，推动文化产业的发展。

20年来，中国文化产业理论研究不断丰富，为文化产业的历史进程和实践探索提供了有力的支撑。但从总体上而言，中国文化产业理论研究仍然任重道远。随着文化产业成为国家经济发展的战略性产业，人们对文化消费多元化的需求更加强烈，文化产业进入迅速发展的历史时期，而文化产业理论研究却难以适应产业发展的速度，文化产业研究的历史与逻辑、理论与实践还难以做到完全统一。

主要表现在以下四个方面：第一，从文化产业的基础研究而言，对文化内涵、外延、统计标准的划分难以完全统一，对文化产业的概念、范畴、标准和要素的不统一使其研究难以进行横向比较。第二，从文化产业的研究方法而言，对文化产业研究的定性研究较多，定量分析不足，难以将文化产业的理论研究、实践探索和经验判断有机结合。第三，从文化产业理论成果的转化而言，文化产业研究的动态反馈机制缓慢，对实践的梳理，对产业发展中的成败得失的总结，对引领产业发展的前瞻性探索不足，难以直接为宏观调控提供准确依据。第四，从文化产业的研究主体而言，产业的快速发展催生了"快餐式"的研究者，一些学者往往盲目跟从产业热点和现实焦点问题研究，难以秉持"坐冷板凳"的研究精神，难以对文化产业进行跟踪式、长效性研究。

纵观近 20 年来中国文化发展战略和文化发展理论体系的研究，中国鲜有为国际学术界所瞩目、为国际社会所认同的相关理论研究成果，一个重要的原因是理论思维的缺位。我们对"中国文化产业发展理论体系"系统、整体、深入、全方位的研究不够。但反过来说，时代造成的历史性局限也为未来全面、深入、系统的整体性研究提供机会、创造条件。近 20 年来的中国文化产业发展战略研究及文化体制改革，给中国文化产业发展带来的深刻变化的探究，对文化发展思想史和实践发展史两个方面的深入研究仍然是一个重大学术使命和责任。

我想，这些是我未来需要潜心沉淀研究的内容。

"文章千古事，得失寸心知。"虽然我已尽最大努力来完成这套学术丛书，历经多次结构调整、删减校对，书中引用的数据力求权威，选用的案例力求典型，但是在这套丛书完成之时，我甚至都有点不敢将其出版，因为我知道这里面还有太多的不足之处。感谢商务印书馆给予我的鼓励，让我终于鼓足勇气将这套丛书与大家分享，也恳请国内外专家与同仁不吝批评指正，因为文化产业学科体系、理论体系建设仍然是一个非常值得深入探讨的问题。

愿不负时光，期望我能继续研究这一领域 20 年，期望届时能够再拿出一些深入的研究成果与大家分享。

2019 年 8 月

目　录

第一章　文化价值：中国文化产业发展的基础导向 / 1
　　第一节　文化产业双重属性剖析 / 2
　　第二节　文化领域供给侧改革需坚持双效统一 / 17
　　第三节　坚持双效统一原则的现实情况 / 37
　　第四节　文化产业学者的人文情怀 / 50

第二章　创新·创意·创造：中国文化产业发展的
　　　　内生驱动 / 59
　　第一节　文化创意与文化产业 / 59
　　第二节　文化创意与生活美学 / 72
　　第三节　文化创意与创意城镇 / 87
　　第四节　激活创意，激发创造力 / 103

第三章　版权：中国文化产业发展的核心问题 / 118
　　第一节　版权保护是文化产业创新的核心 / 120
　　第二节　文化产业领域版权保护发展 / 136
　　第三节　版权保护从立法开始 / 148

第四章　文化平台：中国文化产业发展的有效途径 / 167
　　第一节　文化产业的文化金融平台 / 167
　　第二节　文化产业的产业平台 / 178
　　第三节　文化产业展示交易平台 / 198

第五章　文化立足点：中国文化产业发展的区域战略 / 220
　　第一节　"一带一路"文化先行 / 220
　　第二节　大运河文化带的先行示范 / 239
　　第三节　京津冀文化产业文化协同规划 / 257
　　第四节　国家文化产业创新实验区是先行示范平台 / 273

第六章　文化跨界：中国文化产业发展的主要趋势 / 290
　　第一节　新时期传统文化产业的转型升级 / 290
　　第二节　文化跨界产生的文化产业新业态 / 301
　　第三节　文化产业与其他行业的融合发展 / 319

第七章　文化立法：中国文化产业发展的基本保障 / 333
　　第一节　草创未就　中国文化立法回顾 / 333
　　第二节　管窥端倪　中国文化产业发展的必然要求 / 357
　　第三节　任重道远　中国文化法制建设问题 / 369
　　第四节　多措并举　大力推进文化领域法制化进程 / 377

第八章　田野调查：中国文化产业研究的基本范式 / 381
　　第一节　文化产业研究必须采取的方法：
　　　　　　田野大调查 / 381
　　第二节　田野大调查的思考维度 / 403
　　第三节　田野大调查的后续影响 / 416
　　第四节　雄安新区村史大调研 / 437

参考文献 / 467

后　　记 / 478

第一章　文化价值：中国文化产业发展的基础导向

　　1978年，随着改革开放总设计师邓小平的一声令下，中国改革开放大幕正式拉开。改革开放政策的实行极大地解放了原本僵化禁锢的思想，开掘出巨大的市场活力。市场化思维为中国文化产业发展奠定了坚实基础。经过全体中国人民40年的理论构建和实践探索，中国文化产业历经萌芽期、成长期，逐渐进入深耕期，总体呈现出双效统一、互通共融、协调发展、协同发展的特征。目前，文化产业正以强大力量渗入旅游业、教育业、餐饮业、高新技术产业等相关行业中，以软性文化力量助推传统产业业态转型升级，实现创新性融合发展。

　　发展文化产业不仅能够吸纳社会就业，而且能够有效助推新旧动能转换，促进国民经济结构优化升级。值得注意的是，一段时期以来，我国文化产业发展将市场价值作为主要衡量标准，为了在短期内获取丰厚的经济回报，不惜刻意迎合消费者的某些低俗审美需求，让暴力、色情等危害社会大众思想的低俗内容流入市场，对人民身心健康造成了极大威胁。面对文化产业发展过程中出现的种种不和谐现象，文化产业从业者必须要弄清发展文化产业的终极目标和终极意义。获取经济收益并不是发展文化产业的终极目标，其终极目标在于满足人民群众日益多样化的文化审美需求，提升全体国民精神文化素养。从这一角度来看，文化从业者必须将社会效益摆在首要位置。自此，有关社会效益和经济效益谁为首位的问题就成为业界讨论的焦点问题：有观点认为重视社会效益就意味着放弃市场，也有观点认为追求经济效益就很难兼顾社会效益。其实这都是非常片面的，我认为中国文化产业的发展要始终坚持"服从、结合、红线"这三大基础导向，即当经济效益与社会效益发生矛盾时，经济效益要服从并让位于社会效益；要努力促进社会效益和经济效益的结合统一；将谋求经济效益不以牺牲社会效益为代价作为贯穿始终的一条红线。

第一节　文化产业双重属性剖析

一、双重属性的源起与内涵

20世纪初，随着第二次工业革命的终结，人类社会生产力水平得到极大提高，进入物质生产空前繁荣的新阶段。物质生产的极大丰富催生出多样化的精神文化需求，这些精神文化需求成为马斯洛需求层次理论中的情感需要和自我实现需要的重要体现。这种情感需要和自我实现需要是一种精神层面的价值需要。其目的在于满足人们精神层面的多样化需求，引领人们的精神观念由消极、颓废向积极进取、真诚、善良转变；提升个人精神境界的能力和水平，逐步培养起对事物的正确判断，树立正确的世界观、人生观和价值观，自觉抵制不良文化、腐朽文化的侵蚀，以文化这一软性力量实现对全社会精神层面的道德价值、人生理想信念的追求和引领，这可谓是文化产业社会效益的来源。

此外，面对石油、天然气、煤炭等不可再生资源开掘速度和消失速度的逐渐加快，以及发展传统工业所带来的环境污染等严重问题，全世界都在寻求一种绿色、无污染、高附加值的产业类型。文化产业是一种主要依靠精神成果和智力投入，不以消耗物质形态资源为主的产业类型，具有资源消耗低、环境污染小的鲜明特征。文化产业是典型的绿色经济、低碳产业。西方国家早就意识到文化产业在推动经济发展方面所具备的巨大发展潜力，纷纷制订计划来布局发展文化产业。早在1994年，澳大利亚就以构建"创意的国度"为目标，对外发布了第一份发展文化产业的文化政策报告。澳大利亚政府的举措吸引了英国政府的关注。英国国内也面临着经济转型的困境，政府既定的产业政策未能起到刺激经济发展的作用，导致某些产业类型受损严重。因此英国将发展文化创意产业作为刺激经济发展、助推经济转型升级的重要抓手。[①]

英国政府派代表团赴澳大利亚学习取经。在深入考察澳大利亚文化产业发展情况后，英国政府专门成立了创意产业小组，研究制定发展文化创意产业的具体策略。

1997年，英国文化、媒体和体育部成立专门任务小组，就文化创意产业的持续发展提出建议，并把文化创意产业作为振兴英国经济的聚焦点，把推广文化创意产业作为拯救英国经济困境的有效方法。

---

① 刘峰. 英国文化创意产业发展概况及其启示 [EB/OL]. (2014-06-18) [2018-06-27]. http://fanwen.jianlimoban.net/541420/.

1998年出台的《英国创意工业路径文件》更明确地提出了"创意工业"的概念。要求政府"为支持文化创意产业而在从业人员的技能培训、企业财政扶持、知识产权保护、文化产品出口等方面"做出积极努力。英国政府采取的主要措施包括：在组织管理、人才培养、资金支持、生产经营等有关方面逐步加强机制建设；对文化产品的研发、制作、经销、出口实施系统性扶持；在面临国内创业环境中关键的金融及投资问题时，英国文化、媒体和体育部出版了"Banking on a Hit"手册，指导相关企业或个人从金融机构或政府部门获得投资援助；逐步推动完整的创意工业财务支持系统，包括以奖励投资、成立风险基金、提供贷款及区域财务论坛等作为对文化创意产业的财务支持。

英国政府的创意工业政策，是目前国际上产业架构最完整的文化产业政策。[①] 由此可见，发展文化产业能够收获巨大的经济效益，尤其是在数字化时代，依托数字技术进行创作、生产、传播和服务的数字创意产业，具备传输便捷、绿色低碳、互动融合的特点，正在成为引领新供给、新消费的低碳绿色产业，成为拉动经济发展的新引擎，文化产业经济效益可见一斑。

"文化产业"这一概念最早脱胎于法兰克福学派代表人物霍克海默和阿多诺提出的"文化工业"概念。所谓"文化工业"，是指利用工业化手段生产文化产品，将文化产品视作与普通商品一般的流水化产物。法兰克福学派认为工厂化、批量化、复制化的生产方式使艺术生产逐渐丧失其自由性和无功利性的特征，并在扩

---

① 刘峰. 英国文化创意产业发展概况及其启示[EB/OL]. (2014-06-18) [2018-06-27]. http://fanwen.jianlimoban.net/541420/.

大化生产的过程中，存在大型媒体、文化企业和艺术机构操纵大众社会认知和情绪的可能。也就是说，文化产品既是意识的载体，也是具有经济价值的商品，这既是文化产业发展的本质属性，也是文化产业具有社会效益和经济效益双重属性的最根本来源。

（一）文化产业社会效益

1. 大众权利，满足人类多样需求

以霍克海默和阿多诺为代表的法兰克福学派以强烈的精英意识批判大众文化，认为大众文化以平面化、机械化、复制化的方式消解了文化个性和创造性，无法实现提升个人精神境界和建构审美的目的，无法帮助人们实现自身价值、发掘自身潜力。因而他们认为，文化应该为少数精英阶层所享有，只有少数人能享受文化带来的精神愉悦。文化作为一种人类独有的特殊精神活动，在其诞生初期曾被视为少数人的特权，是社会上流阶层彰显其社会身份的重要标识。

但是，法兰克福学派的这一论断遭到伯明翰学派的强烈反对。伯明翰学派认为法兰克福学派的言论带有强烈的精英主义色彩，出身平民阶层的伯明翰学派强调文化应该是所有人的共同权利。人人享有学习文化、了解文化、享受文化的权利。尤其是随着社会生产力水平的不断提高，技术力量促使文艺作品的生产方式、流通方式、分配方式发生根本性变革，推动文化生产进入空前繁盛的新阶段。一些学者敏锐觉察到这一变化，试图就技术与艺术生产之间的关系给出自己的思考。例如，法兰克福学派代表人物本雅明在《机械复制时代的艺术作品》一书中从生产技术角度来深入思考生产进步对大众文化的影响。本雅明认为技术复制品的出现使原始文艺作品脱离了原有的狭小传播区域，使其逐渐能够为更多人所接受、所感知，使其影响力得到充分扩散。[①] 同时，本雅明赞同复制技术的出现对艺术生产领域带来的本质性变革：专业艺术家逐渐被数量庞大的大众群体取代，促使创作主体日渐多元化。欣赏艺术、感知艺术不再是上流社会少数人的特权，而是可以被社会中大多数人所共同享有的普遍权利。从另一角度来看，人的一切活动都以价值生产为导向，都以满足人的需求为主要出发点，因生产方式和需求层次不同而分为物质生产和精神生产两大类别。物质生产强调规模化和排他性，精神生产强调类型化和非排他性。精神生产的本质是一种价值生产，只是这种价值是精神价值，而不是物质价值，虽然它常常借助物质化的载体形式予以呈现；这种价值是文化价值，而不是经济价值，虽然它的文化价值可以转化为丰厚的利益回报，并通过经济价值来凸显文化价值。

2. 寓教于乐，提升民众精神境界

文化产业不等同于传统意义上的机械式宣传教化，而是包裹着娱乐化外衣传达深层次精神文化内涵。因而，寓教于乐既是文化产品的主要特征，也是发展文化产业必须坚持的重要原则。纵观世界文化产业强国输出的文化产品，无论是美国好莱坞电影、日本动漫还是韩国电视剧，无一不遵循这一原则。美国好莱坞电影在轻松幽默的氛围中，在光影变幻中向观众阐释深刻而又朴素的人生哲理。获得奥斯卡最佳长篇动画电影的《寻梦环游记》，通过对"死亡和记忆"进行深刻剖析，虚拟构建了一座连接人间和亡灵世界的桥梁，在虚拟与现实之间以活泼轻松的基调蕴藏一个

[①] 梁郁郁. 论阿多诺与本雅明的文化工业理论对我国文化产业发展的意义 [J]. 音乐天地，2011（5）.

无比温暖的内核,即活着的意义在于寻找亲情和爱。这一温暖的主题强烈地激荡起人们内心最柔软的情愫。被誉为"动画界的黑泽明"的日本动画大师宫崎骏的《千与千寻》《风之谷》《哈尔的移动城堡》《幽灵公主》等动画电影,以大量优美的管弦乐为基调,以描述日本日常生活为背景,来阐释人生、梦想、环保、和平等普世价值观,为世界人民带来巨大的心灵震撼和灵魂熏陶。

文化生产是指关于观念、思想和意识形态的生产,这是区别人类社会与动物界的显著标志。这种精神思想一方面来源于人类对现实世界的思考;另一方面又对人们的现实生活起着规定、影响和指导作用。因而必须更加强调这种精神的健康性和纯洁性。弘扬正能量的真善美精神对提升人的精神境界发挥着举足轻重的作用。纵观古今中外的优秀文学作品,皆以其至真、至善、至美的精神追求流芳百世。"先天下之忧而忧,后天下之乐而乐""衣带渐宽终不悔,为伊消得人憔悴""人生自古谁无死,留取丹心照汗青"这些古典诗词中蕴藏的深刻哲理对现代人的生活具有极其重要的影响,对个人精神世界的构建、价值观的重塑发挥着举足轻重的作用。获得茅盾文学奖的长篇史诗级巨著《平凡的世界》以近乎白描式的现实主义手法赞颂了普通劳动者自强不息的刻苦精神,着力刻画了他们克服诸多生活困难的美丽心灵,这种勤勤恳恳、顽强拼搏的精神内涵是中华民族优秀传统精神得以延续的重要体现。

(二)文化产业经济效益

1. 文化新动能助推传统产业升级

近年来,随着中国经济发展由大规模、高速度向提质增效转变步伐的不断加快,如何推动经济步入健康化发展轨道的问题迫在眉睫。文化产业是绿色、无污染的低能耗产业，通过包含文化内涵的有形精神文化产品来丰富人们的精神世界，创造比传统第一、二产业更高的经济附加值，蕴藏着潜力巨大的新动能。可以说文化产业正逐渐成为经济新常态发展的新引擎。

文化以软性力量为传统产业注入文化活力，改变原有单一的产品结构，促使传统产业类型与品类不断丰富，拓宽原有营业收入渠道。例如被誉为蔬菜之乡的山东寿光，凭借举办中国（寿光）蔬菜科技博览会的方式将以出售传统农产品为主的第一产业转换为以会展经济为主的第三产业。整个展会采取将蔬菜、果树、花卉实地栽培与农业观光、园林景点和商家展位相结合的模式，涉及种子、肥料、园艺设施、机械等诸多方面。采取举办博览会的方式不仅极大地促进了传统农产品的售卖，而且增加了传统农产品的附加值，实现了传统农业与文化产业的融合发展。再比如，上海市崇明区不断探索试验农旅融合的新型产业模式，努力建设一座集现代农业、科普教育、休闲娱乐、生态观光、亲子度假、户外拓展、农业文化于一体的农庄。这里的农业就不再是传统意义上的农业，而是成为传播农耕文化、弘扬农耕文明的重要载体，传统农业借助文化娱乐活动和文化娱乐设施焕发出新的生机与活力。

文化产业不仅是推动传统产业转型升级的重要力量，也在推动区域城市经济结构优化方面显现出重要作用。杭州市拱墅区就在推动城市经济结构优化方面做出了重要尝试。杭州市拱墅区作为曾经的工业重地被文化创意赋予了新的城市内涵。追求创意发展逐渐成为公众的共同认知，也成为当地政府部门的主要工作任务。2011年以来，杭州市拱墅区文化创意产业总量以每年20%的增幅迅速发展。2014年杭州市拱墅区的文化创意产业主营业务收入高达176亿元。可见,文化创意已经成为该区经济结构转型升级的重要力量。北京市则将文化创意与城市区域功能优化深度结合,践行文化中心范式。北京正在实行的老旧工业厂房改造项目,使原本充满历史记忆的老旧工业厂房摇身一变,转变为具备承接文化创意产业上中下游产业链的文化创意产业园区,不仅盘活了大量闲置的老旧厂房空间,而且为促进区域产业结构转型发挥了巨大作用。据北京市文化创意产业促进中心的调研数据显示:目前全市各区腾退的老旧厂房242个,总占地面积达2500万平方米;已经转型利用的老旧厂房有601万平方米,正在转型改造的为138万平方米。随着北京疏解整治提升行动的开展,还有200多家一般制造业企业将在3年内陆续迁出。北京市朝阳区在推动老旧工业厂房改造方面处于全国领先地位,曾经的北京电控正东集团751厂煤气生产区摇身一变成为751D·PARK北京时尚设计广场,园内聚集家居设计、服装设计、时尚设计、互联网科技等诸多行业;曾经的北京万东医疗设备厂摇身一变成为北京最早投身老旧厂房改造的文化产业园区——郎园Vintage,聚集了果壳网、腾讯影业、得到等诸多知名文化企业。

2. 文化精准扶贫助推经济提质增效

"加强贫困地区乡风文明建设,倡导现代文明理念和生活方式,改变落后风俗习惯"是习近平总书记在实际调研过程中反复强调的重要观念。习总书记在十八届中共中央政治局第三十九次集体学习中大力强调以扶贫助智,要充分调动大众积极性,激发其努力改变贫困面貌的决心。文化扶贫是改造贫困文化、防止贫困代际传递的有效途径,对于战胜贫困具有重要意义。

文化是一个国家文脉生生不息得以延续的重要见证,是一个民族精神文化底蕴的集中展示。贫困地区经济发展滞后的根本原因在于其保守落后的思想观念无法与急速变化的社会时代精神相契合。因而,要借助文化扶贫的方式帮助贫困地区人民实现思想观念的根本性变革。文化脱贫最终要实现贫困人口走出贫困、走向富裕的目标。通过文化产业脱贫的方式,能够让贫困人口的钱包鼓起来、生活好起来。运用创意力量赋予区域特色文化新的时代内涵,并借助现代科技手段予以形象化展示,不仅有利于传统文化资源的活化创新,而且有利于将丰富文化资源转化为雄厚文化经济,形成具有地域特色的文化品牌,从而带动区域经济实现良性循环。

当前,我国许多贫困地区虽然地理位置较为偏僻,但是区域特色文化资源十分丰富,很多文化资源都处于尚待开发阶段。若对贫困地区的丰富文化资源合理提取文化元素,挖掘特色文化资源的深刻内涵,并借助现代艺术表现方式,融合高科技手段进行合理适度开发,不仅能够改变贫困地区落后的经济面貌,提升贫困地区人民的收入水平,而且能够将特色文化资源中的优秀价值观念予以广泛传播,改变贫困地区人民陈旧落后的价值观念。

二、两种效益的相互关系

从马克思主义哲学角度看,文化产业的经济效益和社会效益之间的关系就是经济基础与上层建筑之间关系的集中反映。文化产品作为一种特殊的精神产品,一方面既能以其无形精神内核实现对人的精神世界的涤荡与熏陶,将真善美的精神力量注入人的思想中;另一方面,又能将丰富的无形文化资源通过合理、适度开发转化为雄厚的有形经济实力,从而催生出巨大的经济效益,带动区域、城市、国家经济结构转型升级。由此可见,文化产业的社会效益与经济效益的产生和文化本体性特征密切相关。

在实际文化生产过程中,当经济效益和社会效益发生冲突时应如何妥善处理两者之间的关系,又将如何实现经济效益和社会效益统一等问题都是值得文化从业者和相关部门负责人认真思索的重大命题。党的十八大以来,以习近平同志为核心的党中央领导集体高度重视文化建设工作,突出强调文化在推动国家事务方面的巨大作用,将"文化自信"上升到与"道路自信""理论自信""制度自信"并举的高度。同时,习总书记也曾多次在文艺工作座谈会等公开场合发表意见,强调文化生产始终要坚持正确的价值引导,要始终将满足人民日益增长的精神文化需要作为首要任务。一部优秀的文艺作品应当既能赢得市场的认可,又能获得观众的赞赏;文艺作品不能在为了什么人的问题上发生根本性偏差,不能在市场经济的大潮中迷失自己前进的方向。

将社会效益放在首位,经济效益服从社会效益是处理二者关系的首要原则。当前,文艺创作领域中不断涌现出一批具有深刻思想内涵,以传统文化传承与发展为己任,积极传播善良、真诚、奉献等美好品质的优质力作。这些优秀的文艺作品对于净化社会文化环境,营造积极和谐、健康向上的文化生态空间发挥着举足轻重的作用。近年来,中央电视台频频推出清流综艺节目,以传播颂扬中华古典诗词之美为主题的《中国诗词大会》,以古典诗词文化情怀为依托,借助电视这一现代传播媒介对中国古典诗歌的意境美进行精确解读。以竞争方式和现场真人秀的形式充分展现了中国文化的美学内涵与倾向,成功将前人的审美境界、文化理想与当代社会的生活方式、审美评价进行有机嫁接；《国家宝藏》以小剧场传播的形式架构起公众认识文物的桥梁。小剧场的艺术形式使人们在轻松愉悦的气氛中了解文物背后的历史背景。由上述案例可以看出，具有优质内容的艺术创作不仅能收获市场的认可，也能得到观众的认同。文化企业在承担经济责任和追求企业利润的同时，必须承担一定的社会责任。

"结合"是处理社会效益和经济效益关系的第二个原则，即要促进并实现社会效益和经济效益的结合统一。把社会效益放在文化产业发展的首位不是对经济效益的漠视和放弃，相反，一些具有较高思想价值的优质文艺作品反而更容易受到市场的青睐。2017年7月27日，电影《战狼2》横空出世，其凭借匠人精神的精良制作及强烈的爱国主义情怀收获高达56亿元的史上最高票房，成功问鼎华语票房冠军。这部影片是对人们大国崛起心态的文艺化表达，因而受到国内观众的热捧。除了爱国主义情怀，《战狼2》还展现出人们对于中国特色现代军事发展与以强军推动国家建设的殷切期许。强大的国防力量和战无不胜的军队形象通过文化的方式来展现，是观众高度爱国主义和英雄主义情结的集中体现。由最高人民检察院影视中心和中央军事委员会影视中心联合制作的电视剧《人民的名义》，将险象环生、利益纠葛错综复杂的官场描绘得淋漓尽致，也展示出党中央对治理贪污腐败现象那种壮士断腕、刮骨疗毒的决心。此部电视剧一经播出，便取得了十年来国产电视剧最高收视率、全网视频点击量突破210亿次的傲人成绩。这一数字也是观众高度赞扬、市场高度认可的直观体现。

"红线"是处理社会效益与经济效益关系的第三个原则。即我们不能为了谋求经济效益而牺牲社会效益。近年来，一些文化企业在商业利益的驱使下，为争流量、博眼球，无所不用其极，使原本清朗的网络文化空间变得乌烟瘴气，脏乱不堪。一些内容资讯类产品为争流量，通过话题引导、热门推荐、算法打分的方式吸引用户注意力，但这也为它们的下架埋下了祸根。2018年4月10日，国家广电总局发布对"内涵段子"的处罚通报；目前"内涵段子"官网已被关停，公众号也已被注销。2018年4月4日，某些小视频APP传播未成年二胎妈妈等涉及未成年人低俗不良信息的相关视频，引发了激烈的社会舆论，国家网信办对此提出严肃批评，并责令其进行全面整改。这些完全依靠算法推荐的网络短视频，内容缺少价值观的评判与指引，其中不健康的内容对未成年人的身心健康造成了严重影响，并向青少年传递着危险的、错误的价值观念，导致一些青少年不思进取，不求上进。因此，追求经济效益绝不允许以牺牲社会效益为代价，这是文化产业发展贯穿始终的红线与底线。

三、双效统一的基本原则

传统物质产品并不刻意表达文化内涵，不具有典型的情感属性和交流属性。但文化产品要以传递精神文化内涵为己任，其所传递的精神文化内涵应该经得起时代和人民的检验。文化是延续不断的精神财富，优秀的文化内涵能够跨越时间、种族、民族、国家，在全世界引起强烈反响和广泛关注。《荷马史诗》《浮士德》《战争与和平》这些不朽的文学作品历经岁月洗礼散发出迷人的香气。因而，文艺创作必须坚持经济效益和社会效益并举的原则，只有这样才可能生产出历经岁月洗礼、时代变迁却依然弘扬真善美价值观的卓越文艺作品。同时，文化产业作为特殊的精神产业，以其润物细无声的特点对个人精神境界提高、国民整体素质提升具有重要作用。发展文化产业不仅是为了追求经济收益，更是为了将中华民族五千年灿烂悠久的文化予以传承，用文化的力量来滋养国民精神，培育高素质国民。因而，经济效益和社会效益相统一既是发展文化产业必须坚持的重要原则，又是文化产业持续健康发展必须要坚持的底线。

首先，坚持双效统一原则有助于满足人民日益多元化的消费需求。习近平总书记在十九大报告中对我国社会主要矛盾变化做出重要论断。他认为我国社会主要矛盾已经转化为人民日益增长的美好生活需要和不平衡不充分的发展之间的矛盾，而美好生活需要更加侧重于精神生活层面。坚持双效统一原则，生产出能够启迪大众心智、提升国民精神境界的文艺作品，可以大大满足人民日益多样化的生活需求。在文化传承方面坚持双效统一，发掘传统文化的经济价值，实现活态传承；深耕文化社会效益，实现传统文化的创造性转化与创新性传承。比如，文物是五千年中华文明的有力见证，是深藏在中国人民血脉中的不朽记忆。习总书记在首都博物馆观看北京历史文化展览时就曾反复强调，博物馆内的文物、广袤土地上的遗产和古籍的书写都是鲜活的，要想办法让收藏在博物馆里的文物、陈列在广阔大地上的遗产、书写在古籍里的文字都活起来。而博物馆文创产品的出现正是传统文化活化创新的典型案例。博物馆文创产品的出现不仅打破了博物馆馆藏长期静态展示为主的呈现方式，而且有效地拓宽了传统文化的传播渠道，增强了博物馆文化的传播与活化。博物馆文创产品将馆藏文物中的文化元素进行高度提炼，借助现代艺术表现手法将其转化为符合现代人审美特点的创意产品，不仅能够满足人们实用性、审美性的生活需求，而且能够将深厚的中华优秀传统文化予以传播。

其次，坚持双效统一原则有助于弘扬、传承中华优秀传统文化。中华文明是世界四大文明中唯一没有断流的一支，深厚的文化底蕴、灿烂悠久的文明是我国与世界其他国家相比最大的优势所在。中华优秀传统文化中蕴藏的深刻的人生哲理对现代人的日常生活发挥着巨大作用。孔子的"仁""爱"，老子的"无为而治"，墨子的"非攻""兼爱"思想，无一不对现代人处理日常事务起到重要作用。因而，广大文艺工作者若能站在弘扬中华优秀传统文化的立场上进行创作，用现代语言诠释思想深邃的中华优秀传统文化，则更容易赢得观众的喜爱和市场的赞誉。由著名导演陈凯歌执导的电影《霸王别姬》就巧妙地运用"戏中戏"手法，在一部电影中展示两个霸王、两个虞姬不同的人生命运，并试图就这两种人生命运给出"人生如戏、戏如人生"的探索式回答。《霸王别姬》借助影像力量思索文化对于个人和民族的意义，并得出某一文化个体无法脱离于其所依附的文化生命的深刻结论。最终这部电影也凭借其深刻的哲学意味与人文色彩赢得了戛纳电影节金棕榈奖的桂冠。

再次，坚持双效统一原则有助于提升全民文化素养，净化文化生态。真、善、美是文艺作品创作的永恒追求，文艺作品的最高境界是让人心有所触动，让人的精神境界有所升华，感受到真、善、美文化对灵魂的荡涤和洗礼。电视剧《海棠依旧》生动地描绘了中华民族伟大复兴时期的人民领导人形象，充分体现了周总理崇高而伟大的"无我"人格魅力。高尚的人格魅力让观众深切感受到一代共产主义者的坚定信念，让人们感受到高尚、无私的精神品格的伟大魅力。反观当下浮躁的艺术创作氛围，为追求短期经济效益不惜使暴力、色情等有悖于社会主义核心价值观的内容流入市场，严重败坏了社会风气。

最后，坚持双效统一原则有助于发展高质量文化经济。坚持双效统一原则不是对市场效益的放弃和漠视，相反地，则是要通过发挥社会效益的巨大力量来实现对市场效益的引领。坚持双效统一原则是一种基于长远眼光发展高质量文化经济的重要举措。

目前，国内电影市场中出现了一些IP（intellectual property，知识产权）改编电影和跨界导演创作的电影作品。这些电影作品仅仅依靠粉丝资源和明星效应来赚快钱。这样创作出来的电影作品不仅质量得不到保证，而且无法获得长久的市场收益。反观获得茅盾文学奖的长篇小说《平凡的世界》，依靠朴实无华的语言和积极向上的人生正能量，历经数十年岁月洗礼，依旧焕发出不朽的艺术魅力。它不仅被陆续改编成电视剧、戏剧等多种艺术形式，获得了可观的经济收入，而且也以其积极向上的精神力量鼓舞着一代代青年，鼓励他们成长为积极向上、奋发有为的好青年。

总而言之，从国家整体利益和国民精神健康发展的角度出发，文化产业作为精神经济，在其发展过程中必须始终坚持将社会效益放在首位，经济效益要适度让位于社会效益的原则。文化产业的确要赢利，但是这种赢利是建立在传达正确价值观、输出优质内容基础上的经济回报，而不是肆意传播不良价值观、只为追求短期经济效益赚快钱。发展文化产业的目标在于为大众提供高质量精神享受，但是，这种精神享受不等同于单纯的感官娱乐和精神快乐。这种精神享受建立在对民族、国家文化积极弘扬的基础上。我们在观看美国好莱坞大片、英国音乐剧、日本动漫、韩国电视剧时，无一不被其民族精神、民族信仰感动。反观我国拥有世界上规模最为庞大的文化市场及中央大力推动文化发展的大好机遇，更应该通过生产反映中国人民当代精神面貌的文艺作品，赋予中华优秀传统文化新的时代内涵，从而推动中华优秀传统文化实现创造性转化和创新性发展，在竞争激烈的国际文化市场中赢得一席之地。

第二节　文化领域供给侧改革需坚持双效统一

一、文化领域供给侧改革的特殊性

"供给侧"一词最早可以追溯到20世纪70年代美国的"供应学派"。"供应学派"倡导通过提高全要素生产率来促进经济增长，从而推翻了凯恩斯主义的论断。具体来说，供给侧结构性改革是指面对供给需求两端结构失衡的状况，用改革的办法来推进结构调整，减少无效和低端供给，扩大有效和中高端供给，增强供给结构对需求变化的适应性和灵活性，提高全要素生产率。实施供给侧结构性改革是党中央在深刻分析国内外发展大势及国内经济发展现状基础上做出的一次全局性调整，其目的在于调整经济结构，带动社会经济结构转型升级。而且，实施供给侧结构性改革有利于提升现有消费水平，引领新的社会需求，带动创新创业的社会氛围，因而对我国经济发展具有极其深远的影响。

当前，中国经济正在进入"新常态"。经济下行的压力主要来自长期积累的结构性问题和体制性矛盾，必须通过供给侧结构性改革来推动结构调整，提高全要素生产率，增强供给结构对需求变化的适应性和灵活性，重塑经济发展新动能。经济领域的生动实践值得文化领域学习借鉴。当前我国推进文化领域供给侧改革，是顺应时代发展新趋势与人民消费新需求，推动文化健康可持续发展的必然选择；是立足党和国家事业的全局高度，落实中央总体战略部署、建设文化强国的重大举措；也是抢占先机、牢牢掌握"十三五"乃至更长时期我国文化发展主动权的"总抓手"。开展文化领域供给侧结构性改革，必须对这一命题做出正确理解，着眼于当前文化领域的发展态势、现存问题和制度瓶颈，准确把握供给侧结构性改革的着力要点和实施路径，寻求文化领域的针对性改革、合理性突破和可持续发展，确保我国文化产业和文化事业向正确方向健康有序发展。[①]

（一）文化领域供给侧结构性改革意义

供给侧结构性改革的关键是推动供给的结构性调整。在我国经济进入新常态、面临一系列新的突出矛盾和主要问题的环境下，文化产业的发展不可避免地面临着结构性失衡。"供需错位"成为文化产业发展中最突出的问题之一。因此，以供给侧结构性改革为突破，从文化产品和服务生产、供给端入手，调整文化产业供给结构，实现文化产业高端化和集约化发展，为真正扩大内需、打造文化经济发展新动力提供有效路径。[②]

供给侧结构性改革的目标是促进经济高效可持续增长，通过市场驱动和政府推动的有机结合，实现资源要素有效供给、质量提升和高效配置。供给侧结构性改革可以有效解决我国文化产业发展中"供需错位"的主要矛盾，通过着力改善文化产品和服务

[①] 范周，周洁.正确理解文化领域供给侧结构性改革[J].东岳论丛，2016（10）.
[②] 同上.

的供给环境，优化文化产业的供给侧机制，激发文化产业市场主体活力，促进文化产业长期、可持续增长。①

1. 解决文化产业发展的"供给侧"问题

从文化产业结构变动的角度看，在生产层面，供给侧结构性改革将导致第三产业占比上升，第二产业中传统工业占比下降，新兴产业占比上升，这与文化产业本身的发展特点相吻合。供给侧结构性改革引领的生产结构变化，将有力推动文化产业的发展。而从收入角度看，供给侧改革将引发经济蛋糕的重新分配。例如，降低成本和去产能化将导致企业营业盈余占比上升，加速劳动力跨地域、跨部门流转以及提高人力资本，导致劳动者报酬上升，消费者将有更充裕的消费主导权。供给侧改革带动的有效供给为文化产业结构优化提供更强劲的动力。②

2. 解决文化产业发展的"结构性"问题

随着文化产业结构不断升级，文化产品和服务的模式从订单加工、简单模仿逐渐向具有高附加值的产业链过渡。文化产业有着一般产业所没有的意识形态属性，因此，文化产业的周期性波动中存在着政府与市场共同造成的反周期力量，这两种反周期力量在一定条件下可能会对文化产业增长周期的曲线运动造成很大影响。另外，由于我国东、中、西部经济发展的差异导致文化产业结构存在较大差异，文化产业结构重塑过程中难免会遭遇中等收入陷阱，因此必须通过结构和制度变革，提高潜在增长率，才能使文化产业的短期发展与长期发展有效结合。③

---

① 范周.关于文化产业供给侧结构性改革的几点思考[J].人文天下，2016（12）.
② 同上.
③ 同上.

3. 供给侧结构性改革深远的现实影响力

实施文化领域供给侧结构性改革，对于理顺行业发展现状具有重要意义，对个人、行业、国家发展都大有裨益。通过实施文化领域供给侧结构性改革，淘汰一批三观不正、内容质量尚待提升的文艺作品，提高供给产品的整体品质，创新供给方式和手段，优化原有供给结构，不仅符合满足人民日益多样化、个性化、趣味化审美需求的时代发展大势，而且有利于理顺文化产业供给端与需求端之间的矛盾，提升文化产业发展整体实力，增强行业自身的自我调整、自我革新能力，从而增强我国文化软实力，促进中华优秀传统文化的创造性转化与创新性发展，有助于早日实现建设社会主义文化强国的目标。[①]

4. 供给侧结构性改革强烈的现实紧迫性

我国文化产业起步较晚，文化产业在我国尚属于"新生事物"。从马克思主义哲学角度看，一个新生事物在其发展过程中难免出现种种问题，这是事物发展的必然规律。

目前，我国文化产业在发展过程中存在产业结构和监管力度矛盾突出、人民日益增长的精神文化需求与供给质量低下的矛盾，因而，推动文化供给侧结构性改革既有利于化解当前文化领域结构性矛盾，又有利于满足人民日益增长的精神文化需要，提升我国文化产业整体发展实力，助推文化产业成为国民经济发展的支柱性产业。此外，还能够通过供给侧结构性改革更好地弘扬社会主义核心价值观，自觉抵制国外不良文化的侵蚀，维护我国文化

---

① 范周，周洁. 正确理解文化领域供给侧结构性改革 [J]. 东岳论丛，2016（10）.

安全，促进中华优秀传统文化发展。①

5.供给侧结构性改革具有极大的可行性

党的十八大以来，我国有关文化主管部门在中央深化改革的总体部署下积极推进文化体制改革，取得了一系列富有成效的阶段性成果。通过转企改制等举措使一些国有文化企业的整体活力得到充分释放，盘活大量闲置资源，市场化程度不断提升，文化产业与文化事业融合发展步伐不断加快。这些阶段性成就的取得为实施文化领域供给侧结构性改革奠定了良好基础。此外，互联网技术的兴起催生出大量新兴文化产业业态，诞生出大批新兴产业人群，"互联网＋文化产业"成为时代发展的必然趋势，互联网技术的蓬勃发展也为文化领域供给侧结构性改革提供了战略新动能。②

（二）文化领域供给侧结构性改革的特殊性

文化领域供给侧结构性改革既要坚持贯彻五大发展理念，通过五大政策支柱完成"三去一降一补"五大任务，又要结合文化领域供需不匹配问题，以文化体制改革为统领，优化供给结构，提高供给能力，扩大有效供给。因此，文化与经济领域供给侧结构性改革，既有联系，又有区别。

1.文化领域与经济领域供给侧改革的相同点

鼓励技术创新研发，优化存量产能结构。在"互联网＋""中国制造2025""大众创业、万众创新"的创新变革背景下，文化产业迎来升级发展新契机。强调创新驱动，重视技术研发，提高文

---

① 范周，周洁.正确理解文化领域供给侧结构性改革[J].东岳论丛，2016（10）.
② 同上.

化产品的科技含量,加大文化装备制造业的技术研发,突出抓好文化科技人才的培养、引进和使用,推动企业成为文化科技研发和创新成果转化的主体,不断提升文化产业链上产品和服务的附加值,不断优化文化产业的投资结构、产品结构、技术结构和组织结构。①

做好企业兼并重组,引领行业转型升级。近年来,我国文化产业虽然出现了一批旗舰企业,但小、散、弱仍是中国文化产业的大体现状。文化企业兼并重组,一方面有助于解决产能过剩和同质化竞争的产业问题,促使大型、领军文化企业发挥龙头作用,加大对科技创新,尤其是关键领域核心技术创新研发的投入,从而摊薄行业研发成本,引领行业转型升级。另一方面有助于推动文化企业从单一走向多元,从区域走向全球,从埋头苦干转向资源整合,从内生发展转向外延扩张,通过资本平台和技术革命突破发展瓶颈,推动文化企业做大、做优、做强。②

简政放权减税减费,降低制度性交易成本。从本质上说,降低生产成本就是减轻企业负担,降低制度性交易成本就是减少政府对企业的行政干预。切实为企业松绑减负,降低税费负担,减少行政费用和管理费用征收,制定配套的财税优惠政策,刺激文化领域企业活力。同时完善法律法规,改革监管方式,推动行政部门简政放权,规范行政审批程序和授权管理范围,厘清边界权限,注意管放结合,在优化制度供给上做到有法可依、有章可循。③

抓住问题补足短板,精准扶贫扩大有效供给。补文化短板,

---

① 范周,周洁.正确理解文化领域供给侧结构性改革[J].东岳论丛,2016(10).
② 同上.
③ 同上.

就是针对当前文化领域的突出问题和主要矛盾，着力解决缺位供给、短缺供给、无效供给，持续提升有效供给的数量和质量、效率和效益，培育发展新动能、新产业和新经济增长点。文化领域补短板，包括补文化民生短板、优质文化短板、文化基础设施短板、文化人才短板等，一方面要保证基本公共文化服务的全民覆盖，尤其是对一些落后贫困地区开展"文化精准扶贫"；另一方面要围绕消费升级的市场需求，积极创造新供给，不断提供高质量、个性化、多样化的文化发展成果。①

2. 文化领域与经济领域供给侧改革的不同点

文化不同于经济的地方在于，文化产品除了具有商品属性，还有意识形态属性和公共品属性。因此，推动文化领域供给侧结构性改革，还必须注意以下问题。

首先，坚持文化经济功能和社会价值功能双向并进。坚持文化经济功能和社会价值功能双向并进主要是以社会价值功能为主，实现正确价值导向下的可持续发展。文化同时具有经济、社会和道德调节等丰富功能，具有道德价值规范的特殊性。因此，在文化领域供给侧结构性改革中，必须坚持贯彻社会主义核心价值观，树立社会效益第一、社会价值优先的经营理念，实现社会效益和经济效益相统一，通过社会效益的正向效应，实现对市场的塑造与引领。②

其次，坚持市场理性与政府理性制度化叠加，实现现代文化市场体系建设。经济领域供给侧结构性改革强调充分发挥市场作用，强调市场在资源配置中的"决定性作用"；由于文化领域兼具意识形态的特殊性，在一些自然、自发的市场配置领域，需要政

---

① 范周，周洁.正确理解文化领域供给侧结构性改革[J].东岳论丛，2016（10）.
② 同上.

府通过理性主导机制，发挥市场在资源配置中的"积极性作用"，用创新管理方式有效衔接市场机制与文化机理，保证文化价值上的文化供给结构优化。①

再次，坚持文化保护与有序开发并重，实现民族优秀文化传承光大。有别于经济领域供给侧改革对现有资源优化开发的鼓励政策，文化领域供给侧改革需要注意对存量资源的保护和阶段性开发，突出表现在文物资产领域。对于记录着中华民族历史发展且不可再生的文化宝藏，在开发利用、创意设计的过程中，必须怀着对历史文物的敬畏之心，做好保护规划，全面贯彻"保护为主、抢救第一、合理利用、加强管理"的工作方针，保障文化遗产的良好传承和合理使用。②

二、当前改革的主要问题及其成因

（一）文化领域供给侧改革问题

开展文化领域供给侧结构性改革，既要有明确的理念，又要有清晰的思路，还要有具体的任务。认真梳理文化领域发展中存在的供给侧问题和结构性问题，有助于推进下一步改革工作的稳步展开。

1. 产品服务突出表现为供需错位，结构失衡

当前文化领域的诸多行业都呈现出产能过剩的情况，一方面造成极大的资源浪费，另一方面也严重制约着文化产品的有效供给。仅以近年来我国不断涌现的主题公园为例，前瞻产业研究院

---

① 范周，周洁.正确理解文化领域供给侧结构性改革[J].东岳论丛，2016（10）.
② 同上.

发布的《中国主题公园行业发展模式与投资战略规划分析报告》显示，目前全国已累计开发主题公园旅游点2500多个，投入资金达3000多亿元，一座城市拥有多达10个主题公园的现象也不少见。然而，十余年来，已倒闭的主题公园约占80%，当前仍在运营的主题公园中，有70%处于亏损状态，20%收支持平，仅有10%能维持较好的经营业绩。"一年兴，两年旺，三年平，四年下，五年关"竟成为我国主题公园建设的"魔咒"。新时期文化发展必须从供给侧改革入手，合理调整文化产业供给结构，切实推动文化需求升级与供给升级协调共进。[①]

2. 文化资本突出表现为制度障碍，融资困难

目前社会资本相对活跃富余，发展势头迅猛的新兴文化产业吸引着大量资本的投资兴趣，但在运作过程中仍面临着重重困难，客户选择难、风险评估难、业务操作难等传统问题仍然在制约着金融资源和文化产业的对接。据统计，目前文化产业贷款余额只占全国各行业贷款余额的0.2%，占比仍然偏小；文化企业，特别是民营中小微文化企业，所能得到的资金支持还相当有限。在《关于金融支持文化产业振兴和发展繁荣的指导意见》（2010）、《关于深入推进文化金融合作的意见》（2014）等文件出台以后，各级政府和各类金融机构对文化产业投资日益重视。如何进一步创新和丰富文化产业投融资模式，推进和完善文化产业投融资机制，鼓励文化产业资本结构向多元化方向发展，建立多层次、国际化的投融资体系，对中国文化产业走向成熟具有重要意义。[②]

[①] 范周，周洁.正确理解文化领域供给侧结构性改革[J].东岳论丛，2016（10）.
[②] 同上.

3. 文化科技突出表现为投入不足，转化不够

近年来，尽管我国文化企业的科技创新能力取得进步，但仍存在总体技术水平不高、引进技术消化再创新能力不强、发展关键技术受制于人、以企业为主体的产学研相结合的技术创新体系尚未形成等一系列的问题。虽然中国是一个拥有五千年历史的文化大国，但文化产品的设计、制作和营销环节在一定程度上仍然沿用传统技术手段，造成"文化资源大国，文化产业小国"的尴尬局面。随着新兴科技的研发、推广和使用，文化产业将催生出更多新兴业态。在此机遇下，必须进一步健全文化科技管理体制机制，完善文化科技人才管理和激励机制，以科技创新推动文化产业的大发展和大繁荣。①

4. 文化人才突出表现为缺口巨大，产学脱节

目前，我国文化产业相关行业需求与人才储备之间存在着巨大的缺口，高素质专业人才以及综合型专业人才还比较缺乏。在文化产业人才培养体系的探索过程中，许多高校都利用自身优势和专业力量培养文化产业相关人才，使人才培养逐渐趋于规范化、多元化、特色化，但仍然面临着一些问题。②

5. 文化出口突出表现为精品缺少，影响力小

联合国教科文组织统计所发布的报告《文化贸易全球化：文化消费的转变——2004—2013年文化产品与服务的国际流动》显示，自2010年起，中国已位居世界文化产品出口第一大国，但引领全球贸易出口的文化产品是以电子游戏为主的"视听和互动媒

---

① 范周，周洁.正确理解文化领域供给侧结构性改革[J].东岳论丛，2016（10）.
② 同上.

体产品"和以金制珠宝与配件、雕塑和塑料装饰品为主的"视觉和艺术工艺品",而更加注重文化内涵、创意设计、思想价值的"文化和自然遗产""书籍和新闻产品""设计和创意产品"等则相对落后于发达国家。虽然2013年我国已经以总值60.1亿美元成为全球最大文化产品出口国,但由于核心竞争力不强,"还称不上是文化产业强国"。中国文化产品和服务必须更加重视精品打造,文化出口必须更加注重内涵式发展,从而更好地提升国家文化软实力,推动中华文化走出去。①

6. 公共文化服务突出表现为供非所需,效能低下

由于公共文化服务强调政府主导,因而各地各级政府文化管理部门在投入公共文化服务建设时经常以执行上级命令、满足硬性指标为导向,忽视公众的实际需求,导致大量公共文化基础设施闲置浪费,政府良好意愿的实际效果不尽如人意。以农家书屋为例,作为一项国家重大文化惠民工程,这一政策得到全国64万个行政村的支持和落实,经过5年多的艰苦努力和近200亿元的财政与社会资金投入,"农家书屋村村有"的目标提前3年完成。然而,这些按照标准化建设的公共文化场所却出现书屋无人使用、书刊无人借阅的普遍现象,文化惠民沦为无效供给。探索合理、创新的公共服务供给方式,利用市场和社会机制完善资源配置,有利于提高公共文化服务受益范围和效能质量。②

(二)文化领域供给侧改革问题成因

造成这一问题的原因主要有以下几点。首先,所有制结构不

---

① 范周,周洁.正确理解文化领域供给侧结构性改革[J].东岳论丛,2016(10).
② 同上.

平衡。文化产业所有制结构突出表现为国有、民营文化企业数量实力悬殊,政策待遇不够平等。目前我国国有文化企业发展起点高,发展态势稳健,得到国家相关政策支持力度大。根据《国有文化企业发展报告(2014)》,截至2013年年末,全国国有文化企业共计1.2万户,从业人员120.5万人,营业总收入1.07万亿元,企业平均营业收入8900万元。相比之下,以中小微企业为主体的民营文化企业虽然发展迅猛,但总体实力相对弱小,一些行业壁垒限制和政策约束进一步制约其做强做大。国家统计局数据显示,截至2013年年末,我国共有小微文化企业77.3万个,占全部文化企业的98.5%;从业人员979.9万人;但营业总收入仅有3.8万亿元,只占文化企业营业收入的45.7%,企业平均营业收入仅有49.3万元。

其次,技术结构不平衡。文化产业技术结构突出表现为传统产业比重大,科技含量有待提升。目前我国文化企业投资大多仍然局限在传统文化产业、低端文化产业上,并呈现出严重的同质化现象。生产出来的文化产品往往存在形象接近、风格相似、内容雷同、功能无异等问题;遍布全国各地的上万个文化产业园区要么产品结构单一,要么主导产业类似,普遍缺乏明显的特色和明晰的定位,也缺少长远的规划和前瞻的判断。在技术应用上,科技对文化产业的贡献率仍在低位徘徊,技术投入不足直接制约文化产业的转型升级,也影响企业自主创新能力的形成和培育。

再次,区域结构不平衡。区域产业结构突出表现为发展不平衡、特色不明显。纵观中国文化产业发展面貌,文化产业区域发展呈现东部领先、中部追赶、西部快跑的梯度发展态势。据中国城市创意指数显示,中国创意城市前十位中,有8个城市位于华东、华南地区。中西部地区虽然具有独特的文化资源优势,但由于经济、地理、交通等条件限制，特色文化产业还未能形成有规模的产业带建设，区域集聚效应亟待提升。①

三、实现"双效统一"的主要对策

"双效统一"是文化领域供给侧改革必须坚守的原则，是指文化产业的发展要把社会效益放在首位，树立社会效益第一、社会价值优先的经营理念。实现社会效益和经济效益"双效统一"，既是保证文化领域健康、有序发展的基础，也是激发文化市场活力、繁荣文化生态的前提，需要依靠政府引导和市场主体的双向合力。

（一）顶层设计、适度干预是政府的职责

1. 把握趋势，主导方向，指明路径

自十八大提出"推动文化产业成为国民经济支柱性产业"以来，文化产业迅猛发展。近几年，文化产业的增速从高位逐渐下降，开始进入"常态化"的"换挡期"。文化产业发展将逐步转换动力机制。政府需做好顶层设计的重要工作，进一步转变职能，简政放权，引导文化产业向创新驱动、深度融合、提质增效、转型升级的方向发展。

2. 政策引导，政策扶持，政策落实

为进一步完善文化产业的顶层设计，深化文化体制改革，促进文化资源合理流动，国家相关部委将通过政策出台的方式做好文化产业的引导性工作，在把握基本思想和核心价值的基础上，提供切实有效的制度保障。同时要注意避免由于细则不明确、落

---

① 范周，周洁. 正确理解文化领域供给侧结构性改革 [J]. 东岳论丛，2016（10）.

实不到位而导致扶持性政策流于形式，防止不良企业利用政策利好扭曲政府意图，妨害文化产业健康发展。①

3. 适度干预，风险防范，坚持底线原则，引导价值取向

由于文化产业具有明显的精神引领、文化感染、思想传递、娱乐休闲等功能，因此文化产品和文化服务的生产，应以社会主义核心价值观为导向，鼓励通过丰富多元的文化创意形式传播主流价值和正能量，提供优质文化供给。同时，应坚守底线原则，对涉嫌违法乱纪、突破文化道德底线的，必须予以及时制止。对收视造假、票房黑幕、明星超高片酬等会导致行业畸形发展的乱象，应予以适度干预。鼓励文化产业创新发展投融资模式，政府放低社会资本进入文化领域的门槛；同时对可能存在违规操作或引发金融风险的行为，应采取必要的、科学的、适度的监管手段进行法律规范和预警防范。②

4. 保障基础，促进公平，提供优质基本公共文化服务

保障公民依法享有基本、平等、优质的公共文化服务权益，是文化强国建设的重要内容之一。应尽快颁布《公共文化服务保障法》，建立健全公共文化服务保障机制，鼓励并支持社会力量参与公共文化服务建设，允许其获取合理的投资收益。对于必要但难以赢利的公共文化服务建设，需由政府托底承担。③

（二）自由开放、公平竞争是市场的特性

1. 尊重市场规律

市场的健康发展必须以市场主体的公平竞争为首要基础。

---

① 范周，周洁.正确理解文化领域供给侧结构性改革[J].东岳论丛，2016（10）.
② 同上.
③ 同上.

十八届三中全会凸显"公平"改革的意识,特别提出要"保证各种所有制经济依法平等使用生产要素、公开公平公正参与市场竞争。废除对非公有制经济各种形式的不合理规定,消除各种隐性壁垒"。这一要求直接指向文化领域中普遍存在的政府对于公有制和非公有制市场主体区别对待,特别是对国有文化企业过度扶持保护、对民营文化企业执行歧视性政策的现象。以中国演出市场为例,2013年国有文艺表演团体共1422家,收入78.54亿元,其中政府补贴为50.06亿元;民营文艺表演团体共10953家,收入111.06亿元,其中政府补贴仅2.39亿元。换言之,虽然国有院团数量不到民营院团的1/7,得到的政府补贴却超过民营院团20倍,补贴收入占总收入近2/3。2014年国有和民营院团所得到的政府补贴差距进一步拉大。文化体制改革是文化领域供给侧改革的题中之义,必须加快构建统一开放、竞争有序的现代文化市场体系,帮助民营企业,尤其是中小微企业解决融资难、融资贵的问题,打破文化市场条块分割、地区封锁、城乡分离的传统格局,鼓励各类市场主体公平竞争、优胜劣汰,促进文化资源在全国范围内流动。[①]

2. 激发市场活力

在文化领域供给侧改革中,进一步完善公平的文化市场竞争秩序,是解决"政府越位"的问题,而进一步健全文化市场支撑体系,则是弥补"政府缺位"的问题。要在2020年前实现文化产业增加值占同期GDP(国内生产总值)总量的5%以上,就必须更加有效地激发文化产业市场活力,提高文化与金融合作的广度和深度。例如,政府放宽民间资本准入,积极引导互联网金融创新发展,这

---

① 范周,周洁.正确理解文化领域供给侧结构性改革[J].东岳论丛,2016(10).

对于减少财政压力、激发市场活力、促进竞争多元化、壮大文化产业的整体规模意义重大。近几年,持续不断的政策红利使文化产业成为各路资本重点关注的领域,中央财政基金发挥杠杆作用,极大地调动了社会资本、金融资本进入文化产业的积极性。2016年,文化产业从不同资本渠道获得资金近4000亿元,其中仅有不到10%来自股权投资基金、商业银行等,其余90%来自社会资本。在创新和完善文化产业投融资方式,建立多元化、多层次的文化资本市场的同时,如何避免资本逐利性对文化产业的透支,如何制定科学的政策促进产业发展和资本运作的双赢,以保障文化产业长远的健康和活力,将成为政府和市场未来需要同时努力的重点之一。[①]

(三)技术创新向内容升级提出时代要求

党的十九大明确了"创新是引领发展的第一动力"。在云计算、物联网、移动互联网、大数据、智能城市等变革性科技的推动和融合下,文化产业的表现形式、内容制作、经营管理、运作模式等方面都会出现巨大的变化。以创意性和新技术为特征的文化产业新业态层出不穷,传统产业也将焕发出新的时代光彩。以博物馆的发展为例,科技的发展带动观念的革新,博物馆逐渐跳出过去故事堆、标本库、史料馆的功能属性,突破以往尘封、静态、单一、古板的严肃面貌。故宫博物院运用大数据构建"故宫数字沙盘"数据可视化平台,运用信息技术开发数字宫廷、虚拟现实剧场、"故宫展览"APP、全景故宫等互动体验项目,极大地改变了以往被动展览的博物馆运营模式,而成为极具特色的文化交流空间、创意设计殿堂和科技体验场所。在新技术时代,文化

---

① 范周,周洁.正确理解文化领域供给侧结构性改革[J].东岳论丛,2016(10).

产业依然内容为王,技术创新将不断倒逼内容革新,为市场提供具有时代竞争力的文化产品。[①]

(四)制度创新为优化文化供给保驾护航

推进文化供给侧结构性改革,离不开政策的创新和支撑。"文化+"和"互联网+"作为创新通道,为文化产业创造新区间。为保障文化产品和服务供给体系的高质量和高效率,必须着力发挥制度优势,弥补市场失灵,引导市场行为,系统调整文化领域财税、金融、投资、土地、人才和环境政策,加强政策协调配合,形成有利于文化消费升级和文化产业升级协同发展的政策环境。

当前重点是要从以下四个方面发力创新文化政策:一是创新清单管理政策。通过清单管理的形式,健全文化市场的准入和退出机制,严把项目入口关,从源头上控制文化供给质量。二是创新资产管理和产权交易制度。加快健全管人、管事、管资产、管导向相统一的国有文化资产管理体制机制,鼓励文化企业建立具有文化特色的现代企业制度,积极推动文化企业跨区域、跨行业、跨所有制兼并重组,增强企业文化供给实力。三是创新文化治理政策,降低非公有制文化企业准入门槛,激发广大群众参与文化建设的热情,汇聚更多力量推动文化供给侧改革。四是创新质量管理政策,健全行业管理标准,为文化设施的建设、文化产品和服务的供给制定可供参考的尺度,提升文化供给的整体水平。[②]

(五)需求升级、投资消费倒逼供给侧改革

供给和需求是一体之两面,对立统一,紧密相连。同经济领域一样,文化领域供给侧改革不是不要需求侧,而是两端应同时

---

① 范周,周洁.正确理解文化领域供给侧结构性改革[J].东岳论丛,2016(10).
② 同上.

发力，共同作用。供给侧改革主要针对当前文化领域存在的结构性问题和体制机制问题，需求侧管理则是适度发挥宏观经济学中"三驾马车"的作用，保证文化领域能够稳定增长。

1. 投资引导，公共文化服务补短板

"十三五"期间，在文化产业由政府投资主导向社会投资转变的同时，保障人民基本文化需求的公共文化服务依然需要加大财政支持力度，特别是在文化基础设施建设上，要加快均等化、标准化发展。目前，我国公共文化服务体系区域不平衡、城乡不平衡、群体不平衡现象仍然十分突出，有效供需对接失灵导致政府投入意愿与公众文化期待存在巨大落差；虽然各级财政对文化建设的投入不断增加，但由于长期以来文化建设经费基数低，财政投入的增长与文化发展的需求之间仍有不小差距。面对公共文化服务建设发展的现实问题，加强投资引导补齐短板仍是当前重要任务之一。[①]

查漏补缺，填补空白。全国范围内清点公共文化基础设施建设情况，特别是"老少边穷"地区，要实现"全覆盖"。在投入建设之前，要仔细调研，了解群众的实际需求，做到"文化精准扶贫"。对于公共文化体育资源仍然比较匮乏的中西部地区和县级以下基层，要给予财政支持，适当调整全国文化事业费的拨付比例。

利用资源，盘活存量。截至2017年，我国已有博物馆4721座，公共图书馆3166座，从中央到乡村，各级公共文化设施建设已基本完成，县有图书馆、文化馆，乡有综合文化站，村有文化活动室，社区有文化活动中心。如何最大效用地使用数量如此众

---

① 范周，周洁.正确理解文化领域供给侧结构性改革[J].东岳论丛，2016（10）.

多的文化场馆，不让它们成为门可罗雀的藏书阁、无人屋，沦为闲置的摆设、荒废的建筑，需要积极盘活沉淀、休眠的文化资源，兼顾地方民俗特色和文化习惯，为公共文化服务体系打通"最后一公里"，让文化活动能够走进群众心坎儿里。[①]

资源整合，城乡联动。缩小城乡差距，解决城乡公共文化服务水平长期失衡的状态，需要加强文化资源整合，促进文化互联互通，推进城乡一体化建设，构建城乡联动机制。但值得注意的是，在构建公共文化城乡联动机制时，可能存在行政管理对接错位、文化接受习惯差异、"商业"与"公益"难以平衡等影响城乡公共文化融合的制度性障碍和运作性困难，需要以准许"试错"的态度进行探索尝试，寻求最实用、最有效、最为城乡群众接受和欢迎的合作方式。[②]

科技引领，跨越发展。信息科技的快速发展让很多事情都变成可能。现代数字网络技术突破传统时空、渠道、手段限制，能够快速、便捷地向全国各地人民群众提供公共文化产品和服务，并实现产品远程更新、服务实时同步、评价及时反馈。借助文化信息资源共享工程和数字图书馆、公共电子阅览室、智慧城市建设，科技创新成果能够极大地促进公共文化服务的均衡化发展，落后地区能够按下"快进键"，发挥后发优势，实现跨越式发展。[③]

创新供给，需求定制。自上而下的文化供给方式往往会导致政府提供的文化福利不能满足基层民众的文化需求。要想让公共文化服务更好地贴近人民群众，需要创新文化供给方式。对于大

---

① 范周，周洁．正确理解文化领域供给侧结构性改革[J]．东岳论丛，2016（10）．
② 同上．
③ 同上．

型文化基础设施项目，可以积极探索各种类型的公私合作方式，降低财政负担和投资风险，提高管理效率和使用率；对于公共文化产品和服务，可以采取自下而上、按需定供的"菜单式"方式，用政府购买、项目补贴、定向资助等措施，引导和鼓励社会力量广泛参与，促进政府和社会良性互补，多元共治。[①]

2. 满意导向，文化消费也要补缺口

要有的放矢，注重城乡需求差别。我国东部地区文化消费整体优于中西部地区；城镇居民的文化消费环境、文化消费能力、文化消费满意度远高于农村居民；而农村居民的文化消费意愿较城镇居民更强烈，显示出较大的文化消费市场成长空间。在提供文化产品和服务时，城镇要更重视质的提升，不断提高群众满意度；农村要更重视量的供给，为群众提供更多有效的文化选择。[②]

注重差异，提供个性化和多元化文化产品。中国地域幅员辽阔，地方文化千差万别。消费习惯反映消费心理，也直接影响消费形态。发展文化消费应特别注重研究不同区域的文化习惯，既要凸显当地文化特色，也要尝试引导各地群众对多元文化的理解和接受。同时，要针对中老年、青少年、儿童等不同年龄段的消费群体，针对文艺青年、亲子合家欢、大众娱乐、文化科普等不同诉求的消费目的，针对进城务工人群、残障人士、留守儿童等特殊群体，提供差异化、个性化的文化产品和服务。

引导培育，培养前瞻性和健康的消费习惯。随着大数据在各领域的广泛应用，建立国家级文化消费服务平台，对居民的文化

---

① 范周，周洁.正确理解文化领域供给侧结构性改革[J].东岳论丛，2016（10）.
② 同上.

消费习惯、文化消费偏好、文化消费行为等内容进行监测、统计、分析，及时准确地获得文化消费的客观数据。引导文化企业按需研发，生产和提供群众真正喜闻乐见的文化产品和服务。在扩大文化消费规模的同时，还应注重培养大众健康的审美观和良好的艺术感，通过各种优秀的文化产品，借助各种舆论途径和市场手段，正确引导大众文化消费，提升文化品位和道德修养。[①]

第三节　坚持双效统一原则的现实情况

一、文化企业社会效益与经济效益的博弈

文化产业作为一种精神经济形态，兼具获取经济收益和教育引导、文化娱乐的双重功能，这就决定了文化产品和服务具有意识形态和商品的双重属性。文化产业的双重属性决定了文化企业在社会效益与经济效益之间博弈：首先是注重社会效益，但有些注重社会效益的艺术产品不能得到市场的认可及观众的认同；其次是过度追求经济效益，将市场占有率、收视率、票房和发行量作为唯一标准，不顾内容质量高低及价值观念的正确与否；最后是既注重社会效益又注重经济效益，既能传播正确的世界观、人生观和价值观，向大众传送真善美的正能量，又能赢得市场的认可，获得丰厚的经济收益。这种博弈是现实生活中常见的现象，但文化企业如何处理社会效益和经济效益的博弈是行业关注的焦点。

[①] 范周，周洁.正确理解文化领域供给侧结构性改革[J].东岳论丛，2016（10）.

(一)文化企业逐利的本质

企业的诞生是社会生产力水平不断提高的产物,企业的本质是追求投入产出效益最大化,即通过投入土地、劳动力、资本、技术等诸多生产要素向市场提供商品或服务,以谋求经济收益。1937年,美国经济学家科斯在《企业的性质》一文中首次对企业的本质进行理论探讨。传统的微观经济学理论认为企业生产过程是一个追求投入产出利润最大化的"黑匣子",企业生产利润的获取就是在这个"黑匣子"中实现的。但是,目前西方经济学家并非全部认可这一对企业本质的理解。同样,文化企业作为企业的主要类型之一,也是以利润最大化为目标,只不过与传统企业相比,存在投入要素差异。为了对这些投入要素的成本进行回收,必然也要将追求利益作为自己的首要目的。文化企业逐利的本质就在于通过不断获取利润来得到投入成本的本金,从而使文化企业的生产活动能够不断地维持下去。

(二)文化企业社会责任的缺失

企业作为一种以营利为目的的社会经济组织,除了要将获取经济收益作为自己的目标之外,也承担着环境保护、安全生产、社会道德、公共利益等社会责任。

1. 文化企业社会责任含义

文化企业作为以营利为目的的社会经济组织,不仅要为国家创造经济财富,而且要对国家和社会发展提供文化价值支撑和引领。文化企业要以经济收益为核心,这是形成产业的基本条件,但是如果仅仅注重经济效益、盈利数据,不注重企业社会责任的培养和建设,也就偏离了文化企业发展的初衷。在探讨文化企业社会责任缺失的问题时,我们不妨先为文化企业的社会责任做一个概念上的界定和划分。

文化企业以生产精神性内容为己任,这就决定了文化企业社会责任的第一层含义是其生产的文化产品要正确引导社会价值导向,向社会提供优质健康的文化内容。深圳华强文化集团打造的方特东方神话乐园、"熊出没"主题乐园,传递了积极向上的正能量;杭州宋城演艺集团公司推出的大型实景演出《宋城千古情》,弘扬了中华优秀传统文化,对发展社会生产力和改善人民的文化生活做出重要贡献。但是,目前许多文化企业为追求收视率、点击量、曝光量等数据指标,只顾眼前经济效益,没有为社会提供内容积极健康,弘扬正确的世界观、人生观、价值观的优质文化内容。2018年4月4日,某些短视频平台传播未成年二胎妈妈等涉及未成年人低俗不良信息的相关视频,社会舆论反应强烈。这些不健康的内容不仅对青少年的身心健康造成恶劣影响,而且败坏了社会风气,破坏了原本清朗的社会文化生态空间。

积极创新文化产品的生产内容及形式,促进生产丰富多样的文化产品是文化企业社会责任的第二层含义。为了满足人民日益增长的对美好生活的需要,广大文化企业必须为人们提供源源不断的丰富的精神食粮。同时,生产的精神食粮必须要符合人民日益多样化、个性化的精神需求,为此,要不断革新艺术表现形式。新技术的使用丰富了艺术表现形式。科幻作家刘慈欣的小说《三体》借助现代科技手段登上话剧舞台,舞台利用3D、纱幕成像、视听成效、虚拟现实元素、无人机等技术手段进行幻觉设计。一流的视听效果、极致的舞美设计,颠覆了传统舞台剧的呈现方式。但是,目前这样的创新意识尚未被所有企业认同,能积极主动地为社会提供形式新颖、内容优质的文化产品的文化企业实在少之又少。

积极弘扬中华优秀传统文化，促进中华文化的国家化传播是文化企业社会责任的第三层含义。中华民族五千年的灿烂文明是中国人最大的精神财富，绝不能让中华民族灿烂文明在当代断流。目前真正以传播中华文化为己任的文化企业屈指可数，很多文化企业仍将经济收益作为首要目的，为迎合低俗趣味不惜生产劣质内容，什么夺人眼球就生产什么，什么能够短时间内集聚流量就生产什么。鉴于此，就不难理解为何《中国诗词大会》等弘扬中华优秀传统文化的清流综艺节目一经推出就火爆全国了。

奉献社会，积极参与社会慈善和社会公益活动，是文化企业社会责任的第四层含义。文化企业除了生产内容丰富、形式多样的文化产品，更要积极参与社会公益活动，向社会不断奉献爱心。目前文化企业奉献爱心的数量和层级都有待改善。一些行业巨头是参与社会慈善活动的主力军，但小微文化企业参与社会公益活动的积极性尚待挖掘。因此，建议未来在全社会设立鼓励文化企业参与社会慈善、社会公益的激励机制，将企业参加社会公益活动的数量和能力作为考核企业成败的重要标准。

2. 文化企业社会责任缺失原因

文化企业社会责任缺失这一现象背后除了有我国经济体制本身的原因外，也有相关监管部门以及企业本身的问题。在实施改革开放战略以前，我国奉行传统的计划经济体制。所谓计划经济，是指企业的发展指标、发展规划、发展方向都由政府制定，所以，企业的运行在很大程度上依赖政府的指令。但是，随着改革开放步伐的加快，我国开始实行以市场在资源配置中占据重要地位的市场经济，进入了社会主义市场经济新阶段。离开了政府的庇护，如何独立在市场上赢得经济收益,如何在追求经济收益的同时兼顾社会效益和社会责任,对于新兴企业而言都是前所未有的新命题。企业尚未对此有深刻认知也在情理之中。相比之下,西方企业在企业社会责任的主体界定、内容规范等方面都有着丰富的经验,形成了一套较为成熟的发展运作机制,因此,我国企业在这方面也可以多向西方企业学习,不断完善我国文化企业社会责任体系。

党的十九大报告明确提出我国要建设法治化社会,要加快法治化进程,在法治化进程中要不断规范市场行为。公有制经济、非公有制经济、国有经济、集体经济、混合所有制经济等众多经济类型在市场竞争中都获得充分发展,但是,在过度追求经济发展速度的同时,各种经济类型中暴露出的不合乎法律规范的行为严重阻碍了市场经济的健康发展。由于我国针对市场经济发展的法律建设存在滞后性,因而不能对市场经济发展过程中的种种问题进行及时反馈。虽然也陆续出台过一系列规范企业行为的法律,但其内容尚不细化,体系尚不健全,导致在对一些企业的违法行为进行惩戒时找不到合适的法律依据。除了立法层面的不足,政府对企业的执法力度、监管力度也急需加强。执法不严会助长扰乱市场经济正常运行行为的发生。

经济学家亚当·斯密曾经在他的经济学著作中将企业的发展目标定位为"盈利至上,利润唯一"。由此可见,企业的天性就是追逐利润。企业在追逐利润的过程中,会将全部精力放在如何使企业利润增值、如何使企业效益翻倍等方面,会将目光紧紧盯在衡量企业营业收入的物质指标上。长此以往,文化企业就会渐渐忘却企业在追求经济利益的同时,还需肩负和承担社会责任,久而久之,企业就可能忽视了社会责任这一层面的要求。除了企业自身的原因，文化企业社会责任的缺失与全社会尚未形成鼓励企业奉献社会的氛围有关。目前全社会都将文化产业视为拉动经济增长的新引擎，而忽略了其传承文化、提升精神境界、奉献社会的文化功能，因而，目前全社会尚未形成鼓励文化企业投身社会慈善事业的氛围，众多文化企业尚未认识到发展文化产业也需积极承担社会责任。

综上所述，将社会效益放在首位是"双效统一"中最基础和重要的方面，必须贯穿文化产品生产、文化企业经营管理的全过程。但是，将社会效益放在首位不等同于漠视经济效益，相反，是要通过社会效益的巨大力量来引导经济的发展方向。

二、作为产品的文艺作品——艺术性与商业性的交错

（一）文艺作品的功能

在中国的古籍中，"文"既指文字、文章、文采，又指礼乐制度、法律条文等。"化"是"教化""教行"的意思。可见，古人在很早就意识到文化具有"以文化人"的重要功能。总体来看，文化产品作为一种特殊的精神产品，具有认知功能、传播功能、教育功能、凝聚功能四大功能。

文化具有认知功能。文化是以价值观念为核心的系统化存在，是一个国家、民族生活方式的集中体现，是生活在这个区域中的人的思维方式的集中体现，它以一种潜在力量规范着人的行为，制约着人的思维。因此，文艺作品中传递出的文化精神和人文气息，也成为我们认知一个国家、民族的途径。法国人生性浪漫，所以我们在阅读世界文豪雨果的《悲惨世界》《巴黎圣母院》时，

也能感受到流淌在文字间的浪漫主义情怀；俄国人历经农奴制改革等几番社会动荡，在时代风云变幻中练就了刚正不阿、敢于向苦难顽强抗争的坚毅品质，我们读《钢铁是怎样炼成的》《战争与和平》《在人间》时，无不被其与生命抗争的呐喊所触动。

文化具有传播功能。文化的传播功能主要体现在一国文化在本土或本土以外领域产生的影响力和感染力上。借用本雅明在《机械复制时代的艺术作品》中的观点来看，机械复制艺术虽逐渐消解了艺术作品的"灵韵"，但也使其展示价值得到了极大体现，使其传播范围不断扩大。

影视作品作为机械复制艺术的代表，在满足大众精神文化需要、消遣娱乐的基础上，也在影像中潜移默化地传递本国、本民族的价值观念、生活方式和审美情趣。例如韩剧《太阳的后裔》《来自星星的你》就在掀起全球收视狂潮的同时，将韩国人的价值观念、思维方式借助韩国服饰、风俗等传递到全世界。这就是文化软实力的重要体现方式之一——文化软实力是一场没有硝烟的战争，文化软实力竞争必然在未来国际竞争格局中占据重要的一席之地。

文化具有教化功能。文化的教化功能最早体现在春秋战国时期，当时的统治阶级利用文化本身独特的力量对大众进行感化、教育和影响，以便更好地维护国家统治。例如，中国传统文化中强调的伦理纲常就是在用文化教化的力量来规范人与人之间的关系。当今，时代的发展对文化教化功能的现代化提出了新的命题。文化治理是国家治理体系的重要组成部分，文化治理以润物细无声的软性力量实现对国家事务的管理，以文化力的方式实现治理。

文化具有凝聚功能。文化的凝聚功能是指在某一特定团体或人群内，利用相同文化观念、共同文化认知来凝聚共识，从而达到一种文化向心力。意大利著名左翼政治领袖葛兰西在其提出的"文化霸权"理论中强调，西方发达资本主义社会的统治方式已经不再是通过暴力，而是通过宣传。通过其在"精神和道德方面的领导权"，让广大人民接受其一系列的法律、制度和观念，以达到实现其统治的目的。①"文化霸权"就是利用文化具有的凝聚共识功能来实现的。此外，比如我们现代社会所倡导的企业文化、品牌文化就是在企业与企业员工、消费者之间搭建起沟通的桥梁。美国耐克公司所倡导的"Just do it"的口号就是其品牌文化的重要体现，这种文化向心力可以有力促进企业的稳固、集体的发展与稳定。

（二）文艺作品产生的深远影响

文艺作品以精神性内涵为主要内容，以其无形的价值观念、思想内涵对人的发展具有潜移默化、深远持久的影响。文艺作品对个人、社会、国家发展都具有重要影响。从个人层面来看，首先，文化能够丰富人的精神世界。优秀文艺作品总能借助图像、影像、文字等手段来表达人类对于美好生活的向往。它以润物细无声的力量潜移默化地浸润人的心灵，增强人们抵御现实生活种种诱惑的能力。其次，文化能够增强人的精神力量。文艺作品都是艺术创作者基于现实生活基础并融入主观情感的艺术化表达的产物，或多或少都是对现实生活的反映。大众在接受并阅读、欣赏文艺作品时，都能从文艺作品中汲取有助于解决现实生活问题的精神力量，这些精神力量能够增强人的意志，促进人的全面发展。

---

① 张森.文化治理理论演进、西方模式与中国路径[M].北京：中国政法大学出版社，2017：19.

从社会层面看，文化具有凝聚社会力量的作用。文化关乎审美方式、价值观念、生活方式等，提供着关于是与非、善与恶、美与丑、好与坏等社会标准，对于丰富人的精神世界、增强人的精神力量发挥着举足轻重的作用。文化是民族的血脉，文化的力量深深地熔铸在民族的生命力、创造力和凝聚力中。中华优秀传统文化所倡导的"仁爱、博爱"，革命文化中倡导的"众志成城""同仇敌忾"，都对实现社会发展、凝聚社会力量发挥了重要作用。以文化力量凝聚社会共识，产生文化认同。文化认同是一种更为深层的精神层面的认同，这种认同不依靠强制力量来实现绝对化统治，而是以润物细无声的方式实现文化的软性认同，文化认同更能引起大众的情感共鸣和心理归属。

从国家层面看，文化软实力是国家综合实力的核心，在国际竞争格局中占有重要的一席之地。未来国与国之间的竞争，不再局限于经济、政治、军事等方面的竞争，而更多的是文化软实力的比拼与较量。谁的文化软实力强，谁的价值观念能影响到世界各国，谁就更有可能在未来国际竞争中赢得一席之地。美国好莱坞大片在输向全球、赚取丰厚经济收益的同时，也向全世界传递了崇尚自由、崇拜英雄主义的美国价值观；日本动漫在全球掀起观影热潮后，也将日本社会的风土人情展示在世人面前，将日本人崇尚团结的价值观念予以传递。文化软实力的较量不耗一城一池，却能在短时间内对他国人民实现"精神奴役"，使其心甘情愿接受他国文化。我国文化安全问题面临重重困难。

要想提升文化软实力，必须找到有代表性的中国标识，塑造出属于中国人民的价值观念，找到中国人的精神气脉。博大精深的中华优秀传统文化是我们提升文化软实力的重要源泉，是帮助我们在风云变幻的国际文化竞争格局中赢得一席之地的重要法宝。因此,如何在西方文化的裹挟中坚守中华文化立场,如何保持中华优秀传统文化的核心内涵不动摇是值得所有文化从业者深思的问题。因为一旦放弃了中华文化立场,一旦损伤了中华优秀传统文化这一历史文化根基,就毁掉了中华民族的独特精神标识。一旦丧失了"自强不息""天道酬勤"等中华民族优秀文化精神,中华优秀传统文化的血脉也就不复存在。此外,还要注意使爱国主义为核心的民族精神和以改革创新为核心的时代精神相融合,不断为中华优秀传统文化注入时代基因,不断增强中华文化的创造力和感染力,不断延长其生命周期。

(三)文艺作品创作者坚守的底线

文艺作品创作者在进行艺术创作时不能为所欲为,而是要在坚守底线的基础上进行艺术创作。文艺作品创作者要坚守的底线主要包括以下三个方面:文化传承与创新底线,基本道德底线,国家、民族文化底线。首先,坚守文化传承与创新底线。文化是一个国家、一个民族的灵魂。一方面,中华优秀传统文化是世界文明中唯一不曾断流的文化,其中蕴含的哲学思想、人生智慧、艺术价值为当代艺术创作、文化发展提供了源源不断的精神动力。另一方面,中国特色社会主义文化随着时代发展而不断丰富其精神内涵,因而我们必须对中华优秀传统文化进行创造性转化和创新性发展,必须正确处理好文化传承与创新之间的关系。近年来,文化和旅游部非物质文化遗产司联合国内多所大学开展"非物质文化遗产传承人计划",为非物质文化遗产的传承、活化、创新做出了重要贡献。同时,各有关文化部门也就非物质文化遗产举办系列活动。2017年6月5日,在恭王府举办的"锦绣中华"非物质文化遗产服饰秀系列活动,将非物质文化遗产与现代时尚进行完美融合,让古老的非物质文化遗产焕发出新的生机与活力。但是如果处理不好文化传承与创新之间的关系,就容易出现诸如"抗日神剧"等恶意歪曲历史的反面案例。由此可见,文化传承与创新需要合理的界限与底线,不是所有文化都可以被创新,也不是所有创新方法都适用于文化传承。

其次,坚守基本道德底线。在当今中国,坚持基本道德底线就意味着坚持社会主义核心价值观,所以,文化企业不能创作出违背社会主义核心价值观的文化产品。但是,受市场经济大环境影响,一些文化企业追求短期经济收益,迎合某些消费者的低俗审美需要,不惜使暴力、色情等有悖于社会主义核心价值观的内容流入市场,制造了大量文化污染,破坏了原本健康和谐的文化生态体系。

最后,要坚守国家、民族文化底线。文化是本国社会历史、人民精神风貌的集中体现,因此,文艺创作必须坚守国家、民族文化底线,积极创作反映本国人民、本民族精神风貌的优秀文艺作品,不得创作侮辱本国文化、本国历史、本国人民的低劣作品。

案例:《战狼2》

《战狼2》电影的故事情节并不复杂,主要讲述了正在经历人生低谷的冷锋,原想在海上漂泊了此一生,不曾想却因此卷入了一场非洲国家叛乱的故事。2017年10月,该影片被选定代表中国影片角逐第90届奥斯卡最佳外语片提名。其累计票房已达56.73亿元。

《战狼2》为什么这么火?为什么一部主旋律电影能够赢得市场及观众的广泛赞誉?主要有以下几点原因:首先,整部电影中流淌出来的对祖国真挚而热烈的感情。在《战狼2》之前，电影创作题材大都表现个人或者社会层面的生活百态，尚未有一部电影能够用现代化的技术与手段在国家层面对爱国主义情怀进行淋漓尽致的刻画。《战狼2》能够收获巨额票房的关键就在于其充分感知到观众对于爱国主义具有强烈的精神认同。电影如何借助声光电等高科技手段营造一种特殊的艺术语境，在这种特殊语境中弘扬爱国主义的民族精神，引起观众强烈共鸣，如何在符合观众审美需求的基础上有效传播社会主义核心价值观都是值得深思的问题。

其次，将个体英雄与群体成功进行了合理的刻画。美国好莱坞大片中所展示的充满个人主义色彩的"美国英雄"是其成功吸引大众的重要原因，相较之下，我国虽然也重视塑造英雄形象，但更多是以集体主义的英雄形象予以展示，并不强调塑造个人主义的英雄形象。而《战狼2》则一反常态，将拯救同胞的责任与使命都明确地赋予一个充满爱国情怀、身怀绝技、机智勇敢的退役特种兵，这一下子就使爱国主义变得具象化和个体化，这在以往的中国电影中尚不多见。

再次，本国文化日益加深的文化认同。《战狼2》将中华文化中优秀的一面展示给世界各国人民，充分地向全世界诠释了中国精神、中国气派、中国立场的深刻内涵。这一内容呈现不仅反映了我国近年来社会经济建设取得的突出成就，也体现出我国不断提升的文化自信和大国心态，能够引起世界各国人民瞩目也就不足为奇了。

最后，内容的精心打磨。近年来，中国电影市场票房呈现井喷状态，影片数量屡创新高，但是影片质量却难以恭维，精心打磨剧本内容、精心创作和制作的影片屈指可数。在此背景下,《战狼2》以精彩的故事情节和精心的艺术制作脱颖而出,既是市场的必然选择,也反映出观众对优质影片的渴求。《战狼2》将格局放大,运用全球化视野弘扬爱国主义,这样的故事情节本身对观众而言就有足够的吸引力。同时,《战狼2》紧紧抓住了动作电影的核心元素——节奏,显示了导演吴京在叙事场面和镜头运用方面高超的能力。整部影片环环相扣,一气呵成,毫无拖泥带水之感。影片极具真实感,通过使用新式武器,营造出真枪实弹的战争场面和惊心动魄的生死搏斗场面,突然就给观众一种身临其境之感,让观众不由自主地随着影片故事情节的发展而产生强烈的情感共鸣。影片不仅创造了强烈的视觉冲击,也造成了巨大的心理震撼。

《战狼2》上映后不仅接连打破多项票房纪录,而且在社会上引起广泛热议,多数观众对其内容质量赞赏有加,这也给广大电影从业者诸多启发和思考。

一是要努力创作反映时代变化的经典艺术作品。当代中国正经历着中国历史上最广泛而深刻的变革,这种实践是前无古人、后无来者的。在这伟大实践中所展现的丰富社会现实,以及在社会转型时期所出现的种种社会矛盾,都为我国电影从业者提供了丰富而独特的创作素材,为中国电影事业繁荣提供了广阔的空间和持续繁荣的动力。伟大的时代是中国电影人的机遇。

二是要坚持以人民为中心的创作原则,坚持创作反映人民心声的文艺作品。观众的口碑是评判一部电影质量的根本标准,电影《战狼2》高额票房背后是广大观众对它的认可、支持与尊重。由此可见,优质内容无论在何时何地,都能赢得观众的心。毛主席曾指出,"为什么人的问题,是一个根本的问题,原则的问题"。纵观古今中外历史,凡是优秀的文艺作品,无一不是文艺工作者在深入人民生活、扎根人民实践基础上所创作的反映人民心声的优秀作品。因此,未来电影工作者必须始终将人民放在首位,将社会效益放在首位,才能创作出更多口碑票房俱佳的艺术精品。

三是中国电影要坚守中华文化立场,展现中国精神、中国风貌、中国气质。习近平总书记强调,当代中国人民比历史上任何时期都更接近中华民族伟大复兴的目标,因而,广大文艺工作者必须大力创作以反映人民为实现中国梦所做的不懈努力,为爱国所做的种种牺牲,展现中国人民的新风貌、新气象。《战狼2》通过塑造冷锋这样一个孤胆英雄的人物形象,展现了当代中国人民强大的爱国情怀。同时,也展现了中国日益强大的综合国力和国际影响力,展现出当代中国人民不畏困难、不怕牺牲、勇于奉献的时代精神。其教导我们广大电影工作者,在艺术创作过程中要始终坚守爱国主义的基本底线,要始终弘扬积极向上的正能量。

第四节　文化产业学者的人文情怀

一、专业深耕

文化产业专业研究目前仍面临着诸多问题。首先,理论体系不完善,专业理论框架尚未形成。"文化产业"是一个舶来品概念,它随着西方国家两次工业革命的完成,资本主义市场经济体制的确立,将工业化生产方式、流水线化作业方式融入艺术生产,成为一种新的尝试。机械复制的工业化方式拓宽了文艺作品的传播渠道，扩大了文艺作品的受众群体，但这一方式也并非完美无缺。工业化生产方式的融入打破了精英主义者认为文化是少数人特权的既得利益，因而遭到法兰克福学派的代表人物霍克海默和阿多诺的强烈批判，后来也有伯明翰学派学者与此针锋相对，认为文化不应为少数人所独有，文化应该是大多人的普遍权利。

随着文化产业发展水平的不断提升，西方对文化产业现实予以思考的理论性著作也越来越多。在理论与实践的双重影响下，西方文化产业理论研究的能力也日益提升，逐渐形成系统化的理论框架和学科体系。20世纪80年代以来，随着改革开放步伐的加快，文化产业作为推动国民经济发展的重要力量日益受到关注，因而文化产业理论研究也逐渐成为学界关注的热点问题。但是，鉴于国内目前对文化产业专业尚未进行合理学科划分，相关专业理论基础也不扎实，导致目前文化产业理论界尚未出现如大卫·赫斯蒙德夫的《文化产业》之类的系统化、理论化的经典理论著作。缺乏系统的理论支撑导致对文化产业发展的许多深层次问题还把握不清楚、不准确，文化产业理论对实践的指导意义和借鉴意义也极为有限。

其次，文化产业作为一个强调对策性、实践性、应用性的学科，与其他人文学科相比，更加强调理论与现实的紧密结合。文化产业研究应秉承"从实践中来，到实践中去"的原则，文化产业理论研究当结合实践方不为"空"，文化产业实践当以"理论"为指引才不会失方向。面对层出不穷的文化产业新现象，以及这些新生事物在发展过程中暴露出来的种种问题，文化产业学者应给予高度重视，并进行深入研究。文化产业作为以精神文化输出为主要内容的特殊产业类型,具有促进人的精神世界完善、提升文化素养、教化人性等重要作用。文化产业理论研究措施能够有效指导行业实践,并促进行业实践实现健康发展。例如,面对火爆的短视频、网络直播中出现的低俗现象污染了社会风气,破坏了原本风清气正的文化生态空间等问题,文化产业理论研究者应负有高度社会责任感,对出现的混乱现象提出富有成效的建设性建议,从而促进和谐社会建设。

二、人才培养

文化产业是受创造力支配的经济类型之一,它更多强调创造力对经济的贡献能力,而创造力的主体是人才。[①]因此,文化产业发展的关键就在于培养合格的专业人才。但目前文化产业学科人才培养存在重重困难。主要表现在以下几个方面。

首先,表现在课程设置上"有什么设什么"。在我国,文化产业属于新兴产业,实务发展明显快于理论的构建与完善。早期的研究人员,多是从文学、艺术学、经济学等领域跨界而来,而且取得了不俗的研究成绩。这既是我国文化产业研究的一种既定态势,也是文化产业具有极强学科交叉性的一种表现。在没有形成自身强有力的核心理论体系之前,学科交叉的多元性将是文化产业学科的常态。即同样是文化产业学科,但课程的特色、研究的方向都不会相同,甚至是百花齐放、特色各异。在这种态势下,

---

① 向勇.学科范式的转换与身份认同的构建——文化产业学科建设的目标与对策[J].学术月刊,2010(8).

文化产业培养的人才应该是各有专长。然而，实际上的培养结果却与预期相差太多。学科的交叉性，使一些学校理解为只要是文化领域的教师，都可以转行来教文化产业。所以文化产业的人才培养出现了两种不良态势。第一，但凡有文化产业相近专业的师资，开设文化产业专业就"不缺师资"，这或许也是全国文化产业及其相关专业的开办数量在短短几年内得以迅速增长的原因。第二，"不缺师资"导致的结果就是有什么样的教师上什么样的课程。在对部分高校课表及教学内容的调查中发现，文化产业专业隶属哪个学院，所配备的师资、设置的课程往往就会侧重于哪个方面，而且教师的授课内容与传统学科的教学内容类似，并没有根据文化产业人才培养的规律和市场对文化产业人才的要求进行课程设置，典型的"换汤不换药"。[①]

其次，表现在课堂教学上"会什么讲什么"。课程设置的不合理，使教师们在课堂传授上也处于一种比较尴尬的局面。文化产业的综合性、交叉性对授课教师的学科背景有极高的要求，至少需要教师对一般的经济、艺术、文化等多个领域有所探讨。尤其是文化产业高度的实践性，要求教师们必须具备一定的从业经验，否则在案例的分析与运营，特别是重大文化项目的把握上会严重缺乏掌控力和感染力，使教学变得理论化、死板化。现在虽然很多高校的文化产业专业都设置了看似和产业挂钩的课程，然而授课老师往往是研究文学、艺术等传统专业出身，对产业运营规律的研究并不深入。师资力量和专业之间的矛盾，导致了文化产业

[①] 范周，杨剑飞.产销不对路——文化产业人才培养的问题到底在哪里？[J].人文天下，2015（13）.

及其相关专业的教学一度出现了教师不能深教、学生只能略懂的局面,所产生的结果就是学生既没有学到精专的技术,也不具备宏观的创新性思维。针对这一问题,中国传媒大学文化发展研究院提出了"1+2"的教学模式,即1个学生+2名导师(校内学术导师和业界实践导师)。通过导师间的互补,弥补师资的短缺,打通课堂理论教学与实践操作的大动脉,为学生提供多元化的学习路径。①

再次,表现在培养模式上缺乏"合纵联合"。文化产业的毕业生虽多,但是适合市场需要的复合型人才却依然紧缺。由于文化产业还不是独立学科,所以其专业特性明显地打着隶属学科的印记。譬如新闻传播下的文化产业学生更倾向于传媒产业;艺术硕士下的文化产业学生更专注于艺术相关领域等,而对于真正"懂艺术、会管理"的高级复合型却着力不够。文化产业的复合型绝不是低水平、平庸的复合,而应该是在精专技术基础上的全面高层次复合。②

为此,一方面需要打通专业之间的藩篱,实现横向的链接。当前我国的分科教育使现有专业壁垒森严,不同专业的课程、师资,尤其是优势教学力量、设施等都有明确的权限范围,这就为专业与专业之间的融合人为地设置了障碍。一般情况下,在同一所学校,专业负责人或者更高级别的负责人之间达成了资源共享的育人共识,这两个专业的融合会比较容易。反之,出于对自留地优势资源的保护,专业之间的互动一般较难实现。因此,需要

---

① 范周,杨剑飞.产销不对路——文化产业人才培养的问题到底在哪里?[J]. 人文天下,2015(13).

② 同上.

在专业建制上实现突破,通过相关专业集聚式发展,实现多方面的融合。而这种聚合,是有主有次的聚合,强调主专业,再复合其他专业知识,而不是过多地强调全而散式的教育。[①]

另一方面,需要加强纵向融合。纵向融合的关键在于学生培养模式的本硕连读,甚至是本硕博的全面复合。通过本科＋硕士＋博士的多层次联合,实现前专业复合或后专业复合发展。譬如,本科专业为文化相关专业,硕士可以攻读经济管理类;本科专业为科技类,硕士可以攻读文化艺术类等。通过前后不同学科的连续攻读,实现不同专业的有效融合,同时经过一定的实践,强化对不同学科背景的融合贯通,切实提升动手能力。[②]

高等教育不是职业教育,出于就业和人才的综合发展,文化产业教育需要提倡"实践性",但是也同样需要注重理论的构建与学习,实现"理论"与"实践"的平衡统一。一方面,文化产业是一门实践操作性很强的学科,需要体现学生的动手能力。因此,学校需要创新现有的体制来强化学生的实践观念,如设置一定比例的"实践学分"等。同时,学校应该主动积极地为学生搭建前沿性、市场化的学术实践平台。另一方面,绝不能因为重"实践性"而忽略了学生对于基础理论的掌握。当前,不少高校在艺术硕士、新闻传播硕士等专业学位领域设置了文化产业方向。以往的文化产业教育过分侧重理论,而现有的考核体制中,对"实践性强"的专业硕士的要求又过度突出了"实践"。

总体而言,文化产业的发展极为迅速,学生固然需要掌握文

---

① 范周,杨剑飞.产销不对路——文化产业人才培养的问题到底在哪里?[J].人文天下,2015(13).

② 同上.

化产业的"术",但是"学"的工具性才能更利于学生的进一步发展成长。因过于强调实践而导致理论基础不牢固恐怕也会"过犹不及"。只有理论与实践并重,文化产业人才培养才能实现可持续发展。文化产业人才的培养,是新时期产业发展对教育体制提出的新要求和新任务。因此,必须创新理念,根据产业实际的需要适时地改革教育的方法与模式,必须以"全面深化改革"的魄力,为这种新型人才的培养提供体制机制上的松绑,用新思路去培养人才。①

三、实践为王

文化产业作为一门偏重实践的新兴学科,尤其注重培养学生参与实践的能力,但目前我国文化产业学科建设中实践环节比重尚不高,存在课程设置不合理、师资力量薄弱、实践教学基地不完善等问题,急需通过相应措施提升文化产业专业实践水平。

首先,文化产业作为一门新兴学科,国内关于这一学科尚未形成统一认知,对如何设置课程体系往往都是从各自角度出发,任意为之。导致目前文化产业课程体系设置过多、过杂,以知识为导向,重点能力不突出,其进一步加剧了文化产业专业学生的理论能力与实践能力的严重脱节。其次,师资力量薄弱。目前,全国各高校中的文化产业专业教师往往都是从历史系、文学系、管理系等相关科系抽调过来的,自身并非是文化产业科班出身,

---

① 范周,杨剑飞.产销不对路——文化产业人才培养的问题到底在哪里?[J].人文天下,2015(13).

对文化产业理论研究尚不成熟，同时又极度缺乏相关社会实践和专业实践，对实际情况的不了解导致他们往往只是照本宣科，无法为学生提供更具有鲜活实操经验的内容。最后，文化产业专业实践教学设施不完善，实践教学基地不成熟。国外文化产业专业学生的学习，往往依托专业机构和文化企业，如博物馆、拍卖公司等进行实操性学习，而目前国内尚未形成合理的实践教学体系，也无法满足多元化的实践教学基地需要，经费不足、体制机制不完善等问题严重制约了文化产业专业学生参与专业实践。

西方在文化产业专业实践方面积累了丰富经验。一方面体现在其十分重视实践教学，美国、英国、日本等国家的实践教学时长占据总教学时长的50%以上；另一方面，其往往通过校企合作的形式建立校内或校外的教学实践基地，通过案例教学、实地考察、课程讲座、商业计划竞赛等形式努力提升学生的专业素养。借鉴西方国家培养模式的成功经验，我们可以形成以下几点粗浅观点：首先，从教师层面大力进行观念变革，教师要主动参与行业实践，将自己所掌握的行业技能和实践感悟及时与学生分享，不断增加实践教学环节的占比；其次，学校及社会相关主导部门要不断完善实践教学设施和基地建设，为实践教学提供充实的物质保障，避免因技术设施不到位而导致的教学失误；再次，学校要及时更新、调整现有对教师进行教学考核评价的体制机制，不再以发表学术科研论文的数量作为评价教师教学水平的唯一标准，而是要将实践水平、参加实践活动的质量作为重要评价标准，从而让学校重视师资队伍的实践经验，积极开展实践教学。[①]

---

① 王济远，宁秀丽.关于文化产业管理专业实践教学的几点思考[J].中国市场，2016（31）.

为此，我们可以从以下几个思路来提升文化产业专业实践能力及水平。首先，大力增加专业教学实践课时。一方面，要在课程设置中大力提高实践环节的教学比重，不断丰富教学实践的内容，及时更新教学实践的形成方式；另一方面，要切实将设置好的专业教学实践课时落到实处，不能仅以参观调研等走马观花式的实践方式来指导学生，更重要的是让学生努力参与到行业实践中，在实际动手操作中真正体悟到文化产业门类下各个行业具体的操作流程及操作环节。其次，大力完善实践教学基地建设。通过校企合作的方式建立校内校外实习培训基地；企业将对急需的行业人才所需要的种种能力做出明确规定，并以此来指导实践基地的教学环节，从而让实践教学基地真正发挥其培养学生实践能力和就业技能的效用。最后，促使实践教学体系实现现代化。要灵活设置课程体系，及时变更适应实践教学的考试方法及测评形式，变知识导向为能力导向，更加注重培养学生的创新能力、研究能力、传播能力、整合能力等。

总之，文化产业作为以精神内容输出为主要特质的特殊产业类型，不仅能够以其深刻的思想内容影响人，传播积极正面的价值观念，提升公众的精神境界，自觉抵制不良社会风气影响，营造风清气正的社会环境，而且能够以其极强的渗透力与科技、教育、旅游等相关产业实现融合发展，吸纳大量就业，有效助推新旧动能转换，优化社会经济结构。因此，文化产业正逐渐成为国民经济的支柱性产业。同时，文化领域供给需求两端也急需进行供给侧结构性改革。在改革过程中始终要坚持服从、结合、红线三项原则，这三项原则是中国文化产业发展的基础导向，也是文化产业发展的重要价值体现。

第二章　创新·创意·创造：中国文化产业发展的内生驱动

第一节　文化创意与文化产业

文化产业作为新兴产业，具有融合性强、附加值高、环境友好等产业特点，能够积极有效地增加就业、促进消费、扩大对外贸易、增强社会凝聚力。它已成为技术创新、产业升级、经济增长的重要驱动力量，在国民经济中的地位日益重要。从世界经济发展的历程来看，文化创意产业是一国进入后工业社会的重要标志，是一国经济增长方式转型的必然选择，在第一章中已由英国等发达国家的发展轨迹所证明。

改革开放以来，我国国民经济快速发展，经济建设取得重大成就，人民群众的物质生活水平得到极大的改善和提升。与物质类产品的丰富程度相比，我国精神文化产品的生产和供给能力明显落后于人民群众日益增长的对精神文化产品的需求，文化产品出现"结构性短缺"。[①] 我国文化的发展与经济、社会的发展出现结构性不

[①] 傅才武，陈庚. 论文化创新战略的确立与文化管理体制的转型[J]. 华中师范大学学报（人文社会科学版），2010（11）.

均衡。

2009年7月22日,国务院常务会议审议通过了《文化产业振兴规划》,这是中国第一部文化产业专项规划,标志着文化产业已经上升为国家战略性产业;国家"十三五"规划纲要进一步从政策上鼓励和支持文化产业发展,并提出文化产业成为国民经济支柱性产业的发展目标。随着中国经济发展逐渐步入新常态,中国经济增长模式进入转型现实实践阶段,文化产业发展也将迎来新常态。党的十八大报告指出,"要坚持走中国特色自主创新道路,以全球视野谋划和推动创新,提高原始创新、集成创新和引进消化吸收再创新能力,更加注重协同创新"。党的十九大报告开篇就讲"要登高望远、居安思危,勇于变革、勇于创新,永不僵化、永不停滞",强调创新的重要性成为十九大报告的一个突出特点,也是推动新时代文化繁荣兴盛的主线。[①]推动国家文化创新体系建设,构建文化科技创新体系,不断激发文化产业领域创新,重塑文化产业时代特征,引领文化产业进入全面创新的时代,是文化发展的必然选择。

一、文化创新是文化产业发展的内在驱动

人类的创意是最根本的经济资源。工业社会之后,创意经济时代的到来正在改变整个世界的价值观。世界创意产业之父、英国经济学家约翰·霍金斯认为当今经济属于创意经济。他在《创意经济》一书中从产业角度对创意经济做了界定,并探讨了创意

[①] 祁述裕. 党的十九大关于文化建设的四个突出特点[J]. 行政管理改革, 2017(11).

经济对全球的影响。①多伦多大学罗特曼管理学院商业与创意力教授理查德·佛罗里达认为创意才是最重要的经济驱动力。创意来源于"知识",是创造有益新颖形式的能力;"知识"与"信息"是创意的工具和材料,"创新"是创意的产品,这种产品既可以表现为一种全新技术产品,也可以是一种新颖的商业模式或方法。②

文化创意产业的生命力就在于发挥人的创造性以及创意精神,源源不断生产新作品、新模式。在文化创意产业中,创意是最具活力、最具能动效应的元素。注重创意、尊重创造成为文化创意产业发展的主要推动力。

从目前发展看,我国文化产业发展的机遇来源于政策红利、独特的文化资源以及生产技术与生产内容等方面的比较优势。但从长远战略来看,我国文化产业发展的动力应来源于创新。随着经济与文化关系的日益密切,文化资源已成为社会发展和竞争的重要资源,文化优势也已成为地区经济发展的重要优势。我国文化产业的发展在战略机遇期迎来转型升级和全面创新时代。文化产业从源头上离不开创新意识,而且比任何产业都更依赖创新。

(一)科技创新为文化产业发展提供动力

科技创新是文化发展的重要引擎。跨入 21 世纪,科学技术发展日新月异。新一代信息技术、大数据、VR/AR(Virtual Reality,虚拟现实 /Augmented Reality,增强现实)技术、可穿戴设备、人工智能等颠覆性技术发展势头迅猛,正在改变着我们曾经熟悉的世界。随着新技术快速发展和创新运用,新兴文化业态和产品内容层出不

---

① 〔英〕约翰·霍金斯.创意经济:如何点石成金[M].洪庆福,孙薇薇,刘茂玲,译.上海:上海三联书店,2006.

② 彭璟玮.中国文化创意产业:现状、特征及问题[J].经济师,2017(10).

穷，赋予了文化产业新的生命。在面对科技推动社会产生巨大变革的同时，传统文化产业日渐式微，文化产业发生历史性变革，以数字文化产业为核心的新业态占据了绝对主导地位。新型文化产业体系正在初步形成，进一步确立了文化产业高端化、特色化战略导向；逐步淘汰低端产业，稳步提升中端产业，积极发展高端产业，培育新兴特色产业，同时一些传统文化产业将逐渐被替代，促使产业不断往高端产业爬升。新兴、高端、中端和低端文化产业的发展态势不存在"谁最终代替谁"的问题，它们将会并存于文化产业领域，在不断的市场细分中逐渐替换各自的市场角色，并在不同阶段、不同层次中发挥各自不同的市场价值。[①]

科学技术的每一次重大进步都会给文化的表现形式、传播方式和发展模式带来革命性的变化，也为文化产品的生产、加工、复制、传输提供了更有效的技术支撑。[②]科技是文化产业发展的动力，文化资源与科技的结合又赋予了文化产业新的内容，文化产业与其他产业融合发展已是当前世界经济发展的重要趋势，创新推动着文化产业不断更新迭代。党的十八大提出要"促进文化和科技融合，发展新型文化业态"，党的十九大将"创新驱动发展战略"作为我国七大战略之一。因此，要全面构建文化科技支撑体系，制定科学战略规划，加强载体建设，推动自主创新，加强优化服务，营造良好环境，加强学科创新，培养专业人才，在数字经济不断更新迭代的推动下，以创意性和新技术为特征的文化产业新业态将是未来文化发展的重中之重。[③]

[①] 范周.建设文化强国必须加快发展文化产业[J].人民论坛，2011（33）.
[②] 范周.我国文化发展的"三驾马车"[N].经济日报，2012-11-22.
[③] 同上.

（二）文化金融创新是文化产业发展的杠杆

金融是现代经济的血液，是文化产业发展的杠杆。随着我国文化金融市场的开放和文化领域投融资体系的不断完善，以及促进金融资本、社会资本与文化资源有效对接等战略举措的实施，文化产业基金面临着最好的发展机遇。如果说文化产业繁荣需要以文化企业做大做强为基础，那么，文化企业的做大做强则需要以金融强有力的支持为基础。但不可否认，资金问题成为制约当前文化产业发展的一大因素。在我国，文化企业由于轻资产、弱版权、征信系统不完善等问题，融资难一直是企业发展的瓶颈。对此，我们需要借鉴成熟的资本市场运作经验，充分借助金融杠杆的积极作用，实现文化资本的保值增值以支持文化产业发展。

根据对近年来文化金融发展的观察，"政企智金"协同创新的金融服务模式可能是未来的发展方向。"政"就是政府，在整个协同分工中，负责出台鼓励政策、营造公平环境和提供引导基金等；"企"就是文化企业，是市场的主体，资金的主要承接方；"智"就是智库与中介组织，是政、企、金三者协同的"变压器"与关键桥梁。中国文化金融存在的问题之一就是缺少强大的智库支撑，导致政、企、金三者之间难以展开有效对话；"金"就是金融机构，资金的主要提供者。在未来，如果能加快构建起政府、企业、智库（中介机构）、金融机构协同的金融服务平台，文化金融难题有望得到一定程度的破解。从具体的产品创新来看，"互联网金融"将加速新型金融产品的出现。中国人民财产保险股份有限公司创新的"网游虚拟财产损失保险"就是有益探索。近年来，网游产业发展迅速，但虚拟财产损失的风险也是网游产业的痼疾，更是影响玩家人气的关键所在。游戏账号、装备、道具等虚拟财产的盗窃案件层出不穷。2015年,中国人民财产保险股份有限公司联合中国网络游戏服务网,创新性地开发了一款网络游戏虚拟财产保险产品并成功投放市场。这是国内首款针对虚拟财产损失的保险,一定程度上解决了令网游玩家头痛不已的痼疾。未来,在互联网金融的推进下,这种创新会越来越多。

(三)文化内容的创新是文化产业发展的灵魂

文化产业是一种"智慧经济""大脑产业""知本+资本经济",而创意则是文化产业的灵魂,也是文化产业集群最根本的立足点。正如经济学家熊彼特在《经济发展理论》一书中指出的,现代经济发展的根本动力不是资本和劳动力,而是创新,而创新的关键就是知识和信息的生产、传播、使用。[①]继土地、矿产和资本成为重要经济资源之后,知识生产、技术创新成为经济发展的重要驱动力,创意经济的到来使人才资源和创意获得了空前重要的战略地位。

较之传统产业,文化产业更强调创意的意义与价值。通过以创意为核心,以文化为基础,跨学科运用美学、心理学、经济学等多方面知识,对产品的内容、功能、结构和形态等进行创新性的整合优化,体现创意的价值,逐步实现产业化运作,最终形成创意设计产业。近年来,创意设计已经渗透到制造业、建筑业、农业等国民经济各行业各领域,成为产品高附加值的源泉所在。以苹果手机为例,苹果公司每卖掉一部iPhone,就能基于其工业设计获得利润的58.5%;而作为代工的劳动密集型企业富士康仅

---

① 〔美〕约瑟夫·熊彼特.经济发展理论[M].何畏,易家详,等译.北京:商务印书馆,1990.

能获得其中利润的1.8%。因此,我们推动产业结构调整,推进产业升级,努力实现从"中国制造"走向"中国创造",其中很重要的一条产业发展经验就是强化创意设计,拉动企业在整个产业价值链中向高端挺进。

国务院于2014年2月发布了《关于推进文化创意和设计服务与相关产业融合发展的若干意见》,明确指出"文化创意和设计服务具有高知识性、高增值性和低能耗、低污染等特征",而且"随着我国新型工业化、信息化、城镇化和农业现代化进程的加快,文化创意和设计服务已贯穿在经济社会各领域各行业,呈现出多向交互融合态势"[①]。文化创意和设计服务具有先导产业作用,能明显提升各行各业的产品和服务品质,增加附加值,塑造品牌,提升市场竞争力,能够催生新技术、新工艺、新产品,满足新需求,将成为新时期产业转型升级发展的原动力。如百度公司在百度世界大会上推出一款用于检测地沟油等饮食卫生方面的"筷搜"产品,立刻在网络上热传。这样别出心裁又很有实用价值的产品一旦上市,相信可以大受欢迎。又如流行一时的55℃水杯。把滚烫的开水倒在这款水杯里晃一晃,水温就变成55℃;把凉水倒在水杯里晃一晃,水温也变成了55℃。这款水杯的技术原理不复杂,但亮点在于设计的理念。其顺应了中国人饮用热水的习惯,而水温过高则影响人们的健康,最适宜饮用的水温是55℃。基于此,55℃水杯应运而生。

(四)文化管理方式的创新是文化产业发展的保障

制度创新是文化产业融合发展的外部环境。在世界经济从知

[①] 国务院关于推进文化创意和设计服务与相关产业融合发展的若干意见 [EB/OL]. (2014-03-14) [2018-05-16]. http://www.gov.cn/zhengce/content/2014-03/14/content_8713.htm.

识经济步入创意经济的时代背景下,文化生产要素也将成为推动经济增长的主要因素。文化产业在政策制度规划中被确定为国民经济的支柱性产业,国家明确提出要发挥文化产业在转变经济发展方式、调整产业结构和促进内需增长方面的重要作用。因此,各级政府都在规划、政策中积极释放对文化产业的引导作用,进一步发挥行政上的规制影响,为文化产业充分发展并发挥文化因子对经济的渗透改造作用提供稳定的外部环境。

改革开放以来,经济发展成绩斐然,文化发展成为经济、政治、文化、社会、生态文明"五位一体"中的"短板"。文化产业总量不足和有效供给不足,要求改革文化生产、供给和管理体系,创新文化管理方式。[①] 文化管理方式创新是促进社会文化发展的战略性问题,是实现"文化小康"建设的推动力。党的十六大以来,文化改革发展取得了突出成就,党的十八大报告进一步指出,"要围绕构建中国特色社会主义社会管理体系","加快形成政府主导、覆盖城乡、可持续的基本公共服务体系"。我国文化建设由原来的理论探讨发展到作为党和政府的工作重点,进而成为全国经济社会工作的重要组成部分,进一步凸显了文化的重要地位和作用。[②] 尤其是近几年,文化产业政策的制定从方向性的把握逐渐走向具体的产业门类转变、文化金融融合等问题上,更加深入具体,这标志着中国文化产业管理进入纵深发展

---

① 傅才武,陈庚. 论文化创新战略的确立与文化管理体制的转型 [J]. 华中师范大学学报(人文社会科学版),2010(6).

② 范周,张苀. 新时期中国文化产业发展面临的几大问题 [J]. 北京联合大学学报(人文社会科学版),2014(4).

的新阶段。事实证明，这样的管理理念大大促进了文化产业的发展。

（五）文化结构创新是文化产业发展的重点

文化的产业结构、要素结构和需求结构是优化文化发展方式的重点和关键。其中，文化的产业结构问题是文化发展的核心。党的十八大报告指出要不断"优化产业结构"。文化产业是调整经济发展方式、优化经济产业结构的新兴业态，但文化自身的发展方式也需要不断进行自我更新和优化升级。对于经济发展结构的优化而言，主要致力于改变过度依赖第二产业的现状并向一二三产业协调发展转变。对于文化产业发展而言，主要通过文化与旅游、科技、金融、建筑、房地产等产业的结合，实现文化业态的更新。以文化为纽带，实现文化产业与一二产业相结合，催生以工业旅游示范区、文化产业特色县为代表的特色产业集群。文化要素结构的调整旨在改变文化发展过度依赖资源甚至消耗资源的局面，改变文化产业的发展过分依靠传统文化资源和不可再生性区域资源的局面，着力通过技术进步、改善管理和提高文化产业从业者素质等方面来提高文化产业附加值，进而更好更快地推动经济增长。[①]因此，着力提高自主创新能力是文化要素调整的关键。

文化需求的结构调整不仅包括解决消费、出口和投资协调发展的问题，使文化产业的发展更多地依靠文化需求的释放实现可持续发展，而且包括依靠文化拉动就业，进而在调整分配结构方面发挥作用，从而使文化在民生中发挥更加重要的作用。

---

① 范周.我国文化发展的"三驾马车"[N].经济日报，2012-11-22.

(六）文化产业融合创新是发展的趋势

文化产业的融合发展是创新文化发展方式的路径和文化产业升级的重要手段。其中，文化与科技的融合发展已经成为社会经济发展的新趋势、新动力和新增长点。当今时代，文化与技术、创意的融合将不断诞生出新的产业形态，催生新兴文化产业，不断提高传统文化产业的附加值。[①]文化创意也为其他产业注入了新生，形成了文化+科技、文化+金融、文化+信息、文化+服务、文化+制造、文化+体育、文化+旅游等多样、新颖的创新发展模式，尤其对传统产业发展思路转变的影响更加宝贵。

文化产业跨产业融合的前提是以创意为驱动实现传统产业的转型升级。创意经济是以经营符号性商品为主的活动，这些商品的基本经济价值来源于其文化价值，而文化价值的创造力来源于一个有益于文化发展的环境。自工业革命以来，英国人文学科中就一直存在着批判现实主义的文化传统，即雷蒙·威廉斯所谓"文化与社会"的传统，以反传统和非历史的价值取向作为研究的指引。这种文化传统的核心思想认为工业革命之前存在的有机和谐的文化受到了工业文明的侵蚀，导致当代精神和文化摆脱危机的出路在于发现和扩大有机的社区和文化价值。创意阶层的聚集体现了知识的集中与文化价值的重塑。它们通常出现在经济多样化程度较高的大城市，这里的劳动力市场对专业人才需求量大，具有文化多样性和包容性、准入门槛低、城市服务业水平高、人才和创意资源集中等优势。

---

① 范周.我国文化发展的"三驾马车"[N].经济日报，2012-11-22.

（七）互联网带给文化产业全新的创新模式

互联网正成为"改变世界的底层物质技术结构"，将人类带入一个充满无限可能的信息时代。互联网也正在以其微妙而巨大的影响力快速渗入文化产业发展的各个环节中。

创意是文化产业链的源头。互联网的影响远远超出我们的意料之外，通过对硬件、软件、创意以及资本等要素的整合，形成了一个开放、共享精神无处不在的平台。社交网络就是很好的例子。据调查，参与社交网络的人群中，94%的人通过社交功能进行学习，78%的人用以分享知识，49%的人借以和专家互动，形成了一条条鲜活灵动的"大脑链"。无数的创意在互联网的空间中流动、碰撞，成为文化产业发展的源头活水。

在文化生产环节，文化生产的众筹、众包、众智将成为新时期的重要潮流。以国内最大的服务众包平台"猪八戒网"为例，其平台上已聚集了数百万家微信企业和上千万创意设计、营销策划、技术开发等文化创意服务人才，他们通过互联网平台，为公共机构、企业和个人提供涵盖创意设计、网站建设、市场营销、文案策划、生活服务等领域在内的400余种定制解决方案。这就意味着未来文化企业可以将生产环节通过互联网平台进行外包，从原先的垂直生产模式变成网络式生产模式，从而降低企业生产成本，提升效率。

在文化流通环节，未来平台化、数字化的网络电商将让文化产品流通更加便捷，例如现在腾讯、阿里巴巴、当当、亚马逊、京东商城、HIHEY哈嘿艺术网等平台型企业。未来将出现更多针对文化流通的创新型企业，其平台上所搭载的文化产品与服务将在很大程度上突破现有文化产业的流通局限，让人们无论在何时何处都可以消费丰富的文化产品与服务。

在文化消费环节，VR/AR 技术、可穿戴设备等技术与互联网结合，将让文化消费和体验变得更加精彩。例如，用户仅需戴上一副增强现实眼镜，就可以身临其境地感受到程序中设置好的各种场景。根据艾瑞咨询预计，到 2020 年时，全球 VR/AR 行业的市场规模将分别达到 300 亿美元和 1200 亿美元。同时这些设备还能收集到更加精确的消费数据，形成文化消费的大数据库，为进一步的文化生产和定制化服务提供更精确的指导。

二、文化创意是文化产业独有的价值体现

党的十八大报告指出，"要始终把改革创新精神贯彻到治国理政各个环节，坚持社会主义市场经济的改革方向，坚持对外开放的基本国策，不断推进理论创新、制度创新、科技创新、文化创新以及其他各方面创新，不断推进我国社会主义制度自我完善和发展"。文化产业的协同创新通过突破创新主体间的壁垒，充分释放了彼此间"人才、资本、信息、技术"等创新要素的活力，从而实现了产业融合与深度合作，是适应文化产业新特征的有效方式。

传统文化产业和现代文化产业都是在文化领域中创造价值和财富的产业，并且以创意为核心的现代文化产业源于传统文化产业。任何一种现代文化活动，都必须在一定的文化背景下进行，离开传统的基础，现代文化产业就会成为无源之水、无本之木。

现代文化产业不是对传统文化的简单复制，而要依靠创意人才的智慧、灵感和想象力，借助高科技对传统文化资源的再创造、再提高，是文化产业中真正创造巨额价值的部分。[①] 因此，以满足现代文化消费形态的基本要求为文化产业的出发点，将是文化与科技结合的基本着眼点。

文化产业的创意使文化产品实现从"制造"到"创造"。通过创意和设计，丰富产品的内容和形式，增加传统制造业的文化内涵，实现"制造"向"创造"的升级。例如，中国台湾的"法蓝瓷"，其以创意设计为引领，将传统与现代、时尚与创新充分融合起来锻造创意产品，真正实现了文化资源向文化资产的转化。交互融合，实现业态创新——从"竖井"到"通渠"。主要是通过创意与制造业、建筑业、农业、旅游业等领域的融合，打破产业间的"竖井"状态，形成融合互动的"通渠"。

创意存在于一切文化和经济活动中，其本质特征是创新。发展创意产业要以创新为基础，以文化为元素，以市场为载体。创意产业的创新性主要是指创意产品或创意活动的生产和营销都必须独具匠心、别出心裁，可以吸收和利用前人的劳动成果，但不能重复，而应该创造，要创造出前人没有的东西。[②] 从这个意义上看，创新似乎与发明有关，但其实创新并不完全等同于发明，因为创新还意味着对各种资源进行有效重组，意味着把"特殊"上升为"一般"，即让一般人都能接受和认同这种创新的思维与模式。创意只有贴近生活才能具有永恒的产业生命力。没有创新，

[①] 范周.建设文化强国必须加快发展文化产业 [J].人民论坛，2011（11）.
[②] 刘伟辉.湖南文化创意产业发展现状和对策分析 [J].特区经济，2009（3）.

文化企业就会止步不前；没有创新，就无法实现文化的全面繁荣；没有创新，就没有文化发展的永续动力。

第二节　文化创意与生活美学

党的十九大报告指出，中国特色社会主义新时代的主要矛盾是人民日益增长的美好生活需要和不平衡不充分的发展之间的矛盾。这意味着当代中国正在从"站起来""富起来"向"强起来"转变。当代中国人的需求也在发生深刻变化，已经由主要满足物质需求，转化为主要满足精神需求。文化建设的核心就是满足人的精神需求。满足文化需求是满足人民日益增长的美好生活需要的重要内容。[①]正如习近平总书记在十九大报告中提出的，"满足人民过上美好生活的新期待，必须提供丰富的精神食粮"。文化创造美好，美好需要文化，在人民日益增长的美好生活需要中，丰富的精神食粮不可或缺。

过去5年，我国文化事业和文化产业发展成效显著。统计显示，2016年全国文化及相关产业增加值从2012年的18071亿元增加到30254亿元，占GDP的比重从2012年的3.48%提高到4.07%。"我们要大力发展文化事业和文化产业，深化文化体制改革，不断增强文化发展实力。一方面加大对公共文化服务的投入，提高服务效率和服务有效性；另一方面要加快发展文化产

[①] 祁述裕.党的十九大关于文化建设的四个突出特点[J].行政管理改革，2017（11）.

业,到'十三五'末文化产业增加值占 GDP 的比重达到 5%。"文化部部长雒树刚代表在十九大中央国家机关代表团媒体开放日上说。①

文化创造必须立足于发展成果由人民共享。在文化发展领域,无论是加强文化管理的宏观调控,还是以文化产业调整经济结构;无论是理顺收入分配关系,还是健全社会保障体系;无论是繁荣公益性文化事业,还是发展经营性文化产业,基本出发点和落脚点都是满足人民群众的文化需求。②

一、文化创意提升生活品质

(一)促进经济发展,夯实物质基础

1. 文化创意是渡过经济危机的有力良方

在 1929 年至 1933 年经济大萧条时期,美国的工业产值减半,经济不景气,但口红大卖,销量逆势增加。经济学家针对这个有趣的经济现象提出了"口红效应"经济理论③:经济危机之下,人们的收入和对未来的预期都会降低,消费者的购物心理和消费行为等都发生了变化。首先削减的是那些大宗商品的消费,这时候反而会去购买一些廉价商品。口红虽非生活必需品,却兼具廉价和粉饰的作用,能给消费者带来心理慰藉,从而刺激了消费上升。"口红经济"的效应集中在廉价消费品和文化娱乐产品上,此时期

---

① 黄小希,姜潇. 凝聚心力量 铸就新辉煌 [N]. 中国文化报,2017-10-24.
② 范周. 我国文化发展的"三驾马车" [N]. 经济日报,2012-11-22.
③ 口红经济 [EB/OL]. (2018-06-08) [2018-10-25]. https://baike.baidu.com/item/%E5%8F%A3%E7%BA%A2%E7%BB%8F%E6%B5%8E/1011374?fr=aladdin.

正是好莱坞的腾飞期；而2008年的世界性金融危机，也伴随着电影票房的攀升。[①] 文化产业无疑成为拉动经济增长的新的增长点，同时给经济危机中的人们以慰藉。

"亚洲四小龙"之一的韩国在1997年金融危机期间经济受到重创，对外向型经济带来的国民经济脆弱问题进行了深刻反思，认识到发展具有本土优势和本土活力的经济产业对于国家经济发展和核心国际竞争力的培育的重大价值。因此发展文化产业成为韩国一个重要的战略选择，文化产业被确定为21世纪韩国经济的支柱产业。[②] 韩国政府在尊重市场规律的前提下，采取积极的产业政策大力扶持和推进文化产业的发展，韩国的影视产业、游戏产业、动漫产业等快速发展，形成了韩国本土文化多样化的竞争格局，整体文化产业的发展进入了良性循环。特别是韩国的影视业，内容制作精良，文化创意独特，创作特色鲜明，获得了巨大成功。不仅拉动本土消费，带动国际贸易，为经济重振贡献了力量，同时也宣传了韩国的文化，对亚洲乃至全球有着深远的影响，提升了整个国家的文化软实力。

2. 文化创意是实现城市复兴的有效渠道

城市更新是充分利用现有的资源，激活已有的衰退元素，以扭转经济衰退现状，对城市进行社会、经济和文化更新，达到城市复兴的目的。20世纪后几十年，传统工业制造业城市经历了后工业时代的普遍衰落。大多数经历后工业衰落的城市政府都不约而同地认为文化产业、电子信息领域和高等教育是城市经济复苏

[①] 王维逸.把握金融危机下的新契机——从文化产业的口红效应谈起[J].中国商界（上半月），2009（10）.

[②] 王家新.文化产业在经济萧条时期的独特作用[N].光明日报，2009-01-20.

的原动力。美国芝加哥的千禧公园、英国伦敦的泰特美术馆和多克兰码头，为城市文化经济发展提供了活生生的证据。纽约曾是美国最大的制造业中心，以服装、钢铁、印刷作为制造业三大支柱；20世纪以来，纽约的"全国制造业中心"地位就逐步让位，逐渐确立了以金融为主，包括保险、广告、出版、电视电影的现代服务业，最终经完全转型到服务业并一直保持着北美和全球的领先地位。①

城市的创意氛围和创意产业正成为城市经济核心竞争力持续提高的动力，文化创意城市是未来城市的发展方向。②匹兹堡是典型的从负债累累的重工业城市转变为一个优雅的宜居文化创意城市的经典案例。匹兹堡坐落于美国宾夕法尼亚州西南部，20世纪上半叶一直是在美国钢铁工业中处于垄断地位的"钢都"。20世纪70年代，匹兹堡因资源枯竭出现了严重的衰退；20世纪80年代以来，匹兹堡以文化发展经济，在中心区建起文化区。匹兹堡把重工业向创意文化产业转型，提供了很好的城市转型的范例。

中国大多数城市也面临着转型的现实。中国需要转型的后工业城市也不断出现，比如东北的老工业基地，工业污染严重的天津和重庆等。这其中杭州可以作为典型代表。目前杭州市已经具备了扎实的文化创意产业发展基础，产业门类也越发齐全。其中，动漫游戏、软件开发、设计服务业等行业的发展已经居国内领先地位。③依托工业旧厂房、旧仓库、旧建筑、农居等资源，打造了

---

① 刘俊杰. 当代全球性城市的产业转型：理论和趋向 [J]. 城市，2009（10）.
② 王建军. 文化创意产业 领航经济发展 [J]. 洛阳师范学院学报，2012（10）.
③ 杨毛毛，朱洪兴. 文化创意产业对杭州市经济发展影响的实证研究 [J]. 技术与创新管理，2018（1）.

西溪创意产业园、之江文创园、运河天地文化创意产业园、白马湖生态创意城等市级文创产业园24个，建成面积636.3万平方米，集聚企业5399家，实现营业收入557.52亿元。认定了LOMO创意谷、数娱大厦等市级文创特色楼宇35个。艺创小镇等一批文创特色小镇建设加快推进。①

这些产业园区以及入驻的创新企业，都对杭州市文化创意产业的发展起到了一定的引导和带动作用。经过多年的发展，文化创意产业已经成为杭州市经济发展的新增长点。2016年，杭州文化创意产业增加值达2541.68亿元，按可比价增长21.2%，高出全市GDP增幅11.7个百分点，占全市GDP的比重为23.0%。②

3. 文化产业有助力精准扶贫的实践突破

2016年6月，农业部、国家发展改革委、财政部、中国人民银行、国家林业局、国家旅游局、银监会、保监会、国务院扶贫办联合印发《贫困地区发展特色产业促进精准脱贫指导意见》，把脉新时期的贫困地区发展困境，通过产业扶贫走特色化发展道路，为贫困地区脱贫指明了发展新思路。特色文化产业对于带动区域经济发展、促进双效统一具有重要意义。在此过程中，认清现状、精准定位、创新发展是其助力精准脱贫的重点。

精准脱贫，最根本的目的是通过发展经济提高人们的收入水平。特色文化产业是实现经济繁荣发展的重要着力点。然而，目

---

① 杭州市人民政府办公厅关于印发《杭州市文化创意产业发展"十三五"规划》的通知（杭政办函[2017]45号）[EB/OL]. (2017-06-19) [2018-06-02]. http://www.hangzhou.gov.cn/art/2017/6/19/art_1302283_4072.html.

② 李果，郭婧玉. 11城文创产业比拼，杭州稳居文创第一城[N]. 21世纪经济报道，2017-08-02.

前多数贫困地区对文化资源的挖掘有待深入，缺乏对自身发展的准确定位。例如，青海和西藏形成了以藏族文化为特色，以传统民族工艺、民族歌舞等为主体的民族文化集聚区；内蒙古、新疆形成了以草原文化为特色的民族文化集聚区。这些地区的文化资源非常丰富，但是资源的产业化开发水平较低，转化能力较差，没有盘活文化资源，特色文化产业的发展水平仍处于初级阶段。特色文化产业的发展，要立足贫困地区特色文化资源和区域功能定位，把文化资源优势转变为产业优势，构建具有鲜明区域和民族特色的文化产业体系，促进多样化、差异化发展。在此过程中，促进贫困地区特色文化资源与现代消费需求有效对接，加快特色文化产业与旅游等相关产业融合发展，拓展特色文化产业发展空间，打造特色文化品牌。[①]例如，云南省在2014年以"金、木、土、石、布"5个门类的发展布局率先制定实施了特色文化产业的产业发展规划，在生态中创意助推了云南区域经济发展并惠及民生，成为云南经济新常态下的新动力。

脱贫落脚点在于通过文化产业发展脱贫致富，创造经济效益，推动实现收入倍增计划。收入倍增的重点就是文化富民，发展文化产业是推进国民收入倍增的重要手段。与生产制造领域中的大部分产业相比，文化产业在生产和消费过程中消耗低、污染小，具有鲜明的资源节约、环境友好特征。文化产业还是劳动密集型产业，能够大量吸纳劳动力就业，从而为人民提供增加收入的机会。这意味着应建立健康可持续的产业结构，培育更强的企业自主创新能力，建立健全法制高效的市场经济体制，建立健全居民

---

① 范建华.中国特色文化与特色文化产业论纲[J].学术探索，2017（12）.

收入正常增长机制等文化产业配套机制。① 最终要实现贫困人口走出贫困、走向富裕的目标。产业脱贫能够实实在在地让贫困人口的钱包鼓起来,生活好起来。

当前我国贫困地区主要集中在中西部地区、革命老区、边疆地区,其中很多地区的文化资源都非常丰富,传统文化、革命文化、民族文化多姿多彩。可以依托公共文化设施和文化民生工程,鼓励贫困地区依托丰富的特色文化资源,发展特色农业、演艺、文化旅游、艺术品等产业,发展农村特色农产品、手工艺品、非遗产品、民间演出和乡村文化旅游。充分利用互联网远程、快捷、易分享的特点,推进"互联网+文化",发展农村电商,扶持小微企业,带动就业。加强保护少数民族特色村寨的建筑风格和整体风貌,培育打造一批特色文化乡镇、街区和古村落,扩大农村就业。引入社会力量,促进多元融合,把贫困村建设成具有文化特色的示范新村,不断繁荣贫困地区经济,增加贫困人口收入。

"求木之长者,必固其根本;欲流之远者,必浚其泉源。"实现真正脱贫,需要文化的支撑,只有结合实际、因地制宜、精准施策、靶向发力,充分发挥文化的作用,让贫困户提高自我发展能力,通过自身"造血"巩固"输血"的成果,才能从根本上刨掉穷根、消除贫困。②

(二)丰富精神生活,提升社会水平

"中国特色社会主义进入新时代,我国社会主要矛盾已经转化为人民日益增长的美好生活需要和不平衡不充分的发展之间的矛

---

① 范周,杨剑飞.新时期文化产业发展的"三要"和"三切忌"[J].学习与探索,2012(1).

② 李庆英,周经纬.2017年理论视野中的10大热点[J].前进,2018(1).

盾"，党的十九大对社会主要矛盾做出的重大政治论断以及"坚定文化自信，推动社会主义文化繁荣兴盛"的论述在文化产业界引起了巨大反响。

作为我国文化产业深具活力、创造力的重要组成部分的文化企业充分结合自身特点，生产出更多更好的精神文化产品，满足人民对美好生活的文化需要，成为广大文化企业在新时代主动履行的文化责任。腾讯公司目前在网络游戏、数字阅读、网络视频等网络文化产业的多个领域领军优势明显，其提供的大量文化产品满足了消费者多样化的文化需求。

新的文化产业业态提供了更加丰富的文化产品，满足了不同群体的需求。其中网络文学是很重要的方面。目前，网络文学已经成为超级IP，对电视剧、电影等下游产业链有很大影响。我国的网络文学经过十多年的发展，在原创方面已经在世界上具备优势。网络文学出现了一批相对优质的作品，比如改编成电视剧的《花千骨》《琅琊榜》《芈月传》，改编成电影的《寻龙诀》等。网络文学及其衍生产品不仅对我国年轻人影响很大，而且对亚洲国家以及欧美一些国家的年轻人也有相当大的辐射影响。而像游戏等新兴的产业，如《王者荣耀》在市场的占有率也充分说明了新型的文化产品对市场需求的满足。

公共文化体系的建设有利于文化产品更加多样便捷地进入群众的生活。浙江省各级文化馆积极借助互联网技术，利用网站、微博、微信等平台，多渠道了解群众文化需求，把文化服务的选择权交给群众。杭州市文化馆依托杭州群众文化网积极开展定向配送服务，在网站上推出演出、培训、电影等配送节目菜单，基层单位只要网上点击就能预约，把"点播权"和"选看权"交给群众；舟山市文化部门依托网络技术,推出了"淘文化"公共文化交易平台,把主动权充分交到群众手中,实现了文化服务网上淘宝。丽水市文化馆设立了农村文化礼堂"文化定制"服务中心,由基层文化定制员负责"文化定制"的宣传和基层文化需求的调研,及时将"文化定制"诉求反馈到服务中心,中心再进行订单分类和资源整合、调度,落实服务项目,为基层提供相应的文化产品和服务。[①]

金融众筹创新也为公共文化服务提供了便利。2017年上海市嘉定区文化众筹功能正式登录文化云,有6个众筹项目上线,内容包括工笔画、书法培训班、插花、国画教学等多个方面,其中4个项目已众筹成功。书法培训班众筹了一周,第二个工笔画课上线两小时便众筹成功。活动内容会经过审核后发布,收费也低于市场价格,属于公益性收费,涉及资金的部分则由第三方平台进行管理。

随着科技的发展、国家大数据战略和"互联网+"行动计划的推进,国家开展了数字图书馆推广工程。目前在县级图书馆可以看到国家图书馆的电子图书已经达到160多万册,期刊1000多种,报纸600多种,公开课1500多节。未来,这种形式可以继续推广到乡镇村级别的文化活动室,让广大的农村地区可以享受到更多的图书资源。另外,一些地区也探索利用"互联网+公共文化",推出"卫星数字农家书屋",通过卫星数字发行系统,将高品质多媒体文件、电子图书、杂志、报纸、音像等内容以数字方式投递到每一个农家书屋,用户通过电视、投影、手机、平板电脑等设备阅读和观看。[②]

[①] 颜苗娟. 让文化产品"适销对路"[N]. 中国文化报,2016-03-02.
[②] 石亚萍. 探索"建、管、用"三位一体农家书屋工程建设新型模式[J]. 宿州教育学院学报,2012(2).

二、文化创意满足生活需求

始终坚持以满足人民群众日益增长、不断升级和个性化的精神文化需求为出发点,提高人民群众的获得感和幸福感。巨大的市场需求是文化创意产业繁荣与兴盛的基础。

(一)国内文化市场需求量巨大

国内需求潜力巨大,城乡居民消费需求发生变化。从国际经验看,人均GDP超过3000美元,将进入休闲娱乐消费时代且文化消费呈现快速增长趋势;当人均GDP临近或超过5000美元时,文化消费则会进入"井喷时代"。2018年1月国家统计局发布数据显示,2017年我国GDP为827122亿元,人均GDP为8836美元。2015年全国居民用于文化娱乐的人均消费支出为760.1元,占全部消费支出的比重为4.8%。根据国家统计局发布的《2017年国民经济和社会发展统计公报》,2017年全国居民人均教育文化娱乐消费支出为2086元,占全部支出的11.4%,城乡居民文化消费水平均稳步提高。城乡居民文化消费结构升级,全民族整体文化素质水平提升,企业创造创意速度加快,必将促使文化创意消费市场快速扩张、市场空间得到拓展。满足13亿城乡居民的文化消费需求,发展文化创意产业成为重要战略决策。

(二)科技进步满足新时代文化需求

在物联网、云计算、移动互联网等新一代信息技术的推动下,我国生活性服务业的产品服务创新、商业模式创新、管理方式创新层出不穷。越来越多的企业将标准化的服务要素组合起来,满足消费者灵活多变、时间碎片化的需求,更加注重增强消费者体验和参与度。博物馆、艺术馆、美术馆等文化场馆的建设和运营取得了长足进展，文化遗产创意设计、文化衍生品开发、艺术再造、艺术培训、在线旅游、在线教育等文化消费项目也取得了良好的市场反响。①随着互联网和数字技术的普及，我国数字文化产业快速发展。中国互联网络信息中心（CNNIC）在京发布第41次《中国互联网络发展状况统计报告》，数据显示，截至2017年12月，我国网民规模达7.72亿，普及率达到55.8%，超过全球平均水平（51.7%）4.1个百分点，超过亚洲平均水平（46.7%）9.1个百分点。其中，手机网民规模达7.53亿，网民中使用手机上网人群的占比由2016年的95.1%上升至97.5%。②动漫游戏、网络文学、网络音乐、网络视频等数字文化产品拥有广泛的用户基础，与百姓生活越来越密切，已经成为目前群众文化消费的主产品。传统文化产业的数字化转型升级日新月异，数字文化产业与相关产业深度融合，不断催生出数字文化产业的新业态、新模式，为文化产业乃至国民经济的发展不断提供新供给、新动力。腾讯、阿里、百度、咪咕等龙头企业不断布局数字文化产业，积累了丰富的商业经验与资本实力。

（三）文化消费试点城市引导文化需求

2016年4月，文化部联合财政部印发《关于开展引导城乡居民扩大文化消费试点工作的通知》，并先后确定了45个国家文化消费试点城市，在全国范围内开展引导城乡居民扩大文化消费试点工作。试点工作开展以来，45个试点城市根据自身经济发展水平和要素情况，因地施策，积极作为，采取具有自身特色、符

---

① 范周. 文化产业发展的六个新态势 [J]. 中国国情国力，2016（12）.
② 数说新闻 [J]. 中国电信业，2018（2）.

合当地实际的促进措施,取得了良好成效。天津市武清区提出打造"互联网+文化"的普惠文化消费模式,探索东部地区涉农区(县)扩大文化消费的经验;丽江市提出"文化引领——文化与旅游深度融合发展"的试点模式,探索西部地区文化消费拉动经济增长的路径;武汉市提出政策引导型的文化消费模式,探索利用激励政策刺激公众的自主文化消费;哈尔滨市则提出以奖代补的消费补贴模式,借以提升居民的文化消费积极性。

各试点城市的建设内容主要包括5个方面:一是加快大型文化消费设施建设,特别在西部基础设施较为落后的市(区),需求比较突出,例如青海省黄南州即将规划建设文化体育项目110个,在"十三五"期间基本建成文化消费设施网络体系。二是加大文化产品和服务的有效供给。例如广州市积极扶持文化精品的创作,全年计划投入5800万元支持粤剧《岭南人家》《南越宫词》等优质剧目的创作。三是积极构建文化消费活动平台,重点是以打造大型品牌文化活动为载体,促进城市文化消费。例如成都市举办"金沙太阳节"、石家庄市举办"吴桥杂技艺术节"、天津市滨海新区举办"社区文化艺术节"、鄂尔多斯市举办"国际那达慕大会"、南昌市举办"南昌文化消费月"等。四是推动文化消费信息平台建设,这是试点城市探索的重要内容,目前各城市正在积极推进。例如重庆市建了全市公共文化物联网,建立了"1个市级总平台+40个区县分平台+960多个基层服务点",已累计服务群众达305万人次;南京市正在研发和搭建"国家文化消费试点城市(南京)智能综合服务平台"。五是完善文化消费环境。例如宁波市以创建"文化市场综合执法规范化示范区"为抓手,规范文化市场秩序,保护知识产权,打击假冒伪劣,引导文化消费需求。文化消费试点城市工作的开展有利于不断培育市民的文化消费习惯，提高其消费热情，拓展文化消费新空间，让市民享受到更多的文化福祉。

（四）多样化文化产品满足差异化文化需求

"2017中国文化产业系列指数"显示，26岁至40岁居民的文化消费综合指数高于其他年龄段。其中，18—25岁居民的文化消费意愿和水平指数最高，表明"90后"对文化消费的需求最旺盛，实际发生的文化消费支出也最多，已经成为文化消费的主力军。在培育新兴文化业态、提供文化产品与服务时要充分考量消费主体的变化，并对其消费习惯进行细致研究，对于其定制化服务的渴望与多元化的文化消费需求给予充分关注。"90后"的兴趣更加圈层化、细分化，多元化社交平台、直播和短视频等互动性新媒体的发展，给予年轻人更多表达自我的可能，也让他们的兴趣爱好更加圈层化、细分化和多元化。而这些特点，正好站在了传统营销"一刀切"策略的反面。从自嘲着抵抗世界的"丧文化"，全民"尬聊"，到魔性的"Freestyle"，青年人群的流行文化总在不断刷新营销界的认知。广大文艺创作者、从业者不断创新文化产品与服务的供给内容与手段，坚持以创新的思维引领新型文化产业发展。培育开放包容的文化心态，对于新兴的文化现象、潮流文化等，在以理性眼光对待的基础上，认真辨别，求同存异，对于消极有害的文化现象保持警惕，严厉剔除。只有始终坚持以需求为导向，以创新为动力，以包容为根本才能进一步让新型文化业态的活力充分涌流。

国务院统计数据显示，2017年中国"60后"和"70后"的人口数量大约为4.4亿，到2030年中国老年人数占比预计将会增至

24%。^① 如今的"新生代老人"正在打破传统老龄化社会的定义，他们对退休之后的工作、生活规划已经与过去截然不同，新的生活方式和商机正亟待开发。研究机构预测，由中老年人群在旅游市场、餐饮市场和保健品市场带来的市场效益将在 2020 年达到 3.3 万亿元。老年人的精神世界更需要得到丰富，老年文化消费领域更需要得到丰富。在人们都在追求美好生活的时代，关爱老年人，除了要提升老年人的经济赡养、生活照顾、疾病治疗的质量，还应该提高他们的文化享受质量。随着老龄化进程加速，老年群体日益成为一个不可忽视的文化消费群体。越来越多的老年人选择户外旅游、看电影等方式来消遣自己的闲暇时间。以近年来火爆的夕阳红旅游为例，目前我国每年老年人旅游人数已经占到全国旅游总人数的 20% 以上，已成为仅次于中年旅游市场的第二大旅游市场。互联网的发展、智能手机的普及和消费观念的升级，正在改变着老年人的消费方式，腾讯、阿里等互联网巨头纷纷布局老年消费市场。社会老龄化日益受到各界关注，由此也催生了一大批聚焦老年人的文艺作品和文化产品，如小说《落日》《预约死亡》，电影《桃姐》《飞越老人院》，以及电视剧《老爸的爱情》《谁来伺候妈》《老米家的婚事》等皆反映了老龄化社会问题，以老年人为题材的影视、小说、小品等得到了越来越多的关注与开发。2017 年 7 月，中国文化娱乐行业协会推出了"阳光娱乐夕阳红"项目，目前国内已有 100 多家量贩 KTV 加入了项目，向 50 周岁以上的中老年人群体推出"夕阳红"卡，让他们享受到质优价廉的 K 歌和聚会娱乐服务。^②

---

① 刘旷.万亿市场的广场舞未来在哪里？[J].商业观察，2018（1）.
② 池青.老年人"占领"KTV，需求和市场的共赢[J].小康，2017（12）.

三、文化创意改善生活品质

生活之美,在满足人民新型文化消费需求,提高人民生活品质和幸福感的过程中。必须适应消费者不断变化升级的适用需求和审美需要,用现代高新技术和手段提升产品的使用价值,赋予更多文化内涵提升产品的审美品位,使产业向高端化、人性化、高档次演进。[1] 经济结构的深层次调整,产品国际竞争力的提升,都离不开创意。随着国家经济发展进入"新常态",文化创意产业自身也逐渐进入转型升级发展的关键期。从国际层面看,我们的产品缺乏竞争力,"创意+手机制造"使苹果公司变身成为行业大佬。在参与全球产业链分工协作的竞争过程中,我国大量企业位于产业链的组装、加工、装配等低附加值的环节,而创意设计、科技研发、品牌管理等高附加值的环节为外国的跨国公司所大量占有。文化消费的调整与升级需要企业从产业链的最低端尽快进入中端和高端行列,同时也要不断提升对创意的认识。[2]

新型文化消费需求的满足,生活美学意境的营造,离不开创意设计。从国际发展的经验看,城市人均GDP超过5000美元后,经济特征将从实用与服务为中心的传统经济向审美与体验相结合的经济转变。在这个时代,商家提供的核心价值往往不是物质产品,而是一种情调、氛围或梦想,一种美感体验或愉悦记忆。从我们身边所有的日常用品来看,这一点越来越凸显。[3]

文化创意是发展创新型经济、促进经济结构调整和发展方式

---

[1] 范周,杨剑飞.新时期文化产业发展的"三要"和"三切忌"[J].学习与探索,2012(1).

[2] 范周.转型&融合:文化创意设计发展的新趋势[J].人文天下,2016(1).

[3] 同上.

转变、加快实现由"中国制造"向"中国创造"转变的内在要求，是促进产品和服务创新、催生新兴业态、带动就业、满足多样化消费需求、提高人民生活质量的重要途径。①

以质为重的实施路径在于创新文化服务的方式，丰富文化服务的内容，拓展文化消费的载体，实现服务经济倍增。文化服务的方式手段不断创新，触角不断扩张，重心不断下移，必将有效提高居民，特别是广大农村居民的文化服务质量，从而激发更为强大的文化消费力量。服务经济倍增的重点是文化惠民，通过打造优质、高附加值产品，提升产业技术水平，适应消费者需求。②因此从当前到今后相当长的时期内，文化产业将成为经济增长、创新创业的主要动力之一，也将在调整产业方向、优化产业结构等方面发挥重要作用。③发展以人为第一资源、以文化建设为重要诉求点的文化产业，将成为新型城镇化发展的着力点与突破点，从而实现文化产业发展与新型城镇化的双螺旋交替上升。

第三节 文化创意与创意城镇

一、文化创意与古村落保护

人类从古村落中成长起来，走向世界。古村落是精神守望的

---

① 范周.转型＆融合：文化创意设计发展的新趋势[J].人文天下，2016（1）.
② 范周，杨剑飞.新时期文化产业发展的"三要"和"三切忌"[J].学习与探索，2012（1）.
③ 范周.文化产业发展的六个新态势[J].中国国情国力，2016（12）.

家园，它们如同联结着亲缘、血缘、宗族、民间信仰和乡规民约的纽带，联系着恒远不变的乡愁。在商业精神和市场规则横行的时代，现代文明不断融入古村落并改变了乡土生活的既定方式，古村落面临着自身发展和守望家园的两难。[①]中南大学中国村落文化智库、光明日报智库研究与发布中心、太和智库、社会科学文献出版社共同发布的我国首部《中国传统村落保护调查报告》显示，"自2003年至今，我国先后公布了6批276个国家级历史文化名村，4批4153个中国传统村落。但古村落的抢救和保护进度，远赶不上古村落逐渐消失的速度"[②]。我国2000年的自然村数量为360万个，到2010年这一数字锐减到270万；10年时间，90万个自然村消失。截止到2015年，我国的自然村数量为230万。从2000年到2015年的15年时间里，平均每天有237个自然村消失。

坚守文化底线，加强顶层设计是保护古村落的根本立足点。保护文化遗产，延续文化脉络，是古村落诗意栖居的精神。古村落的记忆是在历史长河中一点一滴积累而成的，从乡土景观到历史街区，从文物古迹到朴实乡民，从传统民俗到社会规则，众多文化遗产共同组成了富有冲击力的文化物证。[③]文化遗产保护的未来，在很大程度上取决于它与人们日常生活环境的整合状况。

位于山西省东南部晋城市北留镇的皇城村是建筑文物的活化记忆。皇城村由内城和外城两部分组成，内城为明代遗构，外城

---

① 范周.保护传统村落 守望精神家园[N].经济日报，2014-11-13.
② 胡彬彬，李向军，王晓波.中国传统村落蓝皮书：中国传统村落保护调查报告（2017）[M].北京：社会科学文献出版社，2017.
③ 范周.保护传统村落 守望精神家园[N].经济日报，2014-11-13.

为清代所建，整村枕山临水，城墙雄伟，雉堞林立，官宅民居鳞次栉比，是一组别具特色的古建群落。作为重要的文化遗产和乡土社会缩影，皇城村的"史考"实证价值和"史鉴"研究价值及"史貌"审美价值都十分突出。以皇城村为依托规划建设的"皇城相府"旅游景区，在相对完整保持村落原貌的前提下，融入了现代旅游的参与体验功能，已成为国家 5A 级旅游景区。虽然皇城村的村民们已经整体迁出，但新村就建在旧址附近，村民们可以回古村工作，他们对故土的记忆、情感和乡愁均得以保留，与村落之间的血脉也永远不会断裂。文化遗产的保护与活化，最大限度地存留了古村落的历史记忆，也存留着村落挥之不去的乡愁。[①]

对于诸如皇城村这样的历史遗产和文化旅游资源充分的地区，在坚守文化底线的前提下，通过土地整合、城市公共设施和文化服务设施的植入、文化特色的挖掘和呈现，农民社区就业得以整体解决，向文化旅游综合社区发展的城镇化方式可以有效推进古村落的保护。[②]

多元资本投入、实现创意营造是古村落保护的有效路径。古村落保护的未来，在很大程度上取决于它与人们日常生活环境的整合状况。随着经济社会的发展，城镇空间资源开始呈现出高度稀缺性，古村落的生存空间和拓展空间均因受到将"土地财富"转化为"快速增长的内需"的商业化挤压而变得更加局促。古村落是祖先留给我们的重大财富，具有不可再生性。城镇化不能以牺牲古村落和周围环境为代价，也不能以承包或变相出让古村落

---

① 范周. 保护传统村落 守望精神家园 [N]. 经济日报，2014-11-13.
② 同上.

文化资源而获得经济增长。①

一方面,可以通过借鉴国外保护经验探索"社会化保护"的新方式,即坚持"以古为本""以民为本"的保护理念而非单一的"旧城改造""旧村改造"的线性开发模式;实施"新旧分开、有机更新"的新战略,即地方政府在逐年加大财政保护资金投入的同时,可采取政府补贴、社会赞助等多种方式筹集资金。②

另一方面,以保护古村落为前提,采取"活化、涵育"的方式,盘活古村落丰富的文化旅游资源和文化遗产要素,诸如皇城村等保护与开发结合,不失原生态又具有市场精神的资源整合方式,为城镇化进程中的古村落寻找到了富于温度的生命力。在创意营造的格局下,通过土地置换、房屋产权置换或租赁等方式,吸纳社会资本的多元投入,也必将为古村落的再生带来新的机遇,重塑人们对于历史的认识,对于未来的憧憬。③

古村落是乡土建筑的史诗,它们蕴含着中国传统建筑文化的精髓,真实地反映了农业文明时代的乡村经济和极富人情味的社会生态。保护古村落,不仅是守护我们的精神家园,更是传承我们的文化血脉。传统村落的消失或破坏,毁掉的不单是一座建筑、一个村落,更是孕育传统手工业、蕴生传统戏曲民俗、滋养传统民风市井的土壤。④因此,保护古村落是乡村文化发展走向传统与现代融合、经济与文化统筹、自然与人文和谐

---

① 齐骥.依托乡土文化实现"就地城镇化"的"获浦样本"——浙江桐庐县荻浦村的调查与思考[J].中国发展观察,2014(1).
② 范周.保护传统村落 守望精神家园[N].经济日报,2014-11-13.
③ 同上.
④ 同上.

之路的一种可行有效并富于生机的模式，是古村落在当代语境下的最佳选择。①

二、文化创意与新型城镇化

新型城镇化是指以科学发展观为指导，以新型工业化为动力，以统筹兼顾为原则，全面提升城镇化的质量和水平，实现经济高效、功能完善、环境友好、资源节约、城乡统筹、社会和谐、管理有序的大中小城市和小城镇协调发展的城镇化建设之路。②

党的十六大第一次明确提出统筹城乡经济社会发展的方略。十七大进一步提出形成城乡经济社会发展一体化的新格局。十七届三中全会再次强调，要"始终把着力构建新型工农、城乡关系作为加快推进现代化的重大战略"。党的十八大把城乡发展提升到了新高度，提出要"坚持走中国特色新型工业化、信息化、城镇化、农业现代化道路，推动信息化和工业化深度融合、工业化和城镇化良性互动、城镇化和农业现代化相互协调，促进工业化、信息化、城镇化、农业现代化同步发展"。2010年，我国人均国民总收入为4260美元，首次由"下中等收入"经济体转变为"上中等收入"经济体。2011年，我国城镇化率达到51.27%，城镇常住人口首次超过农村人口。这两个"首次"意义重大，标志着我国开始由乡村中国向城市中国转变，我国经济社会和城镇化进入新的发展阶段。③

---

① 范周. 保护传统村落 守望精神家园 [N]. 经济日报，2014-11-13.
② 刘鹏. 全面深化改革视域下的新型城镇化建设研究 [D]. 南京：南京师范大学，2017.
③ 张占斌. 新型城镇化的战略意义和改革难题 [EB/OL]. (2013-07-30) [2018-06-12.]. http://theory.people.com.cn/n/2013/0730/c217905-22382404.html.

党的十八大和中央经济工作会议对我国新型城镇化发展进行了顶层设计和总体部署，明确提出提高城镇化质量的要求。党的十八届三中全会通过的《中共中央关于全面深化改革若干重大问题的决定》指出："坚持走中国特色新型城镇化道路，推进以人为核心的城镇化。"中央城镇化工作会议也指出："要以人为本，推进以人为核心的城镇化，提高城镇人口素质和居民生活质量，把促进有能力在城镇稳定就业和生活的常住人口有序实现市民化作为首要任务。"

中国的城镇化是在人口众多、资源相对短缺、生态环境比较脆弱、城乡发展不平衡的背景下向前推进的。随着城镇化的推进，在未来10—20年内，中国将有3亿农民的身份转化为城镇居民，这对社会管理提出了严峻的挑战。因此，新型城镇化建设将成为检验政府应对社会重大转型的试金石。世界上任何其他国家的城镇化发展模式都不能在中国进行简单复制，必须走中国特色的新型城镇化之路。李克强总理曾说，"在我们这样一个13亿人口的大国实现现代化，人类历史上前所未有"，"我们既要清醒认识这是一项长期的历史任务，不可能一蹴而就，又要以民之所望为施政所向，积极稳妥地加以推进"。如果离开了人民的需要，离开了我们共同发展的"中国梦"的福祉，中国的新型城镇化将毫无意义。①

推进新型城镇化，文化是灵魂，文化产业是驱动力。文化城镇化这一智能化、信息化、人本化的城镇化方式，以其全息生态

---

① 范周.关于我国城镇化与文化发展的思考[J].现代传播（中国传媒大学学报），2013（8）.

的风格成为各国城市发展的焦点,为文化产业的"城市包围农村"搭建了载体和桥梁。[①] 新型城镇化既要注重让中华民族悠久的文化传承与现代人文关怀相容,又要强调历史文化和现代文化的亲密结合。文化产业发展的背后是人民精神文化需求的快速增长,而新型城镇化建设也是以人为核心的。

重视人的全面发展,尤其是重视人在精神文化方面的需求,要求我们在新型城镇化进程中大力发展文化产业。发展以公共文化服务建设为重要诉求点的文化产业是新型城镇化建设的必要渠道。当前,我国城镇化步伐不断加快,新型城镇化建设将迎来新一轮公共交通、工程设施、公用环境的建设期,而文化方面的公共服务项目与工程的建设也将掀起新的浪潮。[②] 城镇化带来的是相对聚合的人文环境和气氛,是社会传统、文化风俗、信仰、价值观的进一步融合,是文化氛围的进一步提升,是人本关怀的进一步体现。从这个意义上讲,新型城镇化不仅要进行户籍制度的改革、财税政策的调整,更要关注文化民生,重视文化产业的发展和公共文化服务的建设。在新型城镇化进程中,文化对人的素质、修养的提高是其他要素无法替代的。无论是从目前的产业规模,还是从产业带动能力以及在资本市场中的影响力来看,文化产业都应在未来的新型城镇化建设中发挥其产业优势,通过人文理念引导城市规划,以文化大繁荣、大发展推动新型城镇化进程。[③] 在

[①] 范周.关于我国城镇化与文化发展的思考[J].现代传播(中国传媒大学学报),2013(8).

[②] 同上.

[③] 薛晓光,高秀春,李忠伟.新型城镇化要重视文化产业发展[N].经济日报,2013-12-27.

城镇化建设过程中，注重人的需要，发挥人的特长，建设"宜居、宜业"的幸福城镇，才是人们真正向往的城镇化。

三、文化创意与创意城市

文化是城市综合竞争力的重要组成部分，已经成为催生新常态下城市转型发展的新力量。创新是区域发展的动力源，在城市竞争越发激烈的今天，其对于区域升级的引领作用不断凸显。大量国内外实践已经证明了城市文化创意产业的创新发展对区域升级的带动作用。创新引领已经成为文化产业创新发展与区域升级之间的超链接，不论是体制创新、政策创新，还是发展模式创新，抑或是平台创新，不同的创新模式与途径都在各自的实践中经受着检验，在实践中拉动区域升级。

（一）文化创意促进城市文脉延续

城市文脉就是城市生命的根基。城市是人类生产力发展的阶段性产物，具有时间和空间上的连续性，这种连续性又通过一定的逻辑原理被各个时代继承并延续至今，形成了文化脉络。而每个城市迥异的自然条件和历史发展进程，造就了各自独特的文化脉络，记载着城市的兴衰变迁。

1. 老旧厂房记录城市工业文明兴衰

老旧厂房以其独有的空间形态和风貌特色，记录着城市的兴衰，承载着市民的记忆，见证了社会的发展和生活的变迁，是现代文明的重要物质载体，更是城市文脉中不可分割的一部分。虽然多数老旧厂房已经失去了原有的功能和作用，但是它们作为城市机体的组成，仍具有经济、技术、历史、社会、艺术等方面的多重价值。如果不对其加以合理地继承与保护,是对建筑再利用价值的忽视,造成生产资源的浪费,更是对城市文明的割裂,将对城市文脉造成不可逆转的破坏。可以说,保护好这些工业遗产,在一定程度上就是保存文明成长的历史。

"老旧厂房拓展文创空间"也就是工业遗存的再生利用。在拓展文创空间的过程中,"老旧厂房"这个概念契合改造的两个主要维度。"老旧"是时间概念,承载着近现代城市工业发展的历史记忆,体现了改造中文脉保存这一维度。"厂房"是空间概念,是城市有机更新的重要载体和宝贵资源,体现了改造中工业建筑再设计这一维度。从这两个维度出发,老旧厂房拓展文创空间的过程就是文脉生成和空间工业景观生成的过程。老旧厂房通过改造、拓展,保留了文脉,加以工业建筑空间的精妙设计,形成了浓厚的艺术文化气息和文化场景,有利于激发创意工作者的灵感,发展文化创意产业。

早在21世纪初,对工业遗产的保护和再生设计利用就已成为世界性城市发展课题。2003年国际工业遗产保护联合会(TICCIH)制定并公布了《下塔吉尔宪章》,正式明确工业遗产是城市历史文化遗产的重要内容之一,被视为世界工业遗产保护的里程碑。20世纪末我国工业转型初期,大量有价值的老旧厂房被拆掉进行商业开发,几代产业工人的记忆和情感被抹杀,城市曾经的工业建设辉煌也被逐渐淡忘。[①] 工业建筑遗产和城市文脉的双重危机终于引发了社会的关注。2006年4月18日,首次中国工业

---

① 孙俊桥,孙超. 工业建筑遗产保护与城市文脉传承 [J]. 重庆大学学报(社会科学版),2013(5).

遗产论坛在江苏无锡举办,《无锡建议》——我国首部关于工业遗产保护的共识文件在会上诞生,明确"将工业遗产作为我国文化遗产来保护";同年5月,国家文物局下发《关于加强工业遗产保护的通知》,正式提出"工业遗产保护是中国文化遗产保护事业中具有重要性和紧迫性的新课题"。

工业遗产保护与传承并非时空意义上的凝固不变,也并非把文化遗产当作遗物和古董,而是将工业遗产真正融入人们的生活实践中,使其更加具有日常生活的价值与意义。2018年1月北京市人民政府办公厅印发《关于保护利用老旧厂房拓展文化空间的指导意见》,以传承区域历史文脉、延续城市文化基因、塑造城市形象特色为目标,积极鼓励将老旧厂房建设成为新型城市文化空间,促进城市有机更新和推动产业升级,增强城市活力和竞争力。加强对工业遗产的合理保护和开发利用,有利于完善城市功能、公共服务和生态环境,促进经济社会文化建设,并为后世留存相对完整的文明发展轨迹。[①]

2. 工业旅游见证城市前世今生文脉

山西兴起"矿井游",酒庄开起了博物馆,海尔开放"透明车间","水电站"成为道道景观。"工业旅游"这个新名词,不仅成为近年来人们旅行的一种时尚追求,也带动了经济增长,成为推进我国大众旅游业发展和工业经济转型的"黄金助推器"。据统计,2015年我国全国工业旅游接待游客超过1.3亿人次;工业旅游收入超过100亿元;工业旅游促进直接就业达6.5万人,间接就

---

① 吕正春. 在城市化进程中加强工业文脉保护与传承[J]. 党政干部学刊, 2015(6).

业和季节性就业达 300 万人。在未来 5 年内，工业旅游接待游客总量预计将超过 10 亿人次，旅游直接收入总量将超过 2000 亿元，实现综合收入总量超过直接收入的 10 倍以上；新增旅游直接就业将超过 120 万人，带动间接就业新增超过 600 万人。[①] 我国台湾地区的城市都由历史建筑转化而成的文创园区覆盖。大约 20 年前开始，台湾文化部门接手了大部分日据时期的糖厂、烟厂和酒厂，将厂区从艺术家工作室的单一生态逐渐转变为融合了艺术家、创意人、文化商人、游客的商业业态。

在人们进行工业旅游的过程中，接受精神文明的熏陶和洗礼也是不可或缺的一个环节。德国的鲁尔曾经被描绘成"洁白的衣服穿出门去不一会儿便成了灰色"，"莱茵河沿岸化学工厂林立，污水将河水调成鸡尾酒"。鲁尔曾因工业繁荣而"兴"，也因工业污染而"衰"。如今，当鲁尔区焕然一新，凤凰涅槃，成为"欧洲文化首都"后，仍然保存着大多数的工业遗迹，鲁尔的兴与衰还深深烙印在街道的一砖一瓦中，还悄然盘踞在这城市的上空中，游客们置身其中，很难不激发起对工业文明和人类文明的反思。

广义上的工业文明不仅包括物质文明，还应包括精神文明和制度文明。作为我国工业遗存丰厚的城市，大庆有大庆精神、铁人精神等宝贵的精神遗产，也因此开发了铁人王进喜纪念馆、油田历史陈列馆、大庆石油会战誓师大会遗址等一系列工业旅游景点。"爱国、创业、求实、奉献"的大庆精神和"为国争光、为民族争气"的铁人精神始终是激励中华儿女前进的动力之源。

[①] 张配豪.企业"新宠"——工业旅游[J].人民周刊，2017（1）.

（二）创意阶层集聚当代城市品格

理查德·佛罗里达教授在 2002 年出版了《创意阶层的崛起》一书，提出了"创意阶层"这个名词，以及 3T 理论。所谓 3T 就是科技（Technology）、人才（Talent）和宽容（Tolerance）。人力资本是核心资本，是最重要的生产要素之一，但人力资本具有异质性，那些敢于创新、富有创造力的人群才是创造的主体，对城市经济社会可持续发展起着决定作用。他发现现代社会（后工业社会或者知识经济社会）经济发展的动力引擎是一群具有创新和创意的人。这群人是新的社会经济阶层，主要从事需要创意和创新的职业。这些职业主要包括计算机程序员、工程师、医生、科研人员、小说家、建筑师、设计师、律师、金融师、作曲家、画家等。一方面，创意阶层出于"自我实现"的需要，倾向于在具有活力、多样性兼具包容性的空间聚集，容易与城市的创意产业发生互动，并客观上增强了城市空间的互联能力和吸引力；另一方面，具有城市特色和美学、公共服务良好的城市公共空间，无论在城市视觉形象还是城市品质内涵方面，都为创意阶层提供了颇具吸引力的空间要素基础。

浓郁的艺术氛围令伦敦在几个世纪以来一直是一个创意中心。在伦敦，有 68 万人从事创意产业的工作，创意产业占伦敦经济的 15%，交易额巨大。从事创意产业的人占英国人口的 12%，但是创意产业的艺术基础设施却占 40%，音乐唱片工作室占 70%，音乐商业活动占 90%，同时它还拥有英国电影和电视生产的 70%，广告的 46%。英国历史悠久的大学不仅散发着它们古老的神韵，而且也潜移默化地熏陶和培养着它们的学生，这是影响创意阶层产生的重要因素。[①] 像旧金山湾区、波士顿、华盛顿特区、奥斯汀和西雅图这样的城市，正因为聚集了大量的创意阶层，才成为真正的创意之地。

四、文化创意与城市软实力

（一）延续城市历史，保护城市特色

城市记忆离不开城市文化，城市文化是城市记忆的实质内涵。对于城市来说，记忆场所的作用在于保持城市历史文化的连续性和身份特征。有记忆的城市，才有延续的城市历史。城市历史越悠久，城市就越具有特色和吸引力。被割断和抹除历史的城市就如同一座新城，对居民而言将是完全陌生和没有情感纽带的；城市记忆以社会实践和认同为基础。城市居民在此过程中共享权利和义务，并相互联结，在共同的历史经验中产生连带的情感和共同意志。[②] 在古希腊，被驱逐出城市与失去个人的国籍是同等的惩罚。正是对根的渴望和对地域、遗产的共同意识，才使人们凝聚在一起，共同维护城市的稳定和兴盛。

反观现在一些城市的设计和建设，仿佛在消除城市特征和差异的路上一去不复返。相差无几的古镇改造、千篇一律的高楼大厦以及不合时宜的欧美风格住宅区，都将独特的城市风貌和形象消解殆尽，城市被迫回到同一个历史为"零"的起点，并按照同一种"现代化"模式发展。[③]

[①] 范周. 转型＆融合：文化创意设计发展的新趋势 [J]. 人文天下，2016（1）.
[②] 于峰. 基于城市集体记忆的街区界面重塑 [D]. 广州：华南理工大学，2010.
[③] 谭侠. 文脉传承载体 [D]. 重庆：重庆大学，2008.

城市的现代化发展经常将提升城市形象和塑造城市文化作为城市发展的核心和重点，但城市形象必然和城市所特有的人文精神分不开。城市记忆场所的留存并非一定要完整无缺，很多承载着记忆的地方都只是将其最具特色的部分保存下来。例如，南京作为六朝古都，在城市现代发展过程中依旧沿用了一些有趣的街巷名，如乌衣巷、老坊巷、利济巷、文昌巷、户部街、箍桶巷等。通过这些和现代颇有些脱节的街巷名，人们仍能感受到属于这个城市特有的记忆。而这些独具特色的城市文化元素，就可以作为承载历史和记忆的文化地标，展现城市的命运和脉搏。

（二）打造城市品牌，提升文化实力

一个城市的文化产业承载着这个城市的文化理念、文化价值和文化追求，反映着城市的文化软实力，而未来城市的升级重在提升软实力。因此，文化产业升级是提升城市软实力、推动城市转型升级的重要力量。[1]

一直以来，台湾地区在文创发展上都注重创意营造和生活美学的理念。美的事物是大家普遍喜爱的，细节往往是最能打动人心的东西。台湾地区多年来的文化熏陶、丰富多彩的生活体验所累积形成的精神内涵，向许多传统产业注入文化特色与创意设计。台湾地区把文化创意产业上升到生活美学的高度，注重美，创造美，用"生活美学"连接大众市场。[2]

南京市在推进文化创意设计与其他产业融合的探索实践中，许多方面走在了全国的前列。在平台建设方面，政府牵头搭建了

---

[1] 孙舒凡. 深入贯彻十七届六中全会精神 推动民族地区文化产业跨越式发展[J]. 实践（思想理论版），2011（12）.

[2] 范周. 转型 & 融合：文化创意设计发展的新趋势[J]. 人文天下，2016（1）.

中国（南京）数字文化产业公共技术服务平台、南京创意设计中心、全国首家"创意南京"文化产业融合公共服务平台，平台模式在全国非常突出。"紫金奖"创意设计大赛的举办也充分地体现出一种平台意识，通过这种大赛的形式，许多的创意设计想法和理念都可以找到落地的载体。①

上海是近代中国工业的重要城市之一，从20世纪20—30年代远东地区的经济中心到解放后中国重要的工业基地，再到改革开放后的经济、金融、贸易和航运中心，上海走过了综合型城市—工业型城市—综合型城市的发展历程。②2010年2月，上海被授予"设计之都"称号，成为中国继深圳之后第二个获此殊荣的城市。

上海创意产业的重点是为先进制造业和现代服务业服务，同时也提升了上海的人文精神和创新环境。③上海的创意产业发展主要立足于为城市功能转型、产业结构升级服务，推进"科教兴市"战略。秉承打造国际时尚文化大都市的目标要求，上海时尚产业正以前卫和开放的特质引领着国内的时尚潮流，以时尚设计为引领，结合新材料、新技术、新工艺设计研发出适应市场消费者所需的产品。对设计驱动、提升内涵、促进品牌建设已形成共识。通过开放引进和本土原创培育，上海大力发展多样化的时尚产品及相关服务；通过加强传统经典产品或老字号产品与现代时尚元素的结合，建立国际化的营销渠道，推动具有自主知识产权的本土时尚产品走向世界。上海重点围绕服装服饰、日化用品、珠宝首饰、家居用品、数码消费品等提升城市形象和生活品质的具有比较优势的领域，建立产业基

---

① 范周. 转型&融合：文化创意设计发展的新趋势[J]. 人文天下，2016（1）.
② 褚劲风. 上海创意产业园区的空间分异研究[J]. 人文地理，2009（4）.
③ 同上.

金，拓宽融资渠道，支持和鼓励多元投资主体开展对时尚地标、时尚人物、时尚品牌、时尚平台和时尚事件等要素资源的整合，推动具有中国文化和本地创意特点的国际时尚之都的建设。

五、文化创意与智慧城市魅力

智慧城市是建构在现代化信息技术基础上的新型城市发展模式，是由IBM首先提出的，主要用于应对国际性金融风暴及人口压力。智慧城市是我国实现经济发展、社会公平和环境优越，探索工业化、信息化、城镇化、农业现代化四化融合道路的重要途径。早在2007年，欧盟就提出并开始实施一系列智慧城市建设目标，韩国也正以网络为基础，打造绿色、数字化、无缝移动连接的生态、智慧型城市。韩国松岛被很多人看成是全球智慧城市的模板。这座崭新的智慧城市位于首尔以西约65公里远的一处人工岛屿上，占地6平方公里。该项目从2000年开始兴建，共投资350亿美元（约合2142亿元人民币）。由于松岛的信息系统紧密相连，因此评论人士也把它称为"盒子里的城市"。[①]

在雄安新区的规划中，2000平方公里的地域范围内将形成以白洋淀为核心的优良的自然生态环境和文化氛围，形成以新区起步区、发展区和雄县、安新、容城三个县城构成的组团式新区。打造文化创意生活区、数字创意产业集聚区，构建水城共融、文化包容、数字智慧的新型生态新区，为中国新时期的城市发展和城镇化建设走出一条全新的创意之路。这种布局既要有文化创意

---

① 从国外经验看如何打造智慧城市 [J]. 智能建筑与城市信息，2014（09）.

产业规划的参与，又要在布局中体现文化创意。这样才能从城市布局上防止"摊大饼"，克服"大城市病"，降低对生态环境的冲击，提高新区发展的文化魅力、智慧魅力。

智慧城市作为极具创造力的城市形态，已成为全球城市发展的战略选择。智慧城市可以激发科技创新，推进产业转型升级和经济结构调整，也有利于提高城市管理水平，提升城市的综合竞争力。对于普通民众而言，智慧城市以智能化的理念，引领着便捷、高效、高品质的生活方式。深圳面对经济高速增长背后的"文化沙漠"，于2003年提出"文化立市"战略，该策略试图将深圳从传统发展路径中抽离出来。城市发展理念是"创新型、智慧型、力量型城市"。城市发展的深度、高度和可持续度成为新的衡量向度。"文化立市"不仅倡导文化创新、发展文化产业，而且注重公共文化体系的建立和市民文化权利的实现。图书馆体系的构建、公益文化活动的展开、社区文化的培养为普通市民享受文化权利创造了机会。"图书馆之城""钢琴之都""设计之都""动漫基地""志愿者之城"纷纷成为深圳的文化特色。

从智慧城市的角度来说，有一个最核心的观点，就是人。一切要围绕人来开发，围绕人进行思考，围绕人去做一些需要创意和创新的事情。创新和智慧的核心是人力资本，建设智慧城市将产生极大的人才需求量，并将因此而形成高端、高新人才的集聚之地。

第四节　激活创意，激发创造力

2017年1月，中共中央办公厅、国务院办公厅印发了《关于实施中华优秀传统文化传承发展工程的意见》。2017年2月，文化部政策法规司发布《文化部"十三五"时期文化发展改革规划》，也涉及了传承和弘扬中华传统文化方面的重要内容。党的十八大以来，习近平总书记多次强调，要传承和弘扬中华优秀传统文化。他指出："中华文明源远流长，孕育了中华民族的宝贵精神品格，培育了中国人民的崇高价值追求。自强不息、厚德载物的思想，支撑着中华民族生生不息、薪火相传。"

十八大以来，传承和弘扬中华传统文化成为新时期的一项重大战略任务，习近平总书记多次对此发表重要讲话，表明中华传统文化的现实传承事关社会主义文化强国建设，事关国家文化软实力建设，事关中华民族的伟大复兴。2017年以来，随着一系列相关政策的紧密出台，《文化部"十三五"时期文化发展改革规划》也就传承和弘扬中华传统文化做出了一系列相关部署。

一、汲取中国传统文化之养分

文化是浸润在国家和民族灵魂深处的深刻印记，中华文明经历了五千年的历史，是没有中断并延续发展至今的文明。"求木之长者，必固其根本；欲流之远者，必浚其泉源。"优秀传统文化是一个国家、一个民族传承和发展的根本，一旦舍弃就如无根之木、无源之水，难以长久。中华优秀传统文化记载了中华民族自古以来在建设家园的奋斗中开展的精神活动，积淀着中华民族最深沉的精神追求，代表着中华民族独特的精神标识，也蕴含着中国人最基本的文化基因，是中华民族和中国人民在修齐治平、尊时守位、知常达变、开物成务、建功立业过程中逐渐形成的有别于其他民族的独特标识。① 中华民族要想在世界文化激荡中站稳脚跟,就不能将传统文化遗落在时间长河中,需要将珍贵的记忆重拾,让传统文化在新时代焕发新生。

中华传统文化是中华民族的突出优势,是中华民族自强不息、团结奋进的重要精神支撑,是中华民族最深厚的文化软实力。文化软实力体现着国家最高层次的、最核心的民族气节和民族精神,事关国家的文化自信。文化自信是道路自信、理论自信和制度自信的基础,是中华民族屹立于世界民族之林的根基。只有植根于中华优秀传统文化,中国作为一个泱泱大国才能真正树立起文化自信;只有传承和发扬好中华优秀传统文化,中华民族才能真正因文化而强!②

(一)梳理现有资源,发掘文化精华

中华传统文化种类繁多,内容丰富,历经时间的沉淀,几经建构—解构—再建构,绵延不绝,生生不息,积累了大量丰富多彩的艺术表现手法和表现形式。许多文化元素随着时间的推移、历史的变迁、科技和工艺的不断演进经久不衰,从而形成了中国特有的传统元素。这些传统元素凝聚了中华民族几千年的智慧精华,也传承了华夏民族特有的艺术精神。③

2012年10月,国务院决定开展第一次全国可移动文物普查。截至2016年5月18日,全国可移动文物信息登录平台中已注册收藏单位14481家,登录文物48592662件(合18413268件/套),42678686张照片,存储量超过11万G。据统计,北京故宫博物

---

① 张喜德.试论习近平的中国传统文化观[J].中国延安干部学院学报,2016(9).
② 范周,关卓伦.让传统文化闪光,点亮中华文化传承[J].人文天下,2017(4).
③ 范周.浅谈传统文化传承与创新[J].人文天下,2017(1).

院现有藏品 1807558 件,其中珍贵文物 1684490 件,一般文物 115491 件,标本 7577 件。对于多种多样的传统文化,还需要进一步发掘其中的精华和精神内涵。①

需详尽梳理中华传统文化,去粗取精、去伪存真、由表及里地将其中的精华部分挖掘出来,进而为传统文化的弘扬与发展打下基础。挖掘提炼中华优秀传统文化,是继承和弘扬中华传统文化的着力点和关键环节。我们必须坚持唯物史观的立场、观点和方法,坚持古为今用、推陈出新,运用"批判继承"的方法来审视中华传统文化。在正确认识中华优秀传统文化本质属性并萃取其基本内容的基础上,紧密结合中国特色社会主义建设实际,用通俗易懂的当代表达,对其中适于协调现代社会关系和鼓励人们向上向善的价值理念、主要命题、思想精华、道德基因等做出新阐释,使中华优秀传统文化为弘扬社会主义核心价值观做出贡献。②

中华优秀传统文化是中华民族的精神命脉,是涵养社会主义核心价值观的重要源泉,也是中国共产党治国理念的智慧来源。中华传统文化的经典传承,更需要文化精髓的凝练与表达。民族戏曲、民族歌剧、民族舞蹈等民族文化艺术无不凝聚着"仁者爱人""与人为善""自强不息"等传统文化之魂;古村落、特色小镇、传统工艺等民族文化遗产无不闪耀着人类文明之光。新时期的文化传承,既要注重文化精髓的阐释,也要注重文化精品的创造。

让传统文化"活"起来,也是文化传承中的一大重要命题。我国有很多优秀的民族和传统文化经典是以非物质表现形式为载

---

① 范周.浅谈传统文化传承与创新[J].人文天下,2017(1).
② 同上.

体的,例如民族戏曲、民族节庆等。这部分非物质文化遗产在传承的过程中以"活态传承"与"口传心授"为主要特点及方式。做好"非遗"保护,是功在当代、利在千秋的大事,是文化传承中不可或缺的一部分。让传统文化更富有生命力,就必须以人及其活动作为传承载体,就必须激发它的可持续性。活化传承不是将传统文化束之高阁,放进博物馆,而是通过大众的参与和互动,口耳相传,代代相传,使传统文化的生命同国家和民族的生命紧密相连,绵延不断。①

对传统文化的挖掘和阐发,还要更注重与时俱进。习近平总书记在多次重要讲话中做出了对传统文化进行"创造性转化"和"创新性发展"的重要论断。这其中有两层深意,一是对传统文化进行有扬弃的继承;二是对传统文化进行现代化的挖掘。坚持"有扬弃的继承",就是要坚持古为今用,有鉴别地对待,去粗取精,去伪存真,结合时代条件对适合时代发展的内容加以继承和发扬;坚持"现代化的挖掘",就是要把弘扬优秀传统文化与发展现实文化有机统一起来,积极开发和探索有利于传统文化现代传承的新元素、新内涵和新形式,使之与现代元素相结合。②

(二)深度融入当下,交融世界文明

在文化传承的过程中,既要与当下的文化深度融入,同时也要将中华文化放在世界文化的背景下进行思考。多元、融合、自由和创新是传统文化的根本精神。中华传统文化有着多元融合、包容性强的特点。2014年3月27日,习近平总书记在法国巴黎联

---

① 范周,关卓伦.让传统文化闪光,点亮中华文化传承[J].人文天下,2017(4).
② 同上.

合国教科文组织总部演讲时提出一个重要观点:"文明因交流而多彩,文明因互鉴而丰富。文明交流互鉴,是推动人类文明进步和世界和平发展的重要动力。"

中华文化走出去就必然要经历世界文化走进来,我们以包容开放的胸怀面向世界各民族文化。"文明因交流而多彩,文明因互鉴而丰富",无论是中华文化还是世界文化,都必须寻找到与在地文化相融合的方式方法,找到二者的结合点,力求融入他国文化和文化消费的大家庭中。在这里,我们强调包容,强调开放,实际上就是强调我们的文化传承,既要有民族指向,又要有讲好故事的方法。[①] 中华传统文化对韩国、日本以及东南亚、南亚一些国家如新加坡、越南等国家和地区都产生了深远的影响,郑和七下西洋更是加深了这种影响。由此形成了世界公认的以中国文化为核心的东亚文化圈,孔子思想也备受世界瞩目。瑞典物理学家阿尔文博士曾提出:"人类要在 21 世纪生存下去,应该回首当年,到孔子那里汲取智慧。"第二届"世界宗教议会"根据著名基督教神学家孔汉思的提议,将孔子"己所不欲,勿施于人"的思想作为"人类伦理的黄金法则"。这些都彰显着孔子思想作为一种"文化软实力"开始受到国际社会的重视。[②]

今天,我们正面临着一个不断更新的世界,经济的快速发展、科技的不断进步都在改变着人们的价值观念,尤其是文化价值观念。新的文化样式、模式不断涌现,文化之间相互碰撞。文化的创造、更新既是时代之所需,也是时代之必须,我们要让传统文

[①] 范周. 浅谈传统文化传承与创新 [J]. 人文天下,2017(1).
[②] 同上.

化真正有价值的部分凸显出来,让我们最具生命质感、饱含民族情感的历史文化走上新的道路。①

二、创新当代文化之表达方式

(一)与高科技结缘,创新文化表达形式

科技对文化产业的影响主要有三个方面:一是科技促进传统文化产业升级,如数字电视、数字广播、数字出版等;二是科技催生了新的文化业态,如网络游戏、视觉特效等;三是科技为文化产业内部融合提供了手段和载体,让文化、技术、产品和服务融为一体。因此,技术创新是对文化产业的生产、销售、消费进行深刻的变革,为文化产业与通信业、金融业、信息服务业、农业、制造业等的融合提供了基本条件。微信读书掀起了朋友圈的阅读热潮,喜马拉雅FM也成了不少人的旅途必备,这正是互联网和数字技术广泛普及之后,动漫游戏、网络文学、网络音乐、网络视频等数字文化产业与百姓生活越来越密切,成为目前群众文化消费主产品的体现。走在路上,坐在车上,随处可见戴着耳机听音乐、看视频、读电子书的人,这就是数字文化产业在互联网时代迅速发展的证明。②

把握当下时代发展特点,"互联网+"、跨界融合、新兴科技等新型思维都将为传统文化的未来发展提供方向。2016年7月,北京故宫博物院与腾讯公司宣布建立长期合作伙伴关系,双方将

---

① 范周,关卓伦.让传统文化闪光,点亮中华文化传承[J].人文天下,2017(4).
② 范周.权威解读"十三五"中国文化产业发展新势[EB/OL].(2017-03-23)[2018-06-10]. http://www.sohu.com/a/129405327-488901.

以北京故宫博物院 IP 形象或相关传统文化故事为原型，在创意、跨界合作和创新人才培养等方面进行深度合作。双方的合作借助互联网和新技术的平台，将北京故宫博物院所拥有的优秀文化资源分享给公众，把它们的内涵用创意的方式普及开来、传递下去，从而培养更多热爱传统文化的青年人。要创新文物保护方式，拓展文物利用方式，促进文物保护与现代科技深度融合，促进文物利用与现代市场深度融合。只有赋予传统文化因子新的时代内涵，才能令其生命力得到最大限度的激活和延续。①

（二）分析消费群体特点，创新文化内容和手段

在文化传承与弘扬的过程中，既要兼顾到对象的特点，也要认真研究传承和弘扬的手段。紧随时代发展，转换思维。中国互联网络信息中心最新数据显示，年青一代已经成为网络时代的"主力军"。借助互联网手段的文化传承创新，需符合当下青年的互联网思维特点，契合他们的欣赏方式。"90 后""00 后"的年轻人，是有着互联网思维的新新人类，更是中华文化未来的继承者，因此传承与弘扬中华文化在方式上需要让他们能够接受、愿意接受。②比如传统的华阴老腔与流行音乐的结合，让西北老腔重新焕发活力；青春版《牡丹亭》对老剧种进行青春传承，把五十五折唱本改成二十九折，使古典精神在现代舞台上大放异彩。许多传统文化并不是没有市场，而是它们不能很好地适应现代社会的生活节奏和人们的消费习惯，需要我们在二次开发和利用中进行活化和创新。在影视综艺节目方面，国内与传统文化相关的影视

---

① 范周. 浅谈传统文化传承与创新 [J]. 人文天下，2017（1）.
② 同上.

综艺已经开始从单纯的生硬搬用过渡到以挖掘传统文化内核拓展节目形式的阶段。近两年《中国诗词大会》《朗读者》《见字如面》等节目的高人气印证了传统文化在现代也可以成为一股潮流。而一些从事传统文艺形式的工作者也从"旧台"转至"新台",开始借用新媒介来弘扬传统文化。京剧演员王佩瑜先后参加了《朗读者》《跨界歌王2》等节目,希望以年轻人的方式来推广京剧,不仅收获了一众"90后"粉丝,更以通俗、流行的方式传递了京剧的传统之美。此外,《大鱼海棠》《西游记之大圣归来》这类以中国传统元素和人物为题材的动画电影的成功也表明,在展现中华文化、实现创新传承的路上,我们正在越走越好。

在互联网时代,消费者,尤其是互联网原住民这一代的文化消费行为、文化消费内容偏好等,均发生了翻天覆地的变化,定制化内容、个性化消费、边界化获得渠道等,均是对文化产业领域提出的全新课题,都需要文化产业各个单体行业结合各自实际,着眼互联网群体消费特征进行突破。今日头条模式就可视为互联网发展之势下,顺应消费者需求偏好进行个性化定制的一个典型案例。[①]需要看到,文化多元化、受众年龄结构变化和数字经济快速发展等,都会影响文化消费市场,文化消费市场一定是多元多样、百花齐放的。未来,"90后""95后"会成文化消费主要群体,但同时绝对不能忘记"40后""50后"和"60后""70后"人群。因此,应当学会因时而变,研究不同消费者群体的消费需求和消费习惯,有针对性地研究,推出适应不同群体消费需求的优质产品,实现全方位、

[①] 范周. 权威解读"十三五"中国文化产业发展新势 [EB/OL]. (2017-03-23) [2018-06-10]. http://www.sohu.com/a/129405327-488901.

多层次拓宽消费市场。[①] 同时，目前的文化消费存在一种"消费矛盾"，或者说消费的"不对称"现象。有文化消费热情的年轻人没有消费能力，而有钱有闲的中老年人缺乏消费热情，这是抑制文化消费一个很重要的原因。其实，目前中国的中老年人群是一个巨大的消费蓝海，而年轻人的消费热情则代表着一种消费趋势，所以有效地促进消费，就需要针对不同的消费人群，深入探究他们的消费习惯与消费意愿，实施多元化、个性化的文化消费模式。日本有专门为老年人拍摄的老年电影，欧美也有电影分级制度，以供不同年龄层的人群去观赏。

（三）将文化创意融入场景中

美国芝加哥大学社会学系克拉克教授提出场景理论：用生活文化设施、文化活动等元素，与传统元素和资本融合，构成一种独特的场景以及场景中蕴含的审美趣味、价值观、生活方式与体验等，来吸引人才。然后借助构建文化场景的办法来刺激文化消费，从而推动本地区经济增长和社会发展。随着大审美时代的到来，日常生活的审美化已经不再局限于大工业批量生产的产品，而已经延伸到生活乃至生产的各个方面。北京中关村建设的设施完全是基于创业文化价值观、审美、生活体验以及各项配套功能。这里有许多的"众创空间"（车库咖啡、binggo 咖啡、小样青年社区），咖啡馆不仅有休闲娱乐功能，而且不时发布路演，吸引了一大批创业人员，满足办公与社交等多样性需求。还有北京文化产业园郎园 Vintage 将文化产业园区的运营艺术化、生活化，以丰富

---

① 权威解读"十三五"中国文化产业发展新势 [EB/OL]. (2017-03-23) [2018-06-10]. http://www.sohu.com/a/129405327-488901.

的文化体验拉近园区与企业的距离，以优质的文化活动平台拉近园区企业与企业之间的距离，以轻松的文化氛围拉近园区与居民之间的距离，文化氛围渗透到园区运营的各个方面。

将文化融入现代生活的场景中，也是一种创新传承的手段。这样可以透过生活中的细节传递文化，推动"生活美学"。进行"台湾生活工艺运动"，是台湾地区重新塑造新零售业的根本动机。台湾的各类创意零售店铺，包括法蓝瓷、琉璃工坊这样的品牌商店，都是用时尚、新颖的形式表达中华文化的体现。[①] 近年来，大陆也逐渐关注"生活美学"，2015年11月，台湾诚品书店大陆首家旗舰店在苏州正式开业，它致力于打造人文阅读与创意探索的"美学生活博物馆"。还有一些优秀的台湾餐饮店，对餐饮的理解已经上升到工艺美学层面，既讲究美食的营养口味，又讲究美食空间仪式感的塑造。例如，特色美食与禅院的结合，通过其独特的美食制作程序和仪式空间的营造，吸引了大批食客进行膜拜式体验。将文化元素与生活场景融合，不仅为产业创新发展提供了新思路，也向人们传递了文化精神，可谓是"润物细无声"。[②]

三、建立终身学习的创意人才培养机制

人才是文化产业发展的第一资源。人才问题一直是制约文化产业转型升级和又好又快发展的瓶颈之一，相关数据显示，目前

---

① 王海珍.青年要做文化传承与创新的重要力量[N].中华儿女，2018-02-20.
② 范周.浅谈传统文化传承与创新[J].人文天下，2017（1）.

我国各大城市文化产业从业人员占总就业人口的比例不到1‰,行业需求与人才储备之间存在着巨大的缺口。尤其是缺乏懂文化、业务强、会管理、善经营、具备创新思维的复合型人才。中国长期以来"不唯灵活,不唯创意,只唯学历"的教育观念显然无法适应文化产业的发展需求和国际市场的竞争环境。面向未来,建立高级文化产业人才队伍已经迫在眉睫。①

(一)学历教育和继续教育"两步走"

首先,应大力发展我国文化产业人才培养的学历教育体系,努力提高文化产业的教育质量与教育水平,将文化产业的专业学位教育纳入更广泛的国民教育体系中。2015年10月24日,国务院颁发《统筹推进世界一流大学和一流学科建设总体方案》,要求:"加快建成一批世界一流大学和一流学科。"文化产业的人才教育应以此为发展契机,吸收国际高校发展经验,针对文化产业的专业教育打造一批国际一流水平的学科与院系。此外,由于文化产业的新兴交叉学科特性,教育机构应依据市场对文化产业人才的要求进行课程设置,突出跨学科、跨领域的专业特色,打造具有综合性知识的人才队伍。对比国内外相关学科建设的成功经验,针对文化产业本身的产业链条特质,面向国家文化产业发展中亟待解决的问题。文化产业学科建设不能是多个学科的简单复合,而应该实现多学科的融合和交叉。在跨学科领域做出探索的英国剑桥大学,其文化产业教育在原有优势学科基础上,结合新技术、新理念,交叉融合出新专业,形成新的利益增长点,并带动了区域经济圈的发展;剑桥大学在整个文化产业研究上,在注重理论

---

① 范周,张芃. 新时期中国文化产业发展面临的几大问题[J]. 北京联合大学学报(人文社会科学版),2014(4).

创新的同时,更加倾向于与商业、技术的结合,更注重经济效益的回归,其跨学科的探索为国内文化产业教育提供了很好的范式。因此,国内在借鉴发达国家文化产业学科发展和人才培养模式时,最重要的是自身观念的开放,思想的解放,而适应中国文化产业政策现状、了解国家文化产业发展动态和区域产业发展形态的人才,就显得更为重要。[①]

其次,要大力推进文化产业继续教育。一方面,应利用高校丰富的教育资源、雄厚的师资力量和科研团队,对文化产业从业人员进行高层次、系统性的培训。另一方面,要充分发挥在线教育的作用。互联网授课形式突破了时间和空间的限制,使优质教育资源共享,营造了全民学习和终身学习的氛围。[②]对文化从业人员而言,文化产业园区作为一种发展较为成熟、文化资源转化效率较高、产业集聚优势鲜明的载体,是人才培育,尤其是复合型人才培育的杠杆。[③]对于文化产业研究基地和文化产业项目来说,其所针对的培育对象多为专业性高等人才,即兼具高等院校文化产业教育的理论基础和产业运营实践基础的人才。[④]而作为园区来说,从业者的学历、知识结构和经验水平更为宽泛;从业人员涵盖了产业链的上、中、下游三个环节,尤其是产业链下游环节,多为文化产品的直接生产制造者,园区模式为文化产业终端制造环节培养批量加工人才提供了可能性。

---

① 范周. 学科与人才:推动文化产业可持续发展 [J]. 同济大学学报(社会科学版),2010(2).

② 邢明旭. 行走在硝烟与光环间 [J]. 出版人,2015(2).

③ 范周. 学科与人才:推动文化产业可持续发展 [J]. 同济大学学报(社会科学版),2010(2).

④ 同上.

（二）请进来和走出去"两手抓"

在全球化发展形势下，充分利用国内外两种资源、两个市场，积极主动地参与和应对国际竞争是我国文化产业发展的必然选择，而其关键就是要培养一批高素质、高能力的国际化人才。从过往经验来看，"请进来＋走出去"是解决人才掣肘的重要法宝。对于今后人才的发展建设，我们也应该遵循"请进来"和"走出去"的战略思维。[①]

交流才能互通。我们应当让大量的人才"走出去"，与全球的青年才俊进行文化交流。这样，才能打造具有国际视野的高素质人才。同时，我们也需要把大量的人才"请进来"，利用他们的聪明智慧，帮助国内的文化产业从业者和机构开拓发展视野，为我国文化产业发展注入新的活力。[②]未来十年，在人才培养方面，特别是要抓住"一带一路"的契机。"一带一路"不仅是经济贸易的"一带一路"，更是文化交流与传播的全球化与国际化，是国际文化人才培养的摇篮。在这个过程中，我们需要通过实践，培养更多善于文化国际传播、交流和经营的人才，建立起我国强大的国际化文化人才队伍。

（三）坚持实践和理论"双统一"

文化产业是一门应用性很强的综合交叉型学科，在文化产业的人才培养上，需要强调理论与实践的平衡统一。单纯的理论教育容易使学生脱离"产业"，无法学以致用；单纯的实践教育也会使学生缺乏理论高度和文化素养，难以成为优秀的文化人才。因此，坚持理论与实践统一培养方式，将是未来培育出复合型文化

[①] 范周."十三五"文化规划应做好顶层设计[J].人文天下，2015（3）.
[②] 同上.

人才的关键。

现行的文化产业人才教育基本上是由教育单位在大学课堂内完成,经营性的文化单位参与度不高,学生参与市场实践的力度都还不够。[①]而高等院校培养出的学生,接受的主要是文化产业方面的基本知识和理论,而对于实际工作中需要的职业素质和能力却有着后天培养方面的不足。这势必造成文化人才的培养和文化市场需求的脱节。[②]坚持实践与理论的"双统一",高校要创新现有的体制来强化学生的实践观念,主动积极地为学生搭建前沿性、市场化的实践平台,鼓励学生通过实习的方式参与到文化产业发展的实践中。文化产业目前仍是一门新兴学科,尚未形成完整的学术理论体系。因此,要鼓励学生在实践中探索,构建自己的分析框架,再将分析能力与理论成果运用到实践中,真正做到"知行合一"。

知识经济时代世界各国的文化竞争日益加剧,文化产业人才培养面临的挑战和机遇将是全球性的,社会需要的是具有个性和掌握独立技术的复合型人才。从学科建设到人才培养之间的实践过程,就是孕育文化产业人才的过程。这是一条从脱胎象牙塔到立足全社会,从培养行业经营到推动全民创业,从理论的"点"到实践的"面"的全面开花的发展之路。[③]

[①] 范周. 学科与人才:推动文化产业可持续发展 [J]. 同济大学学报(社会科学版),2010(2).

[②] 同上.

[③] 同上.

第三章　版权：中国文化产业发展的核心问题

从文化产业角度而言，推动文创产品开发，版权资源是核心。版权运营是指从源头的版权登记、版权确权，到版权内容开发、产品化，以及后续的版权分发以及衍生制作等一系列环节。以版权的资产化为纽带，以版权价值开发和增值为主线，在产业经营实践中逐步形成一个相互支持、彼此渗透、相互协同的版权业务链条。

目前全球范围内，美国的版权运营发展较为成熟和完善，发展水平较高，在版权运营方面走在了世界前列。而随着我国国民经济的逐步发展以及人民物质生活水平的提高，对精神内容产品的需求日益提升，版权运营也日益成为产业界关注的焦点，各大企业、机构都在加紧布局，进行有益的探索和尝试。

2018年4月23日，国家版权局网络版权产业研究基地在北京发布《中国网络版权产业发展报告（2018）》。报告显示，2017年中国网络版权产业的市场规模为6364.5亿元，相较2016年增长27.2%。其中，中国网络版权产业用户付费规模为3184亿元，占比规模突破50%。随着版权市场进入精品化竞争阶段，行业更加迫切需要创新商业模式和发展用户付费市场，而这均依赖于持续的版权内容保护与良好的版权竞争秩序。报告显示,在网络版权产业的各个细分领域,用户规模和市场增长充满创新与活力。在用户体量增长和会员精细运营的双重拉动下,2017年中国网络视频用户付费市场规模为218亿元,同比增长接近翻番。根据预测,未来两年仍会保持超60%的高速增长。在用户付费意愿提升和IP改编变现的推动下,中国数字阅读市场规模突破百亿元,同比增长31.1%,预计未来几年复合增长率仍将接近30%。得益于移动电竞和社交网络的助推,网络游戏市场规模增长依然可观,2017年中国网络游戏市场规模达到2355亿元,同比增长32%。2017年中国网络音乐市场规模(不含电信音乐增值业务)已达到175亿元,同比增长22%。"音乐+社交""K歌+移动互联网"的模式更好地满足了用户的情感需要,备受市场认可。网络媒体依托广告形式创新和移动端流量继续保持市场规模稳增,2017年中国网络新闻资讯市场规模已达到305亿元,同比增长超过40%,其中移动端新闻收入占比超过75%,主要的收入来源是原生信息流广告和头部品牌广告。从产业创新的角度看,网络直播打赏模式在2017年异军突起,拉动了整体市场规模的增长。2017年中国网络直播用户规模达4.22亿人,较2016年增加7778万人,网民渗透率达54.3%,产业市场规模接近400亿元,超过了网络视频会员付费的218亿元和数字阅读的100亿元,成为仅次于游戏用户付费的产业。短视频产业在2017年也实现了迅猛增长,用户规模已突破4.1亿人,同比增长115%。短视频市场用户流量与广告价值爆发,预计2020年短视频市场规模将超过350亿元。直播、短视频产业在2014年兴起后,得到迅速普及,体现了移动互联网与数字内容产业融合后的巨大爆发力。

第一节 版权保护是文化产业创新的核心

版权的保护与开发是文化产业创新的核心。党的十九大报告指出，要"倡导创新文化，强化知识产权创造、保护、运用"，确立了新时代包括版权在内的知识产权工作的总基调，版权工作形势持续向好。2017年1月，国务院印发《"十三五"国家知识产权保护和运用规划》，国家版权局印发《版权工作"十三五"规划》；2017年11月，十九届中央深改组第一次会议审议通过《关于加强知识产权审判领域改革创新若干问题的意见》。一系列宏观政策相继出台为我国版权事业发展注入了强劲动力，为建设版权强国和创新型国家提供了保障。2017年，新闻出版、广播影视、软件设计、动漫游戏等行业与互联网技术加快融合发展，推动核心版权产业快速发展。其中，电影票房突破559亿元，《战狼2》以56.8亿元独占鳌头；游戏行业整体营业收入约为2189.6亿元，同比增长23.1%。中国新闻出版研究院发布的"2016年中国版权产业经济贡献"调研数据显示，2016年版权产业占我国GDP的比重已达7.33%，其中核心版权产业占比GDP已达4.58%，占全部版权产业的比重已达62%，年均增长速度为13.4%。核心版权产业的迅猛发展，对促进我国经济、文化发展起到了重要的支撑作用。版权运营包括几个环节，目前这些环节的发展情况各有不同。如国家版权保护中心对版权进行初步确权，有利于从源头上进行版权保护。对于版权权属的清晰界定，有利于版权后续的顺利开发及授权，乃是版权运营业务的重要基础。中国的版权产业，尤其是网络版权产业一直保持着快速增长，同时也面临着流量红利衰减的挑战。2017年，中国移动互联网人均使用时长同比增加仅8.7分钟，用户人均单日使用时长临近饱和，因此，提升存量市场的质量是未来竞争的焦点。当前，中国网络版权产业各领域积极融合发展。在技术侧，"内容+社交+AI大数据"推动信息流、音乐社交以及微信小程序等新内容生态的形成。在产业生态方面，互联网与影视、出版、音乐、动漫等上游产业还将进一步深入融合，培育更加繁荣的原创市场。目前，传统文化产业正在积极拥抱互联网，加快数字转型。在可预见的未来，深耕精品内容，保护原创精神，尊重创作人才，中国终将从版权大国走向版权强国。

一、知识产权与文化产业

关于知识产权的概念和定义一直以来都存在着诸多不同。根据国际知识产权保护组织（The World Intellectual Property Organization，WIPO）的定义，知识产权系指智力创造：发明、文学和文艺作品和商业中使用的标志、名称、图像以及外观设计。可见，它是人们通过智力活动取得的一种权利。在《法律辞典》中，知识产权的定义为："自然人或法人对自然人通过智力劳动所创造的符合法定条件的智力成果，依法确认并享有的权利。"基于此，应从三个方面更深刻地理解知识产权的内涵：首先，知识产权作为一种法律确认的权利，主要是财产权。虽然以知识和科技等为主要方面的智力表现作为一种劳动成果其实是虚拟的，但其能够借助实物得到展现，认定虚拟财产的归属和占有问题比认定实物财产困难得多。所以，对人类智力创造的劳动成果是一种财产这一观念的认同，是认定知识产权的先决条件。知识产权法律制度的根本,其实是一种将知识等智力成果认定为财产的制度。并且,知识产权是科学技术、经济和法律相结合的产物。由于知识产权作为人们的创造性劳动所完成的智力成果所依法享有的专有权利,它是为特定的智力成果、经济利益与法定权利的统一体。其客体主要是科技成果或文学艺术成果,其内容是法定权利,其核心是法律的确认和保护,其目的是获得经济利益,促进经济发展。在现代社会,科技除了具有文化功能外,更多地具有经济功能,与经济利益的联系更为密切。知识产权在实质上体现了知识作为资源的归属问题,是一种激励和调节的利益机制。从某种意义上而言,一个国家若在一些关键产业上没有自主知识产权,其经济的发展就要在很大程度上受制于人,在一定程度上就有丧失经济主权的危险,其进一步表明了知识产权、经济与法律三者的有机统一。[1] 其次,知识产权将知识和科技等物化成资产甚至进化成生产力,是资产投入通过知识经济达到无形化的关键。知识产权无疑在积累资产和促进生产方面具有十分重要的意义。

《知识产权法纵论》一书深刻系统地探讨了知识产权的多种不同定义,概括指出知识产权具备的五个特点:"①它是经法律直接创建;②它的内涵是对智力成果的直接支配性;③知识产权依附于无形的智力成果;④在有的情形下,可以由多个主体同时对同一智力成果享有知识产权;⑤知识产权可以由多人同时行使。"[2] 随着社会文明的进步和市场经济的发展,知识产权的保护范围逐渐

---

[1] 范广达. 国际文化产品贸易中的知识产权保护制度研究 [R]. 学术论文联合比对库, 2016 (3).

[2] 陶鑫良, 单晓光. 知识产权法纵论 [M]. 北京:知识产权出版社, 2004.

扩大，延伸至外观设计、地理标志等。文化产业领域的知识产权，可以分为版权、专利权、商业秘密权、商标权和地理标志权。

二、版权与知识产权的具体内容

版权又称著作权，是基于文学艺术和科学作品而依法产生的权利。版权客体即作品，的划分见《著作权法》第三条的规定："本法所称的作品，包括以下列形式创作的文学、艺术和自然科学、社会科学、工程技术等作品：①文字作品；②口述作品；③音乐、戏剧、曲艺、舞蹈、杂技艺术作品；④美术、建筑作品；⑤摄影作品；⑥电影作品和以类似摄制电影的方法创作的作品；⑦工程设计图、产品设计图、地图、示意图等图形作品和模型作品；⑧计算机软件；⑨法律、行政法规规定的其他作品。"根据《著作权法》第十条，著作权人享有的财产权，包括复制权、发行权、出租权、展览权、表演权、放映权、广播权、信息网络传播权、摄制权、改编权、翻译权、汇编权等。图书报刊音像、软件、广播、电影、电视、网络等大众传媒行业和美术、展览表演等均属于典型的版权产业。[①]专利权是国家有关行政机关根据专利法的有关规定，根据申请人的申请，就其发明创造所授予的在一定时间、一定范围内禁止他人实施其发明创造的权利。专利权的客体主要有三大类：发明、实用新型和外观设计。发明是对产品、方法或者其改进所提出的技术方案。主要分为产品发明和方法发明，其中产品发明包括新产品、新材料、新物质的发明。而方法发明，主

---

① 范广达.国际文化产品贸易中的知识产权保护制度研究[R].学术论文联合比对库，2016（3）.

要包括操作方法、技术方法、工艺流程。我国民族文化产品中专利权主要侧重于方法发明的保护。实用新型是对产品的形状、构造以及两者的结合提出的技术方案。外观设计主要是指对产品的形状、色彩、图形或者其组合做出的具有美感、能够适于工业应用的新设计。商业秘密权的定义为公众并不知悉的，可使权利人获得经济收益的，实用性较强并被权利人使用保密手段的设计资料、程序、产品配方、制作工艺、制作方法等技术信息和经营信息。我国许多民族文化产品传统的制作工艺，以及民族文化表演中存在着商业秘密的保护问题。根据《反不正当竞争法》第十条的规定："下列行为属于侵犯他人商业秘密的不正当竞争行为：①以盗窃、利诱、胁迫或其他不正当手段获取的权利人的商业秘密；②披露、使用或者允许他人使用以前项手段获取的权利人的商业秘密；③违反约定或者违反权利人保守商业秘密的要求，披露、使用或者允许他人使用其所掌握的权利人的商业秘密。"商标权是指商标使用人依法对所使用的商标享有的专用权利。商标注册人依法支配其注册商标并禁止他人侵害的权利，包括商标注册人对其注册商标的排他使用权、收益权、处分权、续展权和禁止他人侵害的权利。商标是用以区别商品和服务不同来源的商业性标志，由文字、图形、字母、数字、三维标志、颜色组合或者上述要素的组合构成。我国商标权的获得必须履行商标注册程序，而且实行申请在先原则。商标是产业活动中的一种识别标志，所以商标权的作用主要在于维护产业活动中的秩序，与专利权的作用主要在于促进产业的发展不同。按照商标使用者的分类，商标可以分为：①商品商标，是指使用于商品上的商标，商品的使用者是商品的经营者，包括产品的使用者和产品的销售者使用的商标。②

服务商标，是指服务的提供者为了表明自己的服务并区别于他人同类的服务而使用的商标。③集体商标，是指以团体、协会或者其他组织名义注册，供该组织成员在商事活动中使用，以表明使用者在该组织中的成员资格的标志。集体商标的所有权属于一个集体组织，其商标由这个组织的成员共同使用。④证明商标，是指由对某种商品或者服务具有检测和监督能力的组织所控制，而由其以外的人使用在商品或服务上，用以证明该商品或服务的原产地、原料、制造方法、质量、精确度或其他特定品质的商品商标或服务商标。地理标志是指某商品来源于某地区，该商品的特定质量、信誉或者其他特征。地理标志既是产地标志，也是质量标志，更是一种知识产权，它的出现，源于消费者对特色产品的消费需求和生产者对特色产品生产地域的保护需求。一般地理名称之所以能发展成地理标志，关键在于产品的特定质量或服务特色是由产地内的自然因素或人文因素所决定的。自然因素是指产地内的环境、气候、土质、水源、物种等；人文因素是指产地内经年积累、流传下来的传统工艺、配方、技巧、秘诀等。诸如，贵州蜡染、湖南湘绣、潍坊风筝等。①

三、知识产权与文化产业的关系

文化产业本质上是一种智力成果，体现在创意和创新层面，依靠个人的独创性产生；而知识产权就是主体依法拥有的完全针对自己独创性智力成果的垄断权利。对此观点，英国政府曾在定

---

① 杜捷.创意产业的知识产权保护的研究[D].上海：华东师范大学，2008.

义文化产业时有过相似的表述："文化产业是利用个人的创新、技艺及才华，来对知识产权进行开发和运用，能够进行财富积累和激发就业潜力的行业。"由此可以看出，文化产业与知识产权之间存在着十分重要的联系。[①]

（一）知识产权是文化产业的核心和基础因素

美国作为全球经济最发达、科技最顶尖的国家，最先全面实施完整的知识产权制度。在美国，人们主要采用"版权产业"来表述商业和法律意义上的文化产业。为使其市场上的竞争优势得到加强和突出，从20世纪80年代开始，美国就逐渐认识到了知识产权的重要，并将其纳入了促进经济发展的重要战略中。美国人不断健全和完善相关制度，使知识产权制度在国家层面的地位显著提高。如今，版权产业与美国的经济发展、外汇收入、文化扩张息息相关，对美国经济做出了重大贡献。在美国，版权产业，尤其是"核心版权产业"，已成为国民经济的支柱产业和美国经济增长的主要动因，是促进"知识经济"的核心力量。美国作为全球知识产权领域最具建树的国家，在维护自己创新领域垄断能力和抑制其他国家相应能力过快发展目的的指引下，竭力在世界范围内提升知识产权战略的影响。美国的政府部门联合国内企业，向世界成功输出了知识产权的定义，以期给将来生产的每个产品都印上明显的美国知识产权的印记。

在发展知识产权领域紧跟美国脚步的国家是日本，它同美国一样，依靠先进完善的知识产权战略使自己迅速崛起。一直以来，日本政府都十分关注知识产权的发展，并根据不同时代的特点及

---

① 邹银娣."转授权"，音乐版权之争的解药[N].中国文化报，2017-09-23.

时修正整个国家的知识产权发展战略。其20世纪七八十年代的知识产权发展战略的侧重点在于技术引进。日本在第二次世界大战中战败，本国的经济、科技实力受到重创，难以望欧美项背；并且日本存在着国土面积窄小、自然资源匮乏的先天劣势，只能靠把进口原材料加工成产品出口创汇赖以生存。于是，战争刚一结束，日本便制定了全力引进国外生产加工技术的战略，逐步提升生产加工的技术水平。这一战略一直持续了近30年，使日本在长时间内一直是专利技术的主要进口国。到了20世纪90年代，日本将知识产权战略重心转移到了专利保护上。这一旨在消化、吸收，进而学习、改进引进技术的战略遭到了美国的指责，而日本的企业在同美国较量的专利战场上一直持防御姿态。21世纪以来，日本正式从"科技立国"转变成"知识产权立国"，设立了由时任首相的小泉纯一郎兼任部长的知识产权战略部，确立了知识产权战略的四大支柱：创造、保护、应用和人才，希望借以大大提升国家的综合国力。日本2002年7月3日出台的《知识产权战略大纲》指出，必须把知识产权的创造、保护和运用当成"国家战略"来实践落实，真正实现"知识产权立国"。

知识产权决定文化产业的生命力，使之成为货真价实的创意产业的核心动力；而失去了知识产权的保护，文化产业会变得死气沉沉，举步维艰。文化产业产品的特点决定了其信息多以数字的方式传播，相比于其他产业的产品，传播和扩散成本极低，极易复制和保存，使侵权行为有十分可观的获利前景。因此，缺少知识产权制度的庇护，文化产业会存在极大的隐患。文化产业的发展有利于加速产业结构升级，提升我国在世界价值体系分工中的地位，积极作用不容忽视。我国现已将提升自主创新能力纳入国家战略层面。依托知识经济的进步,自主创新的产品与知识产权之间的联系越加紧密。世界范围内的竞争方式逐渐变成以科技实力为内涵,以知识产权领域作为表象。确立自主创新战略,须以完善和确立国家知识产权战略为基础,全面推动自主知识产权进步,打造"知识产权强国"。文化产业以创新为主要内涵,依靠创新产品的产权获利是其最大特点。[①] 所以,对知识产权采取必要的保护措施,能为文化产业的发展创造良好的氛围。简单来看,知识产权能让文化产业获取"货币",而知识产权保护则为其充当"中央银行"。知识、咨询和创造只有相互打通,才能打造文化产业的循环链条。能否对知识产权进行保护和有效监管是决定文化产业能否获利的关键。

(二)知识产权保护对文化产业的重要作用

依托于我国经济实力和综合国力的提升,知识产权保护在文化产业领域的地位越发关键,它极大地丰富了我国文化的多样性,保证了相关产业的可持续发展。在文化产业中对知识产权予以保护是全社会各个阶层的共识。

第一,知识产权保护确保了文化产业的延续和传承。文化产品自身的特性决定了文化产业发展紧密依赖版权保护。文化产业主要包括文化商品和文化服务。文化商品主要包括以工业化方式生产的大众文化产品和以个体化方式生产的文艺作品和技术作品;文化服务包括直接服务和间接服务。文化产品的特殊形式决定其具有无形性、易复制性和共享性。因此文化产业的发展需要完善、有效的知识产权保护。知识产权保护对于文化产业发展具有重要

---

① 沈姮.我国非物质文化遗产知识产权保护研究[D].重庆:西南大学,2010.

意义，它让文化产品能够得到法律的保护，赋予了文化产品在法律上的不可侵犯性，避免了文化产业被他人恶意滥用造成的破坏。事实上，文化产业中的知识产权保护具备不同层次的社会功能：既能够保证甚至创造产业中的经济利益，还能体现出法律对其做出的价值评价，也就是通过认定知识产权以及对知识产权进行保护来传递出对文化创造活动的支持和认可。这种支持和认可推动了活动主体以更大的热情进行创造，保障了产业的延续和传承。

第二，知识产权保护加速了文化产业的健康成长。文化产业同知识产权保护具有目标价值的同一性。文化产业实质上是凝结着创造智慧的活动，附着在产品上的核心部分是创意的设计、思路和概念，其核心价值在于创造性和创新性。知识产权是脑力劳动者遵照相关法律对其创新性的劳动成果保有的垄断权利。所以，没有知识产权，创意无从谈起；没有知识产权保护，文化产业无从发展。随着时代的发展，我国的文化产业增加值每年都在上升，北京、天津、山东、四川、云南等省市的文化产业增加值在当地居民生产总值中所占比例显著提高，逐步展现出战略性支柱产业的风采。文化产业的知识产权保护在法律法规的保驾护航下获得了舒适的发展氛围，拓展了文化的层次，推动了文化的繁荣发展，不断提升文化产业的发展速度。可以说，知识产权保护为我国文化产业注入了新鲜血液，并为其迅猛发展提供了强劲动力。可见，知识产权保护的核心是激励创新，它与文化产业具有目标价值的同一性。知识产权保护是文化产业"又好又快"发展的必要条件。

我国在2001年修改完成了与文化产业关系最为密切的《著作权法》，这一修改提高了我国对文化产业中知识产权保护的保护水平。修改后的《著作权法》力求消除对外国作品和本国作品的

"双重待遇",提高了对本国作品的版权保护水平。在我国,与图书报纸、广播电视、文艺演出等与文化产业相关的版权产业发展势头良好。根据文化产业的发展对经济的贡献率的统计数据,仅就文化产业和软件产业这两部分来看就超过 8000 亿元(其中文化产业为 3700 亿元,软件产业为 4800 亿元)。但对文化产业的版权保护存在一系列的难点:首先,版权的一个显著特点是作者创作作品完成的同时,版权就自然产生了。这与专利、商标需要经过实质性审查产生的权利有所不同。这种自动生成的权利给保护带来了难度。其次,版权作品的创作队伍很庞大,它的使用领域又极其广泛,这既使版权作品的创作者过分依赖版权保护,同时也使版权保护变得尤为困难。最后,版权作品的创作难、投入大,但复制很容易,成本极低,特别是复制技术的发展和网络传播的便捷更使使用作品的成本接近于零,高额利润使盗版者铤而走险。

第三,知识产权保护有利于文化多样性的可持续发展。知识产权保护要"增强文化创新能力","促进版权相关产业可持续发展",这是《国家知识产权战略纲要》中提出的"以扶持文化产业发展为目标"重要专项任务之一。可以说,没有知识产权制度的保护,文化产业将寸步难行。我国已将提高自主创新水平纳入国家战略。依托知识经济的进步,自主创新的产品与知识产权之间的联系越加紧密,世界范围内的竞争方式逐渐变成以科技实力为内涵,以知识产权领域作为表象。确立自主创新战略,须以完善和确立国家知识产权战略为基础,全面推动自主知识产权进步,打造"知识产权强国"。文化产业是绿色经济的模范,主要依赖智力及精神投入获得发展的动力,能在保护环境、合理运用资源的基础上,提高人民的生活水平,满足民众的文化需求,符合可持续发展的基本要求。文化多样性是保证其可持续发展的基本要求。对文化产业中的知识产权进行实际的保护，本质上就是把保证多样性从道德要求变为法律规定，把宣传多样性提升到制度层面并进行实际的操作。这能直接建立一种针对文化多样性的保障机制，并保证文化多样性的科学发展。

四、版权对文化产业的核心作用

在版权登记和确权方面，我国已建立了以国家版权保护中心及其版权登记入口为主干的版权登记体系，方便版权方便利、及时地进行相关版权登记。在数字水印、版权防伪技术及相关版权服务方面，整体环境也正在改善。在版权开发环节上，目前的建设主要由包括动漫、影视、出版、互联网、新媒体等在内的各种产业机构进行，基于市场化目标，对自己拥有的商业版权进行产品化、商业化开发，以最大限度地实现商业利益。以基美影业为例，其正在推进版权中心的建设和运营，目前其版权库已拥有50余部中外影片版权、10余部中英文剧本储备。同时，基美影业是欧罗巴影业的第二大股东，欧罗巴影业拥有600多部影片的版权，未来都会交由基美影业在中国运营。其在新媒体版权领域努力发掘和开创新的版权运营方式，比如对优秀经典内容的改编和翻拍，未来都将成为公司版权运营的重点。近年来，一些作为版权载体的优质内容，具有稀缺性、不确定性以及较大的商业潜力，但随着采购成本的日益增加，如果没有强大的融资支持，版权运营体系的构建是不可想象的。目前腾讯系、阿里系等互联网巨头都拥有强大的战略投融资实力，阿里文娱及腾讯数字内容事业群，都在增强自己的版权运营业务能力，其背后的强大资本力量提供了重要支持。

关于版权代理及下游分发环节，在互联网内容产业越发火爆的当下，各大互联网内容平台如阿里鱼、腾讯旗下的阅文集团及腾讯系内容平台、喜马拉雅FM、今日头条及百度系等，都是版权下游分发和直达的重要渠道。以阿里鱼为例，其以阿里巴巴集团的海量大数据资产为基础，为内容方、品牌方（企业方）提供包括在线授权、营销、销售、衍生开发等在内的全产业链服务；其核心业务包括IP开发、消费品授权合作及整合营销等，同时还涉及影视、动漫、文化、艺术、明星、综艺、体育、音乐多类型IP合作，打造未来全球最大的IP授权交易市场的版权运营目标呼之欲出。

版权运营体系的产业概念，目前在国外较为普遍，好莱坞发展得比较健全。如以制作《纸牌屋》一举成名的网飞（Netflix），商业模式颠覆了传统电视剧的制作和观看模式，开创了电视剧从制作、发行到播放方式的一种全新运行模式。[①] 网飞近几年在内容上大举投入，包括自制剧和购买优质原创内容，连续投入重金。2016年，网飞在内容上的投入大约为60亿美元（原创内容为12亿美元）。目前其已凭其精品内容牢牢掌控了美国主流媒体市场的主导权，并正向包月、衍生品等领域进军。而其制胜法宝则是"精品原创＋独播"模式，使它在全球新媒体版权运营市场中独步天下，苹果、爱奇艺、亚马逊甚至脸书（Facebook）也纷纷追赶。仅以迪士尼为例，迪士尼的运营模式就是典型的以IP为核心的版

---

① 邹银娣. "转授权"，音乐版权之争的解药 [N]. 中国文化报，2017-09-23.

权运营体系，包括电影、游戏、主题乐园、文创产品、舞台剧等，都是迪士尼 IP 在不同领域的不同形式的衍生，而功能强大、协调配合的版权产业链，又为迪士尼的 IP 构建了可流转、可增值的巨大空间。迪士尼的版权运营模式是：全球范围内开发、收购具有最大商业潜力的超级 IP，并通过构建完整、强大的产业链，获取超额的版权运营收益。对皮克斯影业、漫威漫画、卢卡斯影业以及 21 世纪福克斯的收购，主要就是为了收割这些优秀"IP 生产机"的强大 IP 资源。如漫威与 DC 漫画并称美国漫画业的两大巨头，旗下拥有蜘蛛侠、钢铁侠、雷神、美国队长、绿巨人浩克、超胆侠、灵魂战车、惩罚者等 8000 多个漫画角色以及复仇者联盟、X 战警、神奇四侠等多个超级英雄团队，这些都为迪士尼提供了源源不断的强大 IP 支撑。除此之外，迪士尼拥有全球范围内非常强大的产业链条，包括媒体网络、互动娱乐、主题公园及度假村、影视娱乐、消费品五大业务模块。在版权运营领域的深耕，使迪士尼拥有全球范围内的 3000 多家授权商，销售超过 10 万种与迪士尼卡通形象有关的产品，在中国内地已拥有了 100 多家授权经营商以及 1200 多个销售专柜。[①] 在 2017 年全年财报中，迪士尼公司披露全年实现营业收入 551.37 亿美元，实现净利润 89.8 亿美元。迪士尼也创下了好莱坞电影在中国内地的最高票房纪录，拿到了 61.5 亿元票房。上海迪士尼乐园已在第一个完整运营财年获得盈利。要探讨我国的版权运营体系构建，不应忽略好莱坞的成熟经验。在电影、娱乐、互联网及内容产业越来越融合的当下，好莱坞电影产业的价值链不断向电视、音像产业、动漫游戏、衍

---

① 成琪. 动文创产品开发版权资源是核心 [N]. 中国文化报，2016-05-30.

生产品等产业延伸，形成放射状的价值链条。在不影响用户体验的前提下，不断延伸产业链的长度，增加应用场景，提升消费频次，扩大用户规模，成为美国影视文化产业最重要的版权运营模式。以 IP 开发为核心，美国影视文创产业不断探索混合媒介的协同优势和规模效应，在生产制作上采取大制作和类型化策略，包括风靡一时的"高概念"模式；并全面协调和设计相关产业链，突出其应用价值，包括情节的游戏开发价值、明星的综合开发价值、衍生产品的后续开发价值以及游戏乐园、VR、文创产品等的长尾开发价值。而在我国，随着内容产业的发展，社会大众对版权保护日渐重视，版权运营的概念逐渐进入主流视野，各大内容巨头、文化央企以及市场化公司都纷纷抢滩这一领域。也有越来越多的文化影视公司将版权运营放在重要地位，比如盛大文学和唐家三少成立全版权运营工作室，中央电视台也提出了版权资产管理概念。但总体而言，我国的版权运营体系还有待于进一步成熟，在运作经验和产品开发上还有较大的潜力可挖。从根本上说，我国文化产业的版权运营同样应该遵循以市场化为基础，政府引领、行业共建的基本方式，走出一条精神效益和社会效益双丰收的路子。

五、文化文物版权的探索尝试

2017 年 5 月 16 日，国务院办公厅转发文化部等部门《关于推动文化文物单位文化创意产品开发若干意见》（以下简称《意见》）引起了文化业内热议。此前，文化文物的职能定位是依托馆藏文化资源，提供基本公共文化服务。《意见》的出台，推动了文化文物单位发掘馆藏文化资源，开发文化创意产品。《意见》中提到的文化文物单位包括各类博物馆、美术馆、图书馆、文化馆、群众艺术馆、纪念馆、非物质文化遗产中心及其他文博单位等掌握各种形式文化资源的单位。《意见》意图激发文化事业的活力和潜力，提升服务效能，最终满足人民群众日益增长的个性化文化需求。提高公共文化机构的服务效能，必须调动公共文化机构从业人员的工作积极性。《意见》中提到，"文化创意产品开发取得的事业收入、经营收入和其他收入等按规定纳入本单位预算统一管理，可用于加强公益文化服务、藏品征集、继续投入文化创意产品开发、对符合规定的人员予以绩效奖励等"。在业内人士看来，政策调动了公共文化机构从业人员的工作积极性，而最终受益的是消费者，打通了文化资源和市场的通路。在文化文物单位开发文化创意产品的方式上，《意见》明确鼓励具备条件的文化文物单位采取合作、授权、独立开发等方式开展文化创意产品开发。大部分的文化文物单位都没有独立开发文创产品的条件，更多的是需要与专业的企业合作。比如三星堆博物馆、西泠印社都是与东道设计公司合作开发文创产品。保护不是把文物放在那里，而是让它绽放，融入现在的社会，变成时尚的产品。推动文创产品的开发，企业的作用不可低估；企业能让这些想法得以实施，应该给企业一些优惠政策。

版权资源是文创产业的核心竞争力。文化文物单位拥有的资源是版权资源，即对馆藏所进行的智力劳动形成的版权。一般来说，文化文物单位拥有的藏品因为都超过了50年，从法律上讲没有版权，但是对藏品拍摄的高清图片、采集的数据、研究的成果，这些都是版权，是可以进行授权开发的。《意见》提出鼓励文化文物单位开发文化创意产品，要实现社会效益和经济效益相统一，力争到 2020 年逐步形成形式多样、特色鲜明、富有创意、竞争力强的文化创意产品系列。从朝珠耳机到《雍正行乐图》，仅在 2016 年上半年，北京故宫博物院文创产品的销售额就突破了 10 亿元人民币。同时，国家博物馆与北京东方雍和国际版权交易中心共同打造"中国文博知识产权交易平台"，该平台的建立更好地盘活了文博领域的沉默资产，推动了文博无形资产的开发。文博资源的知识产权是非常大的资源，而且是文化创意产业的核心竞争力。文物承载着中国的传统文化，大部分的文物或者典藏的文化资源都还沉睡在博物馆、图书馆或者美术馆中，通过什么样的开发，让它走进寻常百姓家？文化文物单位开发的文创产品关键是要做出社会影响力，让文化润物细无声的作用通过文创的形式走进老百姓中。[①]

第二节　文化产业领域版权保护发展

现阶段，我国文化产业发展势头迅猛，展现出较大潜力的同时逐步体现出促进国民经济增长方面的作用，逐渐成为经济发展的新极点。知识产权保护关系着文化产业的命脉，是为其发展保驾护航的守护神。不过，在我国文化产业并不长的发展历程中，知识产权的保护还面临许多亟待解决的问题，这在一定程度上延

---

① 范周. "中国创造"，文化繁荣的基石 [N]. 人民日报，2013-11-15.

缓了我国文化产业的发展进步，主要体现在以下几个方面。

第一，对知识产权保护的认识不充分。我国相关方面的法律法规建设还不完善，宣传知识产权法的决心和力度也不充分，再加上我国企业和社会大众的知识产权保护意识不强，损害别人权利和淡漠自我保护的情况一并存在。举例来说，现在我国盗版十分猖獗，尤其音像盗版率十分高。而在保护自己的知识产权方面，大量相关企业没有打造自我品牌的观念，更有甚者未注册商标，注册防御商标的更是少之又少。合同是最简单有力的合法保护自我知识产权的工具，但很多相关企业同合作公司之间签订的合同较为粗糙，甚至不少合同中直接就没有与知识产权有关的细节条例。

第二，相关的法律体系不够系统和完善。现在，我国的知识产权法律制度体系已经陆续得到完善，先后出台了专利法、商标法、著作权法和反不正当竞争法等基本法作为主体，辅之以行政法规、部门规章和地方性法规规章等作为补充。不过不能忽视的是，一些法律法规虽然出台但并不完善，例如对现场表演者、录音录像制作者的保护不足，认可范围不够宽泛。另外，必备的法律制度缺乏对文化产业发展的保障，知识产权保护的态势并不乐观。

第三，文化产业中的知识产权缺乏行政手段保护。行政保护不同于法律保护的被动、事后补救的特性，具有更为主动和事前预防的优点。但由于知识产权行政管理部门人员和设备等方面的限制，知识产权行政保护的潜力并未得到充分挖掘。原因之一是行政部门对假冒产品的打击力度不够，严重影响了文化产业进行自主创新的热情，并且导致了企业单独面对缺乏保护的困境。原因之二是为减少诉讼，降低其他方面的不良影响，现在的知识产权相关行政部门的作用更多地体现在提供事后补救上，尽管反应的时间较短、效率较高，但这已经完全违背了立法之初的原则。

第四，文化创意产品的品牌效应一般，经济和文化价值不高。品牌展现了一个企业的外部形象。优秀的品牌能够极大地增强产品的文化内涵和经济价值，例如张艺谋导演的"印象"系列文艺演出品牌的创立、喜羊羊与灰太狼动画品牌的创立等，都凸显了品牌价值的关键性。文化创意产品必须要具有优秀的品牌价值。我国的文化创意产业发展时间不长，产品品牌的建立缺乏系统性，无法创造可观的品牌效益。文化创意从产生之初，直到进入工厂被生产成产品，一直在不断加强竞争力，但由于企业缺乏对品牌的充分认识，不会使用相关法律对品牌进行保护，致使其创意产品无法变成具有核心竞争力的商品。我国文化产业中大多数企业无法通过外观设计、内容开发、形象提升等方式促使自身产品规模化、创造产品品牌，也就是知识财富，究其原因，是因为它们还处于文化产业链中的制造环节。

一、对文化产业的反思

文化产业是文化、知识和技术高度关联，也高度依赖创新和创造的产业。近年来中国文化产业迅速发展壮大，但文化产品缺乏创造力仍然是一个较为普遍的现象。山寨、抄袭、剽窃、盗版等侵犯知识产权的现象层出不穷；创新成本高盗版成本低、创新收益低盗版收益高的利益怪圈，打击了文化原创者的自信，也助长了抄袭盗版者的嚣张气焰；原创力不够，产业链不健全，致使文化产品在世界市场上的竞争力薄弱……如何保护创造力、激活创造力、把创造力转化成生产力，实现从"中国制造"到"中国创造"，成为我国文化发展道路上的一道难题。没有思想的解放、观念的革新，难以打开创造力的闸门。必须看到，现实生活中"求同"思想使我们拘泥保守、害怕出新，"中庸"观念使我们安于现状、麻木懈怠，"内敛"性格使我们习惯于"拿来主义"，一得之功、一孔之见的狭隘闭塞的思维惯性令我们缺少强烈的创新冲动。而且，长久以来我们在文化上的不自信导致在文化发展过程中习惯于"吃老本"，热衷于挖掘历史而忽略面向未来，关注盘活存量而忽视创造增量，宁愿守住历史的包袱，也不愿开拓新的疆域。由此便出现了这样的尴尬与矛盾：一方面，我们对文化发展与文明进步侃侃而谈；另一方面，对文化转型与产业升级的路径又一筹莫展。在我们的文化产业发展过程中，有利于发挥创造力的体制机制还有诸多不完善之处，创新及其成果的保护、转化和应用尚不健全，全社会投入创新的环境和气候尚未形成，创意人才的活力没有得到有效激发，能够贴近群众需求、市场认可度高的优秀文化产品依然缺乏。此外，以一味"立异"的方式取代"创意""创造力"，这样的认识误区也亟须我们反思。[①] 2017 年是人工智能元年，人工智能在新闻采写、文学创作等领域大显身手。2017 年 5 月，被称为人类历史上首部 100% 由人工智能创作的诗集《阳光失了玻璃窗》由北京联合出版公司出版。人工智能创作物的大量出现以及可预见的快速增长，引发了人们关于人工智能

---

① 范周."中国创造"，文化繁荣的基石 [N]. 人民日报，2013-11-15.

创作物的可版权性及权利归属等问题的热烈探讨,成为2017年版权理论界的热点话题。

当代中国进入了全面建成小康社会的关键时期和深化改革开放、加快转变经济发展方式的攻坚时期,文化越来越成为民族凝聚力和创造力的重要源泉,越来越成为综合国力竞争的重要因素,越来越成为经济社会发展的重要支撑。丰富精神文化生活,也越来越成为人民群众的热切希望。这就需要以深层次改革为动力,释放文化发展活力;优化文化创新的社会环境,以社会作为"活力之手",解决有形之手因"无力"而失守、无形之手因"无利"而失灵的窘境;打开全民创新的闸门,全民文化创造力的充分释放是文化繁荣的基础,才能带来真正的"中国制造"。

二、当代版权发展:以数字文化为例

随着互联网等技术的发展,数字文化成为文化产业以及文化事业的重要组成部分,而版权是其核心。2017年7月,以互联网乐乐小镇为核心区域申报的浙江(金华)数字创意产业试验区正式获批,视频社交、游戏交易、网络文艺等市场化较快的业态进入产业集聚、内容孵化的过程,数字文化产业的发展进入实践创新的新阶段。同时,国家数字文化网已经建立起相对完善的全国公共文化信息共享体系,比如公共数字资源平台、文化共享超市——国家公共文化数字支撑平台、公共电子阅览室、公共图书馆、公共文化馆、数字学习港和文化共享大讲堂等板块,每个板块下又细分出许多子板块。仅2016年全年,国家数字文化网登载各类文化信息11163条;提供音视频资源60155小时、248096部/集

（其中，视频8347小时、33042部/集，音频资源51808小时、215054部/集），高清美术图片25570张，电子图书2569本，多媒体课件3159个，以及部分益智互动游戏。2016年12月，数字创意产业首次被纳入《"十三五"国家战略性新兴产业发展规划》（以下简称《规划》）。《规划》提出：到2020年，我国战略性新兴产业增加值占国内生产总值比重将由2015年的8%达到15%，数字创意产业成为重点培育的5个产值规模达10万亿元级的新支柱产业之一。

当然，在文化服务与数字网络技术深度融合中也存在一些版权问题。如在对图书馆、博物馆、文化馆、美术馆等公共文化机构中的实物、文本内容或者数字对象进行类聚、融合、重组时，涉及原有著作权主体、客体及内容变更等知识产权问题。在数字文化快速发展的背景下，知识产权保护和开发成为急需解决的问题。如何在数字化时代和法律许可框架下既能发挥文化创新活力，又能在权利人利益和社会公众利益之间维持适当的平衡，以保证作品文化正常传播；如何对版权进行有效的保护和开发，成为提升文化服务效能面临的必然课题。首先，文化版权在数字化中面临的服务效能问题。比如，在公共文化数字化的过程中，首先面临的是著作权的问题。对于著作权的主体而言，著作权权利的所有者可以是多种形态的，自然人、法人和非法人组织等都可以是著作权权利的主体。其次，由于著作权权利获取方式及形式的不同，著作权权利的原始主体与继受主体享有的权利也不同。从这个层面来看，文化版权在数字化过程中扮演着复杂的角色。从宏观的角度而言，它承担着创作者、传播者和使用者三种不同的角色。从微观的角度来看，文化资源在数字化的过程中承担着变更性角色。由于原始主题与继受主体等复杂的关系，很容易出现因权利主体、权利客体及文本内容等因素变更而产生较为复杂的知识产权问题。另外，文化数字化还面临许多具体的问题，比如数字资源在建设与整合中的问题，在传递过程中出现的技术问题；信息资源在共享过程中的侵权等知识产权问题，以及用户违规使用而引发的系列知识产权问题。这些问题一旦触发，要从根源上梳理解决往往较为复杂且难以处理。

就公共文化当前建设看，其在数字化中遇到的版权问题具有系统性、复杂性等特征。公共文化普遍被认为是指由各级政府引导或者主导建设、社会资本及社会力量普遍参与而形成的普及大众文化知识、传播社会主义先进文化、为大众提供艺术文化精神产品，进而满足人民群众多元化、多层次的文化需求，保障人民群众基本文化权益得以实现的各种公益性文化机构和非营利性服务总和。尽管公共文化具有公益性及非营利性，但这其中涉及的"权利人对其智力劳动所创作的成果享有的财产权利"（即知识产权）问题依然存在，尽管二者的根本目的都是促进技术进步与文化发展，但这与公共数字文化中强调的资源共享的原则在一定程度上还存在一些矛盾和冲突。第一，知识产权调整的是著作权人与社会大众之间的利益关系，在公共文化传播过程中不可忽视知识产权对它的制约。2017年4月发布的《文化部关于推动数字文化产业创新发展的指导意见》提出：数字文化产业发展的方向一是要大力推动演艺娱乐、艺术品、文化旅游、文化会展等传统文化产业的数字化转型升级，推进文化产业结构调整和优化；二是要加强现代设计与传统工艺对接，促进融合创新；三是要依托文化文物单位馆藏文化资源开发数字文化产品，提高博物馆、图书馆、美术馆、文化馆等文化场馆的数字化智能化水平，创新交互体验应用，带动公共文化资源和数字技术融合发展。第二，在对图书馆、博物馆、文化馆、美术馆等公共文化机构中的实物、文本内容或者数字对象进行类聚、融合、重组时，涉及的原有著作权主体、客体及内容变更等知识产权问题应如何合理解决。第三，公共数字文化再创造中面临着知识产权的困境。尽管著作权的所有者具有多种形态，但作品的著作权一般均属于该作品的作者；图书馆、文化馆、博物馆或美术馆等公共文化机构只在部分规定下才会明确享有藏品者的著作权。比如，签订了著作权书面合同明确转让的属于享有藏品者的著作权。否则，公共文化机构即使拥有藏品的所有权，也不能擅自以出版、改编等方式进行使用和传播。第四，我国《著作权法》对未发表的遗作以及无法确定作者或继承人的作品的著作权利，都有相关的法律条文进行规定。没有明确的著作权的转让，公共文化机构在严格意义上很难行使发行权、复制权、展览权、出租权、改编权、翻译权、汇编权等权利，尤其在数字化的过程中，也不能行使信息网络传播权、摄制权、放映权等权利。我国《著作权法》的第十六条和第十七条对职务作品和委托作品进行了明确规定：公共文化机构中的藏品是基于"本馆工作人员"由于工作上的安排，且在工作时间内，利用馆内的器材完成的本职工作；则藏品的"数字化影像版权"归"本馆"所有，其他方面的权利要根据合同协议确定。从这个层面上看，公共文化机构的藏品以及数字化后的资源有着复杂的著作权归属问题，从而致使数字化产生复杂的版权关系。不仅如此，《著作权法》第二十二条和《信息网络传播权保护条例》第

143

七条对数字化影像版权的"合理使用"等问题做了详细规定,仅"向本馆馆舍内服务对象提供",限制了其使用及传播的范围。第五,在互联网乃至移动互联网时代,公共数字文化的传播已经超出了"本馆馆舍内"这一范围。因此,在没有及时授权、合约协议不明晰等情况下均会带来新的著作权风险。同时,在对传统的作品进行数字化的过程中,也会产生对作品本身带来的变更,比如在照片制作过程中,角度选择、明暗对比、色彩调节、空间构图等都会使原作产生变化。因此,在衍生作品出现的过程中,即IP产业链的生成过程中,类似的知识产权问题也会出现。从广义上说,从印刷的复制权、发行权到现代的表演权、广播权、放映权以及当代的数字化产品、数字化复制等都会因此而面临新的知识产权问题。[①]

三、互联网时代版权体系的完善

(一)知识产权保护与开发方式

做好顶层设计,营造良好的版权保护环境。公共文化数字化的目的是文化普及,但是合理使用还要考虑到作品的潜在市场影响力。主体变更、客体变更、内容变更后加大了作品版权的不确定性,因此,从顶层设计的角度而言,创建良好的公共文化数字化版权保护环境变得尤为重要。2008年6月,国务院印发了《国家知识产权战略纲要》,从顶层设计的角度对包括版权在内的知识产权等问题进行了制度性的战略发展规划。《国家知识产权战略纲

---

① 范周,高飞.公共数字文化迎创新,如何促进知识产权保护与开发?[J].人文天下,2017(14):2—6.

要》的专项任务第三部分"版权"特别强调，应当"有效应对互联网等新技术发展对版权保护的挑战。妥善处理保护版权与保障信息传播的关系，既要依法保护版权，又要促进信息传播"。2017年3月，数字创意产业三大重点方向被纳入《战略性新兴产业重点产品和服务指导目录（2016版）》。其中，数字创意产业领域重点产品和服务指导目录分为三个重点方向，分别为数字文化创意、设计服务、数字创意与相关产业融合应用服务。其中，数字文化创意又细分为五个重点子方向，分别为技术装备、软件、内容制作、新型媒体服务和内容应用服务。《战略性新兴产业重点产品和服务指导目录（2016版）》不仅体现了当前数字创意产业的重点引导和支持方向，数字创意产业不仅会享受相关优惠政策，纳入国家技术创新工程、战略性新兴产业发展基金、国家新兴产业创业投资引导基金、战略性新兴产业融资风险补偿试点工作等政策措施的支持范围，而且也将成为落实国家对战略性新兴产业细分行业支持政策、版权保护的重要依据。

（二）赋予权能的共享创新

公共文化数字化有助于文化资源共享，更加便利地实现公共文化服务标准化、均等化等需求。随着我国知识产权、文化类的法律法规体系的相对完善，应及时根据数字创意产业的发展，赋予数字图书馆、数字博物馆、数字美术馆、数字文化馆等公共文化机构特定的法律地位；同时，对这些公共文化机构给予基本的信息资源数字化、网络化、共享化等权利，以赋予权能的方式，促进文化的多元化创新。比如，全国文化信息资源共享工程与作为其实施主体的公共博物馆、公共文化馆、公共图书馆等公共文化机构的公益性，使其所享有的法律地位具有国家和全民科学文化事业角色的特殊性。这些机构的作品在著作权的使用中，原则上应该享有类似"例外""豁免"及"无偿使用众多作品"等权利，并明确"全国文化信息资源共享工程"中的相关文化机构为公益性的科学研究、个人学习或欣赏等活动提供的网络传播属合理使用等权利。同时，也可以借鉴数字文化资源在整合方面的以元数据进行类聚、融合、重组涉及资源的汇聚、互操作和语义关联的方式，这样可以赋予公共文化资源在数字化时有明确的数字身份和标签，以便于识别、检索、追踪、保护资源，进而为未来的大数据、云计算打下基础。2017年6月，由原文化部全国公共文化发展中心、中国文化馆协会联合主办的全国文化信息资源共享工程"乡村拍手"计划启动。该计划以基层文化工作者（包括文化共享工程市、县级支中心相关工作人员，市、县级文化馆工作人员以及乡镇文化站站长等）为创作主体，通过对他们进行专业培训以及文化微视频制作及宣传推广活动，促进基层文化工作者策划并制作微视频作品，并组织带动本地群众参与文化微视频的创作与分享，以此实现公共数字文化建设与服务的重心下移。也就是说，不仅要赋予著作权方面的权能，还要给予创作上的支持，从创作方面激发共享创新。

（三）探索建设集中授权平台

《文化部"十三五"时期文化发展改革规划》明确提出要推动公共数字文化建设，加快数字图书馆、文化馆、博物馆、美术馆建设，统筹实施重大公共数字文化建设工程，加强数字产品和服务的开发，提高优质资源供给能力。"十三五"期间，我国公共数字文化建设项目将继续实施全国文化信息资源共享工程、数字图书馆推广工程和公共电子阅览室建设计划，完善国家公共文化数字支撑平台，建设国家基本公共数字文化资源库，届时公共数字文化的资源总量将达到3500百万兆字节（TB）以上。公共数字文化的建设具有资源集聚的便利性，通过数字文化资源整合研究的技术，可以完善类似著作权、版权等知识产权的集体管理制度、平台授权制度，发挥这些文化共享资源平台在版权数字化中的作用。世界上许多国家在对版权等知识产权进行保护与开发时普遍选择了版权的延伸性集体管理制度，这一制度同样适用于公共文化的数字化保护与开发。我国的《国家知识产权战略纲要》明确了我国知识产权体系战略建设和未来长期的发展目标，其中，对发挥版权集体管理组织以及行业协会和代理机构等中介组织在版权市场化中的作用进行了明确规定。因此，在公共文化数字化的过程中，可以通过国家相关负责部门或者相关的行业协会组建著作权、版权等知识产权的集体管理机构，以便于进行对作品的代理授权，通过收取著作权使用费、检测使用流向、吸纳权利人意见等方式完善平台建设。同时，通过国家文化信息资源共享工程及相关公共数字文化平台，委托这一集体管理机构与各个文化信息资源的著作权所有人签订版权授权使用许可协议，从而实现对著作权的集中授权与集中管理。这样既能保证各种主体的著作权利人的权利与利益真正得以维护，同时，这种集中代理的模式还可以以规模化的形式促进相关数字信息归类使用，并对文化信息资源进行数据化处理，进而引导创作。[①]

[①] 范周，高飞.公共数字文化迎创新，如何促进知识产权保护与开发?[J].人文天下，2017（14）：2—6.

第三节　版权保护从立法开始

版权在文化产业发展中占据着至关重要的地位。在美国，文化产业即被称为"版权产业"，足见版权之于文化产业的意义与价值。版权产业和文化产业在内容上存在交叉部分，如广播电视、电影、音乐、报纸杂志、演艺等行业。版权与文化产业不可分割，要发展文化产业，就要理顺两者之间的关系，重视版权对文化产业发展的推动作用。国家版权局于2017年2月15日正式印发《版权工作"十三五"规划》（以下简称《规划》）。《规划》回顾了"十二五"时期全国版权工作取得的成绩，分析了当前面临的形势，明确了"十三五"版权工作的发展目标和重点任务，对全国版权工作进行了全面部署。《规划》从完善版权法律制度体系、完善版权行政管理体系、完善版权社会服务体系、完善版权涉外工作体系4个方面提出了26项重点任务，包括继续推进《著作权法》修改、加大版权执法监管力度、持续推进软件正版化工作、优化版权社会管理工作、加强版权宣传培训工作、推动建立合作共赢的新型版权国际关系等，涵盖版权创作、运用、保护、管理、服务等各个方面。《规划》还明确了全国作品登记数量、计算机软件著作权登记数量、全国版权示范创建数量等具体工作指标，作为版权工作的基本支撑。①

加强文化立法已经成为建设现代化法治中国的迫切需要。中共中央办公厅、国务院办公厅出台的《关于加快构建现代公共文

---

① 孙悦.2017年中国版权发展及热点问题回顾[J].新闻战线，2018（01）.

化服务体系的意见》(以下简称《意见》)作为新时期文化建设的纲领性文件,将十八届四中全会"依法治国"精神一以贯之,明确提出"建立健全现代公共文化服务法律体系",将公共文化服务法制建设提到了一个新高度。如何建立健全现代公共文化服务法律体系?总体来说,完善的公共文化服务法律体系要形成以宪法为根本,以公共文化服务基本法律、专门法律和行政法规为主干,以地方性法规和行政规章为补充的完备的、与时俱进的现代公共文化服务法律体系。《意见》对现代公共文化服务体系建设的关键性问题,如公共文化设施的运营机制、公共文化服务社会参与机制、公共文化服务经费保障机制等都做出了明确阐述,为《公共文化服务保障法》的出台奠定了良好基础。其次,要统筹推进公共文化服务相关法律法规的制定。目前我国与公共文化服务密切相关、已列入立法计划或正在修订的重大法律法规有《公共图书馆法》《著作权法》《互联网信息服务法》《全民阅读促进条例》《未成年人网络保护条例》《志愿者管理条例》等。这些法律法规的出台或修订将为现代公共文化服务体系建设提供较为系统、完备的法律支撑。因此要充分发挥国家公共文化服务体系建设协调组的平台作用,统筹推进公共文化服务体系建设相关法律法规的立法进程,完善与公共文化服务体系建设相配套的法律法规。同时,要尽快推动《文化产业促进法》出台,使得文化事业与文化产业互为促进、协调发展。再次,要推动立法顶层设计与基层探索相结合。目前很多省市已经在多个立法领域开展了有益尝试,形成了一批具有地域特色的地方性公共文化服务法规,为区域公共文化服务建设提供重要的指导,如《北京市博物馆条例》《内蒙古自治区公共图书馆管理条例》《广东省公共文化服务促进条例》

等。这些地方性法规为国家重大法律法规的制定积累了宝贵的实践经验，也成为我国公共文化服务法律体系的重要组成部分。因此，要鼓励地方解放思想、积极进行公共文化服务立法探索，从地方立法实践当中总结一般性规律作为国家重大法律法规的立法借鉴和参考，形成顶层设计和基层探索的有机结合。另外，应加强公共文化服务立法与文化体制改革决策的衔接。公共文化服务立法要主动适应经济社会发展的需要，适应文化体制改革深化发展的要求，坚持立改废释并举。在公共文化服务实践当中行之有效的经验应该及时上升为法律；对实践条件还不成熟、需要先行先试的，按照法定程序做出授权，在实践当中积累经验；对不适应改革要求的法律法规，要及时修改和废止，做到重大文化改革于法有据。良法是善治之前提。现代公共文化服务体系建设必须以法制为保障，要在遵循文化发展规律的基础上，将有益于人民享有先进文化成果、有益于激发人民文化创造力的成功经验和做法制度化、规范化，让法制为现代公共文化服务体系建设保驾护航。[①]

一、以版权金融化促进版权立法和保护

版权资产是文化企业获取经营收益、占据市场的核心资源。版权内容的生产、管理、流通和运营，是文化企业核心竞争力的重要组成部分。德国贝塔斯曼出版集团（Bertelsmann AG）在世界上 50 多个国家和地区开展电视、图书等相关业务，该集团

---

① 范周. 探索建立现代公共文化服务法律体系 [N]. 中国文化报，2015-03-25（07）.

2010年度197亿欧元的销售收入中，有92亿来自直接的版权许可销售，有31亿来自与版权产品有直接依附关系的衍生品开发和广告销售等。版权资产始终是贝塔斯曼集团赖以生存的核心资产。美国米高梅电影公司（Metro-Goldwyn-Mayer，MGM）虽然于2010年11月宣布破产，但其片库中4100部电影具有很高的版权价值，每年还能给米高梅公司带来5亿美元的收入。严格地讲，版权产业与文化产业在产业分类上并非一一对应的关系，但它们的核心产业基本一致，且在商业和法律上具有近似的对应意义。2018年4月，国家统计局颁布《文化及相关产业分类（2018）》。在最新一版的文化产业的分类中，以文化为核心内容的新闻信息服务、内容创作生产、创意设计服务、文化传播渠道、文化投资运营和文化娱乐休闲服务等门类，基本都与版权经营存在着直接关系。可以说，版权内容的创作、生产、流通和交换构成了文化产业运营的主体，没有版权的文化产业必然走向空心化和边缘化，版权的保护和制度建设是文化产业繁荣发展的基本条件。

新形势下，政府部门不断深化文化金融合作，推进建立健全多层次、多渠道、多元化的文化产业投融资体系，金融系统文化金融创新产品不断出现。但不可否认的是，当前金融对接文化产业仍存在以下四个痛点：一是文化产业融资基础性制度不够健全；二是文化产业的无形资产评估体系尚不成熟；三是金融机构一定程度上还受制于传统风险的制约，关于如何防控风险需要做好顶层设计；四是多层次资本市场体系还不够完善。文化金融的核心资产抵押通道需要进一步完善，银行文化专营机构发展的原生动力需要进一步提高。文化市场经营仍然需要进一步规范，进一步进行制度性设计。从趋势上来看，为文化产业量身定做的信贷审批流程、创新担保体系以及贷款模式，无疑对文化金融融合发展具有很大推动作用，但与此同时也尤其需要注意高溢价收购和高杠杆撬动等问题。

在文化金融工具持续创新的过程中，要处理好以下几方面问题：首先，处理好互联网文化金融众筹在发展过程中所面临的诸如如何推动以众筹为代表的互联网金融在规范当中更加活跃地发展等问题；其次，对于如何进一步完善、普及与推广担保制度，需要及时给出相应的政策性指导。再者，随着文创贷、影视贷、知识产权质押贷款、商标权质押贷款、艺术品质押贷款、著作权质押贷款等金融产品的出现，应进一步建立和完善中介机构及相关制度，为企业经营行为设立第三方依据。[①]

文化企业需要盈利，而对利益的过分追逐会导致市场上违法乱纪现象的出现。维持文化产业合理有序运营，必须创设一个公平有序的竞争环境。版权制度的重要性就在于其不仅规定了创新者对自己的创新成果在一定的期限内享有排他的专有权，还规定了对侵犯这种版权行为的各种法律制裁措施，包括民事责任、行政责任和刑事责任。国家必须严格执行版权制度、严厉打击盗版，有效制止版权侵犯行为。唯有如此，方能维护创新者和版权人的合法权益，保护公平竞争。此外，版权制度可以有效激发全社会的文化创造力，发挥人民群众文化创造的积极性，以此推进产业结构调整和经济发展方式的转变，促进高附加值产业的发展。然

---

① 范周. 当前金融对文化产业的支持作用依然有限 [EB/OL]. (2018-12-07) [2019-06-14]. https://baijiahao.baidu.com/s?id=1619172014991457114&wfr=spider&for=pc.

而，近年来也有学者认为，版权对于文化产业的发展具有一定的限制作用，这种观点主要是基于文化产品的公共产品属性。版权制度改变了文化产品的公共产品属性，使某些文化产品具有了排他性和垄断性。但就现阶段而言，版权对文化产业的作用仍然是利大于弊、功大于过的。当然，任何事物都不是一成不变的，随着时代发展，人们对版权制度、版权产业也将会产生新的理解和需求。始终以发展的眼光看待版权与文化产业之间的关系，才能不断实现双赢。

2010年3月19日，中宣部等九部门联合发布的《关于金融支持文化产业振兴和发展繁荣的指导意见》明确指出，"文化产业快速发展迫切需要金融业的大力支持。金融是现代经济的核心，金融引导资源配置、调节经济运行、服务经济社会，对国民经济的持续、健康、稳定发展具有重要作用"。国家层面对文化金融的大力支持引起了社会各行业的广泛关注。同年5月25日，我国首个版权金融俱乐部在北京成立，"版权金融"的概念由此产生。由于是新生事物，当前国内学界对"版权金融"尚未形成一个统一、明确的概念，但普遍认为：版权金融并不是版权与金融两者概念的简单相加，而是在一定创新机制基础上的有机融合。在经济学视野中，版权的有效配置和流通涉及版权交易等领域，"金融是现代经济的核心"，版权交易必然与金融产生千丝万缕的联系。为推动版权金融化发展，国家层面出台了一系列政策、法规文件。2014年4月2日，国务院办公厅下发的《进一步支持文化企业发展的规定》为金融与版权的融合、对接指明了方向，提供了有力的政策支撑。在顶层制度鼓励下，各地纷纷落实版权金融化工作，推动金融和文化产业的对接，加强和提升金融服务，促进版权金融发展。然而，在我国，银行等金融机构在发放贷款时首要考虑的是企业的现金流和有形资产，只有风险小、投资回报稳定的企业才能较快地获得银行融资。而中、小、微型文化企业大多处于企业发展的早期或中期阶段，自身盈利模式不成熟，抗风险能力差，其企业资产以版权等轻资产为主，缺乏实物资产和固定资产。由于无形的版权具有流动性差、价值变动频率难以预期等特性，版权融资的风险与回报均具有较高的不确定性，在这种状况下，中、小、微型文化企业资金匮乏成为业内常态，融资难成为制约其发展的瓶颈。实际上，版权作为一种无形资产，是文化企业的核心资产，与股权、债权、物权等具有资产的共性。通过合理的制度设计，将版权纳入银行认可的抵押物范围中，能够有效缓解资金之困。从国外经验以及我国市场实践来看，版权金融化将是解决中小型文化企业融资难题的一种有效思路。发展文化产业，必须要通过科学合理的版权金融化方式，对版权价值进行科学评估，探索以版权为质押物的融资形式，以有效推动版权资产化进程。

二、以完善知识产权相关法律促进业态规范

2017年11月23日，国家版权局召开全国版权社会服务工作会议，会议总结了版权示范创建工作取得的成绩，分析当前面临的问题与挑战，谋划了下一步工作思路和举措，对在新时期贯彻新发展理念、深入推进全国版权社会服务工作具有重要意义。著作权登记工作稳步推进，据统计，2017年前三季度，全国作品登记量达125.98万件，同比增长15.04%；软件著作权登记数量

达到 55.7 万件，同比增长了 96.63%。可以预计，"十三五"时期，全国作品登记量仍将保持快速增长的势头。持续推动版权产业发展壮大，一批版权示范城市、版权交易中心也陆续建立，全国六大行政区域均布设了国家级版权交易中心。2015 年中国版权产业行业增加值已突破 5 万亿元，占全国 GDP 的 7.3%，其中核心版权产业已突破 3 万亿元。版权宣传、培训工作不断加强，国家版权局完成"4·26"世界知识产权宣传周重点宣传活动。召开四期大型软件正版化工作培训班，举办两期版权相关热点问题媒体研修班，对全国版权行政执法人员、软件正版化相关负责人、主流媒体新闻记者进行了培训。以中国版权协会等为代表的社会服务机构也对版权社会服务做了大量工作。中国版权协会版权监测中心、艺术品专家顾问委员会、软件工作委员会等二级机构在陆续成立，不断拓展业务范围，促进版权产业发展，提高版权社会服务能力。并配合国家版权局，协助开展软件正版化培训班、软件正版化督察，完成重点监测作品网络版权监测等一系列工作。关注行业热点，召开艺术品版权高峰论坛、互联网+图片版权保护与产业发展研讨会、新形势下版权协会的定位与作用座谈会等交流活动，筹备举办"第十届中国版权年会"，服务大局，服务行业，开展了协会工作的新局面。《2017 网络版权产业发展年度报告》显示，2016 年中国网络核心版权产业的行业规模突破 5000 亿元，比 2015 年增长了 31.3%。其中，网络游戏行业规模达 1827.4 亿元，中国网络文学产业规模为 100 亿元，网络视频行业规模达到 521 亿元，网络音乐产业行业规模突破 150 亿元。仅以电影产业为例，截至 2017 年 11 月 20 日，中国电影 2017 年度票房达到 500 亿元，用时仅 324 天，创下历史最快速度。从这些数据可以看出，在我国版权保护生态环境不断改善的前提下，中国网络核心版权产业规模正在大幅增长，已经成为中国经济增长的新动能。2017年4月26日，国家版权局在北京举办了2017中国网络版权保护大会。中宣部、国家网信办、工信部等相关部门负责人及来自中央新闻单位、版权产业界、学术界、法律实务界的代表，围绕"创新改变生活"主题进行了广泛研讨。国家新闻出版广电总局副局长、国家版权局专职副局长周慧琳出席大会并做主旨演讲。会上，新华社、人民日报社、中央电视台等10家中央新闻单位发起成立了"中国新闻媒体版权保护联盟"。会上同时发布了《2016年中国网络版权保护年度报告》，报告指出随着国家"四个全面"战略布局和创新、协调、绿色、开放、共享理念的持续推进，我国网络版权政策环境不断优化，网络版权保护各项工作进展明显。2016年，国家网络版权法律体系进一步完善，司法保护不断增强，权利人主体对于网络版权保护的重视程度逐步加深；网络环境下行政执法和监管力度不断加大，网络版权环境和秩序逐步得到改善；公众网络版权意识有所提升，保护网络版权的社会氛围渐趋形成。

为深入实施创新驱动发展战略，加快知识产权强国建设，扎实推进社会主义文化强国建设，全面提升著作权工作法治化水平，2017年，全国人大常委会开展了《著作权法》执法检查，派出5个检查组，由全国人大常委会王晨、吉炳轩、张宝文、陈竺副委员长和柳斌杰主任委员亲自带队赴北京、上海、福建、广东、青海5省市开展检查，同时委托天津、河北、内蒙古、山东、河南、湖北、湖南、重庆、贵州、四川10个省、区、市人大常委会对本行政区域内《著作权法》实施情况进行检查。全面检查我国《著作权法》贯彻落实的总体情况及下一步的工作思路和举措，包括促进著作权创造和利用、推动文艺创作和文化产业发展的情况，打击侵权盗版、加强版权保护和管理的情况，特别是网络环境下著作权保护、著作权集体管理情况、《著作权法》实施中的问题等，加速推进《著作权法》修改。2017年8月28日，全国人大常委会副委员长兼秘书长王晨在十二届全国人大常委会第二十九次会议上，代表全国人大常委会执法检查组做关于检查《中华人民共和国著作权法》实施情况的报告。报告指出，《著作权法》自1991年实施以来，各级政府及有关部门、司法机关认真贯彻落实，在依法促进著作权创造、运用、保护、管理和服务等方面开展了大量工作，著作权意识明显增强，著作权工作法治化水平得以提高，取得了显著成效。但同时也暴露了一些问题，如著作权意识需要进一步加强，著作权作品质量和运用能力有待提升，行政执法存在薄弱环节，司法保护需要进一步加强，著作权社会服务工作存在短板。报告还对进一步推动《著作权法》深入贯彻实施提出了工作要求，要广泛深入开展普法宣传，增强全社会著作权意识；全面提升著作权创造和运用水平，推动著作权产业健康发展；加大执法力度，实行更加严格的著作权保护；完善著作权管理体制机制，努力实现社会共治；提质增效，全面加强著作权社会服务体系建设；抓紧修改《著作权法》。

三、以思维转型提升版权创造生态

正如哈耶克所言："在社会进步的进程中，没有什么是必然的，使其成为必然的，是思想。"以在向知识服务转型升级过程中的出版企业为例，出版企业首先应做的是解放思想，推动思维转型。要从传统的生产思维转向用户思维，从孤岛思维转向平台思维，从点状思维转向全链思维，从短板思维转向长板思维。要充分利用出版企业多年积累的海量高品质内容资源，构建起以用户为导向的数字化知识服务体系，为用户提供优质与便利的知识服务。①

第一，用户思维。在传统出版的产业链条中，出版社上游是原创作者，下游是书店等销售机构，体现的是作者中心制或者编辑中心制，与读者的距离较远。然而，知识的特性决定了在知识服务的过程中，知识的创造、传递或共享依赖于服务双方的沟通与交流，是一个持续交互的过程。知识服务需要打破传统的由作者、出版机构、印刷厂、物流公司、分销商、零售商等组成的出版产业链条，直接面对用户，通过网络大数据平台或社群互动收集反馈数据，掌握用户的需求与喜好。例如广西师范大学出版社为了推动企业向知识服务商转型，2015年组建了基于O2O模式、主要服务于读书会和读书人的知更社区，希望通过社区的构建，让出版社更直接与深入地了解读者的需求。用户思维看似简单，但在我国出版体制下，贯彻起来并不容易。一是我国出版社准入资格依靠国家审批，多年来全国出版社维持在580个左右，缺少创新激励与末位淘汰机制。二是当前很多出版都是作者支付出书成本并承诺回购一定册数，出版社负责编辑校对、排版印刷即可。出版社不需要承担市场风险，因此也形成了出版惯性与思维惰性。

---

① 范周，熊海峰. 新思维、新战略：出版企业推进知识服务的对策探析[J]. 出版广角，2017（13）：6—9.

第二，平台思维。目前出版企业大都是孤岛思维，相对封闭。互联网时代开放共享的精神与知识服务的发展特性，客观上要求出版企业积极构建一个生态型知识服务平台，需要利用企业自身优势并协同和整合最广泛的外部资源（用户、作者、书店等），打造一个众多利益相关者共同创造和分享价值的有机生态系统，建立适合知识服务发展的网络生态圈和利益共同体。过去出版机构的内容生产主要依靠专业精英，但在网络时代，企业通过智慧众包、集成创新等形式，汇集"认知盈余"，就可能产生巨大的知识创新与服务效应。例如加拿大人 Allen Lau 和 Ivan Yuen 创立的"Wattpad"，主要通过提供"免费创作、免费阅读、免费分享"的在线电子出版平台，支持知名作家或爱好者在上面发布故事、小说以及诗歌等。在国内，知乎、果壳网、糗事百科、豆瓣等也主要是基于平台建设，通过聚集众智而诞生的新型知识服务机构。

第三，全链思维。文化产业的融合性和衍生性是其发展的根本优势，即一次生产，多次应用，多渠道实现文化与创意的价值。作为文化产业的子类，知识服务也需要遵循文化产业的发展规律，以客户需求为导向，通过全产业链拓展、全方位运营，发挥知识的最大效用。一是要通过数据库技术，将知识内容进行多样化的挖掘，形成针对不同用户的不同服务产品。二是要围绕出版内容与 IP，扩展多元服务，从出版业务向动漫、网游、影视、数字终端、文化体验等多种业态延伸。在这方面，互联网出版企业远远走在了前面，例如由腾讯文学和盛大文学强强联合成立的阅文集团，正致力打造集网络文学、运营平台、图书出版与衍生开发（影视、动漫、周边等）等环节于一体的全文学产业链，当前已积累了原创文学作品近1000万部,创作人数近400万,诞生了《步步惊心》《致青春》《鬼吹灯》等市场火爆的热门IP和系列衍生产品。互联网时代是一个开放、共享的时代,传统出版企业在推进知识服务时,亟须改变传统的短板思维,即认为企业发展的极限取决于短板的高度。事实上,传统出版企业的许多短板是难以在短时间内改善的。因此,出版企业需要树立长板思维,即"眼睛向外看",强化资源整合,利用别人的长板补足自身的短板。具体而言,出版企业通常具有海量的优质出版资源,但缺乏数字核心技术以及对用户需求的及时把握,存在内容与技术的割裂。出版企业可以用内容资源与文献集成商或者数据库服务商合作,推动跨界协同共赢。例如日本大型出版社与索尼公司共同组成电子图书服务公司,我国出版机构与方正、知网以及智能终端生产商合作等。[1]

四、以知识产权促进文化产业发展

将知识产权战略立于首位,树立知识产权保护的意识。认清知识产权战略在国民经济中的重要地位,认识到知识产权战略对提高国家核心竞争力有重要作用,这样在思想上统一对知识产权的认识,就可以使知识产权发挥其既定的作用。从美国、日本等发达国家和在国际上文化产业发展势头较好的一些发展中国家发展文化产业的经验来看,几乎都确立了知识产权战略的坚实地位,

---

[1] 范周,熊海峰. 新思维、新战略:出版企业推进知识服务的对策探析[J]. 出版广角,2017(13):6—9.

而且不管是从国家法律的制定、宏观政策的指引，还是文化企业自身发展的调控、国民教育的整体偏向，都采取了全方位、多层次的措施确保知识产权战略的落实。在具体执行方面，整合实力，全面动员，采取日常宣传培训与专项研究学习双管齐下的方式，全媒体联动，如报纸、电视、广播、互联网，将各媒体的效用发挥到最大化。通过举办形式多样的宣传活动，例如组织文化产业学习研讨会，召开知识产权知识大赛，还可以以制作知识产权公益广告的形式让保护知识产权的意识深入人心；定期组织学习知识产权法律法规，包括《专利法》《商标法》《著作权法》，以目前文化产业领域已经发生的、得到社会各界普遍关注的知识产权重大事件为案例展开讨论会，使知识产权知识的普及活动常态化；在机关、学校、企业等单位开设知识产权知识培训课程。在机关中可采取干部培训的形式，使干部在决策涉及知识产权的问题时具有一定的知识储备；知识产权进入学校可以采取鼓励中小学生发明创造，通过自己的亲身经历潜移默化地加强他们尊重知识产权的意识；知识产权进入企业可以在日常企业员工普法学习培训中增加知识产权保护的内容，形成尊重知识产权的企业文化。这样一来，尊重知识产权、宣扬创新意识、坚持诚信守法的理念得以广泛传播，在全社会形成良好的法制氛围。不能忽视文化产业知识产权保护和发展之间的动态平衡。从实际情况出发，我国在大力加强法制建设保护知识产权的同时，不能忽视民族产业的发展，不能忽视基本国情而只追求与国际接轨。所以在相关法律法规的出台和修订过程中，在保证对权利享有者合法权益进行保护的基础上，要促进整个民族产业和文化产业的健康发展。相关企业制定知识产权发展思路时，要确保同其他企业有所联合，一同抵制侵权行为。要尽力让国际上对知识产权进行保护的目光关注到我国的文化产业的优势项目，以保证我们的传统文化产业在世界范围内充分发挥自身优势。

利用知识产权发挥文化产业品牌价值。文化产业品牌的知识产权保护表现在许多方面，物质形式如相关产品样式、服务内容以及可识别性视觉要素的保护是其中一个重要的方面。我国历史文化遗迹众多，这是发展文化产业、树立品牌的优势，但我国各族人民历来交融杂居，人员流动和融合性非常强，在文化遗迹归属的问题上就容易产生争议、发生重叠，这些年我国也发生了多起历史遗迹和名人故里之争，以及地方历史文化探源热。如赤壁归属之争、海上丝绸之路之议、盘古"籍贯"之论等。同样是以兵圣孙武为主题的文化活动，在山东东营市举办的同时，山东滨州市也在策划举办。当大家都意识到文化品牌是个宝时争议便在所难免。解决争议取得优势，单靠学术探源、古迹考证显然不够，如何把握先机，从操作层面寻求法律的确认和保护是最关键的。

文化产业知识产权要跟上国际化的潮流，相应的制度建设也要达到国际化的标准。总体来看，就是要使知识产权战略达到能进行世界性共通和交流的程度。首先要关注我国与其他国家在这一层面的交流。其次要清楚相关国际法规条约（国际法，包括国际条约和国际惯例）的形成。我国的优势是拥有文化资源和大国地位，能在一定程度上引领并促成相关国际规则的形成。最后要保证文化产业知识产权制度同相关国际规则有所互动。国内相关法律法规与国际保护条约公约并存，一定会互相作用、互相影响，在这基础上若有相应的调整，就会形成互动。此外，推行制度国际化的同时，要尤为关注实际情况相类似的国家，将其联合起来，建立保护文化产业知识产权的国家联盟或国际组织，促进相关制度环境的国际化，共同建立和维护一个国际保护的新秩序，以把握影响和制定相关规则和条约的主动权。我国要在敢于承担国际条约压力，进而修正自己的制度以促进知识产权国际化的基础上，善于抓住法律法规全球化的契机，合理对待全球化与本土化的关系。文化产业方面制定知识产权国际化发展战略必须要契合自己的特色。我们要找准突破点，从完善制度和推动战略落实方面入手，做好将文化产业知识产权国际化的准备和实施工作。

五、以版权促进公共文化服务数字化

版权立法、执法效率的提升是时代的要求，加快推进公共文化服务数字化建设是当前数字化时代的必然要求，是信息化、网络化环境下文化建设的新平台、新阵地，具有内容海量、辐射面广、传输速度快、服务便捷等难以替代的优势。推进公共文化服务数字化建设要从以下五方面着手。[①]

（一）硬件载体：公共机构的数字化

公共文化机构是提供公共文化服务的重要载体，也是人们参与公共文化生活的重要途径之一，承担着丰富群众文化生活，实现群众基本文化权益，按照公益性、基本性、均等性、便利性的要求，让群众广泛享有免费或优惠的基本公共文化服务的任务。公共文化机构的数字化建设是公共文化服务数字化建设的重点内

[①] 范周.加强公共文化服务供给推进公共文化与科技融合[J].人文天下，2015（3）.

容。在这一过程中,要结合"宽带中国""智慧城市"等国家重大信息工程建设,通过国家网络建设、信息化建设战略的推进,促进数字图书馆、数字博物馆、数字艺术馆、数字文化馆、数字农家书屋等公共文化机构数字化建设,为公共文化服务数字化的实现提供良好的载体。

(二)传播体系:服务网络的数字化

数字化是突破公共文化服务地域差异,实现公共文化服务均等化的重要手段之一。在这一过程中,要结合公共文化机构数字化建设,统筹实施全国文化信息资源共享、直播卫星广播电视公共服务、农村数字电影放映、城乡电子阅报屏建设等项目,构建全域化、标准统一、互联互通的数字化公共文化服务网络,在基层实现共建共享,解决公共文化服务的"最后一公里"问题。让公共文化服务数字化资源在数字化网络的助力下,实现互联互通、共建共享。

(三)产品服务:表现形式的数字化

公共文化服务的数字化,离不开公共文化产品的数字化,公共文化产品的数字化是满足公共文化设施数字化、公共文化服务数字化网络建设的核心,内容与设施、网络的有机结合方能彰显出公共文化服务数字化建设满足人民精神文化新需求、适应人们文化消费新习惯的优势与意义。在这一过程中,要充分利用各类新技术、新手段,通过文化产品数字化,增加公共文化服务内容的保存期和可获取性,丰富公共文化产品与服务的形式与内涵,有效提高公共文化资源供给的速度和便利性,最大限度地满足人们的需求。[①]

---

① 范周.加强公共文化服务供给推进公共文化与科技融合[J].人文天下,2015(3).

（四）版权保护：文化资源的数字化

科学规划公共数字文化资源，建设分布式资源库群，实现分布在不同区域的海量公共文化资源的存储、交换与整合。鼓励各地整合中华优秀文化资源，开发特色数字文化产品，以提高资源供给能力。同时，通过数字版权公共服务平台建设，实现公共数字文化资源有效保护。

（五）研究应用：创新成果的数字化

当今世界已进入信息化、数字化时代，推动公共文化发展必须依靠文化和科技的融合，从关键技术、示范工程、基地建设、标准化创新等多个层面推进文化和科技的深度融合发展。在这一过程中，要加强科技研究与成果转化相结合，支持公共文化机构、科研院所、高科技企业合作开展各类关键技术的研究，同时，实施一批公共文化服务科技创新应用示范项目，加强科技成果转化应用，构建公共文化服务科技创新的产学研转化平台，发挥科技在公共文化服务体系构建过程中的创新作用、转化作用和驱动作用，增强先进文化的感染力、吸引力、影响力、辐射力。

2018年是深入学习贯彻党的十九大精神，全面建成小康社会、开启新时代中国特色社会主义现代化建设的重要一年。习近平总书记在党的十九大报告中指出，倡导创新文化，强化知识产权创造、保护、运用，这为实施创新驱动发展战略、加快版权强国建设提供了重要遵循。随着生活水平的不断提升，人民群众对精神文化生活的追求日益提高，期待着有更好看的电影、电视剧、图书等文艺作品出现，而版权作为文化繁荣的一项基本要素，从根本上保障了优秀作品的创作。要在全社会大力倡导营造"尊重知识、尊重劳动、尊重创作、尊重版权"的良好氛围，加强版权创造，满足人民的精神文化需求。加强版权保护，要营造良好的版权生态环境。以习近平同志为核心的党中央高度重视知识产权的保护工作，多次对版权保护工作提出新的要求、新的部署。新一年版权保护工作要在修订完善好法律法规的基础上，推进版权执法工作，加大惩治力度，提高版权案件的查办数量和质量，引领公众广泛参与，提高全社会对版权保护的重视。

第四章　文化平台：中国文化产业发展的有效途径

　　文化产业是以生产精神性内容为己任的特殊产业类型。但是，生产精神性内容也要借助物质载体和物质力量。文化产业发展资金、文化产业投资基金、文化产业园区就是中国发展文化产业的有效途径。文化产业发展专项资金和文化产业投资基金的设立为解决中国文化产业投资难、融资难问题提供了思路和方法，是创新文化产业投融资体制改革的重要举措；设立文化产业园区能够在特定地理空间区域内实现文化资源集聚，加强各行业之间资源互动，提升行业分工协作效率，形成优势互补的产业发展格局。

第一节　文化产业的文化金融平台

一、文化产业发展专项资金

（一）文化产业发展专项资金设立背景与动因

　　改革开放以来，社会各领域发展进入突飞猛进的状态，文化领域也不例外。但是，文化领域的发展步伐较其他领域明显滞后，多数时间只是停留在想法讨论阶段。直到 2003 年，《国家

"十一五"时期文化发展规划纲要》与《文化产业振兴纲要》等相关政策的陆续出台发布,才标志着文化体制改革全面展开。政策文件将文化产业政策与文化发展专项资金打包为"项目",然后政府制定与分布各种项目指南,相关企事业单位提出申请,政府再通过审核、评审等复杂程序实现"竞争性"分配,以实现其设立的政策目标。[①] 设立文化产业发展专项资金的原因是多元的,具体来说可以概括为以下三个方面。

首先,文化产业发展专项资金是基于计划经济向市场经济转型背景下的有效手段。在计划经济时代,由于文化资源数量有限,国家依靠行政计划手段分配管理文化资源,几乎所有文化领域的单位都是事业单位。而随着改革开放事业的逐步推进,市场力量涌入文化领域,传统的计划管理手段逐步退出历史舞台,以项目管理制为主的产业政策成为过渡时期政府政策的首选。其次,这是文化产业政策作为宏观政策发挥政策效用的根本手段。在计划经济体制下,通过行政计划方式实施宏观经济管理的文化主体单位是没有自主权的;但是在市场经济条件下,对于是否执行中央制定的文化政策,各文化主体单位对于是否执行具有较大的自主权。这也就意味着,如果没有中央政府将产业政策与专项资金"打包"成项目,各类市场主体能够成功申报、执行项目,或者"抓包",获得实际的利益,企业才不会理睬政府的产业政策。有了各种文化产业发展专项资金,就能激励各类主体参与由政府主导的"打包""发包"与"抓包"的游戏,甚至这种游戏本身就成了一门产业。

---

① 周正兵.关于文化发展专项资金的反思:兼评市场化改革的局限性[J].深圳大学学报(人文社会科学版),2018.

（二）中美文化产业发展专项资金设置及其绩效评价

西方国家整体经济结构的变化是与全社会生产力发展水平密不可分的，随着传统的高污染、高消耗的第一二产业逐渐被无污染、绿色化的第三产业取代，附加值高、绿色无污染的文化产业成为西方国家发展经济的重要推动力。我国目前也在经历与西方国家类似的经济结构转型道路。随着我国经济结构不断调整，以文化产业为核心的第三产业逐渐成为拉动经济发展的新引擎。在产业转型过程中，英国、美国、法国、韩国等许多国家都通过设置专业性产业资金扶持机构来规范产业专项资金运作。以美国为例，美国国家艺术基金会、国家人文基金会和史密森尼学会等6家艺术和文化机构是运作美国文化产业专项资金的主要单位。同时，美国形成了一套严格的"三级三审"评审程序，用于评选适用文化产业专项资金的项目。第一级评审的主要职责是进行初评。来自不同行业、不同种族、不同地区、不同职业的评审顾问要在完全秉持公正、公开、公平原则的基础上共同对项目申请者的项目质量、潜在价值、完成能力等进行评价；第二级评审的主要职责是进行专业能力的考量。由26名国家艺术理事会成员通过投票的方式决定是否对初评的项目进行资助，依托专业力量评选出适合接收资助的项目；第三极评审的主要职责是遴选、呈现项目资金资助的接受者向基金会上报具体资金使用过程的成果报告。

根据国务院要求，财政部于2008年设立文化产业发展专项资金。我国文化产业发展专项资金的绩效评价一般也分为三步：第一步为项目申请阶段的资格审查，第二步为项目执行人向政府资金管理部门提交中间检查报告，第三步为政府资金管理部门聘请会计师事务所等第三方机构对项目进行验收，部分验收结果公布于众。与美国更注重资金使用情况不同,我国文化产业发展专项资金更加注重对资金的申请和拨付阶段,而较少关注对资金使用情况的监管和追踪。即使现在很多省市的文化产业发展专项资金负责单位已经将注意力逐渐从申请和拨付转移到绩效评价上,但现阶段存在的政策条件、利益冲突、指标难以量化等问题,导致我国文化产业发展专项资金绩效评价仍然难以实现。

(三)我国文化产业发展专项资金绩效评价存在的问题

1. 缺乏绩效评价的法律基础和权威的评价机构

根据《中华人民共和国审计法》和《审计法实施条例》,我国各级审计机关均有开展财政财务收支效益性审计的权力,但由于专项资金要求专款专用和单独核算,因而文化产业发展专项资金的绩效评价和考核大部分是由政府部门委托第三方机构来进行的。目前,政府部门主要委托会计师事务所为第三方机构,对于文化产业发展专项资金进行绩效评价,但问题在于多数会计师事务所的核心业务能力在于财务审计而非绩效评价,且大部分会计师事务所对文化产业发展资金绩效评价采取的方式都是邀请考评专家依据其制定的评价标准对项目总体绩效进行等级打分。这种委托第三方机构进行绩效评价的行为虽然可以在一定程度上解决政府拨付和验收的角色冲突,但绩效评价的最终结果仍需要政府部门验收确定,其冲突并没有得到实质性解决。

2. 评价体系混乱且权重设计不合理

文化产业自身的特殊性致使多数文化产业发展专项资金资助的项目难以用具体量化的形式衡量其项目价值,所以定性指标多、定量指标少,财务性指标多、产出性指标少成为全国各省市在具体设计文化产业发展专项资金绩效评价体系时面临的普遍现象。

在具体的评价过程中，诸如指标体系没有得到专家组公认、指标赋值缺乏依据、单纯采取加权平均法计算权重不够科学严谨、根据权重得到各项目的评分后并没有再次对其进行检验等问题都可能引起评价结果的偏差甚至反转。① 由于，目前我国文化产业发展专项资金主要由第三方机构担任，且这些第三方机构的水平、能力参差不齐，而追求盈利的内在驱动力又导致其对文化产业发展专项资金的使用过程缺乏一套行之有效的监督管理办法。总而言之，现阶段我国文化产业发展专项资金的绩效评价体系建设还处于初级阶段，缺乏一套根据专用资金对象制定的较为权威的专项资金绩效评价体系。

3. 绩效评价以事后评价为主

具体来讲，文化产业发展专项资金绩效评价包含事前、事中和事后三大环节，但是，目前我国对文化产业发展专项资金的监管和绩效评价注重对项目目标、项目可行性、资金使用、资金效率等要素的评价考量，基本聚焦于合法性绩效统计的事前评价，而忽视了对项目进展、项目效益等因素的事后评价。而在具体事后评价过程中，我国采取的是项目结项后立即进行或时隔一年后进行的方式，但由于文化产业自身的独特性，其社会效益难以在短时间内得以显现，这一评价方式对于文化产业的不适用性，导致项目的真实绩效难以展现。

4. 相关单位重视力度不够

随着我国对于文化产业发展专项资金的绩效考核制的逐步成形，一些单位和部门开始投机取巧，将其视为"走过场"。这种

---

① 刘锦宏，赵雨婷．我国文化产业发展专项资金绩效提升对策研究[J]．出版发行研究，2018（1）．

认识上的误区反映在实践过程中就是,一方面政府部门将文化产业发展专项资金的考核视为其工作年度考核的一部分,不允许过多不合格项目的存在;另一方面,年度项目结项时的汇报人并非项目执行人,对项目执行情况、操作程序、存在困难等知之甚少,汇报工作就只是简单重复报告书的内容。政府部门对绩效评价的不重视导致项目执行单位的不重视,而项目单位的不重视则直接导致资金的低绩效,也就影响了专项资金的成果转化率。

(四)我国文化产业发展专项资金绩效提升对策

1. 颁布专项资金绩效考核相关准则或条例

从美国文化产业发展专项资金的成功经验来看,推动文化产业发展专项资金实现健康发展的关键在于制定一套适用、清晰的绩效评价规范和评价规则。因此,我国应在充分学习借鉴其他国家成功经验的基础上,结合本国实际情况和实际经验,制定一系列切实可行的文化产业发展专项资金绩效评价管理办法,该管理办法应实行责任到人、责任到岗的原则,通过设计环环相扣的资金管理办法来具体管理、执行;对于违反资金使用条例的负责人做到明查出处,建立起可落地执行的具体问责机制和管理机制。

2. 创新文化产业发展专项资金绩效评价过程

由于文化产业自身文化内涵的特殊性,需要设计一套具有客观衡量标准的、完整性较好的专项资金绩效评价体系,借助客观数据和客观衡量标准来减少因个人主观判断、个人主观臆断而造成的失误,从根本上推动文化产业发展专项资金走上规范化、体系化道路,尽快缩小与西方发达国家之间的差距。除此之外,无论是政府部门还是第三方机构,作为文化产业发展专项资金的实施主体,在评价其资金绩效时,都应充分比较该项目与国外项目、国内项目、本地项目与外地项目之间的联系和区别,根据实际情况和实际政策需要设置具体的、切实可行的文化产业发展专项资金,不断创新文化产业发展专项资金绩效评价过程。

3. 加大文化产业发展专项资金绩效评价过程的公开力度

公开文化产业发展专项资金的具体信息情况,完善专项资金绩效评价公示制度,也是提升资金绩效的有效方式之一。英国财政资金绩效管理就十分注重将相关不涉密信息告知公众,保证公众基本的知情权和参与权,从而提升政府的公信力,这种做法十分值得我国借鉴。加强对产业专项资金使用流程的透明化处理,邀请公众成为政府工作的监督者,不仅有利于政府积极转化工作方式,提升工作质量和服务水平,而且能够有效地遏制贪污腐败现象,增强政府的公信力,建设廉洁高效的服务性政府。我国可以在不涉及保密性情况的前提下,对申请、审核、批复等资金绩效评价的全过程进行材料公开,以供公众和媒体监督。[①]

二、文化产业投资基金

(一)我国文化产业投资基金面临问题

1. 缺乏应有的法规和政策保障

产业投资是资本主义市场经济发展的产物,西方国家在资本主义市场经济发展方面积累了丰富经验,各种规范市场经济发展的制度、法律、条例、机制、工具都逐步得以完善,且这

---

① 刘锦宏,赵雨婷.我国文化产业发展专项资金绩效提升对策研究[J].出版发行研究,2018(1).

些工具都是从现实实践层面予以提炼总结而形成的理论框架，对解决现实问题具有极大的指导意义和借鉴意义。但是，目前我国的相关法律、条例尚不完善，我国与文化产业相关的几部法律，比如《著作权法》《商标法》和《专利法》在具体实施过程中都遇到极大的瓶颈。一方面，上述法律内容本身对解决现实问题的作用力和影响力不大；另一方面，法律的滞后性和延迟性导致上述法律对新兴文化产业中出现的新问题的专属产品保护程度不够。

2. 缺乏高素质的文化产业投资家

高素质文化产业投资家是推动文化投融资事业健康发展的关键。文化产业投资家应是一个典型的复合型人才，其既要懂得文化艺术产业的基本运作原理，又要熟悉行业运营管理的具体方法和具体策略，同时又懂得将丰富的金融知识融入到文化产业的具体行业门类中；行业内难以获得达此标准的高素质的文化产业投资家。文化产业投资家要独具慧眼，要能够从众多类型多样、具有市场潜力的文化创意产业项目中选取最具潜力的项目，而且要结合当下主流消费人群的需求及文化市场的准入机制。由于中国文化产业投资基金起步较晚，目前文化产业投资家大多缺少专业背景，他们与具体的文化产业业投资运作具有一定的隔阂，难以运用自身经验实现具体文化产业项目的产业化投资及运作，难以真正体现文化产业投资的职业化、市场化特点。

3. 缺乏有效的退出机制

产业投资基金的投资目的不在于取得被投资企业的长期控制权，而是通过为被投资企业提供经营管理服务实现资本增值。因此，产业投资基金在对产业项目进行支持并取得成功后，应以有效的方式适时退出。只有这样,产业投资基金才能不断地发展和壮大,实现产业投资基金的良性循环。我国主板市场存在严重的股权分置问题,法人股不能流通转让,为产业投资基金的退出设置了一层障碍。① 同时,我国的产权交易市场不发达,交易成本高且设立分散,尚未形成统一的产权交易市场,使跨行业地区的产权转让难以实现。同时,退出机制的缺位加大了我国产业投资基金的潜在风险,成为阻碍产业投资基金发展的一大隐忧。

(二)新型文化产业投资基金构建思路

1. 新型文化产业投资基金的组建

新型文化产业投资基金的组建可以分为以下三个阶段:第一阶段,以政府出资为主的初级阶段。即以政府为投资主体设立新型文化产业投资基金,以政府力量推动资本逐步走向市场。第二阶段,以政府投资和市场主体投资相结合的过渡阶段。在上述基础上,逐步建立商业性文化产业投资基金,积极探索成熟的文化产业投资基金的市场模式。第三阶段,以商业性投资为主的成熟阶段。即完全按照市场化运作方式、运作机制来设置文化产业投资基金,这时,政府就在新型文化产业投资基金组建中占据支配地位,市场力量成为主导力量,以市场化方式支持文化产业发展。

2. 新型文化产业投资基金的运作方式

纵观西方发达国家的文化产业投资基金模式,大致可以总结为证券市场中心型、银行中心型、政府中心型三种。由于目前中国文化产业投资基金尚处于初级的起步阶段,相应的配套政策、

---

① 甘肃省发展和改革委员会. 发展产业基金投资的意义、障碍和策略 [EB/OL].(2015-09-08) [2019-07-01]. http://fzgg.gansu.gov.cn/content/2015-09-08/32473.html.

法律法规尚不完善。在此背景下，我国新型文化产业投资基金可以采取以下两种组织形式：一是由国家主管财政部门发起设立文化产业投资基金管理公司，以政府力量为主导，积极吸收社会力量参与，以公私结合的方式来开展文化产业投资基金管理公司的各项事务及后续工作，这种方式能够最大限度地凸显财政作用，提升政府宏观调控能力。但该形式的不足之处是其运作成本较高，市场化程度较低。二是由国有产业公司和国有金融企业共同设立新型文化产业投资基金，吸收国家财政的文化产业专项基金加入，并向社会以公募方式设立新型文化产业投资基金。[①]这种方式的优点在于它能够保障投资基金的专业化程度和市场化程度，从而实现文化产业投资基金的有序运转。

3. 新型文化产业投资基金的管理模式和投资策略

由于目前我国的投资体制和投资机制尚不健全，因而自我管理模式比较适用于现阶段的新型文化产业投资基金的状况。随着文化产业的发展壮大和我国投资体制逐步完善以及投资基金公司管理水平的提升，新型文化产业投资基金的管理模式将逐步向委托管理过渡。从投资策略上看，创业投资、企业重组投资是文化产业投资基金的两个重点投资领域。在文化资源向文化产业的转化过程中，仍然存在大量文化资源由于缺乏好的创意表现形式和启动资金而难以实现商业化开发的情况，这也成为制约我国文化产业发展水平和发展能力进一步提升的一大瓶颈。因此，中国的新型文化产业投资基金应将创业投资作为主要方向，重点扶持中小型文化企业实现文化创意成果的转化和发展。

---

① 文旅产业基金的运作管理及相关国家政策梳理 [EB/OL]. 前瞻产业研究院（2018-06-03）[2019-07-01]. http://f.qianzhan.com/wenhualvyou/detail/180601-75798236.html.

实行项目组合分散风险策略。新型文化产业投资基金在章程中规定对单个企业的投资额度不能超过基金净资产或基金总额的一定比例。一方面不能让资金额度过小,从而对被投资企业决策影响甚微,起不到产业基金应有的价值提升功能;另一方面也不能占基金份额比例过高,起不到项目分散风险的效果。通过产业链资源共享和整合降低风险。中国对文化产业的定义较为宽泛,涵盖了传媒(广播影视、新闻和报纸)、出版、网络、艺术、娱乐和文化用品、设备等产品的生产以及销售等,文化产业这些不同的子行业有不同的利润模式和价值链模式,比如设备生产的利润价值集中于设计一端,而电影电视行业卖座大片的利润价值则集中于销售一端(发行销售和衍生品销售),因而对于不同文化产业子行业,我们将研究其不同的产业链模式和利润模式,找到其利润集中的链节,寻找利润最大化的区域。文化产业同样具有区域集聚效应。对于不同集聚地区,文化行业有不同的特色,文化产业的空间产业链上就存在能够和相邻企业清晰分工的和可充分利用的聚集区域的各种服务资源,文化企业投资在价值链、供应链、空间链等方面能够形成资源共享或者通过对产业链整合来降低风险。实行投资组合持续性策略。项目选择、调查评估、投资后整合一直到实现经营成果都需要一定的时间,文化产业不同子行业和处于不同价值链的企业都有不同的生命周期,因而进入后持有的时间长短也有不同,采用这种策略就是为了保证项目投资的持续性和投资退出的持续性,另外也需要和基金存续期相配合。①

---

① 刘娜.略论新型文化产业投资基金的构建[J].社会科学家,2011(02).

第二节　文化产业的产业平台

一、产业载体——文化产业园区

文化产业园区是以特定地理空间集聚为特征,以文化产业链的上游、中游、下游为分隔,为文化产业从业者提供舒适的配套基础设施、相应行业软性服务的空间类型。文化产业园区是产业集聚的重要物质载体,在推动城市经济转型升级、提升产业协作效率、促进分工合作等方面发挥着重要作用,是推动产业集聚产生规模效益的重要抓手。截至2017年,在国家有利政策的指引下,在全国大力发展文化创意产业的时代背景下,全国共有文化产业园区近3000家,其中由文化部命名的国家级文化产业示范园区有10家,各省及副省级以上认定的文化产业园区有400家。

(一) 我国特色文化产业园区发展现状

1. 数量众多,类型丰富

面对全球经济的转型升级及结构调整,我国也在逐步推进经济结构调整。文化创意产业以其绿色、低能耗、无污染的特性成为新时期经济发展的新引擎。作为发展文化创意产业的重要物质载体——文化产业园区就成为当前产业关注的焦点,也是行业理论研究的热点。总体来看,目前我国特色文化产业园区呈现出数量众多、类型丰富的特征。从园区类型看,已经形成8大主要产业园类型。

一是传统弘扬型。即以弘扬中华优秀传统文化为主体,借助高科技手段、现代化艺术语言等方式创新表现形式,推动中华优秀传统文化实现创造性转化和创新性发展，使古老辉煌的中华优秀传统文化与现代日常生活实现完美对接，充分挖掘中华文化内涵，使其产生丰厚的经济收益。这一类型以永新华韵前门传统文化街区和景德镇陶溪川文创街区为典型代表。

二是创客生态型。即以文化产业园区的创造主体——创客和企业为核心，通过打造上下游产业链协同的创客环境来构建服务创客、服务企业的服务生态系统，从而在最大限度上实现资源的协同与整合，推动文化创意产业园区的整体发展。这一类型以创客157创业创新园和佛山创意产业园为典型代表。

三是创意改造型。这一类型目前是北京大力倡导的特色产业园区类型。即借助老旧工业厂房等特定地理区域，通过对特定空间进行创意保护与艺术化处理，使其旧有空间焕发新的生机与活力，具备发展文化创意产业的特定功能。前段时间北京正式发布老旧工业厂房保护利用意见，其中明确指出要积极推动达到一定规模和符合建筑标准的老旧工业厂房资源向文化创意产业园区转型，对接高端资源项目，实现经济效益和社会效益相统一。这一类型以塞隆国际文化创意产业园和郎园为典型代表。

四是业态融合型。即以"文化+"为特色，构建大文化发展格局，积极推动文化与现代科技、休闲旅游、艺术展览等业态实现融合发展，从而赋予文化产业园区新的生机与活力。这一类型以台儿庄古城文化产业园和南滨路文化产业园为典型代表。

五是数创引领型。即以数字化、智慧化发展为方向，以数字化技术发展文化创意产业，大力发展数字创意以及与人工智能、虚拟现实等技术紧密结合的新兴文化产业业态，达到"无科技、不文化"的效果。这一类型的典型代表就是上海张江高科技园区。

六是协同创新型。即集结政府、高校、企业等多方力量共同打造。产学研一体化不仅有利于为企业提供大量创意项目,也有利于实现创意成果的实时转化及落地。该类型以南京环南艺文化创意产业功能区为典型代表。

七是民族特色型。即以民族文化特色为核心,通过创意活化使传统民族文化重新焕发生机与活力,从而提升传统民族文化的知名度和影响力。新疆古生态园是该类型的典型代表。

八是国际导向型。即以国际化发展为导向,在主导产业类型、园区氛围营造、总体规划定位等方面突出国际化特色,融入国际化视野。白马湖生态创意城、尚8中欧艺术园是该类型的典型代表。

2. 三种模式,多方力量

目前,我国国内文化产业园区主要存在政府主导、企业主导和协同合作三种模式。政府主导模式是指以政府为主要指导力量,通过政府集结、组织文化产业园区发展的诸多要素,共同参与文化产业园区建设。政府主导模式有"旧城改造模式"和"新城再建模式"两种。"旧城改造模式"就是在以老旧工业厂房为主的原有陈旧基础设施空间进行创意化改造。通过艺术化处理与内部设施改善,使其成为符合文化产业发展的特色园区场景空间。通过对老旧工业厂房实现现代化利用,不仅能够使其空间利用得到活化创新,而且能够延续城市文脉,促进城市经济转型升级。"新城再建模式"是指政府重新规划圈地,在新开发领域进行产业园区的整体规划。由于该规划是在空白背景上实施的,所以需要政府投入大量资金和人力,同时出台一系列扶持园区发展的优惠政策,优化园区发展环境以吸引企业入驻。企业主导模式是指以企业力量为主,通过企业间的协作与沟通建立上下游链接的完整产业链。企业主导模式的优点在于能够在较大程度上实现市场化运作。给予企业更大的自主权和许可权，有利于产业资源集聚，实现规模化发展，创造规模化经济收益。北京的许多文化产业园区都是通过企业集聚来实现自身发展的。协同合作模式是指借助政府、企业、高校三方力量共同打造文化产业园区。产学研一体化不仅有利于为企业提供大量创意项目，也有利于实现创意成果的实时转化及落地。

（二）我国文化产业园区存在的问题

首先，表现在国内大多数文化产业园区都是盲目跟风建设，缺乏特色化定位和产业化目标。近年来，我国文化产业园区发展迅猛，短短几年时间，数量足足翻了几十倍，而且同一类型的文化产业园区在同一座城市就有好几家。趋同化的建设手段、同质化的内容使我国文化产业园区发展表面看起来红红火火、欣欣向荣，实则问题重重，诟病诸多。导致这一现象的原因是多方面的。一方面，政府有关部门将文化产业园区建设数量与政绩考核挂钩，使一些城市的领导干部不得不做一些表面文章，通过出台一系列政策来鼓励企业建设文化产业园区，参与文化产业园区发展。导致城市文化产业园区缺乏科学定位和合理规划的根本原因，在于我国文化产业园区工作者简单地将文化产业集聚等同于文化企业集群，认为只要在特定地理空间将文化企业实现空间集聚就能够实现规模化发展。但从国外发展状况中可以清晰看到，文化产业园区发展绝对不是文化企业在地理空间内的简单组合，空间集聚并不是文化产业园区发展的实质，而是要通过地理空间集聚，实现产业资源之间的集聚，加强产业协作效率，增强产业发展实力。这种软性力量才是推动文化产业园区发展的关键。但从目前这种一哄而上的盲目跟风式建设来看，大多数文化产业园区过于重视外在物质载体建设，忽视了无形软性力量的培育。

其次，表现为文化产业园区创新能力不足，创意化氛围尚未形成。创新能力是推动文化产业园区实现长久发展的核心竞争力，文化产业园区为文化企业发展提供了良好的创新环境。由于园区内有大量的文化企业，且每一文化企业都处于不断创新的阶段，这也就促使其他文化企业不断更新自己的产品理念、服务方式、技术手段、管理模式，通过企业间的良性竞争实现园区的健康有序发展。同时，由于地理位置相近，一旦有新的文化企业创造出新产品、诞生出新观念、探索出新管理模式和服务方式，这些创新就会在园区内实现快速传播，形成溢出效应，从而增强文化产业园区的整体发展实力。但是在现实情况中，创新力不足的文化产业园区比比皆是。模仿思维的根深蒂固使借鉴抄袭成为行业内的潜规则。不少争相上马的文化产业园区在建设初期就没有十分明晰的市场定位，不熟悉、不了解行业的实际需求，而是凭主观臆断，肆意为之。导致大多数文化产业园区都大力发展设计服务、时尚工艺等非重要市场环节，而对主要市场环节则没有涉猎。但这些主要环节才是体现创新创造能力的关键。此外，园区内部尚未建立良好的沟通协调机制，大多数文化企业往往各自为政，总体呈现出割裂化、条块化的状态，不能及时将行业经验、从业困惑实时分享，导致园区整体实力的下滑。

诸多因素叠加导致了我国文化产业园区的创新能力较弱，其中最重要的一点原因是一些城市的文化部门将文化产业园区与工业园区相提并论，认为通过流水线式作业、资本运作就能实现文化产业园区的健康发展。企图通过招商引资的方式将国内外资本吸引过来，但其实这只是沿袭制造业的发展套路。因为一般引进的大多是产业链的中下游环节和末端环节,这些环节往往没有任何核心竞争优势,大都是复制化、机械化的环节;引进的内容往往也是被国外淘汰的文化创意项目和不入流的技术设备,并不能从根本上提升文化产业园区的创新能力。

(三)文化产业园区发展路径

要想解决上述文化产业园区发展过程中出现的种种问题,必须尽快转变园区发展模式,坚持科学发展方式,突出科技力量,理顺体制机制发展,积极吸收借鉴国外文化产业园区发展的成功经验,并结合中国国情,探索属于中国的文化产业园区发展路径。

第一,要不断完善文化产业园区发展的总体规划。从西方发展文化产业园区的成功经验来看,要想实现文化产业园区的发展,做好园区规划是首要前提,并且该规划要全面统筹各方因素。(1)要做到过去、现在和未来的充分融合。既要充分明晰文化产业园区所在地理区域的文化内涵,对文化园区的历史文脉实现传承,又要立足现实,充分考虑规划的实操性和可落地性。还要面向未来,运用前瞻性眼光对未来园区发展过程中可能遇到的风险和问题进行合理规划和适度规避。(2)要按照全面协调发展的思路,对入园产业和企业进行合理布局,实现均衡发展,最大限度发挥园区整体功能,促进产业园区功能利用最大化。建立土地预备中心,在实际情况允许的条件下预留适量土地资源,为文化产业园区的后续发展打牢根基。(3)要严格按照土地利用总体规划和城市建设总体规划的要求,使单一文化产业园区发展与区域城市文化实现融合发展,从而形成有序协作、资源共享、共建共享的城市文化生活圈。

第二,要明确文化产业园区发展的市场占位。有关主导部门要指导文化产业园区根据自己的基础资源状况、产业发展情况等找到属于自己的独特市场定位。具体而言，可以对不同文化产业园区的文化产业门类区别对待，对发展重要文化产业门类的园区适当给予政策倾斜和资金扶持，使文化资源能够实现分散化，减少因文化产业项目重复建设而带来的资源浪费。鼓励文化产业园区根据自身特点进行差异化发展，对实现创新性发展的文化产业园区要给予一定的资金奖励，形成鼓励创新、创意的市场氛围。

第三，加强文化产业园区的基础设施建设。文化产业园区是基于特定地理空间集聚的物质载体，其发展必然离不开能源、通信、交通、建筑等基础设施建设。要想实现园区基础设施的完善，必然要吸引多元主体参与，其中政府是主导力量，企业是支配力量；进行市场化运作，为多方力量搭建投融资平台，通过建立多元化的投融资机制、渠道来缓解文化产业园区资金短缺的问题。

第四，为文化产业园区发展营造良好的软环境。文化产业园区的发展除了需要能源、通信、交通、建筑等硬件基础设施建设，也需要通过强化政策机制、服务水平、服务效能、文化获得感等软性力量营造舒适、安心的软环境。硬件设备的建设往往只需一朝一夕的工夫，只要资本、人力、技术等要素到位，改善硬环境是较为容易实现的事情。但相比较之下，软环境的建设更难实现，也更难以产业指标的方式予以衡量。为此，政府部门必须及时转变发展理念，大力优化文化产业园区的政策体制、服务机制、人文环境，进一步提升园区的管理水平，尽力为园区内的企业提供安全、便捷、高效、周到的服务。

第五，大力促进高新技术与文化资源实现完美融合。21世纪是信息的时代，是高科技迅猛发展的时代。面对时代发展的大背景，我们必须大力推进文化科技融合，让科技为文化产业发展注入新鲜血液,让文化产业为高科技注入文化灵魂。为此,要鼓励园区内的文化企业积极探索文化科技融合的新方式、新方法,对积极探索并取得一定成效的文化企业给予资金支持和政策优惠;鼓励文化企业充分将大数据、云计算、物联网、人工智能、虚拟现实等高科技手段运用到文化产业发展中,多多诞生一些既具有深刻文化底蕴内涵,又具有光鲜亮丽表现手段的文化产品。

第六,加强文化产业园区的人才培养力度。文化产业的核心是创意,而创意是人所特有的,因此,发展文化产业的关键就在于培养合格的文化产业人才。一方面,要通过优渥薪酬待遇、宽广的职场晋升空间吸引国内外优秀的复合型文化产业人才加入文化产业园区建设,为园区注入新活力和新风气;另一方面,要建立文化产业行业从业者培训机制,同时加强高校开设文化产业专业的力度。通过产学研一体化的方式积极引导实践基地、培训机构与高校进行合作,培养系统掌握文化产业基础理论,兼具较强行业实操能力的文化产业专业人才。同时,要积极推进深入分配制度改革,创新人才激励机制,尝试探索建立以无形资产和知识产权等新兴要素参与收入分配的新思路,从而营造出有利于人才成长的良好就业环境,为文化产业实现高质量发展提供强大的精神动力和智力支持。

二、文化产业集聚区

(一)文化产业集聚区的概念

相对于文化产业园区,文化产业集聚区是更大范围的产业集聚。要想理解文化产业集聚区这个概念,必须首先理解文化产业。

联合国教科文组织认为文化产业是按照工业标准进行生产、分配、交换、消费的一系列文化产品和文化服务。这些环节需要有大量文化企业聚集才能实现系统化的生产和服务，这其中包含着大量文化企业的分工协作，围绕某一特定的文化产品或文化服务进行上中下游的业态集聚，从而实现高效生产。从我国统计局给出的定义来看，文化产业是为公众提供娱乐性、文化性产品或服务的活动总体，以及与这些活动有关的相关活动的集合。这其中的集合概念也说明这一集合是不同文化企业的集聚，由不同文化企业负责不同的产业链环节。或者，我们可以从产业本身的角度进行理解，法国著名经济学家梯若尔在其产业组织理论中就明确指出：产业是指生产同类或有密切替代关系的产品、服务的企业集合。从这一定义中也可以看出，要想形成一个产业，必须由众多同类型的企业实现地理空间和产业资源的集聚。从上述各定义可以看出文化产业的健康发展离不开无数文化企业的支持，只有有了众多文化企业在特定地理空间内围绕某一特定文化产品或文化服务进行链状发展，才能形成文化企业集群，即我们所说的文化产业集聚区。文化产业集聚区会对城市地理空间布局产生重要影响，会带动区域经济结构转型升级，因而文化产业集聚区也被视为复兴城市文化、产生强大城市精神动力的重要抓手。文化产业集聚区能够有效实现资源集聚，产业分工协作，资源高效供给、分享，有利于区域文化产业实现高质量发展。

（二）产业集聚区形成发展分析

1. 产业集聚的原理阐释

集聚是指事物由单一个体向群体聚集，形成规模效应的地理空间、产业资源集聚的过程。文化产业集聚区中的集聚概念，更多的是强调产业内部的空间集聚。产业集聚是指在相对而言较大的区域地理空间内，生产某一特定文化产品或提供某一特定文化服务的企业由于想要形成规模效应，减少资源浪费，从而或自发，或有目的地集聚在一起。通过这种产业集聚，不仅能够加强同类型、不同产业链环节的各个企业之间的资源共享，提升区域协作能力与水平，而且可以减少重复性浪费，提升资源利用效率。同时，产业集聚还能带动区域经济发展，将原本并不具备相关生产条件的区域变为分工协作、高效运转的特定地理空间。但是产业集聚并非可以随意为之，而是要具备一定的必要条件。首先，实现产业集聚的产业类型的各个环节必须能够实现生产环节的精细化分工，这一精细化分工最终要达到的目标是让每个环节的生产者都明确自己的生产任务以及未来必须要实现的产业化目标。其次，实现产业集聚的产业类型的产品或服务能够进行从一地到另一地的空间化传输，可以通过信息、影像、数据、图片等形式予以实现。除此之外，能够实现产业集聚的产业类型应该具有较长的产业链，且其中每一环节都具有较高的附加价值，能够从这一环节中攫取更高的经济收益；自身应该具有较强的竞争实力，能够凭借自己的核心竞争优势在复杂多变的市场环境中经受来自多方力量的多样化竞争；还应该具备极强的创新创造能力，能够不断发现新问题，提出新问题，解决新问题，引导消费者形成新需求。文化产业以生产无形精神文化内涵为核心，并将之借助特定物质载体予以呈现，其极高的文化附加值、完整的上中下游产业链是极其符合产业集聚的必要条件和充分条件的。

2. 文化产业集聚形成发展分析

文化产业发展与特定地理空间密切相关，特定地理位置能够有效提高文化产业集聚区的经济效益和社会价值。文化产业集聚区的形成受产品需求、消费者水平、市场关联化程度等要素影响。一旦在特定地理空间内实现产业化集聚，就能够形成资源共享、相互学习、高效沟通协作的区域信息网络，营造出健康和谐的集聚生态空间。文化产业集聚区是在特定地理空间内实现资源集聚、产业分工协作的组织形式，已经成为推动文化产业健康发展的重要物质载体，在推动区域经济转型升级、提升区域文化形象、吸纳地方就业等方面发挥着举足轻重的作用。文化产业集聚区是生产、生活、生态的有机融合。纵观全球文化产业，大都依托中心城市建设而获得飞速发展，而中心城市的发展又离不开文化产业集聚区的建设。例如，以美国洛杉矶为代表的西部城市群集中代表了全国电影水平的最高值，占据了全国电影总收入的70%；以日本东京为代表的文化产业集群集中了全国电影产业的60%，出版业的35%。由此可见，城市中的文化产业集聚区会对区域资源集聚产生重要影响。

  下面我们来具体分析西方发达国家的文化产业集聚区的成功案例。通过分析西方国家的成功经验，结合我国的实际国情，逐步探索出适合我国的文化产业集聚区模式。欧美国家活跃的市场氛围、健全的市场机制为其文化产业集聚区的发展奠定了良好基础。经过较长时间的积淀，目前形成了以美国好莱坞电影区、纽约百老汇戏剧区、纽约苏荷艺术区、伦敦西区戏剧区为代表的典型文化产业集聚区。以好莱坞电影区为例，好莱坞在20世纪初还只是一个地理位置较为偏远、人烟稀少的小城镇，但是在此后的30年时间里，由于电影产业的规模化集聚，好莱坞一跃成为全球规模最大的电影城，左右全球电影市场的中坚力量。1907年，导演弗朗西斯·伯格斯在种种机缘巧合下，在此拍摄了第一部好莱坞电影《基督山伯爵》。由于周围优美的自然环境、充足的光线、怡人的气候，在《基督山伯爵》上映后，好莱坞受到越来越多导演的关注。此后，众多电影公司纷纷落户好莱坞，随着电影公司数量的不断增加，完整的电影产业链条逐渐形成，美国电影业实现了从东海岸到西海岸、从纽约到好莱坞的产业大转移。到了1928年，好莱坞地区已经集聚了米高梅、派拉蒙等八大电影公司。这些电影公司的集聚带来了丰厚的成果：好莱坞电影集聚区内的产业链不断成熟完善并继续延长，各类配套基础设施日臻完善，极大地改变了当地的原有风貌，提升了区域文化生活环境，甚至推动了区域城市经济发展，不断提升的知名度和影响力反过来又吸引了更多投资人的目光，更多优质资本注入。

随着我国经济结构的不断调整，文化产业作为一种新兴的产业类型，越来越受到中央的高度重视。加快建设文化产业集聚区，推动文化产业集聚区实现更好更快发展，已经成为越来越多人的共识。中央也密集出台了一系列政策扶持文化产业集聚区发展。以北京宋庄原创艺术集聚区为例，其在发展初期只是一些闲置的农家院，后来通过出租的方式被改造成为艺术家工作室，随着艺术家工作室数量的不断增加，宋庄逐渐形成了以绘画为主体，以绘画材料生产、绘画作品展示、绘画交易平台为辅助的完整产业链。目前宋庄的年营业收入能够达到1.5亿元，这一收入水平对一个原本地理位置偏远的农村来说，是极为可观的。

（三）我国文化产业集聚中存在的问题

首先，表现为文化产业发展政策的缺失。文化产业政策是指引文化产业集聚区整体运作的核心导向，对文化产业集聚区体制机制的完善具有重要影响。内容翔实、可落地的文化产业政策对于优化文化企业营商环境、壮大文化企业主体力量具有重要作用。由于我国文化产业仍处于起步阶段，行业实践尚不充足，法律意识较为淡薄，所以针对文化产业现实实践中出现的种种问题尚未能做出及时回应，文化产业集聚区发展尚未有统一化的产业政策扶持。

其次，表现为集聚区内没有形成有效的企业集聚机制。我国文化产业集聚区发展的现状就是有文化人才没有文化企业，有文化产品没有文化产业。造成这一现象的原因是多方面的，但其中最根本的是文化企业间没有形成分工协作、资源共享、利益共享、风险共担的协同机制，现在的文化产业集聚在某种程度上反而加剧了企业之间的竞争。

再次，表现为集聚区内没有形成文化生态链。一个健康的文化产业集聚区应当有适宜文化企业生存发展的良好文化生态环境，能够实现各类文化企业的生产、流通、消费等各个环节的有机循环。同时，应当有一个合理的运作网络来维持、监管其生存环境。但是目前，文化产业集聚区内企业大多各自为政，缺乏相应的组织机构，严重制约了集聚区的健康发展。

最后，表现为缺乏投融资服务体系。充足资金支持是促进文化产业健康发展的关键。但是就目前来看，文化金融在我国发展尚不完善，规模较小，体量较小，层级较低，在许多文化产业集聚区内也缺乏。

（四）对我国文化产业集聚区发展的建议

首先，要努力完善文化产业政策，运用政策的支持力量促进产业化发展。一方面，文化产业政策的实施主体，即政府部门要在深入了解行业现实情况的基础上制定能够解决实际问题、化解实际产业矛盾的文化产业行业政策；另一方面，要充分发挥文化产业政策多种手段的促进作用，以法律手段规范产业集聚行为，以经济手段提升产业集聚能力，以行政手段推动产业集聚规模，同时，积极吸收借鉴国外文化产业政策的有利之处，结合我国文化产业发展的现状，推进文化政策由倾向引导型向功能指导型转变。

其次，积极探索建立适应文化产业集聚区发展的管理体制和运行机制。目前，我国文化产业集聚区有市场自发集聚形成和政府引导形成两种机制。无论是哪一种，都需要大量文化企业的集聚，因此，必须根据现实情况实时更新管理思维与运行模式。较好的一种管理机制是以问题思维导入就现实中出现的种种情况来更新升级原有落后的管理机制。此外，要充分考虑将大数据、人工智能等新技术应用到管理体制中，借助科技力量实现智慧化管理和数据化运营。

再次，要加强集聚区内企业间的分工合作，建立有效的企业集聚机制。文化产业生产系统牵涉到产业化运作的方方面面，因此，集聚区内的企业应按照专业化的分工，通过相应渠道建立上中下游的沟通合作，借助网络力量搜集海量信息资源，构建信息共享的网络生态机制。

最后，要加快建立促进文化产业发展的投融资体系。充足资金是支撑文化产业健康发展的关键性因素，但现状是文化金融发展面临着重重难题。因此，必须充分调动社会力量，鼓励各种社会资源积极参与其中，创新文化产业投融资的方式和手段，拓宽文化产业投融资渠道，加大融资力度，从而建立适应文化产业发展的投融资服务体系，以促进我国文化产业的高效发展。

三、特色小镇

（一）中国特色小镇的发展概况

近年来，随着中国城市化建设进程的加快，住房压力、交通拥挤等的"大城市病"日益突出，小城镇的发展优势也逐渐消失，产业发展面临挑战，"特色小镇"就是在这样的背景下被提出来的。自提出以来，"特色小镇"的建设受到国家的高度重视，各省市纷纷兴起建设"特色小镇"的热潮。2016年10月，住房和城乡建设部公布了首批127个中国特色小镇名单，2017年7月27日的第二批又公布了276个。至此，全国正式公布的特色小镇共有403个。

特色小镇不同于普通城镇，和行政区域、行政单元也有所不同。特色小镇是以发展特色产业和新兴产业为重点，通过构建综合全面的产业链，促进区域经济的转型升级，从而推动新型城镇化建设，同时也为中国文化产业的发展搭建了产业平台。

（二）特色小镇的文化附加值

1. 文化传承与城镇化协同发展

每一处经济的绿色发展都离不开文化理念的引领，每一个产业的持续增长都必然有文化特色的内核，而特色小镇以其特有的文化内涵，成为破解城乡二元结构、改善人居环境的重要抓手。浙江省的许多特色小镇建设，实际上都是一条文化传承与创新的产业发展之路。开化县的根雕历史可以追溯至唐朝，而全国各地的根雕小作坊过于分散，亟须形成产业集聚优势。为此，开化县致力于挖掘自身的历史文化传统，以根雕文化产业为核心，依托世界唯一的根雕文化主题公园——国家5A级景区根宫佛国，打造根雕产业与休闲旅游、国学文化、传统技艺、电子商务融合发展的根缘小镇。①

2. 城镇美学提升生活质量

我国目前的文化建设多为自上而下的形式，在民众审美提升方面缺乏引导，城乡建设中很少体现"以人为本"的城镇美学。而在一些发达国家，往往会通过"社区营造"的方式使文化艺术建设与居民生活联系在一起，注重居民的日常生活美学的培养，不仅可提升城镇居民的生活质量，还有助于培养文化消费意识，从而反哺文化建设。除此之外，特色小镇的建设由于高标准的规划，无论在环境设计、建筑外观，还是生活设施等方面都会大大改善人居环境，提高居民的生活质量。②

3. 发展以文化为依托的旅游产业

旅游小镇是特色小镇建设的典型代表，国家"十三五"规划纲要明确提出，要因地制宜发展特色鲜明、产城融合、充满魅力的小城镇。旅游功能既阐明了小镇发展的主要产业支撑和文化特点，也展示了小镇发展的主体方向。湖州的丝绸小镇融合文化与旅游，全面打造有特色产业、旅游功能的 5A 级景区；并围绕"生产、生活、生态"三生融合理念，建设集丝绸产业、历史遗存、主体旅游为一体的开放式"丝绸文创度假小镇"，依托其文化内涵促进旅游产业发展。③

---

① 范周. 培育特色小镇，文化附加值才是价值所在 [N]. 中国出版传媒商报，2016-08-09（15）.

② 同上.

③ 同上.

(三)文化在特色小镇建设中的作用

1. 文化产业打造特色小镇之"特"

恩格斯提出的关于文学创作的著名理论,即"典型环境中的典型人物",后来将此定义归结于文艺学中的"这一个"。特色小镇的"特"就是"这一个":是在中国其他城市看不到的独特之处,这个城市和土地带来的体验也是其他城市不曾给到的。这个"特"的关键就在于产城一体化。[①] 产业是城镇、城市发展的核心竞争力,是推动城市发展的持久动力。而文化产业作为创新性强、附加值高的新兴产业,通过发掘基于小镇的独特的民族和区域文化资源,发展具有鲜明民族和区域文化特色的文化产业形态,能够将特色小镇的"特"字发挥得淋漓尽致。

2. 文化韵味营造特色小镇之"色"

特色小镇的"色"是小镇的温度和情调。在消费升级的时代趋势下,特色小镇的关键在于提供更加精细化的服务,满足人们日益增长的精神消费需求,增强居民的获得感和幸福感。特色小镇建设的核心是产城人文的融合发展。人是小镇建设关注的根本,实现有温度、有品质、有情调、有惊喜的生活方式,离不开文化滋润和营造。通过文化的熏陶将小镇的"色调"做出来。

3. 文化附加值凝聚特色小镇之"小"

特色小镇的"小"有两层含义。第一层意思是指规模上的"小"。浙江已经公布的第一批36个特色小镇中,对于小镇的规划面积和投资金额都规定了具体的量化标准:面积在3平方公里左右,投资金额不少于30亿元。但是"小"不等于面积的几百亩

---

① 范周新解特色小镇 [EB/OL]. (2016-12-18) [2018-05-30]. https://mp.weixin.qq.com/s/ZfIr6awa.GSYJut-Q6cN44Q.

或几十亩，这里的"小"是根据产业的发展而决定的，"小"在规模适度。第二层意思是指产业上的"精"。特色小镇与特色小城镇在很大程度上的区别就在于前者要发展具有高附加值、高知识性、低能耗、可持续的新兴产业。文化产业的文化附加值正是特色小镇的价值所在，抓住当地的历史底蕴和文化内涵，创造乘法效应，打造"小而精"的产业规模。

4. 完整配套缔造特色小镇之"镇"

"麻雀虽小，五脏俱全。"特色小镇不同于普通的乡村，应当是承担经济、政治、文化、社会、生态多项功能的集合体。小镇需要满足居民的生活、工作、休闲、消费、娱乐等多方面的需求，因此其基础功能和配套设置必须是完善和齐全的，且能够提供优质服务。一方面，它是绿色、适宜人居的；另一方面，公共文化服务设施也应当是齐全的，应当有图书、电影、群众文艺活动等多方面的服务载体，满足小镇居民的精神文化需求。

（四）特色小镇建设中文化产业发展的机遇与条件

1. 政策红利推动特色小镇建设

政府高度重视特色小镇的建设。2016年以来出台了《关于深入推进新型城镇化建设的若干意见》《关于开展特色小镇培育工作的通知》等多部文件，从建设类型、示范带动、资金支持等多方面对特色小镇的建设和培育工作进行了规划和部署。一方面，政府以文件形式对特色小镇建设的申报主体、申报流程和申报材料加以明确。通过给予建设得比较好的模范小镇以适当的奖励，来激发各地方建设特色小镇的积极性。另一方面，政府对于特色小镇的建设提供专项建设资金，并通过政策性金融、开发性金融、商业金融等多种手段为特色小镇的建设提供多元化的经济支持。

在国家政策的大力引导下，各地方政府也纷纷出台相关政策来支持、鼓励、培育本地区优秀小镇的建设。多方的政策红利为特色小镇的培育、建设和开发营造了良好的发展环境。

2. 中央地方资金支持力度不断加大

产业的发展离不开资本的支持，在国家对特色小镇高度重视的背景下，各级政府也持续给予小镇建设以资金支持，为特色小镇的发展提供了基础保障。2016年以来，从国家发改委到地方政府纷纷对特色小镇的建设给予资金支持。一方面，各大部委联合银行为小城镇从基础建设到运营管理提供了借贷便利，并通过探索PPP（公私合作）模式，鼓励社会资本的广泛参与；另一方面，各个省份根据自身不同的发展情况，也相继出台了关于特色小镇发展的支持政策，以专项资金、税收返还、以奖代补等多种形式支持特色小镇的发展。例如，浙江省的特色小镇建设起步较早，相对成熟，于是浙江省政府就通过财政返还的形式进行间接支持；而相对于云南、西藏等产业发展基础较弱的省份，政府则通过各级财政统筹整合设立相关专项资金的直接补助形式，支持特色小镇的基础设施建设。

3. 生态修复为创意迸发提供良好环境

小镇建设必须要将生态文明建设贯穿其中。要加大小镇生态环境建设的力度，提升小镇生态环境的承载力，以良好的生态环境支撑特色小镇的发展，建设风景秀丽、环境友好的特色小镇。目前，各地的小镇建设都十分重视小镇的生态修复和环境建设，并引入了如"铁汉生态""蒙草生态"等专注于进行生态修复的龙头企业，为小镇的生态园林景观、市政绿化、小镇规划等提供专业的支持与服务。良好的生态也为本地区文化产业和旅游业的融合发展提供舒适、自然、绿色的环境，对于文化产业的创意迸发、青年人才的引进入住也起到了重要作用。

(五) 特色小镇为产业发展提供多样化平台

1. 聚焦现代流行文化的时尚小镇

特色小镇的产业选择千差万别,但是聚焦于时尚产业的特色小镇就数杭州的余杭艺尚小镇最为突出。艺尚小镇的建设启动于2015年,它是浙江首批省级特色小镇,是全国为数不多的以时尚产业为主导特色产业,集时尚、创意、设计、艺术于一体的特色小镇。艺尚小镇在街区空间上划分为时尚文化街区、艺术街区和历史文化街区,三个街区分别打造了设计师平台、服装设计研发实验基地和涉及化妆品、家具设计、影视、文创等各个领域的产业园区,并建设了民族服装博物馆,展现中国服饰文化。

2. 以影视产业为核心的影视小镇

影视特色小镇可以分为两大类:影视IP主题小镇和影视制作基地小镇。前者是依托影视或动漫作品中的影视人物、影视场景拍摄地等IP元素,引入旅游产业而形成经济带动效应的主题小镇。这一类形式以日本和韩国最为成功,例如日本围绕《名侦探柯南》这一动漫IP打造的柯南小镇,汇集了与动画形象相关的展览展示、影片放映、主题活动表演、互动体验、纪念品零售、餐饮住宿等功能。影视制作基地小镇则是以"影视+"为核心概念,汇聚全球的影视资源,建立包括项目孵化、影视拍摄、后期制作、影视培训等为一体的全产业链的影视生态圈。这一类以河北省廊坊市大厂影视小镇为代表。两种小镇均以影视为核心资源,借助特色小镇的产业平台,打造以影视产业为主导的特色小镇。

3. 发掘传统文化基因的手工艺小镇

特色小镇的建设离不开文化的传承,将传统文化产业引入创新元素,打造适应现代生活的特色产业也是特色小镇产业选择的路径之一。意大利拥有很多因传统手工艺被提升内涵发展成特色小镇的例子，例如通过玻璃烧制技艺而走红的穆拉诺小镇。穆拉诺是威尼斯的一个生产玻璃工艺品的小岛，那里生产的玻璃制品色彩斑斓，精妙绝伦。随着现代旅游业的发展，穆拉诺将原本废弃的玻璃产业重新注入创意元素，并注重精湛技艺和工匠精神的传承，将手工艺与旅游体验完美结合，打造成这个小岛的特色产业。中国的传统文化博大精深，手工艺技艺丰富而独特，通过现代艺术的改造和创意的融合，将会成为特色小镇的"独特"所在。

4. 专注"体育+旅游"的体育小镇

近年来，随着人民群众"全民健身"需求的日益高涨，加上国家对于特色小镇建设的鼓励和培育，我国体育休闲产业与特色小镇的建设全面融合，形成了一批以"体育产业+特色旅游"为双特产业的特色小镇。截至2016年年底，全国已经开发或者正在开发的体育小镇就有81个，航空、滑雪、足球、赛车、马拉松等体育运动成为体育小镇建设的热门选择。体育小镇以体育训练、休闲旅游为主导产业，凭借良好的体育基础设施打造全民运动休闲建设平台，同时也为体育产业的快速升温提供了聚合平台。体育小镇的建设响应了国家呼吁提升全民素质、全面建成小康社会的要求，对于助力新型城镇化建设和健康中国建设具有重要意义。目前，我国有代表性的体育小镇有浙江平湖九龙山航空运动小镇、浙江海宁马拉松小镇等。

第三节　文化产业展示交易平台

文化产业具有社会效应和经济效应的双重属性，作为商品的文化产品必须通过创意商店、文化产业博览会、版权交易所等平台进行展示、交流和交易以获得利润,实现文化产业的经济效应。展示和交易是文化产品和服务变现的重要途径。文化产业展示交易平台泛指人们进行与文化产品或服务相关的展示、交流、交易的互动性场所,以促进文化产业商品流通,推动文化产业发展,培育和拓展文化市场,推动国内外文化交流为主要目的。它可以是具体的文化产业博览会或国家对外文化贸易基地,也可以是以互联网为载体的汇聚文化信息,进行文化产品交易和服务的虚拟平台。它既是文化产品与服务展示和交易的平台,也是文化产业信息聚合平台,同时也是文化产业项目研究与推介平台。

一、文化产业博览会:"文化+"会展为城市赋能

(一)文化产业博览会的概念界定

会展产业对于一个城市或地区的经济发展具有巨大的带动作用。它能够汇集强大的信息、人才、资本、技术等生产要素,通过优化资源配置,提供交易平台,从而推动产业的发展和创新。文化产业博览交易会(以下简称文博会)属于文化会展的一种,是以展示文化产品为主要活动,以培育文化企业、开发文化市场、促进文化产业发展为主要目的的会展。① 改革开放以来,随着我国社会经济水平的提高,文化产业快速发展,成为我国经济发展新常态背景下调整经济结构和推动经济转型升级的支柱型产业,而文博会正是促进文化产业发展的有效途径,为文化产业的发展搭

---

① 洪振强. 我国文化产业博览会的现状、作用及特征[J]. 江汉大学学报(人文科学版), 2011, 30(3): 12—18.

建起了交流、展示和交易平台。

（二）文化产业博览会在中国的崛起

文化会展在我国历史悠久，古代就已经存在，到近代则举办得更加频繁。但是，文化产业博览会的出现是直到20世纪初才开始的。深圳作为中国第一个经济特区，是第一个提出举办文博会的城市。随着文化产业成为我国国民经济新的增长点，"文化立市"成为许多城市转型升级的重大举措。深圳市在2003年拿出了总体方案上报中央，得到了文化部的批准，并引起李长春同志的高度重视。随后，在文化部、广东省和深圳市三级政府的共同努力下，2004年11月，首届深圳国际文化产业博览会正式举办。文化产业博览会已成为深圳每年5月的常规项目，目前已举办14届，成为中国第一个国家级、国际化、综合性的文化产业博览交易会。深圳文博会打开了全国创办博览会的大门，随后杭州、北京等城市也陆续加入举办文博会的热潮。

（三）文化产业博览会的功能作用

1. 加强信息交流和产品交易，促进文化产业繁荣发展

文博会凭借其汇聚的强大的信息流、技术流、人才流、资金流成为文化产业发展的重要依托，对于促进区域文化产业繁荣发展、提高区域文化产业的竞争实力发挥着重要的平台作用。主要表现在三个方面：一是汇聚和传达前沿信息。文化产业博览会举办过程中会开展各类学术类论坛和专题研讨会，针对与文化产业相关的一年或者一个阶段内的前沿指标和信息进行解读，传达信息，发布指数，预测未来走势，这对于汇聚文化产业发展中的前沿思想理念具有积极作用。二是促进产业化进程。各级文博会上都设有文化产业项目的推介展示活动，一些有趣、有创意的想法在这里得到关注，吸引资金投入，最终促进创意向产业转化。三

是提升民众文化素养,营造文化产业发展氛围。文博会的举办有利于培养居民对文创的认识,进而营造浓郁的文化氛围,为民众的文化消费释放打下坚实的基础。四是促进国内或国际不同城市之间的文化产业的交流与合作,助推文化产品走出去。

2. 提升城市竞争力,带动城市经济发展

作为文化产业发展的一个重要方面,文博会凭借其强大的产业联动作用和信息聚合作用,对于促进城市品牌打造、树立城市形象具有积极作用。文博会上宣扬的文化主题和视觉设计能够向来自全国乃至世界各地的参展商、观展人员宣传和展示城市的风采和形象,在扩大城市影响力,提升城市知名度和综合竞争力方面发挥着巨大作用。[①]2015年台湾文博会提出"城市即展场,展场即生活"的主题,突出文化创意与现代都市生活的有机结合,驱动城市成为一个大型文创博览会。通过整合全城资源,带动市民参与,借助文博会体现城市生活内涵,为城市新营销提供新思路。此外,文博会不仅为城市带来了直接收入,如场租费、广告费、运输费等,还间接地带动了餐饮、住宿、交通、旅游、购物等相关产业的收入增长,增加了就业机会,推动城市第三产业的发展。[②]

3. 打造国际化平台,促进文化产品走出去

经过十几年的探索,我国文博会的发展模式逐渐成熟,在促进我国文化产品走出去方面的能力也进一步增强。文博会正逐渐成为促进国际化交流与合作、拓展海外招商渠道的重要平台。2017年,

---

[①] 马树颜.城市文化产业博览会常年设展的对策研究——以山东省济南市为例[J].中共济南市委党校学报,2017(6):118—124.

[②] 薛华.我国现代会展业发展的对策研究[D].南昌:南昌大学,2007.

中国（义乌）文化产品交易会中，就有来自俄罗斯、法国、德国、希腊、西班牙、南非等60多个国家和地区的文化企业的文化产品亮相。国际展区的规格和面积进一步提升和扩大，我国展团的文化特色也更加突出。文博会在深化国际化合作方面的作用不断增强，成为中国文化产品与服务走出去的重要窗口。

（四）我国文化产业博览会的总体情况

2018年5月商务部公布的《中国展览业发展统计分析报告（2017）》显示，随着国家"一带一路"建设的深入实施，产业结构调整升级和行业自身创新驱动步伐的加快，2017年中国展览业市场规模稳中有升，从高速增长步入高质量发展轨道。2017年中国展览业规模继续稳居全球首位，在专业展览场馆举办的各类展览会共5604场，展览总面积10642万平方米，分别较2016年增长1%和12.3%。展览企业经营效益持续向好，2017年全国展览会营业收入达872亿元人民币；展览行业利润率总体水平达21.6%，较2016年提升9.7个百分点；成本费用利润率为25.3%，同比提高12.8个百分点。[①]

1. 政策助力会展产业持续发展

自2001年深圳提出举办文博会以来，会展产业就受到了中央和地方政府的持续关注。2015年，国务院发布《关于进一步促进展览业改革发展的若干意见》，充分肯定了会展产业的功能作用，对我国会展产业的改革、发展进行了全面的规划和部署。除了中央的高度重视，地方政府也逐渐认识到会展产业良好的经济带动效应和社会优化效应，纷纷出台了促进会展业加快发展的政策文件。例如，2013年，昆明市成立博览事务局，全面统筹管理昆明市的会展工

---

① 张南燕. 中国展览业步入高质量发展轨道[N]. 国际商报，2018-05-31（08）.

作[①]；2017年，四川省提出要建设成"辐射中西部、服务全国、具有较强国际影响力"的会展业强省的发展目标。山西省财政厅牵头，联合省商务厅出台了《省级会展业发展专项奖补资金管理办法》，并积极筹措资金，在省商务厅2017年部门预算中安排会展业发展专项奖补资金1000万元，用于支持和促进全省的会展业发展。

表4-1 文化会展产业相关政策一览

2006.9.13《国家"十一五"时期文化发展规划纲要》	将会展纳入我国将着力发展的九类重点文化产业。中因（深圳）国际文化产业博览交易会被列入重点支持的文化会展。
2009.6.24《关于加强动漫游戏会展交易节庆等活动管理的通知》	为了改变全国范围内的各动漫游戏会展交易活动过多的现状，确保我国动漫游戏产业的健康良性发展。
2009.9.29《文化部关于加快文化产业发展的指导意见》	重点发展各类综合和专业文化会展活动，重点支持覆盖全国并具有国际影响的文化会展活动，重点发展专业化、特色文化会展活动。
2011.12.20《商务部关于"十二五"期间促进会展业发展的指导意见》	通过市场筛选、专业评审，抓大放小、扶优选强，突出重点，形成与国际水平接轨，服务体系完备、服务品质优良、市场竞争有序、专业化程度高的会展业发展格局。
2012.2.23《文化部"十二五"时期文化产业倍增计划》	明确了"十二五"期间，形成3—5个覆盖全国并具有国际影响力的文化会展，逐步建立结构合理、特色明显、功能互补的文化会展业体系的目标。
2014.4.14《2014年文化系统体制改革工作要点》	以义乌文交会转型为重点推动文化产业会展升级，提高市场化、专业化、国际化水平。
2015.3.29《关于进一步促进展览业改革发展的若干意见》	国务院首次全面系统地提出展览业发展的战略目标和主要任务，并对进一步促进展览业改革发展做出全面部署。

---

① 方可.中国展览业转型升级将持续[N].国际商报，2014-01-28（08）.

2. 名目繁多，但规模质量参差不齐

目前，全国各地的文博会有国家级和地方性两种。国家级的文博会有6个，分别是：中国（义乌）文化产品交易会、中国（深圳）国际文化产业博览交易会、海峡两岸（厦门）文化产业博览交易会、中国北京国际文化创意产业博览会、中国东北文化产业博览交易会、丝绸之路（敦煌）国际文博会。各地的文博会数量也很多，比如重庆文博会、佛山文博会、德州文博会等。地方性的各类文博会多而杂，从酒文化、茶文化博览会到婚庆文化博览会等，名目繁多，且有泛滥之势。

文博会的发展态势良好，但不可否认的是，在数目众多的文博会中，质量参差不齐会产生"乱花渐欲迷人眼"之感。通过2017年全国24场文博会的成交量（包括交易量和现场签约金额）可以发现，第13届中国（深圳）国际文化产业博览交易会、第12届中国北京国际文化创意产业博览会和第10届海峡两岸（厦门）文化产业博览交易会排在前三位，在全国文博会成交总量中占绝对优势，为88.13%；其他地方或专业博览会，虽然数量众多，但质量不精的问题十分突出。

3. "政府搭台，企业唱戏"为主要模式

目前全国不论文博会大小，均采用"政府搭台，企业唱戏"的模式进行组织，由政府部门主办，鼓励国内外的文化企业参展。以6个国家级综合性的文博会为例，其均由国家部委主办，各地方政府支持力度也都比较大。文博会展出的精品量多，覆盖面广，合作项目多，涉及金额也相对较高，不仅充分调动了全国各个层面的文化资源，也促进了国内外高层次的交流合作。近年来，随着文化体制改革的持续深入，文博会市场主体多元化、精细化态势明显，政府也在以提供政策或公共服务的方式，积极地推动展览会的市场化转型。

4. 互联网、大数据助推会展产业转型升级

随着文化与科技融合的不断深入，以"互联网+"、大数据等为代表的新技术为会展产业注入了新的发展活力。AR技术、人工智能、人脸识别、大数据等技术创新正在助推着会展产业的转型升级，智慧会展成为会展产业的重点之一。2013年年初，苏州文博中心启动了"智慧文博"综合信息化建设计划，将苏州国际博览中心和苏州文化艺术中心两大载体的场馆智能化建设提上了日程。"智慧文博"以"智慧商务平台""智慧演艺服务平台""智慧管理平台"为核心，实现了会展产业的数字化管理和智能化服务。展会期间，"智慧会展"不仅能为所有参观者和参展商提供免费的Wi-Fi上网服务，还能为会展主办方及参展商提供智能服务，如信息推送、展会现场地图导航等。该系统最有价值的部分在于它可以通过AP（无线访问接入点）轨迹分析，清楚地记录每个展馆、展台前观展的人流量和停留时间等数据，并分析这些数据，形成相关报告。最后，它将作为数据增值产品提供给主办方和参展商，为其后期服务和精准营销提供数据基础。[①]

5. 国际化程度不断提高

在文化产业博览会上，不仅展示着来自世界各国的文化产品，还有来自不同国家的观众、参展商和采购商，文博会已经成为世界文化交流的重要平台。在2018年的第14届中国（深圳）国际文化产业博览交易会上，就有来自全球六大洲、42个国家和地区

---

① 新华网.苏州文博借力升级"智慧展馆"[EB/OL].（2014-06-19）[2018-06-01]. http://jsnews2.jschina.com.cn/system/2014/06/19/021213906.shtml.

的130家海外机构参展,全球101个国家和地区2.1万余名海外客商前来参会、参展和采购。这与第二届文博会只有3000多海外客商前来参会相比,展会的国际化程度得到了明显的提升。此外,在国家"一带一路"倡议背景下,深圳文博会还增设了丝绸之路馆,并连续至今。第14届深圳文博会海外展区面积占比已达到20%。"一带一路·国际馆"不仅设置了国家展区、"文化+贸易"展区和舞台展示区,重点展示全球包括"一带一路"沿线国家和地区的传统工艺美术、创意设计、非物质文化遗产、文化旅游及演艺等内容,还配套举办了一系列"一带一路"文化贸易合作洽谈、文化项目展演、签约等活动[①],对于推动中国文化产品和服务走出去提供了重要的信息交流和产品交易平台。

(五)我国文化产业博览会存在的问题

不可否认的是,从文博会十余年的发展中也暴露出许多问题。归结起来,大概有以下几个方面。

第一,形式大于内容。在许多文博会的展场上,第一天的开幕式往往都是重头戏,当地的主要领导会在开幕当天进行巡馆活动。但是巡馆结束之后,就只留下冷冷清清的展板和零零散散的工作人员,使这些展览仿佛是为了迎接领导的巡视而设立,没有发挥出其应有的价值。这样的展览场面在很多文博会的展场上都能够见到。[②]

第二,许多地方的文博会为了凑展台,使现场显得更加热闹,从而让一些非文化产业、非文化创意产品也进入文博会进行展销,

---

① 刘白. 拓展"文化+"文博会展示文化产业发展新成就 [J]. 广电时评,2018-05-25.

② 范周. 文博会告诉了我们什么? [N]. 中国出版传媒商报,2014-12-23(13).

背离了文博会的初衷。有的产品把好端端的文博会展场搞得就像集市贸易一样,更有的机构和企业甚至把文博会当成一个简单的批发市场。当满怀期待的游客来到文博会,结果却看到很多与文化产品毫不相关的内容,对文博会的整体感知和评价就会下降,文博会也没有真正地发挥其应有的价值。①

第三,缺少创意成为许多展台和展品的普遍现象。相比之下,来自我国台湾地区的许多优秀产品令许多参观者耳目一新。通过产品体验、互动和展销,消费者能够真切地感受到设计和创意的魅力。从这个角度来讲,我们的许多企业有好的产品,却因为没有好的包装和设计而显得非常苍白乏力。②

总之,随着文化产业市场体系的不断完善,文博会作为一个窗口,作为文化产业发展的重要环节也应该适应市场的发展需要,重新思考自己的定位。千篇一律、大而空的文博会,必然会在市场的发展中被抛弃、被冷落。而文化企业和文化消费者通过文博会这个舞台,能够互通信息,找到彼此所需要的东西,找到真正的市场要素,这也是文博会的策展机构所需要认真给出的答案。③

二、文化产权交易所:文化与资本的"婚介所"

20世纪以来,中国文化产业发展迅速,对国民经济增长的贡献作用突出。一方面,由于具有意识形态的特殊属性,文化产业

---

① 范周.文博会告诉了我们什么? [N].中国出版传媒商报,2014-12-23(13).
② 同上.
③ 同上.

投资风险高，同时市场上缺乏权威的文化创意产品或服务的资产评估体系，融资困难成为长期阻碍文化产业发展的瓶颈；另一方面，文化产业的迅猛发展带来了文化产权交易的日益活跃，但是市场上缺乏促进文化创意成果转化的专业交易平台，在这样的背景下，文化产权交易所应运而生。

文化产权交易所（以下简称"文交所"），是从事文化产权交易及相关投融资服务工作，促进文化产业要素跨行业、跨地域、跨所有制流动，推动文化产权交易、企业改制、资产重组、融资并购、创意成果转化，促进文化与资本、文化与市场、文化与科技紧密衔接的综合服务平台。[①]

（一）文化产权交易市场的发展历程

2007年，深圳、上海、北京三地的产权交易所提出构建国家级"文化产权交易所"的想法。2009年，国际版权交易中心成立，它是由中国版权保护中心、北京产权交易所、北京市东城区人民政府三方共建的，交易项目包括文学、音乐、影视、动漫、游戏、软件等内容产业，是中国第一家具有文化产品交易概念的机构。2009年6月15日，上海文化产权交易所获得了上海市人民政府的设立批准，它是中国第一个综合性文化产权交易平台，交易对象以版权、股权、债权、知识产权等各类文化产权为主。[②] 上海文交所的成立，打响了艺术金融化新模式的第一枪，随后天津、深圳、成都等地的文化产权交易所也正式挂牌。

---

① 李金显. 以文交所为例谈文化产权交易及投融资途径[J]. 人文天下，2017（3）：21—25.

② 何琦，高长春. 我国文化产权交易市场的形成与功能研究[J]. 兰州学刊，2011（8）：57—60.

事实上,文交所这种新的艺术市场形式,也是国家政策支持的产物。2009年7月,时任中共中央政治局常委李长春在上海考察期间,对上海文交所的建设予以充分肯定。2010年4月初,中国证监会联合中国银监会、中共中央宣传部等九部门联合发出了《关于金融支持文化产业振兴和发展繁荣的指导意见》(94号文件)。该文件明确表示要对文化产权交易所的建设提供直接的融资支持、保险支持和财政支持。[①] 该文件确立了文交所的法律地位,对文交所的成长具有重要意义,此后,文交所在全国范围内迅速发展起来。目前国内的文交所主要有:上海文化产权交易所、北京文化产权交易中心、深圳文化产权交易所、湖北华中文化产权交易所、郑州文化艺术品交易所、成都文化产权交易所等,其中上海文交所和深圳文交所为国家级文化产权交易平台。

2011年,天津文交所推出了"艺术品份额化"的网上交易,引爆了全国各地的艺术品金融投资热,创下了30个交易日上涨1600%的纪录,很多交易所开始纷纷模仿,相继开启了艺术品份额化交易。但很快,随着各地文交所业务的拓展,违法交易、违法经营、频改规则、内幕交易和交易信息披露缺失等问题集中爆发,导致市场虚假繁荣问题严重。2011年年底,国务院开始对文交所进行整改,发布了《关于清理整顿各类交易场所切实防范金融风险的决定》(简称"38号令")。随后,中宣部、文化部、广电总局、新闻出版总署以及商务部五部门联合发布《关于贯彻落实国务院决定加强文化产权交易和艺术品交易管理的意见》(简称

[①] 何琦,高长春. 我国文化产权交易市场的形成与功能研究 [J]. 兰州学刊,2011(8):57—60.

"49号令"），以清理整顿各类交易场所，加强文化产权交易和艺术品交易管理。两大禁令明确否定了天津、泰山、汉唐、联合利国等文交所存在的"等额拆分""集中竞价""持续挂牌交易""T＋0实时交易""人数未限"的交易模式①，至此，我国文化产权交易所开始进入整顿阶段。具体整顿措施包括三方面：一是关停一批不规范的文交所；二是部分转型为文化产权交易所；三是保留几家做艺术品份额化的交易试点。而建立健全文交所的交易规则，完善退出机制，引入监管控制风险，也是目前文交所整顿过程中的重点工作。②2016年1月18日，文化部部长雒树刚签署了文化部第56号令，公布了修订后的《艺术品经营管理办法》，进一步规范了文化产权交易所关于艺术品经营的活动。

（二）文化产权交易所的功能作用

1. 信息聚集和有效融资功能

文化产权交易所集聚了海量的产权信息，为产权主体提供了信息发布和聚合渠道，同时通过信息产权购买双方的整合实现了信息有效对接，从而解决了产权交易双方之间的信息不对称的问题。此外，文化产权交易所能够帮助文化企业解决本就存在的融资问题，解决了文化创意成果转化的资金困难，极大地促进了文化和资本之间的有效对接，克服了我国文化成果产业化过程的资金瓶颈。③

---

① 国内文化投资服务环境研究 [EB/OL]. (2016-07-07) [2018-06-01]. http://www.doc88.com/p-7877626381809.html.

② 张绍明. 湖北省人民政府法制研究课题库（第5卷）[M]. 武汉：湖北人民出版社，2013：296.

③ 周正兵. 我国文化产权交易市场发展问题研究 [J]. 中国出版，2011（17）：25—28.

2. 文化创意成果产业化转换功能

文化产业具有轻资产和高风险的特征，对于文化成果的价值评估具有一定的难度，文化成果的实际价值容易被严重低估。一方面，文交所利用高效的信息发布平台和电子交易系统，能够充分地发现产品的市场价格；另一方面，文交所汇聚众多投资者，通过高效率的电子交易信息服务平台，有效地解决信息对称问题，实现资本与创意的实地对接，促进文化创意成果向产业化转换。

3. 高效合理配置资源功能

文化产权往往是可交易和流动性的，这对于提高资源配置效率、降低交易成本具有重要作用。[①] 目前，我国仍然存在着大量的文化创意成果由于缺乏资金而无法启动、无法实现产业化的问题；但是，由于对文化创意等无形资产难以形成科学有效的评估，大量资本不信任这种无形的、难以把握的创意资产，因而找不到合适的投资机会，长时间处于闲置状态。而文化产权交易所有效地汇集了大量文化创意成果和金融资本，并提供科学的价值评估等服务，为提高文化项目与资本之间的有效配置奠定了良好的基础。

4. 制度规范功能

大多数文化监管都有一套严格的规则制度，例如严格把控市场准入门槛，对于文化创意产品或服务能够进行科学、客观的评估。并且通过引入大数据、人工智能等信息技术进行高效、智能的信息监管。这些制度都对市场上的文化交易行为起到了约束规

[①] 周正兵.我国文化产权交易市场发展问题研究[J].中国出版，2011（17）：25—28.

制的作用。这有利于打造以政府为引导,以市场化运作为基础的公平、公正、公开、科学、规范的专业化文化产权交易市场。另外,交易市场都是公开透明地进行挂牌交易,这在一定程度上杜绝了场外交易和私自交易的可能性,有利于遏制各种腐败行为,维护文化产权交易市场的有序竞争、合理规范。这对于打破文化产业发展瓶颈,推动其快速发展起到了极大作用。

(三)文化产权交易所的典型模式

随着我国文化产业的持续发展和文交所建设的逐渐成熟,我国文交所由单纯从事艺术品交易到开始从事各种细分领域,比如专注于版权交易与企业融资孵化的北京东方雍和国际版权交易中心。2013年7月,安徽还上线了以声音产权为主要内容的"声交所"。从文交所建立的近十年来,经过市场的大浪淘沙,我国已经逐渐形成了以上海文交所、深圳文交所、南京文交所为代表的典型运作模式。

1. 上海文交所

上海文交所是国内最早建立的文化产权交易平台,于2009年6月15日在上海保税区揭牌。作为我国仅有的两个全国性的文化产权交易所之一,上海文交所在建立之初就受了国家的高度重视。它的设立标志着我国文化产权交易市场的发展实现了重大突破,对于优化文化产业市场的资源配置、克服文化产业发展的融资瓶颈、推动文化产业转型升级具有重要作用。

此外,上海文化产权交易所是一家股份制交易所,是按照市场化方式进行运作的。这种模式可以有效地发挥市场在资源配置方面的优势,激发市场活力,发挥市场自我组织、自我管理的调控作用。此外,市场化运作也有利于完善我国文化产业资本市场体系，开放和拓展非公开权益性资本融资渠道，能够有效地规范文化产权的评价与交易行为。

作为国家级文化产权交易所，上海文交所经过近十年的发展，已经形成了以"会员平台、组合产权、四级分离、投资俱乐部"为核心的"四位一体"的相对成熟的多元化服务模式。截至2014年，上海文交所已经发展了包括机构和个人在内的将近3000名会员，通过联合产权拥有者、经营者、投资者等不同种类的会员，有效地整合了产权交易额的上下游产业链。此外，上海文交所建立了"四级分管"的管理调控体系，将登记确权、信息挂牌、转让鉴证、结算交割四个环节分开管理，有效地提升了平台的管理水平和专业化水平。由于文化产业门类众多，且每一个专业类别的专业化水平都比较高，一般人难以兼顾，因此，上海文交所引用专业化的平台进行专业管理，不仅能够对文化创意项目实现资源效益的最大化，也利于提升平台的管理能力，受到了政府的认可和支持。

依托"上海模式"的规范创新，上海文交所市场规模不断增长。2016年前三季度实现各类文化产权交易962亿元，较2015年全年增长27.7%，成交450530698宗。上海文交所还通过全国文化产权行业自律组织——中华文化促进会文化产权市场协作体，联合深圳文交所等业界龙头机构建立上下沟通、内外互动机制，形成行业协会内部自律体系，助推市场进入规范发展的快车道（见图4-1）。①

---

① 上海文交所：打造规范的"上海模式"[EB/OL]. (2016-12-28) [2018-06-25]. http://www.ccecsh.com/newsNavigation/5/10269/toNewsInfo.html.

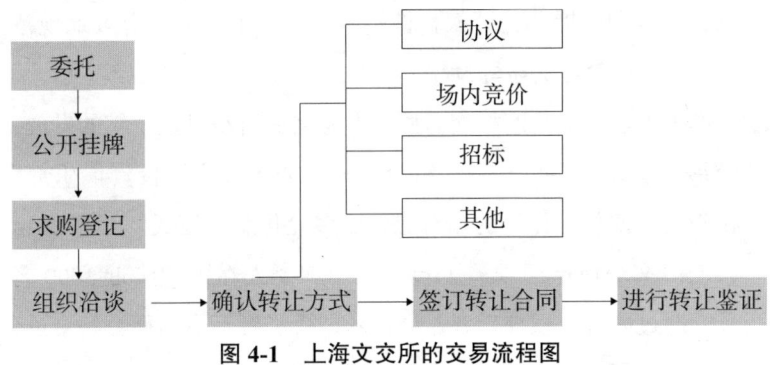

图 4-1　上海文交所的交易流程图

2. 深圳文交所

深圳文化产权交易所于 2009 年 11 月正式挂牌,以"文化对接资本、交易创造价值"为经营理念,与中国(深圳)国际文化产业博览交易会紧密结合[①],成为我国文化产权交易市场的中流砥柱。深圳文交所作为国家级、全国性的文化产权交易平台,积极探索"文化+金融"的新模式、新业态,为我国文交行业的发展提供了新的思路。截至 2018 年 6 月,深圳文化产权交易所(深圳市文化金融服务中心)已在全国 14 个省、市建立运营中心,深入服务各地区中小微文化企业。

2016 年 4 月 18 日,深圳文交所的"文化四板"业务正式上线,其专注于文化的定位在全国上百个文交所中独树一帜。"文化四板"中的"四板"是相对于目前资本市场中的主板、创业板与新三板来说。它不同于其他层次的资本市场,是专注于文化领域的,为文化领域的信息提供、融资服务等方面的综合服务提供商。它不仅能够

---

① 百度百科."文交所"词条 [EB/OL]. (2018-01-12) [2018-06-11]. http://baike.baidu.com/view/5341160.html.

提供常规性的融资服务，还充分利用了深圳文交所较强的文化领域的综合服务能力，为文化企业和文化项目提供以项目辅导与政府增信为代表的增值服务内容。从前端文化企业的创立成长，中期文化企业的投融资业务，到后端文化企业产品的发行，"文化四板"完整合理的配套服务，真正实现了文化企业从融资需求到孵化诉求的满足，有力地推动了文化产业全产业链的发展与进步。以项目辅导为例，深圳文交所还下设了"金锦囊"研修院，专门解决挂牌企业缺乏先进管理经验和专业能力的问题，为企业提供如行业培训、管理咨询、金融知识等多方面的服务，并根据不同企业的需求和痛点个性化定制课程和解决方案，大大提升了挂牌项目的质量。[①]

2016年，在众多文化类交易场所开展邮币卡交易，采取连续竞价等集中交易，违反国家规定的背景下，深圳文交所没有随波逐流，而是回归到中央领导和中宣部等部委要求的文化金融先行先试和构建国家级文化产权交易和文化企业投融资综合服务平台的总体要求上。经过两年的实践和探索，在2017年形成了以"文化产业板"综合业务和掌柜文化金服为主要内容的总体业务框架。"文化产业板"是深圳文交所推出的国内首个专门服务于文化产业的全国性行业资本市场，它以中央文化企业国有产权指定进场交易业务为政策支撑，涵盖文化央企的资本对接；以文化产业专项债券为业务延伸，辐射全国大型及中小微文化企业金融服务；以深圳区域股权市场为业务重点，服务于深圳文化企业对接资本市场。"文化产业板"设计了"天使板""养成板"和"标准板"三

---

① 周正兵. 我国文化产权交易所发展状况、问题与趋势[J]. 深圳大学学报（人文社会科学版），2017，34（1）：75—80.

个层级,以股权融资类服务和非股权金融类及其他综合类服务为内容,以物权、非物权和人才产权的交易为支撑。[①]目前,"文化产业板"各类挂牌企业达 1500 余家,其中 20% 成功实现资本对接,有 2 家企业转板新三板和创业板上市,其他综合服务到达率达 70% 以上。2017 年涉及交易额近 860 亿元。

3. 南方文交所

南方文交所是经广东省人民政府批准设立的唯一一家省级综合性文化产权交易服务机构,于 2010 年 11 月 8 日挂牌成立,2011 年 7 月 15 日正式营运。文交所由广东省委宣传部直接领导,由广东省金融办进行业务监管,是一家国资主导的交易服务机构。南方文交所根据业务不同,分为七大板块,分别是:钱币邮票交易中心、艺术品交易中心、群珍荟萃文化艺术实物交易中心、粤东服务中心、梅州服务中心、教育培训版权交易中心和教材交易中心。

随着"互联网+"的不断深入,南方文交所率先在文化艺术品服务中建立了自主的服务体系,打通文化艺术品线上与线下的链接壁垒,加强与艺术机构、艺术家的黏度,抢占文化艺术品领域小程序的"制高点",于 2018 年 6 月推出了一款基于微信生态圈的艺术市场云服务平台——"朱雀云"。该程序是一款走在科技和艺术市场前沿的营销和交易工具,致力于服务艺术市场新零售行业的微信小程序,可以帮助艺术机构、艺术电商、画廊、艺术家个人、在线交易等开通自己的专属小程序,同时可以享受到更多的关于互联网的增值服务,助力艺术家高效便捷地实现品牌营销,

---

① 搜狐政务. 文化产业板,企业挂牌 & 托管服务 [EB/OL]. (2018-06-15) [2018-06-25]. http://www.sohu.com/a/236048528_99927700.

即时达成交易，促进文化艺术市场的繁荣发展。

（四）文化产权交易市场存在的问题

虽然我国目前已经建立了深圳文化产权交易所、上海文化产权交易所等模式相对成熟的文化产权交易平台，但就整体而言，产权市场的发展还处于初级阶段，仍然存在很多问题。

1. 定位不明确

理想的文化产权交易平台应当是在政府指导下，充分发挥市场的资源配置作用，发挥产权交易所的中介作用，建立价格评估科学、制度管理规范、产权交易顺畅、资源配置合理的市场体系。政府在《关于贯彻落实国务院决定加强文化产权交易和艺术品交易的意见》中明确地界定了文交所的功能定位，是为促进文化产业发展，为文化产业提供能够降低交易成本、促进交易顺利完成的专业化服务平台。但是文交所的实际发展却没有遵守其定位的含义，严重偏离了这一轨道，投资者恶意炒作、操纵市场等违规行为频出，严重背离了文交所设立的初衷。

2. 中介功能滞后

目前我国的文化产权市场的中介服务功能严重滞后，难以满足文化产业高速发展的需求，缺乏提供如项目培训等方面的高附加值的服务功能。文化产权市场实质上是为文化产权交易提供规范、高效中介服务的机构，它需要一系列提供产权界定、咨询策划、审计评估，特别是产权经纪代理等专业性服务的组织机构。[①] 目前我国文交所的中介服务及服务质量仍然存在很多问题：一方面，文交所缺乏权威的鉴定机构，难以给予公正、客观、权威的

---

① 周正兵.我国文化产权交易市场发展问题研究[J].中国出版，2011（17）：25—28.

价值评估;另一方面,近年来为了追逐利益,一部分文交所的造假、售假行为正在折损着文交所的信誉,导致资本对其难以信赖。

3. 市场制度不规范

文化产权市场的制度建设不齐全,缺乏规范、统一的市场体系与运行规则,交易过程中的评估、定价等方面的众多问题没能很好地解决,乱象丛生。在宏观上,产权交易市场需要健全的法律体系、完善配套的产权制度;微观上需要从价格评估、交易规范到项目孵化等一系列具体的制度支撑。但是目前我国文化产权市场的制度建设仍然处于初级阶段,缺乏必要的行业自律和监管机制,交易过程中的规范性和交易架构的科学性也难以保证,信息披露、价格评估、产权经纪等方面问题频出,导致政府不得不多次出台文件对文交行业进行整顿清理,并且至今为止仍然未出台统一的法律对行业的发展进行规制。

(五)文化产权交易所发展的路径分析

1. 政府引导,明确功能定位

任何行业的发展都经历了繁荣与无序并存的状况,文交所作为 21 世纪以来的新事物,在发展过程中由于市场主体逐利、市场体系不健全等原因,产生定位不清的状况在所难免。关键在于政府如何做出科学、合理的引导。目前,政府必须明确文交所的功能定位是政府设立的服务于文化产业实体经济的公益性平台。明确文交所拥有艺术品价值的发现和重构,艺术产权的发布与交易,艺术品市场的投融资服务,艺术企业或项目孵化,艺术产权的登记托管,艺术品资本孵化、服务与资本培育的六大平台功能。[①]

---

① 中国艺术产业研究院.中国艺术品份额化交易的理论与实践研究[M].北京:中国书店,2011:170.

2. 科学规范，打造"四公"交易平台

坚持科学、规范的原则，以架构合理、流程科学、监管到位为宗旨，打造公平、公正、公信、公开的文化产权交易平台，真正实现文化艺术产业要素的高效流通。一方面，要尽快出台统一的管理办法或政策措施，有效引导行业的规范、有序发展；另一方面，要加强监管体系建设，既要善于利用大数据、区块链等最新技术，加强对网上信息平台的监管，又需建立跨行业、跨部门的专门的工作小组，专门监督和管理全国的文化艺术行业的发展问题。

3. 组织专家团队，加强项目辅导

要提升文交所的中介服务水平，首要任务就是要提升交易所的项目辅导能力，减少优势项目由于辅导策划不到位、信息披露不完全而丧失交易机会的窘境。这方面可以向深圳文交所学习，建立专门的以"金锦囊"研修院为代表的研究培训平台，为企业提供如行业培训、管理咨询、金融知识等多方面的服务，提高项目质量，增加优势项目数量。对于发展尚未成熟的地方文化产权交易所，可以发挥政府的引导带头作用，组织文化产业方面的专家，建立文化项目辅导智库，提升中介机构对文化企业、文化项目的辅导与策划水平。通过系统的评估和管理培训，提升文交所的中介服务，尤其是高附加值服务的能力。

第五章　文化立足点：中国文化产业发展的区域战略

第一节　"一带一路"文化先行

新中国成立后，中国面临着复杂的国内和国际形势。从国际来看，20世纪末冷战结束宣告了两极格局解体，世界朝着多极化方向发展。2008年国际金融危机给中国带来不利影响，中央政府及时采取宏观调控手段，为世界经济格局的稳定做出了贡献。新形势下，中国积极参与构建全球经济治理体系，重新定义新型大国关系，创新周边外交思维，提倡"人类命运共同体"意识，努力向外界传达一种相互依存、同舟共济、权责共和、合作共赢的外交价值观。从国内来看，在长达三四十年的经济高速增长之后，当前我国经济进入增速放缓的"新常态"阶段，正处于增长速度换挡期、结构调整阵痛期、前期刺激政策消化期"三期叠加"的状态中。在新常态下，除了保持国内经济走势和宏观调控政策取向的基本稳定外，中国政府加快培育国际竞争合作新优势，在此意义上，"一带一路"将为中国经济带来重要的增长动力，中国也将通过"一带一路"的互联互通项目，构建贯穿欧亚大陆的全方位开放的新格局。①

"一带一路"在空间布局上打破了原有的点状、块状区域划分,打造了互联互通的带状发展模式,为中国开拓了新的国际发展合作空间。从文化角度来看,穿越两千多年的古代丝绸之路见证了沿线各大文明体系的和谐共融,今天的"一带一路"倡议,在某种意义上是一次全新的文化复兴。作为倡议发起者的东方大国,中国树立起彼此尊重、包容开放、互惠互利、合作共赢的交往模式,通过文化交流,吸收融汇,互学互鉴。古代丝绸之路的魅力在于它不仅是一条经贸之路,更是一条文明互鉴之路,以贸易为发端,文化渗透和影响历久弥新,因此文化建设应该在"一带一路"建设中有所作为。②

一、文化贸易在"一带一路"倡议中的重要性

文化,是"一带一路"建设的灵魂,是促进各国、各地区、各民族、各宗教之间互信互利、合作共赢的桥梁和纽带,也是贯穿我国全面建成小康社会、实现中华民族伟大复兴"五位一体"战略发展的主线。"一带一路"承古惠今,既是对古代丝绸之路东西方文化交流的继承和发展,又在新时代开创了各国各地区间文化交流合作的巨大空间,更将唤醒"一带一路"沿线遗存的中华文化基因,形成具有强大影响力和辐射力的中华文化生态圈,助

---

① 范周,周洁."一带一路"战略背景下的中国文化软实力建设研究[J]. 同济大学学报(社会科学版),2016,27(5):40—47.

② 同上.

推中华文化的伟大复兴，推动世界各国文化的欣欣向荣。[①]2013年习近平总书记提出的共建"一带一路"倡议，顺应了时代潮流，符合当前国际发展形势，符合区域经济合作发展趋势和各国的根本利益，是对全球合作发展新模式的探索。在此时代背景下，加强区域经济合作，推动各国文化交流，促进周边国家文化贸易，意义尤为重要。

（一）当前我国对外文化贸易现状

文化贸易是指国际间文化产品与服务的输入和输出的贸易方式，是国际服务贸易的重要组成部分。随着整体经济实力的增强，中国已经成为全球文化贸易的大国。商务部发布的数据显示，2017年，我国文化产品和服务进出口总额1265.1亿美元，同比增长11.1%。其中，文化产品进出口总额971.2亿美元，同比增长10.2%；文化服务进出口总额293.9亿美元，同比增长14.4%。[②]由上述数据可看出，目前我国文化产品出口呈现快速增长态势；文化服务进口增长明显，出口结构不断优化。我国文化贸易国际市场更加多元化，美国、中国香港、荷兰、英国、日本为中国文化产品进出口的前五大市场。另外，我国与"一带一路"沿线国家的文化贸易成为新趋势，进出口额达176.2亿美元，增长18.5%，占比提高至18.1%。

在政府的政策扶持和国家"一带一路"倡议背景下，我国文化贸易正不断实现转型升级，由文化产品和文化服务进出口发展

[①] 范周.言之有范：读屏时代的文化思考[M].北京：知识产权出版社，2016.
[②] 国家信息中心"一带一路"大数据中心."一带一路"大数据报告（2017）[M].北京：商务印书馆，2017.

至文化资本走出去。中国对外文化投资逐步涵盖图书出版、影视、演艺、动漫游戏等领域；投资方式也渐趋多元化，投资主体也不再仅限于文化企业本身，综合类经营公司也相继进军文化产业。中国对"一带一路"沿线国家非金融类直接投资超过500亿美元，对20个沿线国家建设的56个境外经贸合作区投资累计超过185亿美元。

借助"一带一路"建设契机，文化贸易迎来了发展的新机遇。2015年，为推进实施"一带一路"倡议，国家发改委、商务部等联合发布《推动共建丝绸之路经济带和21世纪海上丝绸之路的愿景与行动》，在合作重点中强调，要拓宽贸易领域，保持贸易畅通，推动经贸重点合作项目建设。作为落实愿景具体的行动计划，《文化部"一带一路"文化发展行动计划（2016—2020年）》提到，文化产业和对外文化贸易渐成规模，企业规模不断扩大，渠道持续扩展，服务体系建设初见成效。同时《行动计划》在重点任务中提出，要促进"一带一路"文化贸易合作。围绕演艺、电影、电视、广播及其他新兴产业等领域，开拓国际合作渠道，推广民族品牌，鼓励文化企业和社会资本参与"一带一路"的经济建设。

"一带一路"文化建设具有巨大前景毋庸置疑，但我们也需要清醒地认识到其中的风险和挑战。首先，"一带一路"沿线是多民族、多宗教聚集区域，文化、宗教、意识形态领域差异巨大，"文化折扣"现象突出。其次，许多国家正处于社会和经济结构转型时期，在安全和发展方面普遍存在不确定性，地缘政治和国际金融战略风险严峻，文化投资风险不可小觑。再次，各国的文化贸易壁垒也会对"一带一路"文化资源的跨境整合、国际文化市场的构建形成巨大阻力。"一带一路"倡议提出以来，国内许多地方政府抱着"要政策、争项投资"的心态出台了一些文化建设方案，但定位不明，项目投入重复，缺乏战略思考，难以形成发展合力；企业一哄而上，因缺乏对国际文化市场的基本判断而盲目投资。面对这些风险和问题，需要从科学规划、创造红利和完善保障措施等多方面入手。[①]

（二）文化贸易助推"一带一路"建设

两千多年前，古丝绸之路通过贸易的方式连接起亚欧非几大人类文明，沿途的各国文化随着人文交流传播到全世界各地。千百年来，秉承"和平合作、开放包容、互学互鉴、互利共赢"的丝绸之路精神，沿线各国繁荣发展。21世纪是以合作、共赢为主题的新时代，机遇和挑战并存，"一带一路"倡议的提出和发展是历史的必然。当前我国在推进"一带一路"建设过程中，也面临着很多障碍和困难，文化作为一种柔性力量不容忽视。文化贸易把"一带一路"倡议从理念转化为行动，成为打破文化围墙，实现民心相通、经济共荣的重要路径和纽带。

1. 国内层面分析

（1）推动中国文化走出去，向世界讲好中国故事

中国拥有五千年辉煌灿烂的历史，通过文化贸易的方式，有利于拓宽文化走出去的渠道，增强文化走出去形式的多元化，重塑中国的文化形象，推动中国优秀传统文化走出国门，走向世界。向世界讲好中国故事、传递中国声音、展现中国风采，是历史和现实所赋予的责任和使命，在"一带一路"倡议背景下，更是为

[①] 范周.言之有范：读屏时代的文化思考[M].北京：知识产权出版社，2016.

中华民族传统文化的传播插上了腾飞的翅膀。

以四达时代为例。作为文化企业走出去的代表,其拥有900万非洲用户,480多个特色内容频道,节目涵盖新闻、影视、娱乐等多种类型,完成了《奋斗》《西游记》《青年医生》等240部影视剧的译制配音。其中,讲述中国家庭故事的《媳妇的美好时代》在非洲当地热播,引起非洲观众的文化共鸣。四达时代通过数字电视服务为非洲人民打开了观察世界的另一扇窗口,加深了"一带一路"上中非的文化交流。

(2)推动经济结构的调整,促进文化产业的转型升级

随着我国在"一带一路"沿线国家文化贸易的发展和文化投资的加大,必然推动我国经济结构不断调整。而沿线国家人民对于图书、电影、电视、动漫等文化产品和服务爆发性增长的需求和更加精准化和精品化的要求,会倒逼中国文化产业提质增效和转型升级。

以上海对外文化贸易为例。《2016年上海对外文化贸易发展报告》显示,2015年上海文化贸易进出口总额近百亿美元,由于文化消费习惯的改变和新媒体、移动互联网的快速发展,视听和相关服务进出口额比2014年大幅增长111.51%。由此可看出,以移动互联网、大数据、云计算等为代表的信息技术,极大地推动了文化进出口产业的规模化、科技化、专业化。积极扶持电子游戏、数字出版等新兴产业发展,成为"一带一路"倡议下文化产业提质增效、转型升级的必然。

(3)提升我国的文化软实力,建设社会主义文化强国

"一带一路"是中华文化向外传播的重要载体,文化贸易是中

外文化交流、经济共融的重要平台。"一带一路"作为彰显文化软实力的重要途径，推动文化贸易发展，积极拓展国际市场，更加有效地提升国家的文化软实力，从而推动我国社会主义文化强国建设。

以美国文化贸易为例。美国是全球公认的经济强国和文化强国，美国文化软实力主要体现在美国对外文化贸易的吸引力上，中美文化贸易进出口仍存在一定差距。2013年，美国与版权相关的文化娱乐产品出口额高达595亿美元；借助互联网技术优势，脸书、推特（Twitter）等社交媒体和新兴网络影音平台迅猛发展，业务几乎覆盖全球所有国家，成为推动美国文化产品贸易的加速器。以好莱坞为代表的电影行业在占领世界电影市场的同时，也在世界范围内宣扬了美国的文化和价值观，成就了美国非常具有影响力的文化软实力。

2. 国际层面分析

（1）有助于打破文化围墙，推动文化交流和文明互鉴

两千多年前，丝绸之路成为贯穿欧亚大陆的主要贸易通道，人们通过驼队将货物在中西方之间流转，同时也运载着思想、科技、艺术、音乐、宗教等，促进了中西方的文化交流。两千多年后的"一带一路"继续传承着"丝绸之路"精神，通过文化贸易的形式，逐步打破国家间的文化藩篱，有利于进一步实现文化的互通、互鉴，实现沿线各国文化的"各美其美，美人之美，美美与共，天下大同"。

例如，第二届敦煌文博会的主题是加强文化交流与合作、推动文化创新繁荣。其中新增文化经济贸易主体内容，借助与国内外相关政府、贸易促进组织、文化交流合作机构等主体的沟通，

围绕丝绸之路沿线国家和地区的文化经贸合作、重点项目等，推动不同文化的交流融合，促进民心相通和思想融合。

（2）加强区域经济合作与融合，要素流动，促进消费和就业

"一带一路"沿线各国因历史发展、地理环境等要素的不同，形成了绚烂多姿的文化形式。文化贸易作为区域经济合作的重要组成部分，其发展在促进各国文化交流的同时，也必将加速文化经济要素在各国之间的流动，同时拉动当地的消费和投资，促进就业。

以文化旅游业为例。《推动共建丝绸之路经济带和海上丝绸之路的愿景与行动》中着重提到将极大推动沿线国家及城市旅游业的长足发展，对沿线各国和各城市的文化旅游业产生极大影响。随着基础设施的互联互通，使"坐着高铁去欧洲"成为可能，蓬勃发展的出境旅游呈现更多元化的市场分布，增加了更多异域风情的旅游目的地国家和旅游产品。

（3）实现人类共同的理想和对美好生活的追求

"一带一路"符合国际社会的根本利益，也彰显了人类社会的共同理想和美好追求。文化贸易使文化和经济在全球范围内实现了互联互通，以文化产品和文化服务为载体的文化理念的碰撞交流，增加了世界人民对于异国文化的好奇心和追求，进一步满足了各国人民的精神文化需求，有利于实现全球人民对美好生活的追求。

以网络文学为例。作为世界新四大文化现象之一的网络文学，随着"一带一路"建设的推进，从我国香港和台湾地区向东南亚、韩国、日本辐射并进一步走向欧美，逐渐走向世界。网络文学在让外国人感受中国文化底蕴和魅力的同时，也丰富了世界文学体

裁，在世界市场上的影响力逐渐扩大，赢得了国外网友的肯定和喜爱。

二、文化软实力建设与"一带一路"发展规划

（一）文化软实力概念的提出和建设

1990年，美国哈佛大学教授约瑟夫·奈提出"软实力"的概念，并指出一个国家的综合国力既包括由经济、科技、军事实力等表现出来的"硬实力"，也包括以文化和意识形态吸引力体现出来的"软实力"。在世界格局不断变化、全球经济结构快速调整、信息科技高速发展的年代，国家文化软实力成为综合国力和国际竞争力的重要组成部分。重视国家文化软实力的发展是全球思想文化激荡背景下的必然，也是处理好经济全球化和文化多样化关系的要求。1992年，软实力研究在中国蓬勃发展，开始进行中国的本土化改造。

文化是一个国家、一个民族的灵魂，在国家综合国力竞争中的作用越来越重要。习近平总书记主张：大时代需要大格局，大格局需要大智慧，中国有必要展示自己的文化软实力。[①]2007年，党的十七大报告提出"提高国家文化软实力"重大战略任务。十八大报告中强调要立足中国的具体国情，提升国家文化软实力要明确其根本，找到其内生动力和途径支撑。十九大进一步明确中华优秀传统文化的传承离不开文化自信，以及对文化价值的高度认同和践行。要与社会主义现代化相融合，发挥

---

① 金正昆. 习近平外交思想初探[J]. 中共贵州省委党校学报，2015（1）: 5—9.

出我国优秀传统文化的价值力量，不断提升我国国民的文化素质和我国文化软实力。随着国家的快速崛起，对我国软实力的提升将成为助推国家硬实力建设和国家综合国力提升的必然要求。

（二）以"一带一路"为契机，释放中国文化软实力

一系列国家重大战略的提出，为中国文化软实力的建设提供了新平台和新契机。2013年，在共商、共建、共享的原则基础上，中国向世界发出共建"一带一路"合作发展的倡议，借助既有的、行之有效的区域合作平台，积极与沿线国家共同搭载政治互信、文化包容的利益共同体、命运共同体和责任共同体。经过几年来的建设和发展，"一带一路"倡议已得到众多国家的积极响应和参与。经过40年的改革开放，中国的经济实力迅速提升，期望在世界话语体系中拥有更多的国际话语权，与世界的联系更加密切，"一带一路"倡议在这一宏伟愿景下提出恰逢其时。中国硬实力彰显了中国速度，中国软实力则彰显了中国精神。中华民族几千年来深厚积淀的传统文化已经渗入中国人的骨髓，内化成为中国人的文化基因。随着国力强盛和国际地位的提高，世界许多国家都已对中国的文化给予了高度认同和重视。借助"一带一路"倡议，中国将进一步加强对外文化交流，深化经贸合作，提高在国际上的文化影响力，争取更多更强有力的国际话语权。

第一，通过"一带一路"增进文化交流和民生互信，从而实现和谐共荣的美好愿景。国之交在于民相亲，民相亲在于心相通。《文化部"十三五"时期文化发展改革规划》提出要积极开展文化外交，加强文化交流，创新方式方法，有效地传播当代中国价值观念，讲好中国故事，展现中国文化的独特魅力，提高国家文化软实力。《文化部"一带一路"文化发展行动计划（2016—2020年）》对这一理念进一步落实，以健全"一带一路"文化交流合作机制、完善"一带一路"文化交流合作平台、打造"一带一路"文化交流品牌为重点建设任务。例如，提出推动成立"丝绸之路国际剧院联盟""丝绸之路国际博物馆联盟"等国际交流机制建设计划；以文化交流重点项目为支撑，促进"丝绸之路国际艺术节"举办，打造"丝绸之路文化之旅"品牌，对"一带一路"主题艺术创作优秀项目予以支持，通过举办"丝绸之路文化遗产"为主题的研讨交流活动，推进"一带一路"文化遗产长廊的建设。

《"一带一路"大数据报告（2017）》（以下简称《报告》）显示，中国与俄罗斯、哈萨克斯坦之间的文化交流最活跃。从艺术交流到跨境旅游，从翻译出版到留学访问，日益升温的文化交流与文化合作，使各国人民在共建"一带一路"的进程中相逢、相知、相融。我国与沿线国家积极举办论坛、博览会、旅游节等丰富多彩的交流活动。《报告》指出，综合旅游与文化、人才交流、双边合作期待方面的评测，泰国、俄罗斯、埃及、乌克兰、柬埔寨、巴基斯坦是与中国民心相通水平最高的6个国家。城市是一个国家对外的名片；发展友好城市，打造中国城市的国际形象，有助于传播中华文化和展示中国风貌。《报告》数据显示，截至2017年5月18日，我国各地与海外国家城市缔结友好城市关系共计2451个，较2016年同期新增136个，双边友好交流进一步深化。通过城市名片打造和文化交流互通，有助于提升国家文化软实力，彰显中国形象（见图5-1）。

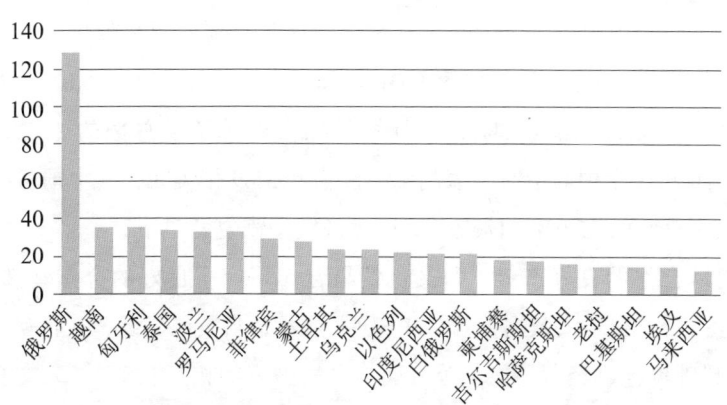

图 5-1　我国与沿线国家达成友好城市关系的前 20 名国家[①]

第二，通过"一带一路"深化文化经贸合作，促进沿线国家和城市文化共生和互利共赢。"十三五"文化发展规划对发展对外文化交流贸易提出了明确的要求：一方面积极参与国际文化贸易合作体系的构建；另一方面，通过培育一批具有国际竞争力的外向型文化企业，形成一批具有核心竞争力的文化产品，打造具有国际影响力的文化品牌和具有强辐射力的国际文化交易平台。《文化部"一带一路"文化发展行动计划（2016—2020 年）》强调，围绕演艺、电影、电视、音乐动漫、数字文化、文化科技装备等领域，开拓完善的国际合作渠道，促进"一带一路"文化贸易合作。鼓励文化企业在"一带一路"沿线国家和地区投资，推广民族文化品牌；鼓励国有企业和社会资本参与"一带一路"文化贸易，通过人才培养和政策扶持、企业联动整合和融合创新，带动文化贸易的繁荣和发展。

从总体上讲，"一带一路"沿线国家众多，资源丰富，文化形

[①] 国家信息中心"一带一路"大数据中心."一带一路"大数据报告（2017）[M].北京：商务印书馆：2017.

态多样,中国与"一带一路"沿线国家是重要的贸易伙伴。2016年,"一带一路"沿线国家GDP之和约占全球GDP的16.0%,人口占全球人口的43.4%,对外贸易额占全球贸易总额的21.7%。2016年,中国与沿线国家间贸易额为9535.9亿美元,占中国货物贸易总额的25.9%,体现了全球经济缓慢恢复背景下"一带一路"贸易合作的良好态势,为文化贸易合作奠定了良好的合作基础。《"一带一路"大数据报告(2017)》显示,自贸区建设、互联互通(基础设施、经贸、文化等方面与沿线国家的相互联动)、人文交流等成为国内媒体和网民关注的热点话题。同时,《2018年文化部"一带一路"文化贸易与投资重点项目名单》显示,2018年将会对"一带一路"文化贸易合作高级研修计划、"丝绸之路国际剧院联盟"剧院技术咨询服务计划等40个项目重点关注,包含人才培养、艺术交流、文化贸易平台搭建等方面。以文化贸易的互联互通带动文化交流,从而提升国家的文化软实力(见图5-2)。

排名	关注热词	排名	关注热词
1	自贸区	19	人民币国际化
2	互联互通	20	TPP
3	基础设施建设	21	战略对接
4	亚投行	22	能源合作
5	经济走廊	23	全球治理
6	命运共同体	24	资金融通
7	民心相通	25	设施联通
8	全球化	26	早期收获
9	人文交流	27	三方合作
10	丝路基金	28	G20峰会
11	产能合作	29	"一带一路"建设工作座谈会

续表

排名	关注热词	排名	关注热词
12	金砖国家	30	绿色丝绸之路
13	协调发展	31	境外经贸合作区
14	金融合作	32	标志性项目
15	中欧班列	33	风险挑战
16	顶层设计	34	和平丝绸之路
17	政策沟通	35	健康丝绸之路
18	贸易畅通	36	智力丝绸之路

图 5-2　2013—2016 年国内媒体和网民关注热点总体情况

数据来源：《"一带一路"大数据报告》(2017)。

第三，通过"一带一路"推动中国文化走向世界，树立文化品牌，提升中国文化影响力和软实力。追溯到两千多年前的"丝绸之路"，世界各国人民通过海陆两条商贸通道，把中国的丝绸、茶叶、瓷器输送到世界各国，同时也传播了古代中国丰富的精神文明成果，如儒家的思想文化等，得到世界各国人民的称赞和喜爱。华夏文明沿着丝绸之路延伸到世界各国。而今天"一带一路"倡议的提出，就是继承和发扬了古代"丝绸之路"的遗产和精神，利用丝绸之路沿线国家共同创造的文化遗产和历史符号，缔结 21 世纪互联互助、合作共赢、民心相通、和谐发展的重要情感纽带；也是中国优秀传统文化走向更广的世界，让世界更关注中国智慧和中国思想，增强中国文化影响力和软实力，掌握国际话语权的契机。

中国自古以来就是文化大国、礼仪之邦，"一带一路"的构建必将唤醒博大精深的中国文化基因。在"一带一路"建设过程中，中国始终倡导政治互信、经济融合、文化包容的利益共同体、命运共同体和责任共同体的构建，这符合中国传统文化中"和为贵"的思想。在经济全球化、文化多样化的国际背景下，世界多中心的竞争与合作成为国际关系的主流，而"一带一路"所倡导的和平发展和合作共赢理念，与中国的"和而不同，天下大同"思想相契合，中国传统文化和思想必将会在"一带一路"的建设中熠熠生辉。在此基础上，打造"'一带一路'丝路文化之旅"等重点文化项目品牌，有计划、有目标、有规划地向世界介绍中国，扩大中国的文化影响力。

三、"一带一路"背景下文化软实力建设需要注意的问题

"一带一路"倡议的顺利实施，离不开经济、军事、科技等硬实力的建设，文化软实力的建设更是意义重大。在"一带一路"背景下，区域的协同发展和中国的文化经贸都面临着千载难逢的发展机遇，也为文化交流开辟出一条畅通之路。文化软实力的提升是一项庞大复杂的工作，需全面考虑各方问题。推动中国文化走出去，提升中国文化软实力，要注意以下几个问题。

（一）继往开来，不忘初心

两千多年前的古代丝绸之路打开了中国与世界交流的大门，一路向南、向西，满载中国精美的瓷器、丝绸等物品的船队和驼队，不仅活跃了沿线各国的经济，也将中华文明遍洒世界各地，创造了人类交流交往和文明互鉴的传奇。21世纪的丝绸之路，不再仅仅是一条连接中西、贯穿欧亚非大陆的交通要道，更需要用文化的精神将沿途各国民心紧紧聚拢在一起，才足以创造属于这个时代区域发展和各国共同繁荣的盛世景象。"一带一路"背景下

的中国软实力建设,既要站在历史的高度看当今问题,又要摆脱传统的带路思维,把握新时代的丝路精神,做到和平、交流、理解、包容、合作、共赢。同时,中国有着五千年悠久的历史,多民族的文化相得益彰,丰富多姿,形成了中华民族博大精深和取之不尽的文化宝库。应积极构建中华传统文化传承体系,把握中华精神和丝路精神内核,通过"一带一路"倡议向世界人民传递中国声音,讲述中国故事,展示中国形象。

(二)世界格局,包容开放

不同的历史发展轨迹、地理环境造就了世界各国、各民族丰富多彩的文化背景,每个国家、每个民族都有自己独特的文化,从民族节日到文化遗产,从宗教信仰到道德伦理,蕴含着这个国家和民族的文化成就,构成了世界文化的多样性,是人类共同的文化财富。"一带一路"倡议涉及亚欧非65个国家、44亿人口,文化底蕴深厚,历史悠久,文化遗产形式多样、种类众多,促进文化交流是增进沿线多民族、多国家之间民心相通的最直接方式。这需要我们站在更高的现实角度,以更开放和包容的态度去思考问题。

2015年上半年,"一带一路"倡议进行了思路上的重新调整。所有"一带一路"有关的国家,在中国大陆境内31个省与"一带一路"有内容上、口岸上、交通上、物流商、生产研发上有关联的,都属于"一带一路"的范围。这个重大调整,破解了传统思想上"带"与"路"的观念,为更多地域、领域的发展提供了机遇。[1]

---

[1] 范周."一带一路"战略中的文化建设与交流若干思考[J]. 大陆桥视野, 2016(11): 32.

"一带一路"倡议是在面临世界格局深刻变化之际提出的，是一项具有全球视野、蕴含中国智慧、基于长远考量的综合性发展战略，致力于推动世界各国共同发展，探索区域合作和全球治理新模式，为全世界的和平发展做出贡献。因此，"一带一路"倡议背景下文化软实力的建设要始终秉承"共商、共享、共建"的原则，始终将开放包容、尊重多元、平等合作、和谐发展作为推进"一带一路"建设的主基调。

（三）软硬兼顾，内外并修

推进"一带一路"文化建设，要从两个方向入手，既要有政策、贸易、硬件设施、体制机制等硬实力的支撑，又要有项目、活动品牌等软实力的建设，需要软硬兼顾，内外并修，两者相互配合、相辅相成。在维护国家安全的前提下，依托国际文化合作平台、区域文化发展带的建设，提高我国在"一带一路"倡议下文化领域的合作开放水平。

一方面，要深挖传统文化脉络，唤醒文化自觉和文化自信，依据"一带一路"相关省、市、自治区的区位优势和文化资源，力争与中亚、西亚、北非、南亚、东南亚、中东欧、东北亚等沿线区域共同建设文化合作走廊。同时，要进一步健全与沿线国家政府、民间文化机构的人文交流合作机制，完善部际、部省、官民合作等工作机制。另一方面，要致力于在"一带一路"沿线打造"道路联通、贸易畅通、货币流通、政策沟通、人心相通"的区域合作框架，建设"中国—中亚经济走廊"等，在沿线国家形成布局合理、功能完备的中国文化中心设施网络。同时，要充分发挥重大文化交流品牌活动的载体作用，使"一带一路"文化贸易综合服务体系建设渐成规模。

（四）创新引领，科技驱动

第一，以创新思维为引领，推动传统产业脱胎换骨。文化是一个国家、一个民族的灵魂。国家和民族的强盛需要以文化为支撑。传承和创新中国传统文化，铸就中华文化的新辉煌，需要在不断探究中华文化精神的基础上，实现中华民族传统文化的传承和传播。关于让文物活起来，国务院印发《关于进一步加强文物工作的指导意见》，提出要大力发展文博创意产业，培育新型文化业态，适应当前形势和经济社会的发展需要。2018年1月21日，中国互联网络信息中心发布第41次《中国互联网络发展状况统计报告》，报告显示，截至2017年12月，我国网民规模达7.72亿，普及率达55.8%。全球互联网报告也指出，全球互联网人口已经突破40亿。"互联网+"时代为"一带一路"的文化交流和发展提供了前所未有的便捷，网络文学、电子出版、自媒体等新兴文化业态正在抢占发展机遇，文化产业正在发生着一次深刻的"裂变"。推动新的文化产业生态链形成，加速文化贸易走出国门，"一带一路"的内涵也将会伴随着互联网的普及而传播四海。[①]

第二，科技创新是当今时代的第一发展动力。科技飞速发展，产业更新迭代加快，在物联网、云计算、大数据、区块链等变革性科技的推动和融合下，以创新和新技术为驱动的新型文化产业不断呈现，传统产业因科技的介入迅速转型升级。同时，在技术驱动、资本介入和政策扶持等多方面助推下，文化科技将成为未来全球经济增长和区域发展的战略高地。所以，提升国家文化软

---

① 范周."一带一路"战略中的文化建设与交流若干思考[J].大陆桥视野，2016（11）：32.

实力,要重视科技的融合作用,为国际市场提供更具时代竞争力的文化产品和服务,推动中国从文化资源大国向文化产业强国的飞跃。

(五)互联互通,互惠互鉴

互联互通是"一带一路"的血脉,"一带一路"和互联互通相容、相通、相辅相成。"丝绸之路"起源于各人类文明中心之间的相互吸引,一直以来都是东西方文化交流的代名词,也是文明交流的大动脉。今天的"一带一路"倡议连接历史、通向未来,纽系中国又融通世界,强调与沿线国家的互联互通和互惠互鉴,从文化交流到民心相通双向互动。"一带一路"建设强调文化交流、文明互鉴,这就要求一切往来与合作都应该是双向互动的。在鼓励中国企业走出去拓展海外市场的同时,也要欢迎外国企业和资本进入国内市场;在推动中国文化走出去的同时,也要以开放包容的胸怀学习和借鉴其他国家和民族先进的文明成果、管理制度和行业经验。新时期下,"一带一路"倡议重新规划了中国未来的发展路线,使西部地区成为改革开放新前沿。中西部省区市应该抓住这次宝贵的发展契机,积极发挥自身区位优势和丰富资源,与地理趋近、文化趋同的沿线国家和地区开展更多互联互通、互惠互鉴的合作,实现中西部地区的跨越式发展。"一带一路"所构建的是文化发展与合作的广阔市场和空间,面对这样的利好形式,应该发挥文化资源跨境整合的优势,突破原有文化发展的资源与地域瓶颈,实现文化共建、利益共享。①

---

① 范周."一带一路"的文化遗产价值体现与保护利用[J].遗产与保护研究,2016,1(1):18—21.

第二节 大运河文化带的先行示范

一、推动大运河文化带建设，打造中华文明金名片

大运河，是中国传统文化和民族经济的典型代表。如果说万里长城是中华民族挺立不屈的脊梁，那大运河就是中华民族奔流不息的民族血脉，凝聚着中国古代人民的勤劳智慧，是中华民族标志性的杰出工程。中国大运河是人类文明史上开凿最早、里程最长、工程量最大的运河，千年的历史承载了中华民族优秀而又丰富的民族文化基因，积淀了深厚的历史文化遗产，成就了今日的大运河文化，并成为中国传统文化中不可或缺的组成部分。

2014年，在卡塔尔首都多哈召开的第38届世界遗产大会宣布，中国大运河项目成功入选世界文化遗产名录，成为中国的第46个世界文化遗产项目，是中华文明重要的符号。2017年2月，习近平总书记在视察京杭大运河通州段时指出："要古为今用，深入挖掘以大运河为核心的历史文化资源，保护大运河是运河沿线所有地区的共同责任，北京要积极发挥示范作用。"2017年6月，习近平总书记又在中办调研室关于大运河文化带建设的报告中批示："大运河是祖先留给我们的宝贵遗产，是流动的文化，要统筹好、保护好、利用好。"站在传承中华文明、增强民族文化自信、提高中国文化影响力的高度上，习近平总书记对于大运河文化带的建设做出了重要批示。

大运河文化带的保护传承与利用，不仅是大运河沿线城市和区域重要的职责和历史性机遇，也是从事文化研究与教学的高等

院校不可推卸的责任。"没有调研就没有发言权。"为了更好地推动大运河文化资源转化为国家经济社会发展的强大动力,推动中华文明的伟大复兴和沿线城市的快速发展,2014年以来,中国传媒大学文化发展研究院进行了两次"大运河文化行",对大运河沿线8个省市的文化产业状况进行了实地考察与跟踪研究,撰写了多篇深度思考的学术性文章及《"京杭大运河文化带"调研报告》《大运河文化带调研报告》,成果丰硕。在两次调研中,我们更加深刻地感受到,大运河文化带的建设,是需要集众人之智、合众人之力的千秋大业;是连接区域文化、推动协同发展的文化纽带;是传承文化基因、传播中华文明的重要平台;是大历史观背景下推动区域文化产业协同创新的时代议题。[①]

(一)大运河文化带的文化使命

中国的大运河包括隋唐大运河、京杭大运河和浙东大运河三大部分,总长约4000公里。一条大运河,半部文明史。大运河肇始于春秋,贯通于隋朝,初兴于唐宋,取直于元代,鼎盛于明清,部分河段通航至今。2500多年来,中国大运河在维护国家统一、繁荣社会经济、促进文化交流、兴盛沿线城市等方面发挥了不可磨灭的作用。它是南北交通的大动脉、国家统一的战略线、财富流动的大通道、文化融合的枢纽带、城市聚集的绵延区。

大运河是一条流动的、活着的世界级人类文明遗产,是中华民族的精神家园,是千年文化的吐纳平台。事实表明,在两千多年的历史进程中,大运河的每一次开凿和延伸,都极大促进了国

---

① 范周,王若晞.群策群力,共话大运河文化带建设未来时[J].人文天下,2017(18):55—57.

家的统一和进步,增强了中华民族的凝聚力和向心力,推动南北文化交流和经济社会协调发展。今天,大运河又与雄安新区建设、京津冀协同发展、长江经济带发展等重大国家战略以及"一带一路"建设具有密切的联系。它牵起了京津冀、长三角两大城市群,连通了两个直辖市。特别是其西北接"丝绸之路经济带",东南连"21世纪海上丝绸之路",成就了"一带一路"整体布局的完美一圈,让国家战略更显协同性、全局性和科学性。

从为军事而建的王国之河,到为漕运而生的漕运之路,走到历史节点的现在,它是积淀了千年文化,具有工程性、线廊性、活态性、融合性为一体的文化之河。今天,在实现中华民族伟大复兴中国梦的历史背景下,推进大运河文化带建设,正显示出独特的价值与意义。这不仅是推动优秀文化创新传承、增强民族向心力和凝聚力、提升国家文化软实力的必然选择,是转化千年文化势能、打造世界级文化发展平台、建设中国文化产业发展脊梁带的重要路径;更是为满足人民对美好生活的新期待,推动城市公共服务建设、丰富文旅休闲生活、塑造城市特色与形象的重要方式,是探索区域协同发展、城乡统筹发展、对外开放发展的战略抓手。

(二)大运河文化带的经济价值

从古至今,中国大运河全面带动了沿岸城乡的发展,从农业灌溉、渔业养殖到运输贸易,运河沿岸逐渐形成了名城开封、苏州、绍兴,造船工业基地镇江,和近代民族工业的发祥地无锡,对外贸易港口扬州、宁波等重要城市,并留下了流成的杭州、飘来的北京的佳话。现在京杭大运河北京到济宁航段因为缺水和疏于整修,已经不能通航。随着大运河交通运输功能的衰退,其文化和经济价值被激发和重视,并在文化引领、城市发展、经济转型等方面发挥着重要作用,创造了极大的价值。

在《大运河文化带调研报告》中,我们对沿线8省市的经济和文化产业发展状况做了初步的梳理。2016年,8省市的经济总量为328469.77亿元,占全国比例为44.14%;人均GDP为65252元,高于全国平均水平11436元;其中4省的GDP居全国前5名,是国家经济发展的中流砥柱。2015年大运河流经省(直辖市)文化产值总量12966亿元,占全国比重的47%,文化产业产值占GDP比例为4.03%,高于全国0.05个百分点。从整体来看,大运河沿线省市凝聚着中国文化产业发展的核心力量(见表5-1)。

表5-1 2016年沿线省(直辖市)的文化产业发展指标

省(直辖市)	文化产业增加值	占GDP比重
北京市	3570.5亿元(2016年)	14.34%
天津市	798亿元(2016年)	4.46%
河北省	960.36亿元(2015年)	3.22%
山东省	2481亿元(2016年)	3.70%
河南省	1111.87亿元(2015年)	3%
安徽省	833.71亿元(2015年)	3.79%
江苏省	3800亿元(2016年)	4.99%
浙江省	2952亿元(2016年)	6.35%

沿线各省市不断以大运河为平台,以文化为核心,以经济为抓手,实现了城市经济的快速发展,文化产业所占GDP比重逐年上升。其产业化开发的特点主要有以下三种。

1. 文化旅游创新融合

大运河沿线丰富而又类型多样的文化资源为城市的文化产业

发展提供了坚实的物质和精神积淀，文化产业作为一种与其他产业融合度较高的产业类型，与旅游业的跨界融合成为必然的趋势。2018年，新组建的文化和旅游部正式挂牌，有利于业态更新、产业升级和消费升级，对提高国家文化软实力和中华文化影响力具有重要意义。据统计，我国很多运河城市在文旅融合发展上已有成功经验。例如，2017年，杭州首座运河水路集散服务中心正式运营，是一个集交通换乘、商业旅游、文化休闲等功能于一体的复合式文化体验社交中心。该项目通过创新商业模式，使大运河这一活着的文化遗产呈现新的面貌，老船厂摇身一变成为文旅融合新地标。

2. 特色小镇快速成长

2014年，杭州的云栖小镇首次提出特色小镇的概念。2015年习近平总书记提出抓特色小镇、小城镇建设大有可为，对经济转型升级、新型城镇化建设，都大有重要意义，2018年首次把"特色小城镇"写进了政府工作报告。随着《国家发展改革委、国家开发银行关于开发性金融支持特色小（城）镇建设促进脱贫攻坚的意见》《关于组织开展农业特色互联网小镇建设试点工作的通知》等一系列政策利好的推出，特色小镇如雨后春笋般不断涌现，大运河流经的浙江成为最早建设特色小镇的省份，给全国各地提供了可参考的样本和范例。按照创新、协调、绿色、开放、共享发展理念，浙江的特色小镇聚焦信息经济、环保、健康、旅游、时尚、金融、高端装备七大新兴产业，成为融合产业、文化、旅游、社区功能的新创新创业发展平台。

3. 新型文化业态不断发展

在过去5年时间里，我国文化产业年均增长13%以上，数字经济所占比重逐年上升。在科技创新、产业升级、消费驱动等因素的推动下,"跨界融合""科技引领""版权衍生""沉浸体验"将继续成为未来我国文化业态创新的主要模式与战略方向,尤其以互联网和高科技为动力的新型文化业态不断涌现,不仅创新文化供给的内容和形式,改变和颠覆文化消费习惯,更对经济结构的调整发挥了重要作用。《2017中国数字经济发展报告》显示,按照省份划分,北京、浙江、山东等运河城市位于发展的第一梯队,数字经济规模均在10000亿元以上。[①]

(三)大运河文化带建设需注意的问题

1. 需梳理资源,弄清家底

大运河流过千年之后,为后世留下了无数的古闸、古塔、古镇和丰富的历史传说、艺术民俗等宝贵财富,如何梳理好运河沿岸众多、庞杂、分散的隐性或显性遗产资源,对这些文化资源进行发掘、分类,形成有文、有图、有视频的权威且全面的数据库,摸清家底,为日后的研究、管理、规划奠定坚实的基础,是需要思考的重点和难点。

2. 需保护生态,不失本真

我们在调研大运河过程中发现,其沿岸的文化遗产也面临危机。沿线一些城市"重申报、轻管理"的思维导致大运河在生态和文化两方面的保护情况不容乐观。生态方面,污染严重、监测不利、污水直排和垃圾乱倒仍然存在;文化方面,一些古闸、古桥遗址以开发名义遭到严重的破坏。

---

① 阿里巴巴. 2017中国数字经济发展报告[EB/OL]. (2018-01-10) [2018-06-27]. http://www.cbdio.com/BigData/2018/01/10/content_5661596.htm.

3. 需激发活力，与时俱进

大运河蕴含着丰富的文化内核和财富，如何让其与现代社会发展对接，构建新时代中国人民的精神家园是需要思考的问题。大运河是活态的线性文化遗产，沿线文化资源种类繁多，因没有可借鉴的保护和传承先例，所以探索创新性保护和创造性传承之路迫在眉睫。

4. 需妙用IP，转化势能

大运河是一个具有极大开发潜力的超级IP，目前还处于低水平的利用开发阶段，并且同质化的趋势令人担忧。主要表现在：一是对于大运河文化的挖掘远远不够；二是开发模式极少；三是与城市的共生关系有待加强。

5. 需统筹合作，协同发展

大运河文化带建设是一个系统性的大工程，纵向上需要国家、省、市及各行政单元形成合力，横向上需沿线各城市和各部门之间的协抓共管。目前来看，各层级虽做出了一些努力，但仍然存在一些问题。如国家层面统筹有待加强，各职能部门多头管理有待改进，宣传投入有待增多，组织和政策保障需继续投入。

（四）推进大运河文化带建设的新思考

1. 抓关键，保护先行

对于大运河的文化建设，习近平总书记明确提出要做好"保护好、传承好、利用好"三篇文章。目前沿线各省市不断加快运河的开发速度，运河面貌在日日新的同时，也出现了诸多问题，例如文化遗产未能妥善活化、文化资源浪费、生态环境堪忧、地域交流不畅等困境。因此，对于大运河开发要注意有计划、有统筹、有重点地进行。以保护为主，提高文化遗产的传承效率，不断完善和创新运河历史文化风貌的保护和开发模式。

2. 重传承，古为今用

保护是为了传承。为了让世界遗产焕发生机和活力，必须寻找恰当合理的传承路径，实现历史文化与现代文化的顺利对接，做到古为今用、创新传承。例如，借助新型的网络宣传平台，与线下结合，开展社会教育和学校教育相关活动，让千年的运河文化走进人们的视野，融入人们的生活。再如，建立综合的展示体系，杭州的中国京杭大运河博物馆是目前最常见的运河历史文化展示载体。

3. 巧布局，科学利用

在各地的开发布局中，要格外注意处理好资源和产业之间的关系，合理分配大运河建设与公共文化服务、文化产业、文化交流三者之间的关系。另外，将文化遗产的保护和展示、文旅融合、文化创意开发、文化交流合作放在运河文化开发和利用的重要位置。

4. 理系统，以人为本

大运河是古代劳动人民智慧的结晶，是两岸人民繁衍生息的生动见证，更是现代人民文化与情感的寄托载体。大运河与人民息息相关，立足于人民的基本需求，满足人民日益增长的精神文化生活需要，"还河于民、造福于民"，应该是大运河文化带建设始终要坚持的基本原则和价值取向。

二、文化传统的传承和文化遗产的保护

我国自 1985 年加入《保护世界文化和自然遗产公约》以来，

积极履行公约,采取了一系列措施加快遗产保护事业发展。2004年8月,中国又加入了联合国教科文组织《保护非物质文化遗产公约》,成为拥有入选代表作名录、急需保护录和优秀实践名册项目最多的国家。39项人类非物质文化遗产,居世界第一;52处世界遗产,居世界第二。扎实做好文化遗产的保护和传承工作是摆在我们面前的时代课题。文化遗产是一个国家和民族历史文化成就最重要的标志,不仅对于研究人类文明的演进具有重要意义,对于展现世界文化的多样性也有着独特的作用,有利于本民族对传统文化的传承和发展。

千百年来,因运河而创造、发展的物质财富和精神财富的总和被称为大运河文化,具体的表现为文化遗产的呈现,包括物质文化遗产和非物质文化遗产。在悠久的历史时空里,运河沿线城市又形成了中原文化、燕赵文化、齐鲁文化、江南文化等,完美地融合在这条千年长河血脉中。

文化遗产是具有一定价值和意义的传统文化的载体,这些载体跨越时间的界限,以各种方式连接了历史和现代人之间的情感,隐藏着一个民族的文化基因,更承载了一个民族的文化认同感和自豪感。习近平总书记在党的十九大报告中明确提出:"深入挖掘中华优秀传统文化蕴含的思想观念、人文精神、道德规范,结合时代要求继承创新,让中华文化展现出永久魅力和时代风采。"深入挖掘以大运河为核心的历史文化资源,传承和弘扬优秀传统文化,对于增强文化自信、建设社会主义文化强国具有重要意义,更是构建现代公共文化服务体系、推动文化产业发展繁荣的必经之路。

(一)加强顶层设计,系统梳理资源

十八届五中全会提出,要"构建中华优秀传统文化传承体系,加强文化遗产保护，振兴传统工艺，实施中华典籍整理工程"。十九大报告要求加强文物保护利用和文化遗产传承。习近平总书记又曾强调，通州有不少历史文化遗产，要古为今用，深入挖掘以大运河为核心的历史文化资源。要"系统梳理传统文化资源，让收藏在博物馆里的文物、陈列在广阔大地上的遗产、书写在古籍里的文字都活起来"。充分说明从加强顶层设计和利用现代化手段系统梳理文化资源的重要意义。

我国大运河沿线文化遗产众多，首先，梳理好大运河庞杂分散的文化资源，弄清文化"家底"，为大运河文化带的研究、规划、监测、管理等工作打下基础。2500年的历史，4000多公里河道，无数的古闸、古塔、古桥以及丰富多彩的故事、民俗、艺术等，将这些宝贵资源进行进一步挖掘和梳理，形成集图、文、视频等于一体的权威、统一数据库，这项工作势在必行。

其次，加强大运河文化带文化遗产保护和利用国家层面的顶层设计，形成文保、规划、国土、交建、水利等部门共同参与的工作机制。目前针对文化遗产保护，我国已经建立了中央、地方和遗产地三级管理机构和队伍，形成了行之有效的规划、建设、管护、监测、执法等综合管理体系。大运河文化带建设是党中央号召的一项重要的战略性决策，也是一项极为复杂的文化遗产系统保护和利用工程。由于大运河属于活态遗产，形成长期"九龙治水"的现象，涉及水利、文保、国土、规划、园林、旅游等多个部门，一些大运河文化遗产点也属于不同部门管理，整体管理结构较为混乱。因此，借助大运河文化带建设的契机，应该进一步完善大运河文化遗产保护、管理、利用的长效机制和体系，提升大运河文化遗产保护、传承和利用的效率和水平（见表5-2）。

表 5-2　京杭大运河、隋唐大运河、浙东大运河入"世遗"项目对比[①]

指标	京杭大运河	隋唐大运河	浙东大运河
遗产河段（个）	19	5	3
占总遗产河段比	70.5%	18.5%	11%
遗产点（个）	49	4	5
占总遗产点比	84.5%	6.9%	8.6%

（二）坚持以人为本，挖掘文化内核

1. 以文化人

"以人为本"的人本精神是中华文化传承至今的根本特征。文化中的精华因子内化于心，外化于行；以立德树人为根本任务，将中华文化传承作为一项工程贯穿国民教育的始终。中华传统文化博大精深，挖掘大运河文化的精神内核，始终要以"人"作为传承的主体和对象。文化的浸润对人的行为产生影响，将大运河文化的精髓内化于心，外化于行，有益于社会主义核心价值观建设和中华民族的文化自信和文化自强，让艺术为时代服务，为人民服务。

2. 培养人才

大运河文化带文化遗产的保护和传承最核心的根本是人才。一方面是加强非遗传承人的保护和培养。大运河沿线的非遗传承项目众多，从传统戏曲到传统工艺再到文学、杂耍、曲艺等，其丰富多彩和至臻至美都是大运河文化的生动体现，中国传统文化的精髓也在传承中熠熠生辉。非物质文化遗产传承人老龄化严重、传承人青黄不接的现象是目前亟待解决的问题。另一方面，培养

[①] 中国传媒大学文化发展研究院.大运河文化带调研报告[EB/OL].(2017-09-11)[2018-10-25]. https://www.sohu.com/a/193128298_182272.

文化遗产保护和传承的从业人才。提高相关从业者的文化素养和专业化技能，激发文化遗产保护传承队伍的升级和活力，是推动工作高效有序进行的前提。

（三）既要传承，又要创新

习近平总书记在视察通州运河森林公园时强调，"通州有不少历史文化遗产，要古为今用，深入挖掘以大运河为核心的历史文化资源"。如何平衡好文化遗产传承和创新之间的关系，做到可持续发展是值得深入研究的问题。

让传统文化"活"起来，也是文化传承中的一大重要命题。活化传承不是将传统文化束之高阁，放进博物馆，而是通过让文化走进时代，走进大众的生活，同国家和民族的发展紧密相连，绵延不绝。2016年5月，国务院印发《国务院办公厅转发文化部等部门关于推动文化文物单位文化创意产品开发若干意见的通知》（国办发〔2016〕36号），明确提出推动各类博物馆、美术馆、图书馆等文化文物单位发掘馆藏文化资源，开发文化创意产品。2016年10月，国家文物局印发《关于促进文物合理利用的若干意见》（文物政发〔2016〕21号），提出扩大文物资源社会开放度、促进馆际交流提高藏品利用率、加强革命文物展示利用、创新利用方式、落实文化创意产品开发政策等措施、鼓励社会力量参与六项举措切实让文物活起来。近年来，在党中央和国务院的高度重视下，文化传承和文物保护工作取得了良好的进展，文物开发和市场化运作方面也有了不少成功的案例。通过IP开发、科技和创意设计融合、推动试点先行等举措，故宫博物院成为其中一个成功的案例。运河是人民的河，必将再次流入人民的生活。在大运河文化遗产的保护和传承过程中，应该积极思考如何将运河IP

和现代人生活充分融合,并通过创意产品活化进行精神的传承和延续。

(四)科技助力,强化宣传

首先,科技的创新发展为文化遗产保护提供了物质技术手段。例如为保护文物,促进文物工作的顺利进行,北京故宫博物院建立了一所全面、完备、科研与临床并重的"文物医院",通过建立病历档案,累积研究数据,利用现代的科学仪器,探测出文物病害,并做出相应的修复方案,保证了文物的可持续保存。

其次,科技的发展促进了文化的交流,创新了文化传播的手段。例如,2016年,为贯彻落实国务院《关于进一步加强文物工作的指导意见》(国发(2016)17号),国家文物局、国家发展和改革委员会、科学技术部、工业和信息化部、财政部共同编制了《"互联网+中华文明"三年行动计划》。第一,实现了博物馆文物的数字化梳理和保存。第二,通过VR、AR等高科技应用实现了文物的历史还原过程演示和与观众的交互体验。第三,通过互联网和科技的快速发展,加快了中国传统文化与世界文化的交流。通过互联网,借助"一带一路"建设、京津冀协同发展、大运河文化带建设,生动展现中国传统文化的魅力,展示中国的文化自信和文化包容,促进世界的文化交流。

(五)保护先行,法治护航

文化资源的保护和传统文化的传承需要强大和完善的法律体系作为有效支撑。中国是一个文物大国,但在文化遗产保护方面起步较晚,存在着法制观念淡薄、立法滞后、文物法规震慑力不足等问题。1982年11月19日,为加强对文物的保护,继承中华民族优秀的历史文化遗产,促进科学研究工作等,第五届全国人民代表大会常务委员会第二十五次会议通过并开始实施《中华人民共和国文物保护法》，从此我国文化资源的保护初步实现了有法可依。但仍存在着现行法规实施不到位，政府相关部门重视程度不够，导致文化资源保护和利用效率低下等问题。因此，为促进大运河文化带文化资源的保护和传统文化的传承，首先，要强化法制意识，更新"人知"观念意识，让各级政府和相关部门做到懂法，相关文化建设参与者做到依法，社会工作做到知法，共同营造良好的法治氛围。其次，破除体制机制障碍。权责明晰，以文保单位为主，统筹规划、保护和管理文化资源的行政管理体系、执法保障体系等。最后，加快立法，建立完善的法制保障体系。有法可依，有法必依，执法必严，违法必究，只有建立上下联动、有效且可持续的法制保障体系，才能促进文化资源的保护和传统文化的有效传承。

三、文化的区域协同合作

大运河文化带建设是我国经济发展的一项重大战略决策。从位置上看，京杭大运河南北绵延1794千米，连接长三角、淮海、环渤海等几大中国强势经济圈，西北接"丝绸之路经济带"，东南连"21世纪海上丝绸之路"，拥有雄厚的腹地经济和文化消费群体；从与国家战略的文化经济协同角度来看，建设大运河文化带，挖掘运河文化核心，积极将文化带的建设融入北京一体两翼、京津冀协同发展、长江经济带建设、"一带一路"建设和中国文化走出去，是值得探索的新课题。

（一）大运河文化带与北京一体两翼建设

《北京市"十三五"时期加强全国文化中心建设规划》的发展

格局中提到"发挥京津冀地域相近、文脉相亲的地缘优势，统筹推动长城文化带、运河文化带、西山文化带建设，实现历史文化遗产连片、成线整体保护"，将"推进长城文化带、西山文化带、大运河文化带的保护利用"列入主要任务，"大运河文化带"成为京城文化第一带。大运河北京段全长82公里，横跨六区，处于连接北京中心城和副中心的重要位置。北京作为全国的文化中心，应在保护和传承大运河文化带上做出相应贡献。

1. 做好引领示范

深挖大运河文化带的丰富内涵，推进大运河文化带的保护利用，使大运河文化带成为北京建设全国文化中心的示范工程和满足人民群众精神文化需求的民心工程，做好保护好、传承好、利用好这三篇文章。

2. 统筹协作

北京要积极统筹整合六区的文化资源，强化与京津冀三地的对接；统筹政府各部门力量，做好大运河文化带的疏解整治、生态治理等工作；同时统筹社会力量积极参与，更好地发挥市场作用，扎实推进大运河文化带建设。

3. 协同推进

"雄安新区"和"通州城市副中心"是北京的两翼，缺一不可。雄安新区和通州副中心不仅要实现水路上的连接，更要进一步呼应北京段大运河文化带建设计划，共同再现古运河的盛世辉煌。大运河文化带建设和雄安新区发展都是关乎国家未来的重要战略，要互相配合，发挥一"带"和一"区"的建设协同。

（二）大运河文化带与京津冀协同发展

北运河是京杭大运河的北段，主要流经北京通州、河北香河、天津武清等地，全长140多公里，目前京津冀三地围绕大运河的保护和传承在共同发力。

1. 重拾乡愁

大运河作为人类文明史上开凿最早、里程最长、工程量最大的运河，不仅凝结了中国古代人民的智慧，更在千年的积淀中留下了丰富多彩的文化基因，如江南文化、齐鲁文化、燕赵文化等。北运河连接京津冀三地，承载了三地共同的乡愁记忆，地相接、人相亲、文脉相连，为三地的协同发展搭建了共融的桥梁。

2. 统一规划

大运河作为活态的文化遗产，其传承和保护涉及多个职能部门和行政区域。京津冀作为协同发展高地，应在破除多头管理和协同规划方面做出示范。目前北运河的正式通航已经纳入顶层设计，在文化产业发展等各方面也已经陆续推出合作意向，但还是要更多地具体落实。

3. 整合拓展

通过文旅融合发展，围绕运河的保护传承，探索有关运河文化旅游的景观打造和产品设计，打造京津冀运河休闲观光带，让游人在休闲度假之余体味大运河所蕴含的广博、厚重和包容的中华文化，打造运河文化休闲观光品牌，使三地的运河文化和价值充分实现社会效益和经济效益的统一。2017年，北京市通州区、天津市武清区、河北省廊坊市成立"通武廊旅游合作联盟"，协力推进"通武廊运河旅游带"建设，共同推出以运河文化为主题的旅游线路，其中包括通过堤岸整修、河道治理、水体改善探索北运河京津冀段旅游性通航。

（三）大运河文化带与沿线经济带建设

大运河文化带与沿线京津冀、长三角城市群，共同交织形成了庞大的文化经济综合体。

首先，大运河文化带与长三角和京津冀两大城市群，具有新的国家发展支撑战略作用。通过进一步的改革开放和重大工程建设，将长三角、淮海经济区、京津冀三大板块的产业和基础设施连接起来，实现要素的流通和市场的统一，促进产业有序转移和优化升级，形成强大的发展新动力。

其次，大运河文化带建设是实现经济发展和文化遗产保护、生态环境建设有机协调的迫切需求。大运河沿线城市经济不断发展，也面临着经济转型、产业升级和生态改善等多方面的问题。大运河文化带建设必须要从统筹好三者的关系，不断促进生态优化的基础上，实现产业结构的转型，促进沿线文化遗产的有效保护和利用。

最后，大运河文化带建设是深化供给侧结构性改革，促进经济转型升级的重要举措。通过科技创新，深入实施"美丽运河"建设，以"绿色、低碳、高效"为重点，加快经济转型，大力推进智慧型经济、生态型经济、科技型经济发展。明确主导产业、准确定位，加快园区的提升改造力度，进一步完善管理，拓展更加开阔的发展空间。

（四）大运河文化带与"中华文化走出去"

北通陆上丝绸之路，南至海上丝绸之路，大运河融入"一带一路"建设，是加快世界级文化运河建设的题中应有之义。

1. 文化展示

在2500年的历史长河中，大运河文化留下了丰富的文化资源和运河精神，分布在京津、燕赵、中原、齐鲁、淮扬、吴越六地，曲艺、工艺、饮食等众多文化类别在大运河的绵延之下，串联成中华文明最璀璨的明珠，闪耀在中国的东部地区。挖掘大运河文化内核，保护和传承大运河文化遗产，通过发展大运河文旅产业进一步继承中华优秀传统文化，更加全面地展示中华文化的博大精深。

2. 文化连接

大运河沟通了我国海河、黄河、淮河、长江、钱塘江五大水系，从空间上形成水陆双重对接。宁波、扬州等地是运河和丝路的重要节点，运河成为沟通两大丝路的"廊道"和"桥梁"。建设运河文化经济带，就是建设"一带一路"倡议中具有文化经济学属性的中国案例。

3. 文化复兴

大运河承载了中华文化的多元性、包容性和开放性等特征，建设大运河文化带，就是在为实现文化强国目标添油助力，是为中国梦建设增加文化自信。在充分挖掘运河文化的基础上，运用现代科技和创意，将运河文化变成运河文化产品，在世界舞台上讲好中国故事，在促进运河文化的繁荣和经济发展的同时，助推文化强国建设。

长江经济带、京津冀一体化是非常明确的国家战略，大运河正好是这几个区域经济文化的连接通道，大运河文化带建设将会有机地连接好各经济板块，形成覆盖全国大部分国土的区域经济发展战略。[①]

[①] 中国传媒大学文化发展研究院. 大运河文化带调研报告 [EB/OL]. (2017-09-11) [2018-10-25]. https://www.sohu.com/a/193128298_182272.

第三节 京津冀文化产业文化协同规划

推动京津冀协同发展，是党中央在新的历史条件下植根于时代要求、着眼于宏伟目标、来源于实践探索做出的重大决策部署。为了协调推进"四个全面"战略布局、实现"两个一百年"奋斗目标和中华民族伟大复兴的中国梦，京津冀协同发展是历史的必然选择，也是国家在新时期的重大发展战略。

随着京津冀协同发展上升为国家战略，文化产业作为京津冀地区共同扶持和发展的战略性产业，在调整产业机构、促进产业升级等方面的作用举足轻重。京津冀地缘相接，文脉相承，三地资源丰厚，地方特色鲜明，相同性和差异性并存，在文化协同发展方面有着广泛的合作空间。需要不断明确三地文化产业的功能定位，优化京津冀地区文化产业空间布局，研究疏解非首都功能，构建高精尖经济结构，推动京津冀文化市场一体化进程。

一、京津冀文化协同发展的定位

（一）京津冀文化协同发展的背景

京津冀地区同属京畿重地，是我国经济最具活力、开放程度最高、创新能力最强、吸纳人口最多的地区之一，也是拉动我国经济发展的重要引擎，其战略地位十分重要。由于北京在发展过程中聚集了过多的非首都功能，"大城市病"日益突出，引发了人口过度膨胀、交通日益拥堵、大气污染严重、社会治理难度大等一系列社会问题。京津两地过度"肥胖"，周边小城市过于"瘦弱"，区域发展差距越来越大，尤其是河北与北京、天津的发展水平和公共服务水平的差距，迫切需要国家层面加强统筹，有效疏解北京非首都功能，推进京津冀三省市总体协调发展。

习近平总书记在2014年听取京津冀协同发展工作汇报座谈会时全面深刻地阐释了京津冀协同发展战略的重大意义、推进思路和重点任务，提出要坚持优势互补、互利共赢、扎实推进，加快走出一条科学持续的协同发展路子。推进京津冀协同发展是适应我国经济发展新常态、应对资源环境压力和区域发展不平衡的重要举措，对于加快转变经济发展方式、培育增长新动力、优化区域发展格局具有重要的现实意义。

京津冀协同发展，经济、交通、商贸、生态等都是协同重点。文化的协同发展绝不能缺位，只有激活文化协同的基因，才能从根本上增强京津冀协同发展的内驱动力，促进其他各领域全方位一体化发展。京津冀地缘相接，文脉相承，人缘相亲，具有良好的协同发展的基础。

北京是京津冀地区文化产业发展的龙头，文化资源极为丰富，人才资本要素集中，在文化艺术、新闻出版、广播影视和文化旅游等方面优势显著。作为对外文化贸易的窗口，又是国家级文化产业创新实验区，北京能够对周边区域形成巨大的辐射作用，带动次级文化中心的发展。2016年北京文化创意产业总体发展持续向好，稳中有升，支柱地位更加巩固，产业增加值占比、居民文化消费、资本市场等多项指标继续保持全国领先。2016年北京文化产业实现增加值3581.1亿元，占地区生产总值的比重达到14%，广播电视电影、软件和信息技术、文化休闲娱乐成投资热点。天津市拥有环渤海地理环境优势，是北方经贸往来和对外开放的腹地，便利的海运、空港条件为高端文化装备制造业的发展提供了有利条件。同时，天津具有独特的"津派"文化底蕴，其特色文化产业、软件互联网、广告会展产业等产业优势明显，产业环节大多集中在内容创意、制作复制、发行展示等领域。河北省作为一个有着深厚历史文化积淀的大省，拥有大量极具地方特色的文化资源。2014年，河北省形成了以出版印刷发行、文化旅游、文化产品生产及销售业等为主导的特色文化产业，产业环节主要集中在生产复制、文化消费等中间环节，在文化制造业的发展方面具有较大的潜力。[①]

（二）京津冀文化协同发展的意义

京津冀文化协同发展是解决首都"大城市病"的重要手段。目前北京正面临着"大城市病"的困扰，交通拥堵、环境污染等影响了北京作为全国政治中心、文化中心、国际交往中心和科技创新中心的对外形象，阻碍了世界城市的建设。解决北京的"大城市病"，需通过将北京产业、企业、机构向外转移，建立京津冀之间有效合作的机制和路径，也会为天津和河北产业转型升级提供重要的机会，其中，京津冀文化的协同发展是非常重要的一级。

京津冀文化协同发展是协调推进"四个全面"战略布局的重要环节。面对2020年全面建成小康社会的紧迫任务，需要在全面推进经济发展中寻求新的突破口和增长极，以辐射带动其他区域的经济发展。京津冀处于我国东部地区拉动区域经济增长的重要位置，京津冀协同发展是全面建成小康社会的重大战略之一，对

---

① 范周.京津冀协同发展，文化不能缺席 [EB/OL]. (2015-08-25) [2018-06-27]. https://mp.weixin.qq.com/s?__biz=MzAxNTEwMjcwMQ%3D%3D&idx=1&mid=207590337&scene=21&sn=7eff32ff2bd354d4f7fa52a3f68a3bbd.

调整和优化经济结构,促进京津冀均衡发展具有重要意义。

京津冀文化协同发展是经济新常态背景下的重要举措。经济新常态的其中一个变化,是发展动力从要素驱动、投资驱动转向创新驱动,同时显现消费需求、投资需求等九大趋势变化。[1]随着互联网时代的到来和中国经济新常态的转型和发展,以创新为核心的文化创意产业迎合时代潮流,成为中国经济新的增长点。"十三五"规划建议明确提出:2020年文化产业要成为国民经济产业支柱。京津冀协同发展、长江经济带建设等重大国家战略成为我国未来转变经济发展方式的重要机遇和平台。

京津冀文化协同发展是提升我国世界级城市群国际竞争力的重要战略选择。未来的国际竞争不再仅仅是城市与城市之间的竞争,而是转化为城市群与城市群之间的竞争。目前世界上具有较强竞争力和影响力的城市群主要包括大纽约都市圈、巴黎都市圈、伦敦都市圈、东京都市圈等。京津冀城市群是我国继长三角和珠三角之后的又一大世界级城市群,但从经济总量来看和其他几个世界级城市群仍存在一定的差距。在经济全球化的背景下,对于以创造力为核心的新兴产业的文化产业,应该站在世界的高度正视其发展的重要作用。文化软实力已经成为国际竞争力的重要组成部分;积极推进京津冀文化协同发展是打造中国具有竞争力和影响力的世界级城市群的必然要求。

(三)京津冀文化协同发展的举措

京津冀一体化是国民经济协调发展、立体发展的一体化,是制度体制、各行各业的一体化。从文化发展角度,京津冀三地的

---

[1] 范周. 雄安新区发展研究报告(第一卷)[M]. 北京:知识产权出版社,2017:228—230.

特点十分明显，北京的定位是文化创意，天津的优势是文化产业高端制造业，河北在文化资源方面具有巨大的利用开发价值。尽管三地在文化产业发展方面各具优势，但是在实际的开发中出现文化投资大量重复、资源浪费和同质化竞争的缺点。如何最大程度地激活京津冀区域一亿人口的文化消费潜力，建立三地公共文化服务体系有效的交流合作机制，促进三地公共文化资源和文化产业的协同共享，是目前一项重要的课题。

2011年，涵盖京津冀地区的首都经济圈被纳入国家"十二五"规划中，并提出京津冀区域经济一体化发展。2014年，京津冀三地的协同发展正式驶入快车道。习近平总书记提出，要坚持优势互补、互利共赢、扎实推进，促进京津冀科学持续的协同发展。基于此背景，要做好文化协同发展，三地应从以下几方面入手。

1. 文化协同，规划先行

习近平总书记提出，推进京津冀发展的第一个要求就是做好顶层设计。2015年3月23日，中央财经领导小组第九次会议审议研究了《京津冀协同发展规划纲要》，4月30日中共中央政治局审议通过，后又出台了一系列京津冀协同发展文件，如《"十三五"时期京津冀国民经济与社会发展规划》《京津冀产业转移指南》等。目前，在文化协同发展方面，三地已经签署了《京津冀三地文化领域协同发展战略框架协议》《京津冀文创园区协同发展备忘录》等文件。实现京津冀地区真正意义上的文化协同发展，仍需要把文化产业的发展形成三地各省市文化特色发展的区域性规划，明晰三地协调机制发挥作用的方式，从而在文化消费政策制定和公共文化服务平台的区域化建设上有所作为。例如，《北京市"十三五"时期文化创意产业发展规划》提出"加强产业链上下游和区域分工协作，建设京津冀地区文化产业发展协作区，构建以京津冀区域性中心城市和节点城市为支点，以京津发展轴、京保石发展轴、京唐秦发展轴为主要产业疏解承载带，以京津冀西北部生态涵养区为文化旅游协同发展板块的一体化发展格局"。

2. 科技助力，梳理资源

摸清家底、梳理资源、明确特色是制定所有政策的前提。首先，利用数字化手段，通过遥感技术、无人机、实地调研、文献收集、市场调查等多种方式建立文化资源的数据库；其次，借助大数据、云计算、物联网等科技手段对文化产业的分布结构、文化消费习惯等做精准的资料收集，从而建立京津冀三地的文化发展资源库，为京津冀文化协同发展提供坚实的数据支撑。例如，2016年10月，国家发展改革委、工业和信息化部、中央网信办同意在京津冀等7个区域推进国家大数据综合试验区建设。

3. 建立机制，人才互通

区域文化产业发展，人才是核心和源动力。当前京津冀地区科技人才布局和结构不均衡问题突出。由于三地经济社会发展水平、公共服务环境、创新创业生态等方面存在巨大的鸿沟，科技人才分布同样呈现京津"肥胖"、周边"瘦弱"的态势。针对人才的培养、交流等问题，一方面，应该在顶层设计上寻求突破。三地应该建立合作机制，共同制定区域人才发展的长期战略，统一创意人才引进、培养、激励、保障等政策，实现三地人力资源共享、政策协调、服务贯通等。另一方面，应该结合本区域的阶段性和地域性特征构建人才优化路径。北京作为全国的文化中心，汇聚了全国一大批优秀的创意人才，应该有更强的改革举措，吸引国际领先的高精尖人才和核心队伍。天津和河北应该抓住京津冀协同发展的战略机遇，特别是以雄安新区建设为契机，吸纳和集聚文化产业和创新人才，同时培养更多本地的优秀人才队伍。

4. 推动项目，树立品牌

以文化项目为抓手，以树立文化品牌为目标，推动京津冀三地文化协同发展。在京津冀协同发展战略的推动下，目前三地的文化产业合作呈现出有机制、有项目、有成效的良好局面，文化消费呈现出繁荣发展的新气象。例如，随着京津冀协同发展国家战略、雄安新区的设立，同时加上冬奥会、第二机场、"通武廊"等政策发酵，京津冀地区将成为当前旅游投资热点区域。2018CTCIS第三届中国文旅大消费创新峰会举行，在京津冀106个重点旅游投资项目中，百亿元以上旅游投资项目有28个，其中千亿元以上有3个。[①]

5. 信息共享，打造智库

京津冀三地的携手共赢需要区域性政策智库做保障。例如，将项目研究委托给各大高校，以政府采购的方式，把智慧化纳入政府的决策中，实现三地共享。再如，京津冀文化产业协同发展中心作为第一个依规设立的促进京津冀文化产业协同发展的全国性社会组织，对于整合京津冀文化产业资源，促进三地产业领域高水平、深层次、全方位开展合作具有重要意义。

二、雄安新区的文化协同

2017年，中共中央和国务院决定设立河北雄安新区，这是在

---

① 伍策，高峰. 京津冀签约106个重点旅游投资项目千亿级3个[EB/OL]. (2018-06-08) [2018-10-25]. https://baijiahao.baidu.com/s?id=1602674739248569416&wfr=spider&for=pc.

中国 40 年改革开放进程中，在京津冀一体化区域协同发展的大背景下，继深圳特区和浦东新区之后，做出的又一个重大的历史性战略决策。党的十八大后，习近平总书记提出要在河北规划建设一个具有相当规模，能够承担北京作为全国政治中心、文化中心、国际交往中心和科技创新中心这一首都战略目标疏解功能的特殊新区。2017 年 4 月 1 日，中共中央、国务院决定将保定市雄县、荣城、安新三县设立为雄安新区，"千年大计"至此尘埃落定。

文化是新区的立区之魂。雄安新区的建立并非偶然，在历史长河中，一方面，京津冀三地地缘相接，人缘相亲，文脉相连。雄安作为北京非首都功能的集中承载地和北京两翼中的一翼，可以借助北京全国文化中心的优势和丰富文化资源，实现和首都的错位发展。另一方面，雄安的顶层设计集中体现了中国传统文化、现代文化和国内外先进的文化精华。新区文化是雄安精神面貌以及城市景观的总体形态，并与新区市民的社会心态、行为方式和价值观念密切相关。新区文化将在新的历史进程中积淀，演变发展，形成新的城市文脉。

（一）以大文化视野，总揽新区建设全局[①]

文化建设作为"五位一体"建设中的关键一环，对于新区的重要性不言而喻。树立"大文化视野"，把历史的文化和现实的文化、有形的文化和无形的文化、物质的文化和非物质的文化有机结合起来，立体综合地进行考量，找准发力点、突破点。加强顶层设计，总揽全局。[②]

[①] 范周. 雄安新区：学术担当的未来思考 [EB/OL]. (2017-06-05) [2018-06-27]. https://mp.weixin.qq.com/s/PJKBbH9D-RRXDUiagl1Zog.

[②] 范周. 雄安新区：开辟中国文化产业蓝海 [EB/OL]. (2017-04-22) [2018-06-27]. http://www.sohu.com/a/135731601_182272.

千年大计，国家大事，沃土丰盈，文脉传承。雄安新区的建设若要实现以新的发展理念为引领，文化建设就不能缺位。当然，这里的文化建设绝不是"就雄安谈雄安文化"，而是"大文化"的研究视野——既要积极吸收国际先进文化，拥有包罗万象的国际先进思维，又要以华北文化积淀为背景，以白洋淀地区文化为核心进行传统文化的传承，让雄安新区既是中国的，也是世界的。未来十年，这种大文化概念应该完整、科学、艺术地渗透到雄安新区的设计、规划、实施等方方面面。

大文化视野正意味着要以本土文化为根基，兼容吸收外来文化，要以"和而不同"的文化多元性创造出健康的城市文化生态。联合国教科文组织在《世界文化多样性宣言》中提出："文化在不同的时代和不同的地方具有各种不同的表现方式。文化多样性对人类来讲就像生物多样性对维持生物平衡那样必不可少。从这个意义上说，文化多样性是人类的共同遗产，应该从当代人和子孙后代的利益考虑予以承认和肯定。"文化自身所具有的社会性、融合性和开放性等性质，在全球化加速和西方文化主导的当下，更加触发了城市多元文化的发展。都市人类学的观点认为城市社会的异质性与乡村社会相比来说复杂程度要高出许多。

雄安新区的城市文化建设，要尊重城市文化演化的自然性和规律性，以中华传统文化为核心，兼容世界多元文化，促进城市文化生态的多元化发展。高端服务业、高新产业的进驻逐渐吸引来自全球的高端人才，集聚于新区工作与生活。对于城市建设以城市景观、办公场所、公共配套设施等基础设施和硬件设施为核心，学术研究应考虑如何将传统文化与美学设计有机融入，探索新区文化融入、创新营造的新模式。

"大文化"并不是世界文化符号的堆砌地,而是秉承寻找城市精神的宗旨,构建"文化之城"。然而,面对外来的"异质文化",一方面要避免"文化霸权主义";另一方面又要避免文化自卑心理,树立文化认同与自信。应该认识到的是,中华优秀传统文化及其当代意义在于,在聚集到城市中的各种文化的接触、碰撞过程中,既要能够认同与汲取其他文化精髓,又要保持自身的整体性和独立性,以和平共处、相互尊重的健康心态面对他者的文化选择。雄安新区的城市多元文化生态,不仅将是中国当代文明的象征,而且也将是世界各种文化交流与融合的典范。这些发展路径都需要学术研究在理论上做深入分析,在思想上给予方向指引。[①]

(二)做好顶层设计,以人文基础为底色,整合多领域资源

第一,雄安新区的历史文脉、传统文化、特色资源需要进行系统梳理、集中提炼和文化萃取,将文化作为新区可持续发展的动力源和能量场。

雄安新区乃古代雄州、安州之地,历史悠久,人杰地灵。做好雄安新区的发展建设,首先要加强新区文物资料整理和档案收集,做好史志编纂和族谱记录,推进文史档案数字化。要全面系统、科学、严谨地记载雄安三县和白洋淀地区的自然地理、河湖水系、土地物产、自然资源、民俗风情、社会文化等内容,尤其是对核心区 57 个自然村落,要做好系统性村史整理工作,通过建立文化数据信息平台的方式,实现文化资源数字化。要加强文化与科技融合,推动传统文化传承。运用现代新技术手段,为文物

---

① 范周. 雄安新区研究的新理论增长点——基于文化、产业、民生的现实维度[J]. 山东大学学报(哲学社会科学版),2017(5):1—14.

遗址、文化资源、民间民俗、传统技艺等制定创新引领又合理可行的数字化保护和发展战略，切实推动文化和自然遗产的科学传承与可持续发展。

第二，雄安建设"文化之城"，要注重顶层设计，以历史大视野规划雄安文化发展，将雄安建成为中华民族文化传承与创新发展的示范区。

雄安新区建设是一个庞大的、长期的、复杂的系统性工程，一旦开始建设，就难以在短时间内修正改变。而文化是城市发展不可或缺的因素，更是城市传承的灵魂所在。因此，要充分做好顶层设计，既要延续文脉，以华北文化积淀为背景，以白洋淀地区文化为核心进行传统文化的传承，又要海纳百川，吸收世界各国先进文化之精粹，顺应时代发展之潮流，融会贯通，自成格局，打造一种基于创新性传承和创造转化的新型文化，将雄安建设成为中华民族文化传承与创新发展的示范区。

第三，雄安应当以产兴城，打造高精尖的产业体系，创造以价值链创新为主导、聚焦消费结构变化的改革创新之路。在文化门类中，应重点关注数字创意经济。

在雄安新区的整体布局中，"文化"无疑应当是重要组成部分。在京津冀的协同发展和北京非首都功能的疏解中，规划高精尖产业结构体系，在文化产业的发展布局中，应当重点设计有利于加快补齐区域发展短板，提升河北经济社会发展质量和水平，培育形成新的区域增长极的战略产业，特别是数字创意产业。

当前，数字与信息科技正改变着我们传统的生活方式和经济形态，在全球城市及新城发展中，数字经济的重要性与日俱增。国际上提出了"iGDP"概念，即数字经济占GDP的水平。iGDP

主要包括两大方面：一是发展数字产业，开发数字硬件产业、软件产业以及服务业；二是应用数字技术，将数字技术渗透到各行各业，大幅度提升产业附加值。加大这两块比重将大大提升 iGDP 的水平。iGDP 超过 50%，表明数字经济已占主导地位。

我国是世界上互联网用户最多的国家，占全球网民总数的 1/5。这为数字经济的发展奠定了基石。目前，数字创意已经成为我国文化产业的核心组成部分。

第四，雄安新区应当以人文本，创新公共文化服务方式，创造文化发展范式，以完善的公共服务和优质的公共平台吸引全球人才，将雄安新区打造成为最吸引中国乃至全球有梦想的年轻人的一块热土，成为创客的天堂。

当前雄安新区公共文化服务处于初级阶段，城乡差异明显，百姓期盼更多的文化获得感。而未来入驻雄安新区的产业精英、创客人才、智库机构则对雄安新区的公共文化服务提出了更高的要求。因此，要对比国际新区新城公共服务建设的先进经验和做法，对雄安新区现有以及未来的人口结构、文化消费特点进行分析，推进公共文化服务多样化，要让各类人群在新区中都可以获得优质的公共文化服务。

第五，创新校区合作形式，关心和利用好高校力量，让高校成为雄安新区发展的不竭动力。

国内高校对雄安新区建设非常关注。据不完全统计，目前已经有近 10 家高校与雄安新区建立了合作关系，或成立了智库。雄安新区与高校的合作内涵不只是办学。新区可推动"高校+"科技园区、特色小镇的发展模式，联合打造出如硅谷（斯坦福大学）、中关村（清华大学、北京大学）、剑桥科技园（剑桥大学）、筑波科学城（筑波大学）、新竹科技园（台湾工业技术研究院、交通大学）等世界级的创新创业高地。为此，中国传媒大学也提出了通过建设"特色校区+特色小镇"的模式，校区联合构筑"世界文化传媒智谷"的设想。

三、雄安新区的文化资源保护

设立河北雄安新区，是以习近平同志为核心的党中央做出的一项重大历史性战略选择，是千年大计、国家大事。围绕新区规划建设，习近平总书记做出一系列重要指示，特别强调"要坚持保护弘扬中华优秀传统文化，延续历史文脉"。在《河北雄安新区规划纲要》中第三章第三节，主要对历史文化资源的保护做了阐述和强调："保护与合理利用文物古迹"，"保护与发展历史古城、传统村镇"，"传承与弘扬优秀传统文化"。

雄安新区的历史使命与高点定位，决定了文化是立区之魂。没有文化传承就没有雄安的未来。雄安新区有着深厚的历史文化遗产和资源，在规划建设中保护和弘扬优秀的传统文化，延续历史文脉，是亟待重视的问题。

（一）雄安新区文化资源现状

悠久的历史和丰富的文化给雄安新区留下了宋辽古栈道、宋辽古战道、南阳遗址、梁庄遗址、留村遗址、山西村明塔、晾马台遗址、明月禅寺等重要文化遗产，根据国家文物局、河北省政府的部署，雄安新区联合考古队对新区33个乡镇的640个行政村约2000平方公里的区域进行了系统的考古调查，发现了早至新石器时代、晚至明清以及近现代的丰富的历史文化遗存共263处，其中遗址

189 处，墓葬 43 处，古代建筑 15 处，近现代文物 16 处。这些跨越时代的文物记录着中华民族最珍贵的历史文化基因，塑造了雄安特有的历史文化气质，为雄安新区的规划建设提供了有力的支撑。

雄安新区文化积淀深厚，雄县共有非遗项目 21 项，其中国家级非遗项目 2 项，县级以上非遗代表性传承人 23 人；安新县共有国家级非遗项目 2 项；容城县共有市级非遗项目 2 项。在对雄安新区历史文化资源的保护中，不仅要重视南阳遗址、宋辽边关地道、燕南长城遗址等静态的文化遗址，对弘扬以雁翎队为代表的红色文化、雄县古乐、雄县鹰爪翻子拳、安新县圈头村音乐会、安新芦苇画等为代表的活态非物质文化遗产，以及那些蕴涵古老民间智慧的民间手艺，也一定要重视、保护和传承下去。

（二）文化资源存在问题[①]

1. 地方资源特色优势挖掘不足

文化资源的分布具有空间性、地域性，雄安新区三地文化资源各有特色，但在保护和开发过程中存在优势挖掘不足的问题。例如，容城"三贤文化"经过多年培育，在华北地区有了一定知名度，但其保护、开发、宣传、利用力度不足，社会效益与经济效益未被充分释放，缺少深度特色挖掘、设计，与"容城三贤"故乡地位不相称。

2. 品牌意识和宣传力度不够

酒香也怕巷子深，雄安新区三地人文资源丰富，但缺少品牌化效应。例如，雄安新区三县，除了白洋淀，其他景点的知名度并不高，文化形象也不够明显，对于杨继胜、孙奇逢等名人，只

---

① 范周. 雄安新区发展研究报告（第二卷）[M]. 北京：知识产权出版社，2017.

知其名、不知其人的现象一直存在。宣传经费投入，宣传手段更新，有待加强。

3. 文化资源开发环境有待优化

对文化资源的保护和开发意识不足，是目前限制工作顺利进行的重要问题。对地方非物质文化遗产的普及工作，虽然力度很大，但市民普遍反映这只是政府的公益行为，大多数人对于文化传承没有危机意识。例如，由于对保护和开发关系的认识不足，对容城的高腔戏和容城八景两项非物质文化遗产并没有进行进一步的深入开发。文化资源作为重要的区域资源，开发和保护结合是社会发展的必然。

4. 专业人才缺乏成为瓶颈

整体来看，人才缺乏是这一领域的普遍问题，人才队伍素质培养是文化资源保护的关键因素。文化程度低、综合素质不高，是县域文化资源保护面临的重大瓶颈，文化资源研究人才、项目策划人才、营销保护人才等是文化资源保护和开发的支撑因素，而人才的短缺导致文化遗产保护和开发工作无法顺利进行。

（三）文化资源保护对策研究

1. 系统梳理新区文化资源

文化是城市之魂，做好雄安新区文化资源保护的第一步，就是要做好文化资源的挖掘和梳理，摸清家底。首先，加强新区文物资料整理和档案收集，做好史志编纂和族谱记录。其次，针对雄安三县和白洋淀地区的自然地理、河湖水系、土地物产、自然资源、民俗风情、社会文化等内容，通过建立文化数据信息平台的方式，实现文化资源数字化。最后，挖掘雄安新区的文化特色，系统梳理文化体系，为文物遗址、文化资源、民间民俗、传统技艺等制定创新引领又合理可行的数字化保护和发展战略，并建立相应的博物馆、民俗馆等展示平台和宣传教育平台，切实推动文化和自然遗产的科学传承与可持续发展。

2. 提高整体的文化资源保护和传承意识

文化化人，艺术养心，文化资源的保护有赖于政府、社会、公众意识的觉醒和提升，同时，三方联动反作用于文化资源和传统文化的传承。首先，基层文化部门应该以大文化观积极构建雄安文化传承图谱。其次，在文化资源梳理完善的基础上，提炼、推行和养成城市文化核心价值体系。最后，通过丰富的公众文化生活，留存与活化文化基因，提高公众对于文化资源保护和传承的意识和自觉。让原有居民能够记住新区的历史，传承新区文化；让外来移民能够深入了解与感悟新区的历史积淀。

3. 保护优先，合理开发

对于雄安新区传统文化的传承和发展，一定要秉承"保护优先、合理开发"的理念。首先，要将先进的科学技术引入文物与遗迹的保护中，用现代化的措施与手段提高修复、建设与保护的能力。其次，对于非遗传承、民俗文化和红色文化的保护和传承，要遵循其内在规律，在保护的基础上对其进行合理利用，激活其内在活力和生命力，积极有效融入当代元素，使民俗文化在活态传承中得到保护。要深挖和保护文化内涵与文化特色，让新区的文化资源融入城市的生活场景中，变为现代文化生活的一部分。

4. 整合资源，挖掘特色，梳理品牌

从燕南长城到传统古镇，从圈头村音乐会到白洋淀的红色基因，雄安新区的文化形态丰富多样，底蕴深厚。要不断整合文化

资源，深挖文化特色，推动文化品牌的梳理，打造雄安新区文化传承示范区。首先，推动文旅融合，增强京津冀文旅协同合作，协同建设大运河文化带，让文物和非遗在文化旅游中焕发新的风采。其次，与市场接轨，激活非物质文化遗产的竞争力、生命力和知名度。最后，将红色文化与历史文化、民俗文化、生态文化等进行整理，科学规划，多元融合，打造雄安专属的城市文化金名片。

5. 加强协作，人才培养和引进并重发力

人才活力的释放是文化资源保护和文化传承的关键点。针对雄安新区的文化资源的保护和传承，首先，要鼓励社会力量和民间人才资源的加入和参与。随着高校入驻雄安，加强与高校的通力合作，输送一批专业人才。其次，针对非物质文化遗产传承人青黄不接的问题，一方面破除传承人家族传承的观念，通过多途径做好技艺传承和教育工作，吸纳多方人才；另一方面，政府应该继续进行有针对性的资金和政策支持，促进传承人系统的更新和流动。最后，政府和社会通力合作，一方面加强既有从业人员的素养和能力；另一方面做好新人才的专业培训，为新区文化资源的可持续发展提供源源不断的人才支撑和智力支持。

第四节　国家文化产业创新实验区是先行示范平台

朝阳国家文化产业创新实验区核心区域西起东二环朝阳区与东城区界，东至八里桥朝阳区与通州区界，北至工体北路—姚家园路及其东延长线，南至广渠门外大街—广渠路，行政区域面积78平方千米。

2014年，为深入贯彻落实党的十八大、十八届三中全会和习近平总书记视察北京工作时的重要讲话精神，围绕首都"全国政治中心、文化中心、国际交往中心、科技创新中心"的城市战略定位，7月31日，文化部正式批复，以北京市朝阳区CBD（中央商务区）—定福庄一带为核心承载区，采取部市战略合作的方式，共同规划建设全国首个国家文化产业创新实验区。国家文化产业创新实验区的确立具有明确的发展目标，力争到"十三五"末，文创实验区核心区规模以上文化创意企业收入达到3000亿元；"十三五"期间，年均增速达到8%左右，努力建设成为全国文化产业改革的探索区、文化经济政策的先行区和产业融合发展的示范区。

作为部市战略合作的标志性成果，国家文化产业创新实验区是文化产业领域的首个国家级创新实验区。它既是国家文化产业政策先行先试的重要试验田，也是北京市"文化中心"建设和实施科技创新、文化创新"双轮驱动"战略的重要支撑。以制度创新为着力点，大胆实践，先行先试，结合创新，进一步提升首都文化产业规模化、集聚化、专业化、高端化发展水平，进一步服务北京市疏解非首都功能、构建"高精尖"经济结构，对服务全国文化中心建设和京津冀文化产业协同发展，服务国家"一带一路"倡议和中华文化"走出去"，引领全国文化产业创新发展，具有重大意义。

一、国家文化产业创新实验区是顺势而为

（一）战略背景

首先，北京全力打造全国文化中心建设的核心区。2014年习

近平总书记就做好北京发展和管理工作发表重要意见，提出要明确城市战略定位，坚持和强化首都四个核心功能，即全国政治中心、文化中心、国际交往中心、科技创新中心。深入实施"人文北京、科技北京、绿色北京"战略，努力把北京建设成为国际一流的和谐宜居之都。在正式发布的《北京城市总体规划（2016—2035年）》第一章第一节就明确提出，北京城市战略定位是全国政治中心、文化中心、国际交往中心和科技创新中心。文化创意产业作为北京的重要支柱型产业，对于加快落实首都的城市战略定位，推进非首都功能疏解，构建"高精尖"经济结构，建设国际一流的和谐宜居之都具有重要意义。

其次，北京文化建设面临着巨大挑战。例如，随着特大城市的现代化进程加快，提高市民的文明素质和城市文明程度的任务日益紧迫；世界文化交流的范围和影响日益扩大，维护首都文化安全势在必行；北京的文化发展质量和水平有待进一步提高；具有巨大影响力的骨干文化企业凝聚力尚未形成……面对一系列的现实问题，建设一个政策的先行示范区，破除体制机制障碍，释放文化发展活力，是时代发展的迫切需求。

根据《北京市国民经济和社会发展的第十三个五年规划》《十三五时期加强全国文化中心建设规划》等政策，按照北京市"一核一城三带两区"布局，以国家文化发展实验区建设为龙头，进一步创新政策机制，优化营商环境，更好地发挥文化领域供给侧结构性改革"试验田"的作用。通过厚植文化底蕴、提升文化创新发展活力，精心打造"文化三里屯"，努力在全国文化中心建设特别是"两区"建设上求突破、树标杆、做示范，成为首都全国文化中心建设的核心区。创建国家文化发展实验区也有利于推动京津冀协同发展,有序疏解非首都功能,促进三地文化资源优势互补、共同发展,促进国家"一带一路"倡议和"中华文化走出去"战略的推进,引领推动全国文化建设向更高层次迈进。

(二)产业背景

文化是一个国家历史的沉淀、民族气质的展现,更是民族的血脉和人民的精神家园。文化产业是文化建设的重要组成部分,是我国国民经济的支柱性产业。发展文化产业对丰富和满足人民群众多样化的精神文化需求,推进经济结构的调整,加快文化领域供给侧结构性改革具有重要意义。

党的十七届五中全会提出"推动文化产业成为国民经济支柱性产业"的建议,将文化产业上升到社会发展和国民经济的战略地位。《文化部"十二五"时期文化产业倍增计划》提出了"推动文化产业成为国民经济支柱性产业"的目标要求,《文化部"十三五"时期文化产业发展规划》则明确提出,"到2020年,实现文化产业成为国民经济支柱性产业的战略目标"。从"推动"到"实现"这一表述的转变,印证了"文化产业成为国民经济支柱性产业"的目标将在"十三五"期间实现从"进行时"到"完成时"的转变,文化产业在稳增长、促改革、调结构、惠民生等方面的积极贡献将进一步凸显。[①]

目前,我国文化产业的发展在总体上仍然处于初级阶段,具有国际影响力的骨干文化企业依然欠缺,健康规范有序的文化市场体系有待改进和完善,制约文化发展的体制机制障碍尚待突破,

---

① 范周. 深度解读《文化部"十三五"时期文化产业发展规划》[J]. 人文天下,2017(10):2—7.

文化产业在促进经济结构转型升级的引领带动和在"文化走出去"中的作用尚未充分释放。"十三五"推动中国文化发展进入前所未有的战略时期，顺应文化发展新趋势，回应经济发展新要求，满足人民生活新期待，加快文化改革发展，国家文化产业创新实验区成立是顺应时代发展而为。

（三）建设优势

北京文化资源丰富，高端要素聚集，文化积淀深厚，发展优势凸显，一直是全国文化产业发展的领头羊。早在2014年，北京文化创意产业就实现增加值2826.3亿元，占地区经济比重达到13.2%，是首都经济中仅次于金融业的第二大支柱产业，在全国具有标杆效应。朝阳区是北京典型的文化产业聚集区，区域内主要是高端服务业、文化创意产业、国际金融和高新产业四大支柱产业，第三产业比重超过93%，是第三产业高度发达的一个典型区域。截至2017年12月底，实验区登记注册的文化企业数达到37601家，2017年新增注册资本金5000万元以上220家，1亿元以上72家，注册资本金合计213.1亿元。

2009年，朝阳区率先推进文化产业功能区发展理论和实践探索，积极引导全区文化创意产业发展模式由园区、集聚区向功能区转型，实现在更高水平、更大范围内的集群发展。依托北京CBD—定福庄区域国际资源丰富、商务氛围浓厚、消费市场活跃、资本市场发达、高端人才聚集的发展特点，提出"北京CBD—定福庄国际传媒产业走廊"（以下简称为"传媒走廊"）发展构想，积极培育了莱锦文化创意产业园、懋隆文化产业创意园等一批重点产业园区（基地）项目。在政府的积极引导和市场的有机互动作用下，传媒走廊区域文化产业要素资源加快聚集，集群发展水平显著提升，区域发展活力日益迸发，文化创意产业实现收入年均增速超过17%。2011年，传媒走廊区域规模以上文化创意企业实现收入突破1100亿元，率先建成全国首个年产值过千亿元的文化传媒产业功能区。"十二五"期间，传媒走廊区域文化创意产业发展进一步提速，产业聚集效应和功能辐射带动作用显著增强，文化创意产业从扩量转向提质、增效的新阶段。北京国家广告产业园等一批国家级重点项目相继落户，截至"十二五"末，传媒走廊区域内共聚集了重点园区（基地）50余家，文化类机构超过2.7万家，包括1000余家互联网新兴媒体企业和近200家国际知名新闻机构。2015年，传媒走廊区域规模以上文化创意企业实现年收入约1800亿元，成为首都文化创意产业创新发展的重要承载区。

　　基于这一区域良好的发展基础和广阔的发展空间，2014年7月，文化部、北京市采取部市战略合作方式，以传媒走廊区域为核心承载区，共同规划建设国家文化产业创新实验区。文创实验区核心区落户朝阳区，是朝阳区文化产业创新发展的重大历史机遇，是服务朝阳区"建设'三区'、建成小康"总体目标，高水平建设"文化产业创新实验区"，打造"现代都市景观与产业融合发展廊道"的重要抓手，更是在全国文化改革深入推进、京津冀协同发展、北京非首都功能疏解与首都全国文化中心建设新的时代背景下，深入贯彻落实党的十八大和十八届三中、四中、五中全会精神的重要举措；是服务首都"全国政治中心、文化中心、国际交往中心、科技创新中心"城市战略定位，尤其是推动北京全国文化中心建设的重要抓手；是推动京津冀文化产业协同创新发展的重要举措；是全面提升首都文化产业创新发展水平，服务北京市疏解非首都功能、构建"高精尖"经济结构，促进首都文化产业示范带动水平的关键路径；是有效破解当前制约文化创新发展的体制机制障碍，引领全国文化改革发展的重要理论和实践创新；是显著提升国际传播能力和中华文化影响力，推动中华文化"走出去"的重要窗口。

二、国家文化产业创新实验区的示范效应

（一）政策创新，先试先行

作为文化产业政策先行先试的试验田，2015年4月，实验区被纳入北京市委深化改革领导小组"一区（县）一试点"改革试点范围。2015年9月，被列入北京市服务业扩大开放综合试点范围。2016年6月，被确定为北京市允许外商投资者独资设立演出经纪机构特定区域试点之一。2016年8月，被授予"全国文化行业信用等级评价试点"资质。2016年9月，实验区出台了"政策十五条"，从"信用体系建设""文化贸易""孵化创新""公共服务平台""文化保税""知识产权服务"等15个方面促进实验区升级发展。

从2016年开始，文化创意和设计服务内容被纳入《国家重点支持的高新技术领域》。2017年，为推动文化科技融合发展，助力更多企业享受国家产业政策红利，实验区制定出台了北京市首个《文化创意企业申请高新技术企业认定指南》，目的就是"精准服务企业发展需求，提升产业发展层级"。通过出台"政策十五条"，涵盖品牌提升、信用体系、精品园区、风投奖励、上市融资等领域，2017年国家文创实验区首批建设发展引导资金支持项目114个，扶持带动了一批创新能力强、发展潜力大的文创企业；积极

推动北京市服务业扩大开放文化创新政策落地,允许外商投资者独资设立演出经纪机构,吸引了索尼音乐北京分公司、爱贝克斯(北京)文化传媒有限公司落户实验区,标志着国家文创实验区文化领域服务业扩大开放试点工作取得实质性成果。

(二)上下联动,统筹推进

国家文化产业创新实验区是全国首个采取部市战略合作方式的文化产业创新实验区。以制度创新为着力点,大胆实践,先行先试,改革创新,进一步提升首都文化产业规模化、集约化、专业化发展水平,进一步服务北京经济社会转型升级,服务京津冀区域协同发展,服务首都"全国文化中心"建设,为全国文化产业创新发展探索路径、做出示范。从文化和旅游部到北京市再到朝阳区和社会层面,形成上下联动的机制。和高校之间紧密联动,与中国传媒大学文化发展研究院共建高端智库研究中心。在实验区的概念成型、前期论证和规划编制中,中国传媒大学都发挥了非常重要的作用,在智库建设、社会服务和人才培养方面,提供了极大的保障。

(三)文化金融,撬动资本

文化企业融资"难贵慢"是制约文化产业发展的瓶颈之一,在面对这个难题时,实验区直击关键,尝试构建以信用为基础的文化金融服务体系。2017年,实验区正式实施"蜂鸟计划"助飞行动,发布首批270家"蜂鸟企业"名单。通过首批认定的"蜂鸟企业",引导金融机构设计"蜂鸟贷""三全三优"等系列金融产品,提供快捷金融服务。此外,实验区还不断加强金融创新,如设立100亿元规模的朝阳区文化创意产业发展基金,与北京股权交易中心共建"文创四板"股权交易平台等。目前正在策划设立北京市首个文化金融服务中心——文创实验区文化金融服务中心,打造线上线下相结合的"文化金融服务超市",搭建起多层次文化金融对接交流平台。

(四)培育龙头,树立品牌

国家文化产业创新实验区实施"文化定福庄"品牌提升行动,促进了品牌企业快速集聚。实验区市场吸引力日益凸显,聚集了宣亚国际、创业黑马等70家上市文创企业,掌阅科技、优客工场、微票儿等一批"独角兽"企业和9家国家级众创空间,以及汇集了人民日报社、中央电视台、北京电视台、凤凰卫视、蓝色光标、时尚集团等一批知名品牌文化企业,成为中国文化传媒类企业集聚最多的区域。

另外,实施"文化+"战略,在"高精尖"领域转向上重点聚焦文化传媒、数字内容、创意设计、文化贸易、休闲娱乐五大高端产业,同时引进基于互联网、云计算、大数据的移动新媒体、数字文化产业等新兴产业。经过近几年,特别是产业指导目录发布以来的努力,目前实验区已经形成了以高附加值和高成长性产业为主导的产业结构。2017年一季度,创新实验区规模以上文化创意产业企业实现收入317.3亿元,占朝阳区全区文化产业总收入的51.4%。

(五)需求导向,精准服务

国家文化产业创新实验区搭建了七大公共平台培植文创产业发展生态。一是行政审批服务平台。实验区在CBD、双桥设立了两个企业登记服务站,简化企业的行政审批手续,使企业办事更便捷。二是文化金融服务平台。实验区成立全国首个文化企业信用促进会;与北京股权交易中心签订战略合作协议,共建"文创四板";加大对"蜂鸟企业"扶优扶强力度。信用促进会现在有约300家会员,已有150家企业获得融资支持,大部分都是中小型企业。而对于"蜂鸟企业"的支持,主要以贷款贴息为主,贴息30%—70%。三是协同发展平台。发起成立京津冀文化产业园区(企业)联盟;与天津国家动漫产业综合示范园开展战略合作;与中国文化产业协会共建京津冀文化产业协同发展中心。四是宣传服务平台。通过国家文创实验区发展论坛、中国网博会、北京文博会、"智汇三三""精准服务促发展"等品牌活动,提升影响力。五是信息服务平台。搭建网站、微信群、移动APP、文化企业大数据系统等信息化服务体系。六是高端人才服务平台。依托朝阳区"凤凰计划"、高端商务人才政策、10项外籍人才出入境新政等,打造文化产业高端人才集聚区。七是要素服务中心。全国首个国家级版权检测中心、全国首个国家版权创新基地、北京市首家文创产业知识产权保护服务分中心、北京文化产权交易中心影视产权交易平台、北京版权保护中心等多个平台项目成功落户。

(六)文化引领,产城融合

发展文化产业不仅可以从经济层面促进产业转型升级,而且对整个城市社会的有效运转具有巨大的促进作用,是对区域城市更新的路径的探索。近几年,通过旧工业厂房改造利用、传统商业设施升级、有形市场腾退转型三种模式,目前,创新实验区内已聚集了北京国家广告产业园、莱锦创意产业园、尚8设计园等在内的50余家文化产业园区(基地),形成了错位、协同、融合的发展格局。聚焦高端产业、高端环节、高端功能,实施产业准入制度,通过工业厂房改造利用,传统商业设施升级,有形市场腾退转型三种方式,转型升级了37个特色园区,建筑规模235万平方米，实现了文化融入城市发展的朝阳实践。探索文化产业更新城市存量空间资源发展模式，不仅没有新增产业用地，而且还实现了疏解非首都功能、提升环境品质、构建"高精尖"经济结构的目标。

三、建设国家文化产业创新实验区的思路

经过4年的发展，国家文化产业创新实验区取得了许多成就。

第一，产业规模持续扩大，战略地位日益明显。截至2017年12月底，实验区登记注册文化企业达到37601家，新增注册资本金5000万元以上220家，1亿元以上72家，注册资本金合计213.1亿元。随着首都"四个中心"定位的确立，实验区作为全国首个规模以上文化创意企业年收入超过千亿元的文化产业功能区，首都最大、最集中的文化产业集聚区域，战略定位日渐凸显。

第二，产业结构优化升级，品牌企业加速集聚。2016年，以文化与科技融合为主要特征、以新技术新产业新模式为核心的新型文化业态成为实验区发展的新引擎。"互联网+文化"新兴领域文化企业收入占比达到52.1%，其中科技含量高、创意程度高、附加值高的移动新媒体、数字娱乐、数字出版等领域企业实现收入年均增速在40%以上。同时聚集了一批"独角兽"企业和知名文化传媒类品牌。

第三，创新载体建设模式，产业空间不断扩大。实验区通过创新工业厂房改造、传统商业空间转型、有形市场腾退、集体产业发展"高精尖"等方式，先后引导和转型升级了北京国家广告产业园、莱锦文化创意产业园等50余家产业园区（基地），形成

错位、协同、融合的发展格局。改造后的文创园区，不仅大大拓展了产业空间，更为周边居民提供了公共服务。

第四，服务体系不断完善，发展生态不断优化。近年来，实验区积极推动国家产业政策落地，服务体系日趋完善。搭建行政审批服务平台、文化金融服务平台、宣传服务平台、信息服务平台、高端人才服务平台、要素服务平台、协同发展平台7大平台，培植文创产业发展生态，不断优化区域营商环境。

第五，发挥先行先试优势，创新活力不断释放。实验区成立以来，一是通过进一步深化"放管服"改革，利用实验区作为北京市服务业扩大开放综合试点特定区域的优势，允许外商在实验区独资设立演出经纪机构，允许外商投资设立娱乐场所及演出场所经营单位，不设投资比例限制。二是开展了"蜂鸟计划"助飞行动。助力一批创新性强、增长速度快、发展前景好的文化"蜂鸟企业"发展。三是构建了文化金融创新服务体系。先后与北京银行、中国工商银行北京分行、民生银行等金融机构和担保机构签约，为文化企业解决确权难、融资难问题。

第六，建立区域协作机制，助推京津冀协同发展。为了推动京津冀文化产业的协同发展，实验区积极打造系列合作平台，例如发起成立京津冀文化产业园区（企业）联盟，与中国文化产业协会共建京津冀文化产业协同发展中心。2017年8月成立的京津冀文化产业协同发展中心，是第一个依规设立的促进京津冀文化产业协同发展的全国性社会组织，采取"政府支持、协会主导、市场运作"的运营模式，涵盖展览展示、智库服务、项目对接、媒体服务、人才服务、投融资等九大核心业务，希望利用公共服务平台连接市场资源使政策落地，构建起京津冀三地文化产业协同发展的桥梁和纽带。

国家文化产业区新时期战略目标是从实验区迈向"引领区""示范区""创新区"。根据《朝阳区"十三五"时期建设国家文化产业创新实验区发展规划》，在新时期，实验区将高水平建设连接首都功能核心区与北京城市副中心的"现代都市景观与产业融合发展廊道"，努力建设成为京津冀文化产业协同发展的枢纽中心、全国文化市场中心和国际文化交流中心，逐步建设成为全国文化产业改革探索区、文化经济政策先行区和产业融合发展示范区，打造具有世界影响力的文化产业创新发展区。对此，我对国家文化产业创新实验区的发展提出六点建议。

（一）强化研究工作，做好顶层设计

中国文化产业创新实验区的发展尚处于"摸着石头过河"阶段，针对实际的战略研究和顶层设计尤为必要，其关键在于集聚一批国内外文化产业界的知名专家和文化咨询机构，大力加强"文化智库"建设。

首先，积极推动中国文化产业研究院等研究实体入驻实验区。中国文化产业研究院应该在文化部的主导下，集中属地内中国传媒大学、第二外国语学院等高校的智力资源优势，通过多种股份通力协作，为实验区乃至全国文化产业研究、高端文化人才培养搭建平台并承接相关政府部门的自选服务职能。因此，在未来发展中，中国文化产业研究院应在高端人才培养、重大政策性问题研究、国际文化贸易、文化业态发展的新趋势等关乎实验区发展的重大命题进行深入研究，为园区的顶层规划提供科学合理的理论支撑。

其次，要加大文化产业数据库的建设，为实验区的发展提供相关数据和案例。同时，研究院要定期出版年度发展报告和发展预测，全面服务实验区发展。研究工作需要和实验区发展同步进行，要坚决克服"一次研究解决若干问题"和"一次规划一劳永逸"的短浅行为，因此，要成立实验区研究中心，随时随地对实验区发展过程中发现的问题进行研究并给予解决方案。实验中心要成为实验区重要的常设机构，时刻从学术研究层面为实验区文化产业创新提供理论支撑。在具体运行上，中国文化产业研究院和实验区发展研究中心可以"两块牌子，一套人马"，充分发挥研究对于实验区发展的推动作用。

（二）效仿自然科学，建立文化产业实验室

实验室要对新业态、新技术、新经济等进行针对性研究，为园区内文化企业的创新发展提供智力支持和理论支撑。当前文化产业发展在许多领域遇到问题，实验区的创新应该对这些问题进行破解。要针对一个个具体问题，通过实验室的方式进行"仿真模拟"和"动态试验"，为文化产业创新实践提供源源不断的智力支持和"先行先试"的案例支撑，为实验区企业在文化品牌建设、城市文化发展规划、文化科技技术研发、文化市场统计与分析等方面提供深度研究成果和战略咨询。

以百度为例，为了更好地推动科技创新工作，其成立了百度研究院，设立了百度硅谷人工智能实验室、北京深度学习实验室和北京大数据实验室。更为重要的是，百度邀请了人工智能领域最权威的学者之一———吴恩达（Andrew Ng）博士为百度首席科学家，全面负责百度研究院的工作。可见，研究和研究者对事业发展具有重要性。

（三）创新实验区政策，打造创业首善之区

要用足现有文化政策，用活相关产业政策，用好部市相关优

惠政策，借鉴兄弟单位的成功政策。然后，结合本地实际，创新出台具有引领性的园区发展特色政策。要在金融服务、人才引进、发展模式等多个方面进行创新实验。

譬如在金融方面，杭州已经出台《杭州市政府采购支持中小企业信用融资暂行办法》等政策，从多个角度为中小企业融资提供通道和服务。上海出台了《进一步促进资本市场健康发展的实施意见》，为自贸区发展再添助力。

又比如在人才方面，如今"北京户口"千金难求，但是文化产业创新实验区的核心动力在于人才，实验区必须在人才政策上有所突破。第一，比照中关村人才落户政策，实验区应该享受同等甚至更加优惠的待遇。第二，作为面向国际的实验区，必须加强对国外人才落户的特殊政策。根据相关统计，目前本市国外人口已超过20万，占全市总人数的1%，而我国绿卡年发放量不足500张，这使不少国外人才在北京缺少归属感。可以预见，外国人落户难、外地人进京难必将在很大程度上阻碍有才华有项目的创意人才入驻实验区。因此，在未来发展中，实验区必须通过试点等多种形式进行创新性突破，真正地走出一条符合中国国情、具有北京特色的文化产业创新之路。

（四）集聚文化企业，吸纳全球目光

要站在全球高度思考中国文化产业的发展问题，采取高端经营、综合发展的大手笔，通过生产要素重组与融合，创新文化产业新业态，打造文化产业领域的"硅谷"，使之成为世界文化产业发展的风向标。

首先，要着力打造本土文化产业航母。根据统计，2017年1月至4月新增注册资本5000万元以上的企业84家，亿元以上的

企业17家。实验区要通过文化与金融融合、文化与科技融合等各类手段，通过人才、资金等多种优惠扶持，加快加强文化产业龙头企业建设。其次，要面向全球进行国际招商，大力引进世界500强的文化企业入驻园区，实现园区企业的多元化、国际化。再次，要利用好金融杠杆，通过风投、私募等多种形态吸引各类创客带项目入驻，选择具有高成长性的项目进行产业化扶持，大力培育精品中小文化企业。通过以上三种措施，将实验区建设成为世界高端文化企业总部的聚集之区。

（五）重视国际合作，实现优势互补

当前，中国文化产业占世界文化市场比重尚不足4%，相较于发达国家，我国文化市场和科技创新体系尚不完善，需要"师夷长技"。因此，作为世界城市中的"文化产业创新实验区"，要敞开胸怀，开门发展文化产业。要做好国际化合作，首先应联合国际知名学者建立文化产业前沿实验室，借助国际力量和经验解决中国文化产业的实际问题。其次要加强与文化产业国际高校的合作，加强创新型国际化文化产业人才的培养。再次要加强与联合国教科文组织、国际版权组织、联合国开发计划署等国际机构的合作，站在全球的高度审视和思考实验区文化产业的发展路径。最后要加强与全球性文化产业企业的合作，通过优势互补、取长补短推动实验区文化产业的发展。

（六）构建文化生态，凝聚城市符号

要积极打造软硬两个环境，良好的生态是建设世界级文化产业创新区的必然要求。当前，实验区内基础设施还不完善，公共文化设施还很欠缺，交通、污染等问题还有待于进一步解决。因此，在下一步发展中，环境建设将是实验区进行基础建设的重要环节，应借助国家文化产业创新实验区参与大运河文化带建设的历史性机遇。首先，要加快推进棚户区改造、河道绿化，医院、学校等硬件设施的建设，同时加快区域内诸如街头小品、城市文化景观、雕塑等公共艺术景观的设计与建设。其次，要高度重视公共文化场所的建设，将电影院、图书馆、艺术馆、博物馆等文化设施纳入朝阳区的建设规划，争取早日落地，从物理设施上打造一个文化空间。同时，还要注重文化活动的涵养作用，深入挖掘本地文化资源，充分利用好小剧场、文化演出、文化创业沙龙等形式营造良好的文化氛围。总而言之，就是要通过有计划的区域环境改造，形成一个全新的生活生态良好、文化生态浓郁的"文化定福庄"，将"在实验区工作"打造成为一种文化身份的象征，使实验区成为北京文化发展的一个符号。

第六章　文化跨界：中国文化产业发展的主要趋势

第一节　新时期传统文化产业的转型升级

2018年3月5日，中华人民共和国第十三届全国人民代表大会第一次会议，李克强总理在政府工作报告中提到"深入实施文化惠民工程，培育新型文化业态"。产业跨界融合、新技术应用、消费市场的活跃需求都为新型业态发展提供了土壤。通过新型业态推进文化供给，使消费成为生产力，助推新型文化业态成为拉动文化产业发展的新引擎。所谓业态，是指行业的组织类型和结构，也包括企业的经营模式与企业形态。具体聚焦文化业态，则是指以文化及创意为核心，通过产业化大批量生产、营销不同形态文化产品和文化服务的行业。

当今时代是一个互联互通的时代。互联网、大数据、云计算等技术升级，不断地改变着文化产业的业态，只有顺势而为，不断突破，才能实现新环境下文化产业的再次跨越发展。[①]

---

① 范周. 权威解读"十三五"中国文化产业发展新势 [EB/OL]. (2017-03-23) [2018-06-16]. http://www.sohu.com/a/129405327_488901.

融合是发展的大趋势，"互联网+"已让不少濒临消亡的事物重获新生，可以说，融合是"互联网+文化产业"发展阶段的重要特征。传统文化产业和传统产业，通过"互联网+"形成新的交集，跨界融合势头一浪高过一浪。文化与技术的跨界，给传统文化、文化遗产找到了新的传承发展途径。最近势头正盛的VR、AR、人工智能等新技术，在文化产业领域的应用不断增多，无论是传统文化产业借助互联网新技术的优化升级，还是互联网技术在新兴产业中的发展与创新，文化与科技融合发展的步伐与空间正在不断加速与拓展，这些领域也因文化的介入而赢得了更大的发展空间，两者呈现出相互借力、共生共荣的局面。[①]

一、广播电视行业

2014年中央出台《关于推动传统媒体和新兴媒体融合发展的指导意见》后，相关部门陆续制定了一系列政策文件。2016年，习近平总书记先后在党的新闻舆论工作座谈会、网络安全和信息化工作座谈会等系列会议上提出："要推动媒体融合发展，主动借助新媒体传播优势，着力打造新型主流媒体。"为媒体融合的未来发展指明了方向。

在传统媒体融合转型过程中，"两微一端"（微博、微信、客户端）成为纸媒集团迈向新媒体的第一步。"两微一端"布局一方面为传统纸媒保留甚至增加了不少粉丝，扩大了报纸的受众规模，

---

① 范周.权威解读"十三五"中国文化产业发展新势[EB/OL]. (2017-03-23) [2018-06-16]. http://www..sohu.com/a/129405327_488901.

在移动互联网领域开辟了新的舆论场;另一方面,由于存在内容同质化、经费受限制、营收增量低等问题,大量传统媒体所运营的新媒体也处于发展瓶颈期,传统媒体与新兴媒体"两张皮"的状态并未得到有效破解。国家新闻出版广电总局于2016年7月18日公布《关于进一步加快广播电视媒体与新兴媒体融合发展的意见》(以下简称《意见》),以促进广电媒体转型升级,提升广电媒体的市场竞争能力。《意见》以深度融合理念为核心,以八大融合体系建设为重点,以局部突破和全面推进相结合,力争在危机与机遇并存之际构建布局合理、竞争有序、特色鲜明、形态多样并具有可持续发展能力的中国广播电视媒体融合新格局。

互联网时代下的受众早已从大众传播时代培养的信息接收习惯中脱离出来,以广播电视为代表的传播媒体真真切切地遭遇了传播危机。近年来,国内广电新媒体平台搭建初步完成,出力方向集中在多元平台的开拓与建设上。从交互式网络电视(IPTV)、手机电视到互联网电视,各业务平台建设均已就绪。但是传统电视媒体的影响力持续下降。

新媒体对于受众注意力的争夺使传统媒体产生了前所未有的危机感,广播电视媒体在与新媒体积极融合之后取得了一定的成就。但新兴媒体与广电具有不同的传播理念和传播平台,深度融合思维需要贯穿于广电媒体与新兴媒体融合发展的全过程。

广播电视引以为豪的内容优势一直是其"立身之本",在传统体制内,广播电视掌握着大部分的媒体资源。由于渠道的限制,广播电视新闻和影视作品能够充分吸收注意力资源。但随着新兴媒体的发展,网络空间为观众提供了充足的选择余地,从网络自制剧到网络综艺再到网络大电影,互联网媒体产品渐渐代替了广播电视内容产品，广播电视的优越性不再。近年来，国内不少大型新闻传媒集团积极应对挑战，整合跨界资源，探索全媒体融合道路。以人民日报社、新华社等为代表的中央级媒体，以苏州日报报业集团、广州日报社、浙江日报报业集团、南京报业集团等为代表的地方大型传媒集团率先打造"中央厨房式"全媒体平台，大力整合现有资源，打通集团内部传统媒体与新兴媒体之间的壁垒，创新媒体融合报道流程机制，实行一体化运作，推动媒体融合逐步从"你中有我、我中有你"向"你就是我、我就是你"过渡。

二、动漫行业

近年来，国家对动漫产业发展高度重视。一方面鼓励动漫投资，不管是在专项资金还是在融资政策上，都为国产动漫提供了良好的投融资平台。另一方面，为动漫营造良好的播映环境；通过控制国外动漫作品的播出时间，为国产动漫提供了便捷的播映平台。先后出台了《关于发展我国影视动画产业的若干意见》（2004年）、《关于推动我国动漫产业发展的若干意见》（2006年），同时成立了由文化部牵头、十部委组成的扶持动漫产业发展部际联席会议，并由中央财政设立了扶持动漫产业发展专项资金，这为我国动漫产业驶入快车道奠定了坚实的政策和经济基础。经过一段时间的探索，基于《国家"十一五"时期文化发展规划纲要》《中共中央、国务院关于进一步加强和改进未成年人思想道德建设的若干意见》，以及《国务院办公厅转发财政部等部门关于推动我国动漫产业发展若干意见的通知》，结合当前我国动漫产业发展中存在的问题，2008年8月，文化部发布了《文化部关于扶持我国动漫产业发展的若干意见》，提出了关于扶持我国动漫产业发展的指导性意见和具体措施，为国产动漫的健康发展保驾护航。2005年，中国国家广播电视总局在继四大动漫专业院校设立教育基地后，又先后在全国15个企业和单位建立了动画产业基地，到2008年，形成了东北、华北、西南、中部和长三角五大动画产业经济带。[1] 经过近几年的发展，我国动漫产业涌现出了一批优秀的动漫文化产品，它们以精彩健康的内容、精美的制作、细腻的画面，在全国观众中引起了强烈的反响，有些作品甚至走出了国门，赢得了国外市场的认可。这些"走出去"的动漫作品，展现了中国原创动漫在国际市场上日渐崛起的价值和地位。如动画电影《梦回金沙城》成功入围第83届奥斯卡最佳动画片奖资格候选名单，为中国动漫开拓海外市场进行了有力探索与实践；由中央电视台斥资近4000万元打造的52集大型动画系列剧《小鲤鱼历险记》已发行至意大利、西班牙、俄罗斯、印度等多个国家和地区；《喜羊羊与灰太狼之虎虎生威》继续创造国产动漫电影亿元票房的神话，《黑猫警长》《长江7号爱地球》等十余部国产动画电影也开始在电影市场中赢得一席之地。[2]

2012年6月，扶持动漫产业部际联席会议办公室发布《"十二五"时期国家动漫产业发展规划》，明确将优化动漫产业布局结构作为未来五年发展的重要任务。2017年2月23日，文化部政策法规司正式发布《文化部"十三五"时期文化发展改革规划》

---

[1] 范周，杨甬. 改革开放四十年中国文化产业发展历程与成就 [J]. 山东大学学报，2018（4）.

[2] 范周，储柱琦. 中国动漫产业浮华背后的忧思 [J]. 同济大学学报，2012（23）.

（以下简称《规划》）。《规划》重点提及动漫游戏产业内容，强调要加快发展动漫、游戏、创意设计、网络文化等新型文化业态，支持原创动漫创作生产和宣传推广，培育民族动漫创意和品牌，持续推动手机（移动终端）动漫等标准制定和推广，扶持建设国家动漫产业综合示范园区建设等。[①] 这一时期，"二次元"、IP、融合发展成为动漫产业关键词。据《2015年中国二次元用户报告》显示，中国"二次元"消费者已达2.6亿，未来国产动漫将向"二次元经济"核心受益区进击。网络漫画成为IP的源头动力。2017年，中国动漫产业受到资本的青睐，如腾讯投资玄机科技近两亿元。游戏、非遗与动漫的融合促使动漫艺术家推陈出新。同时，我国动漫产业衍生品市场产值由2009年的129亿元增长到2016年的450亿元，玩具类占衍生品的51%。2017年出现了第一部成人动画电影《大护法》，中国动漫产业逐步向"全龄化"探索。[②] 创新跨界思维，增强商业变现，以动漫原创IP为中心形成了IP产业链，以动漫内容与形象为中心的开发涉及电影电视、手游开发、主题公园、周边衍生及其他用品等。

三、文化娱乐行业

2016年9月21日，文化部印发《关于推动文化娱乐行业转型升级的意见》（以下简称《意见》），对歌舞娱乐和游戏游艺等传统

---

① 黄金时代到来！视频网站助力，国产动漫全产业链如何升级再造？[EB/OL].（2017-04-12）[2018-06-16]. http://mini.eastday.com/a/170412072052494.html.

② 范周，杨矞. 改革开放四十年中国文化产业发展历程与成就[J]. 山东大学学报，2018（4）.

文化娱乐行业转型升级工作做出部署。①《意见》基于我国文化娱乐行业长期存在的问题，通过积极有效的尝试和探索，提出了一条可借鉴、可推广的文化娱乐行业发展路径——以社会主义核心价值观为引领，走融合发展、创新发展、健康发展之路。在此过程中，立足整体、找出问题、顺应趋势、协同创新是推动文化娱乐行业转型升级的要点。

文化娱乐行业是文化产业的重要组成部分，具有满足人民群众精神文化需求，扩大和引导文化消费，拉动就业，促进经济发展等重要作用。②2014年以来，随着我国经济下行压力不断加大，经济增速放缓，经济学意义上的"口红效应"逐渐显现：全民娱乐，无论是传统文化娱乐行业的KTV、影院、网游、手游，还是新兴文化娱乐行业的电子竞技、家庭娱乐、体感游戏，多种业态的文化娱乐行业交织融合，经济遇冷，娱乐渐热。据艺恩咨询发布的权威数据预计，2018年中国或将成为全球第一大电影市场。而VR、AR技术的发展应用，也成为我国新型文化娱乐行业发展的强大助推器。随着互联网技术的全面推进，从"VR"和"直播"双元年的2016年起，全民娱乐的井喷时代已经来临。

（一）传统文化娱乐行业发展现状

传统文化娱乐行业经营模式陈旧，产品类型单一，人们只是作为信息的单向接收者。随着互联网时代的到来，人们的文化消费需求个性化、定制化特征凸显。传统文化产业已然不能与新时期的文化消费现状接轨。随着互联网技术的普及，文娱行业遇到

---

① 人民网—文化频道.文化部全面启动文化娱乐行业转型升级工作[EB/OL].(2016-09-22)[2018-06-06]. http://m.people.cn/n4/2016/0922/c666-7619676.html.

② 张从健.文化娱乐行业转型升级探析[J].文化创新比较研究，2017（22）.

前所未有的挑战，但同时也可以借助互联网技术进行转型升级。例如，20年前，人们拿着歌单和遥控器对着显示器选歌；10年前，人们开始习惯了电脑点歌系统触屏选歌；今天，云点歌、APP点歌、微信点歌花样层出，打破了时空限制，文化娱乐产品成为随时随地的文化消费品。开发新产品，挖掘新业态，互联网时代文化娱乐行业必须用科技手段丰富表现形式。

（二）互联网时代的娱乐更新

文化娱乐行业立足互联网时代背景，顺应时代发展趋势，不断更新产品的表现形式，丰富产品的内容，通过科技引领产业转型升级。根据《意见》所表达的"以科技创新为动力，以产品研发促进转型升级，以转型升级带动产品研发"的要求，应积极开发VR、AR技术，继续研发网络游戏、手机游戏、体感游戏等多种交叉型、互动型游戏娱乐产品，以移动电竞赛事带动游戏行业和直播产业的发展。例如，墨麟股份通过《秦美人》《战龙三国》等精品网页游戏和《梦貂蝉》《仙战》等移动网游产品于2015年12月23日成功挂牌新三板，2015年净利润高达1.55亿元。此外，还要积极创新经营方式，通过电子购票、线上直播、双向互动，不断创造文化娱乐产品的体验价值。创新的经营模式是一个新赛道，思想解放，动作迅速，必然能够拔得头筹。建立创新机制，健全保障体系。

文化娱乐行业的转型升级，要创新发展理念，打破传统思维束缚。《意见》指出，"要鼓励娱乐场所发展连锁经营"，"鼓励参与公共文化服务"，"加大行业扶持力度"，"营造良好政策环境"，"发挥行业协会作用"，"加强事中事后监管"。因此，一方面要加强文化娱乐行业的公共文化服务功能，加强对特殊区域、特殊群体的文化娱乐产品供应，走出地域和受众割裂困境。另一方面要完善财政、税收和金融相关扶持政策，创造出适合文化娱乐企业使用的文化金融类产品，打破机制割裂僵局，以此助推文化娱乐行业不断创新发展、双效统一。

四、电视行业

（一）"互联网+电视"成为产业潮流

经过近百年的发展历程，电视频道也走入了瓶颈。最近几年，风靡一时的亚洲电视宣布停牌，现象级的电视作品也越来越少，电视产业的发展进入了低潮期。而与此同时，视频网站兴起，网络电视台开放性、交互性、虚拟化的特征对传统电视频道产生了巨大冲击。麦克卢汉在半个世纪以前就提出"媒介即讯息"，媒介不仅仅是运载物质或信息的工具，它改变、塑造和控制着人的组合方式和形态。[①]这就告诉我们，传统电视频道在面对互联网这一新兴媒介的过程中，势必发生变化。

2015年两会上，李克强总理在政府工作报告中提出制定"互联网+"行动计划，"互联网+电视"成为电视产业发展的新潮流。各大传媒机构开始为抢占传媒发展制高点进行战略转型，包括确立全媒体发展战略、同视频网站联动、栏目营销社交化等与互联网深度融合的经营方式。在互联网时代，视频网站和电视台并不是你死我活的关系，而是可以互相融合，共创综合性平台。

芒果TV作为湖南卫视的重点战略项目，代表了湖南卫视台网联动的发展趋势和方向。芒果TV是湖南广播电视台旗下互联

---

① 弓慧敏. 媒介融合视野中电视媒体的未来发展[J]. 中国广播电视学刊, 2010（5）.

网视频供应平台，同时也是实现"多屏合一"的独播、跨屏、自制的新媒体视听综合传播服务平台。芒果 TV 日均活跃用户超过 1000 万。2016 年，湖南卫视第一季度的主打节目《我是歌手》的点击量也已经超过千万。在成为传统电视内容播放新渠道的同时，它推出多元化的自制内容，依靠大量的幕后花絮吸引年轻用户。至今，芒果 TV 在广播电视系统类已排名第一。就体量和影响力来说，它虽然比不上爱奇艺、腾讯视频等老牌视频网站，但也已经进入视频网站的第二阵营。芒果 TV 集互联网电视和互联网视频于一体，它的持续发展体现了湖南卫视面对当下潮流搭建电视平台的战略选择，也体现了"互联网＋电视"深入发展的产业趋势。

（二）电视平台搭建成转型突破口

在"互联网＋电视"这一产业发展潮流中，搭建电视平台成为传统广电集团不得不采取的战略选择。电视频道转型平台的过程面临诸多困难，这就需要广电集团从内容、渠道和受众三个角度对电视平台进行充分的理解。互联网时代的电视平台，既是专业内容和用户内容相结合的内容集成平台，也是通过互联网渠道进行播放的网络平台，还应该成为交互性的多屏联动平台。

1. 内容集成平台

搭建内容集成平台，一方面要重新规划专业生产内容（PGC），按照互联网的传播模式对节目内容进行调整。进入 2016 年，火爆的网络剧大大抢去了电视剧的风头。与此相对的是，《康熙来了》落幕，《快乐大本营》《中国好声音》等节目疲态尽显，传统的电视剧再难取得现象级的收视率。因此，对传统的电视内容制作方式必然要进行革新。另一方面，要求电视频道涉足用户生产内容（UGC）领域，利用庞大的电视观众群体进行内容生产，让电视剧、电视节目真正体现大众的生活。哔哩哔哩（bilibili）、斗鱼直播等网站的火爆就彰显了新媒体时代去中心化、去权威化的特征对娱乐产业的巨大影响。它使大众不再过分追逐镁光灯下的明星，而开始纷纷寻找可以代表自己观点的意见领袖，甚至让自己成为意见领袖。

2. 网络播放平台

打造互联网时代的电视平台，必然就是打造网络内容播放平台，仅依靠广播电视网这一条渠道输出内容再也行不通了。搭建网络播放平台，首先要将内容优势转化为核心竞争力。内容优势是广电集团搭建网络播放平台的最大优势。视频网站的差异化竞争归根结底是基于版权、内容的竞争，谁拥有优质、独家的内容，谁就在竞争中占据优势。其次，要进行准确清晰的品牌定位。在传媒竞争日渐激烈的情形下，准确清晰的品牌定位对于电视媒体越发重要。这种对目标群体的品牌定位，不仅是电视频道所需要的，更是日渐激烈的网络播放平台竞争所要求的。最后，充分利用原有的观众基础。各大卫视在几十年经营中获得的一批高黏性的忠实观众，同样是搭建网络播放平台的发展优势。这就要求电视频道方通过对自身内容的革新引导电视观众的观看习惯，在保持原有用户忠诚度的同时，吸引更多互联网时代的年轻观众。

3. 多屏互动平台

在内容创作变得更加平民化、大众化的同时，观众们多元化、小众化的互动需求越来越受到重视。要打造全媒体的电视平台，不仅要做到"一云多屏"，将受众的电视屏、电脑屏、手机屏结合起来，更是要走向"多屏互动"，打造一个交互性、社交化的电视平台。只有这样，才能真正满足新媒体时代观众越发强烈的社交需求。广电集团搭建电视平台，就是要利用多媒体集成技术建立起跨媒体传播的数字化管理平台，构筑起多屏传播的系统，真正地发挥三网联动的整合力。而所谓"互动"，就是要求电视平台进行社交化的改造。这一方面要求充分利用大数据技术追踪受众的喜恶、兴趣和习惯；另一方面就要求整合平台用户，建立社交群体。

互联网兴起不过 20 年的时间，在这短短的时间内就让电视这样一门"新兴"的艺术变得"传统"起来。电视作为一种大众娱乐方式受到了互联网的巨大冲击，全球电视产业都面临着被互联网抢占市场的问题。但这同样也是一个机遇，只有更加深入地理解互联网，理解电视平台的内涵，我国电视产业才能在互联网时代找到自己的春天。

第二节 文化跨界产生的文化产业新业态

新型文化业态是文化产业自身更新迭代或与其他行业跨界融合，嫁接互联网和信息技术所形成的新型企业、商业乃至产业的组织形态，成为文化产业发展的新动能和新增长点。文化产业的产业内融合表现为不同文化行业内部的相互渗透和交叉，而产生的新的业态在原有行业基本特征基础上，又可能代替原行业或者补充原行业。新兴业态的出现是互联网技术与文化产业相结合的产物，新兴业态的本质是通过将文化、情感、服务、技术、材料等因素的整合，满足人们更多样化的消费需求，提供更为人性化的文化服务。文化产业的发展趋势是综合发展，行业之间、企业之间的界限不断被打破，文化产业的形式越来越多元化，然而，不管形式怎么改变，"内容"仍然是文化产业发展的核心因素。内容的独创性是文化产业核心价值所在；一个产业形态存在的核心要素是这个形态所提供的文化内容，而不是内容所依附的介质。当然，新兴业态也拓展和延伸了文化产品的内涵。例如，原来手机的功能仅仅是接打电话，但是随着信息技术的发展，智能手机可以运用理财、医疗、社交、阅读、健身等多项功能，大大丰富了手机所能表现的内容。因此，在利用科技改变文化产业载体表现形式的同时，也要注意用科技来提升文化产业的内容。

一、新兴业态兴起的原因

（一）产业内外融合升级

文化产业的内部各业态之间，以及文化产业对其他行业的融合度、渗透性较强。信息时代的到来为"文化+"提供了更多的可能性，无论是产业内部的联动，还是与相关产业的融合发展，都在催生新型业态的发生发展。

当前，影视、动漫、游戏、互联网等业态相互融合，产生了很多新的产品和服务形式。被民间誉为"当今世界四大文化奇观"的中国网络文学正在成为中国影视行业剧本的重要来源。2016年，几部网络文学改编剧轮流位列电视收视率排行榜第一位；《鬼吹灯之寻龙诀》《匆匆那年》等由网络文学改编的电影也获得了不俗票房。影视制作公司纷纷把目光投向网络文学这一"富矿"，并致力于"全版权运营"，与网络文学作者联手搭建"影视+网文"新格局。

（二）高新科技奠定根基

区分新型文化业态与传统文化业态的关键要素是互联网和数字化技术。2016年8月8日，国务院正式印发《"十三五"国家科技创新规划》，围绕建设创新型国家和世界科技强国，对我国未来5年科技创新做了系统谋划和前瞻布局。自我国提出建设"文化强国"战略以来，"文化科技"的利好新政频繁推出，毫无疑问，"文化科技"的发展一定会在未来占据重要地位。2012年《国家文化科技创新工程纲要》和《文化部"十二五"文化科技发展规划》提出"科技带动文化产业发展战略"以来，在2015年我国"十二五"规划收官之际，文化科技在演艺、文博、数字阅读、智慧城市等多方面取得了极其丰硕的成果；而"互联网+"行动计划的提出，文化部重点实验室等建设的部署，文化领域的标准化制定，甚至大数据、VR技术在文化领域的应用等，都引领着"十三五"时期文化科技进一步的融合发展。《"十三五"国家科技创新规划》也提出了许多文化科技领域的相关发展战略。

新型文化产业充分利用高新科技，敏锐捕捉文化消费的最新趋势，创新文化供给内容与形式，拓宽消费者的选择空间，有效培育消费者新的消费习惯，提高消费者文化消费的体验感。数字平台正在重塑消费者的文化消费习惯。中国新闻出版研究院《第十四次全国国民阅读调查报告》显示，2016年我国成年国民各媒介综合阅读率为79.9%，成年国民数字化阅读方式（网络在线阅读、手机阅读、平板电脑阅读）接触率为68.2%，已连续八年呈上升之势。数字阅读作为纸质图书的有益补充，正在为人民群众提供更为便捷丰厚的精神食粮。

（三）消费倒逼生产创新

我国文化消费的潜在规模为 4.7 万亿元，而实际消费仅为 1 万亿元，还存在超过 3 万亿元的巨大消费缺口，大量消费活力尚未释放，市场潜力有待挖掘。① 例如在这其中，我国拥有 7.72 亿的网民规模，超过全球平均水平（51.7%）4.1 个百分点②，他们是最为活跃的文化消费群体。这对基于互联网的新业态、新产品有广泛的诉求和购买力。在消费升级的浪潮下，更多定制化且多样化的文化消费需求倒逼文化产业进行更新调整。通过更多高品质文化产品的供给，进一步激发市场活力，推动文化产业可持续健康发展。

二、新业态兴起的重要性以及意义

（一）形成文化产业发展动能

在数字化、互联网等高新技术支撑下，文化产业内、外产业链环节融合发展，实现传统文化产业自身的升级换代，促进了新型的产业的生成，引领了新的文化消费方式，也提高了文化产业集约化、专业化和规模化水平。在泛娱乐化背景下，互联网巨头公司纷纷布局新型文化业务领域。腾讯目前在网络游戏、网络动漫、网络音乐、影视以及电竞等文化领域积极布局，形成了强大的互联网"泛娱乐"体系。③ 成立于 2015 年 3 月的阅文集团，由

---

① 我国文化消费需求 4 万亿 [EB/OL]. (2016-09-14) [2018-06-06]. http://www.sohu.com/a/114399742_120711.

② 我国网民规模达 7.72 亿 超过全球平均水平 4.1 个百分点 [EB/OL]. (2018-01-31) [2018-06-06]. http://www.sohu.com/a/220126640_100029584.

③ 邱娟. 阅文上市 新型文化业态彰显强大竞争力 [EB/OL]. (2017-11-13) [2018-06-06]. http://cnci.sznews.com/content/2017-11/13/content_17735906.htm.

腾讯文学与原盛大文学整合而成,实际上为资本参与腾讯在文化领域的布局提供了又一新入口。① 市场对于网络文学企业上市的高度关注与热情,实则反映了对中国新型文化业态发展的强烈信心。

(二)提供文化产品服务供给

培育新型文化业态顺应了新时代文化产业发展的潮流,不仅能满足人民的精神文化需求,也为构建完备的文化产业体系、推进文化领域供给侧结构性改革、促进产业升级、优化经济结构提供强劲动力,是统筹推进社会、经济、政治、文化、生态文明"五位一体"总体布局的客观需要。② 因而,培育新型文化业态必然会成为我国文化产业发展的新方向,而且将在我国经济发展方式与结构的调整中凸显更大效能。

(三)顺应文化需求,发展消费新业态

中国特色社会主义进入新时代,不久将全面建成小康社会,人民的美好生活需要日益广泛,对物质文化生活提出了更高要求,对精神文化产品的需求不断更新,人们对文化产品内容和形式的需求更为多样。培育新的文化业态,将提供更加丰富多彩的文化娱乐产品来满足享受生活的愿望,利用新手段、采用新技术满足人民多方面、多层次、多样性的文化需求,提高其对文化消费的满意度。③

此外,对于新型文化业态的监管应更加有序明确。面对相对年轻的受众和便捷的传播平台,无论是监管部门还是新型业态从业者自身,都需要把好"政治关、价值关、审美关",为新型文化业态培育一个良性有序的发展环境。

---

① 邱娟. 阅文上市 新型文化业态彰显强大竞争力 [EB/OL]. (2017-11-13) [2018-06-06]. http://cnci.sznews.com/content/2017-11/13/content_17735906.htm.
② 林昌华. 培育新型文化业态 打造现代文化产业体系 [N]. 福建日报,2017-11-20.
③ 同上.

(四)扩大文化产业边界

文化产业具有"越界延伸"效应,创新了传统的价值增值和产业划分标准。一方面使数字网络技术融合到传统产业中,囊括了所有行业和企业的价值链高端部分,延伸了增值空间。另一方面打破了城乡界线,将技术、文化、制造、服务融为一体,通过"越界"促成不同行业、不同领域的重组与合作,有利于城乡产业融合。①

(五)提升文化产业盈利能力

数字化、信息化时代的到来,给文化产业的发展带来了很大的影响。不适应时代发展的落后产业逐渐被淘汰,传统的文化产业正在进行艰难的转型升级,而一些新兴业态则如雨后春笋般出现,不断更新着文化产业的内涵与外延,为文化产业的发展注入新的活力。据国家统计局初步测算,2017年文化及相关产业增加值为35462亿元,比2016年增加4677亿元,增长15.2%;2017年占GDP比重为4.29%,比2016年占比增加0.15个百分点。在规模以上文化企业营业收入方面,2018年一季度,全国5.7万家规模以上文化企业实现营业收入19052亿元,比上年同期增长10.5%(名义增长,未扣除价格因素);按照文化产业统计新标准,9个类别的营业收入均实现增长,其中,新闻信息服务、文化投资运营、创意设计服务、内容创作生产等文化核心领域的4个类别实现两位数增长。②

---

① 范周,齐骥,杨剑飞.论"十二五"时期文化产业的发展路径[J].山东社会科学,2010(8).

② 文化经纬.2017文化产业"成绩单"保持两位数增长[EB/OL].(2018-06-10)[2018-06-21]. http://www.sohu.com/a/234957271_480286.

（六）平衡区域间文化产业发展

在过去中国文化产业发展的大格局中，整体呈现出东部领先、中部追赶、西部快跑的梯度发展态势。这种态势固然与区域经济发展水平有着明显的关联，可以预见的是，在今后的5—10年，东部地区仍将引领我国文化产业的发展，并在传媒、展览、演艺、数字内容等领域形成较大的比较优势。整体来看，东部地区应结合高度聚集的创意人才资源和突出的科技创新优势，推动文化与科技的结合，大力发展创意数字型文化产业。同时加快信息技术发展步伐，为数字内容产业提供良好的物质技术基础。此外，在市场竞争环境下，东部文化产业集团化趋势明显，产业化程度高，可以加快与国际文化市场接轨，带领中国文化产业"走出去"。

中部地区传统文化产业优势显著，未来应不断加大文化资源的开发与整合力度，发展以内容生产型为主的文化产业，并以"互联网+"为突破口，推动优势传统产业向数字化转型升级，不断扩大地区的产业规模和产业影响力，使中部成为东、西部地区产业的接续地。

以民族风情为特色的文化产业是西部地区文化发展的重要优势。面向未来，西部地区应以民生为导向，继续挖掘特色文化资源，推动文化与旅游、农业等产业的融合，以文化旅游、创意农业为突破口，加速西部地区文化产业的发展。

三、文化产业新业态的典型

2017年，文化与科技深度融合趋势更加突出。以VR、AR技术、人工智能为代表的尖端科技的发展不断为文化产业注入活力，促使文化产业进入转型升级新阶段。2017年，国家"科技创新—2030重大项目"将人工智能列入其中。根据艾瑞咨询预计，2020年全球人工智能市场规模将达到1190亿元，年复合增速约19.7%；同期中国人工智能市场规模将达91亿元，年复合增速超50%。[①]要深刻把握文化产业面临的新机遇、新要求，以科学技术为纽带，为传统文化产业注入活力，进一步提升文化产业发展的质量和效益。

随着文化与科技不断深度融合，新兴业态发展势如破竹，态势强劲。未来，基于技术革新的新兴业态不断涌现将成为产业常态。《"十三五"国家战略性新兴产业发展规划》将数字创意产业列为国家战略新兴产业，提出"以数字技术和先进理念推动文化创意与创新设计等产业加快发展，促进文化科技深度融合、相关产业相互渗透"。动漫、游戏、在线教育、创意设计、VR领域等数字创意产业的核心领域将成为下一个风口。

（一）数字出版

数字出版是在互联网迅速发展背景下产生的战略性新兴产业，主要包括电子图书、数字报纸、数字期刊、网络文学原创、网络教育出版物、网络地图、数字音乐、数据库出版物、手机出版物等。数字出版在我国起步较晚，但发展强势，数据显示，2006年，数字出版产业总收入达到213亿元，2007年增加到362.42亿元，2008年的总收入高达556.56亿元，2009年数字出版总产出已达到799.4亿元。[②]最新公布的《2016—2017中国数字出版产业年

---

① 王卉，张瑞静.人工智能技术在数字出版中的应用现状与发展趋势[J].出版发行研究，2018（2）.

② 刘欣.我国数字出版发展趋势及运营模式[J].环渤海经济瞭望，2013（8）.

度报告》显示,"2016年我国数字出版产业整体收入持续增长,达到5720亿元,同比增长29.9%。在数字出版的各个细分板块中,互联网广告以2902亿元的收入占数字出版整体收入的50%以上;移动出版则以1399亿元的收入占整体的24%;网络游戏则占到14%,实现收入827亿元;此外受到业内关注的电子书实现收入52亿元;网络动漫实现收入155亿元"[1]。

自2006年以来,我国的数字出版产业一直保持较高的增长率,是我国新闻出版业所有门类中增速最快的领域,占比达到17%。网络游戏、网络广告和移动出版是数字出版领域的三大巨头,发展势头良好。截至2016年年底,我国数字出版产业的累计用户规模达到16.73亿人(家/个),网络游戏用户大幅度增长(4.51亿增至5.66亿)。

《2016年数字阅读白皮书》的数据显示,"2016年中国有声阅读市场增长48.3%,达到29.1亿元。据中国新闻出版研究院的调查,我国成年人的听书率达到17%,人均听书消费6.81元"[2]。国内已经先后出现200多个带有听书功能的移动平台,喜马拉雅FM、蜻蜓FM等有声读物龙头平台已然兴起,市场竞争格局初步形成。2016年有声平台纷纷加强与出版机构的合作,加大在有声书领域的布局。有声读物为很多内容创业者及团队提供了机遇,垂直细分领域的内容成为有声读物发展的重点之一,

---

[1] 中国数字出版产业年度报告课题组,张立,王飚,李广宇."十三五"开局之年的中国数字出版——2016—2017中国数字出版产业年度报告主报告(摘要)[J].出版发行研究,2017(7).

[2] 孙新文.回顾与展望:2006—2016中国数字出版[J].山东理工大学学报(社会科学版),2018(3).

有声读物有望成为知识服务的新模式。有声读物成为 IP 生态链中的一环，网络文学、影视剧、网剧等内容转化成有声读物已然非常普遍。[①]

（二）网络文学

从 1998 年蔡智恒的《第一次的亲密接触》在网上走红以来，网络文学至今已走过了 20 年的发展历程，涌现出了大量经典的网络文艺作品，如《盗墓笔记》《斗破苍穹》《后宫·甄嬛传》《步步惊心》《诛仙》等，以及一批优秀的网络文学作家，如南派三叔、流潋紫、唐家三少、我吃西红柿等。近年来，随着网络文艺 IP 开发成为热点，一批拥有大量粉丝的网络文艺作品如《琅琊榜》《芈月传》被成功开发成影视作品及网络游戏，带动了出版、影视、动漫、游戏等相关产业发展，吸引了资本市场的广泛关注，形成完整的文化产业链正常化。随着网络文学的持续升温，2016 年，我国网络文学市场规模达到 120 亿元，同比增长 25%。从用户角度来看，网络文学用户规模从 2013 年的 2.74 亿上升到 2016 年的 3.33 亿。移动端成为网络文学主要阅读终端，移动阅读用户从 2013 年的 2.02 亿增长到 2016 年的 3.04 亿，同比增长 50%。[②] 目前中国网络文学市场呈现一家独大的局面，由腾讯文学和盛大文学整合成立的阅文集团通过兼并收购，将 95.24% 的网络文学作家招入旗下。2016 年，阅文集团向旗下签约作家发放

[①] 中国数字出版产业年度报告课题组，张立，王飚，李广宇."十三五"开局之年的中国数字出版——2016—2017 中国数字出版产业年度报告主报告（摘要）[J]. 出版发行研究，2017（7）.

[②] 汪昌琴. 成立 2 年收购 4 家公司 曾单部作品创造 5 亿次的点击量 专访广东畅读信息创始人潘炳亮 [J]. 消费电子，2018（3）.

稿酬近 10 亿元，过百作家年收入超百万元。互联网巨头对网络文学市场的垄断式布局，在给作家带来更多收益的同时，也推动网络文学 IP 资源进一步向影视、手游、动漫等泛娱乐产业链方向深度开发。

2015 年被称为"IP 元年"，由网络文学 IP 改编的电影、电视剧和网络剧层出不穷，并且大多获得了极高的票房和点击量。相比 2015 年从无到有的爆发性增长，2016 年 IP 影视剧依然保持增长态势，但增幅明显减缓，特别是 IP 电影显著降温，这一年仍按照以往思路炒作 IP 概念、依靠当红明星、依赖读者情怀的粗放式改编制作普遍口碑不佳，部分甚至折戟沉沙。相比之下，2016 年网络剧质量得到大幅提升，其中流量在 20 亿以上的 5 部网络剧《老九门》《太子妃升职记》《最好的我们》《余罪》《重生之名流巨星》全部改编自网络文学，网络剧市场进入强者越强的头部精品竞争时代。网络文学的产业化开发方兴未艾，所创造的经济效益和社会效益非常可观，在文化产业中所占的比重越来越大。

（三）网络自制节目

网络自制节目是由网站自身策划、选题、拍摄，后期剪辑制作出来的栏目，其节目种类很多，比如网络自制剧、网络微电影、网络访谈、脱口秀及综艺节目等。[①]2014 年被称为自制元年，视频网站自制剧投资规模达到 12 亿元，涌现出了一批优质节目，包括《你正常吗？》《老友记》《男神女神》等节目。截至 2015 年 8 月，各家视频网站共出品自制节目超过 190 档，TOP20 榜单总播放量超过 35 亿次，单节目平均播放量达到 18.4 亿次，其中比较有影响

---

① 张鑫.网络自制节目对电视媒体的冲击和应对策略[J].视听，2016（4）.

力的视频网站是腾讯视频、优酷、土豆和爱奇艺。随着自制节目数量和制作水平的不断上升,网络自制节目逐渐形成了一套"网络+移动+互动+衍生"的产业运营体系,但内容质量仍参差不齐,在未来仍有很大的提升空间。

(四)网络直播

网络直播从 2016 年起成为最火爆的新兴产业之一。其打破传统产业 PGC 生产模式,以 UGC 为主导,打造了参与性强、实时互动、全民直播的开放性社交平台。直播行业迅速崛起,成为互联网经济的重要组成部分。据中国互联网络信息中心在北京发布的第 41 次《中国互联网络发展状况统计报告》(以下简称《报告》):截至 2017 年 12 月,我国网民规模达 7.72 亿,普及率达到 55.8%。网络娱乐应用中网络直播用户规模年增长率最高,达到 22.6%,其中游戏直播用户规模增速达 53.1%,真人秀直播用户规模增速达 51.9%。[①]据市场分析,网络直播在 2016 年市场规模已达 150 亿元,预计到 2020 年将达 600 亿元。网络直播的盛行衍生出"网红经济"这一新业态,"直播+"也逐渐成为比"互联网+"更具活力的新兴业态。直播+旅游、直播+教育、直播+艺术等新兴融合发展模式,为文化产业新业态注入新鲜血液。网络直播加速了媒介的迭代创新,提高了文化产业规模化、集约化、专业化的水平,推动了新文化业态的融合、演绎与更迭,为国民经济发展提供了新的动能。在短短不到一年的时间里,斗鱼、映客、花椒、熊猫 TV、虎牙等上百家网络直播平台呈现井喷式发展,网

---

① 黄蓉.移动直播在新闻报道中的运用——以新华社"现场云"直播为例[J].新媒体研究,2018(3).

络平台主播人数近 80 万，网络直播的市场规模接近百亿元。

根据艾媒咨询报道："2017 年中国在线直播用户规模达到 3.98 亿，预计 2019 年用户规模将突破 5 亿；相比 2016 年，2017 年直播行业用户规模增速明显放缓，增长率为 28.4%。"[①] 艾媒咨询分析师认为："在政策监督、社会需求理性化的大环境下，在线直播行业趋向稳定健康发展，增速逐步放缓。直播的工具化特征逐渐显现。未来直播将嵌入民众生活各个方面，用户规模持续稳定扩大。"[②]

（五）实景演出

2003 年，梅帅元以山水为实景舞台，制作了《印象·刘三姐》。2010 年，印象五部曲风靡全国。根据道略演艺产业研究中心《报告》显示，2015 年旅游演出实收票房 35.7 亿元人民币，同比增长 31.7%；实景类旅游演出共 59 台，总票房约为 12.35 亿元人民币，占旅游演出实收票房的 34.6%；国内新增旅游演出 18 台，其中实景演出新增 9 台，占到新增总台数的 50%。2015 年，中国旅游演艺联盟成员共有 100 余家，实景演出剧目 40 多台，大大小小的各类旅游演艺项目不下百处，遍布全国各地。比较经典的剧目包括"印象"系列、"又见"系列、《禅宗少林》《天门狐仙》《封禅大典》等。实景演出为当地旅游产业带来了巨大的收益，掀起了文化旅游的热潮。据统计，《印象·刘三姐》2004—2013 年共演出 4500 场，累计接待观众超过 1000 万人次，带动当地的旅游、餐饮、住宿、娱乐、休闲、交通等行业的发

---

① 艾媒报告.2017—2018 中国在线直播行业研究报告[EB/OL]. (2018-01-25) [2018-06-01]. http://www.iimedia.cn/60511.html.

② 直播：增速放缓，工具化特征显现[J].新闻战线，2018（3）.

展，形成了完整的旅游产业价值链，为阳朔地区带来了256.54亿元的旅游收入。[①]文化旅游的概念受到越来越多的关注，发展潜力巨大。

实景演出运用虚拟现实、全息互动投影、立体幻影成像等交互展示技术，沉浸式环幕、球幕、天幕立体电影制作技术，数字影院设备和播放技术，多媒体幻影表演舞台展示集成技术等，将各类文化资源进行重新创意、编辑，在舞台上展示呈现。随着消费者水平的提高，传统的观光旅游和表演方式已经不适应当前中国消费者的需求，取而代之的是体验性、互动性、生态性的文旅演艺表演方式。观众在行走中通过不同的表演场景来观看的演出形式，突破了原来利用山水实景的布景或者剧场内固定舞台、观众席的模式，而是将与演出相关的主题元素和演出有机地融合在一起，让观众有时是看客，有时又是表演者，如《又见平遥》《寻梦龙虎山》等实景演出。此外，实景演出也是对地方特色文化资源开发的重要方式，目前这一领域对现代技术的依赖也越来越明显。[②]

（六）网络游戏

2011—2016年中国网络游戏市场规模一直保持上升趋势，2016年达到了1827.4亿元。[③]2016年上半年，移动游戏、电脑客户端网络游戏、网页游戏市场的销售收入分别为359.3亿元、344.5亿元、135.1亿元，同比分别增长43.2%、11.5%和9.4%。

---

① 《印象·刘三姐》十年：演出4500场 接待游客千万 [EB/OL]. (2014-04-14) [2018-06-11]. http://news.china.com.cn/2014-04/14/content_32084985.htm.

② 刘传军. 文化与科技"结缘"应摸清开发模式 [N]. 中国文化报, 2016-07-30.

③ 2017年中国网络游戏行业发展现状分析及未来发展趋势预测 [EB/OL]. (2017-09-18) [2018-6-7]. http://www.chyxx.com/industry/201709/563664.html.

依靠端游手游化、移动电竞驱动，2016年上半年，移动游戏市场份额超越电脑客户端游戏，跃居细分市场首位，达到43.8%；电脑客户端游戏借助影游联动、虚拟现实等技术，重新激发老玩家热情，市场份额占40.3%；网页游戏由"以量取胜"转为"以质取胜"，推出多款精品，市场份额占15.9%。整体而言，网络游戏市场进入成熟发展阶段，影游联动、端游手游化、移动电竞、游戏直播、虚拟现实技术等新因素助推行业持续增长。[①]

（七）自媒体

随着互联网的普及，传统媒体的声音逐渐削弱，自媒体以其平民化个性化、易操作门槛低、交互强传播快等特点，迅速占据了传媒行业的半壁江山。自媒体平台包括博客、微博、微信、贴吧、BBS论坛等。2015年8月，新浪微博活跃用户增长到2.1亿。自2014年微博启动商业化运营模式以后，主要营收增长来自广告和营销收入。2015年前两季度净营业收入超过2亿元，同比增长39%。2017年，微信月活跃用户近10亿，微信公众号总量已突破2100万，微信支付用户达到8亿左右，通过提供社会公共服务、微信支付、微信理财等方式，微信正在构建自己的商业模式。而一些网络大V往往拥有数以百万计甚至千万计的粉丝，这些相当于意见领袖的人以其强大的影响力，与线下机构合作形成产业链条，正在创造粉丝经济时代新的商业模式。

（八）主题公园

随着消费水平的提高和城市化进程的加快，主题公园作为都市休闲旅游文化产品逐渐成为人们闲暇休憩时的主要消费对象。

[①] 周志军.今年上半年我国网络文化市场营收破千亿元[N].中国文化报，2016-08-10.

主题娱乐协会 TEA 及全球咨询集团 AECOM 近日发布的《全球景点游客量报告》指出，全球十大主题公园运营商 2017 年接待游客 4.76 亿人次，同比增长 8.6%，其中中国三大主题公园运营商接待游客 1.1 亿人次，占比接近 1/4。《报告》显示，迪士尼、默林娱乐、环球影城分别以 1.5 亿人次、6600 万人次及 4950 万人次游客量位居前三甲。华侨城、华强方特和长隆集团分列 4—6 位，2017 年游客量分别为 4288 万人次、3850 万人次和 3100 万人次。其中，长隆集团游客量超越六旗娱乐，较 2016 年上升一个名次。中国主题公园市场 2017 年游客量增长接近 20%，上海迪士尼 1100 万人次游客量的业绩尤为亮眼。三家公司 2016 年游客量增速分别为 32.9%、21.7%、13.4%，预计赶超默林娱乐及环球影城并不需要太长时间。

此外，中国 2020 年成为全球最大主题公园市场的预测越来越成为现实。一些国际大型主题公园如迪士尼、环球影城开始进入中国，而本土的主题公园在经历过市场的洗礼淘汰后，开始进入全新的发展阶段。目前国内比较成功的主题公园所采用的经营模式有："公园＋地产"模式，以华侨城为代表，先后投资 18 亿元兴建的锦绣中华、中国民俗文化村、世界之窗、欢乐谷 4 大主题公园，营业收入在 200 亿元上下；"主题公园＋文化演艺"模式，以宋城演艺为代表，以"宋城千古情"为主打节目。"主题公园＋商用开发"模式，以海昌控股的极地海洋主题公园为代表，2010—2013 年公园运营收入分别为 3.86 亿元、5.36 亿元和 7.13 亿元。它们正在开启中国主题公园经营的新模式。

数字王国科技文化通过设计制作了一系列中国古籍《山海经》里的神兽，并开发了一系列儿童益智早教的 VR 产品，将传统文化元素巧妙与之融合，让儿童在提升全方位能力的过程中领悟中国传统文化，寓教于乐。使 VR 技术"还原历史"，以最生动形象的方式对青少年进行传统文化教育，更利于人们接受。

（九）文化创意产业园区

自 2004 年命名国家首批国家文化产业示范基地、2007 年命名首批国家级文化产业示范园区以来，文化部共开展了 6 批国家文化产业示范基地命名和 5 批国家级文化产业示范园区命名。目前全国规模以上的文化产业园区至少有 2000 家，形成了六大产业集聚区：以北京为中心的环渤海区域，以上海为中心的长三角区域，以广州深圳为中心的珠三角区域，以昆明、成都、大理为中心的滇海区域，以西安、重庆为中心的陕渝区域和以武汉、长沙为中心的中部区域。文化产业园区的主要类型有科技文化结合型、产业型、艺术型、休闲娱乐型、地方特色型和文化地产型 6 种。园区的功能也在不断完善，经历了地产租赁、服务平台、功能辐射、标杆示范、实验创新 5 个阶段，从 1.0 版本升级到 5.0 版本，引领中国文化产业整体发展方向。

（十）数字博物馆领域

数字博物馆主要是针对博物馆、美术馆、艺术馆等资源，通过运用虚拟现实技术、三维图形图像技术、计算机网络技术、立体显示系统、互动娱乐技术、特种视效技术，将实体博物馆以三维立体方式呈现于网络上。[①]2016 年下半年伊始，一个新颖的 H5 火遍了朋友圈，是来自腾讯创新大赛的"Next Idea × 故宫"的《穿越故宫来看你》。在这个 H5 中，在博物馆中一脸严肃的朱元璋

---

① 刘传军.文化与科技"结缘"应摸清开发模式 [N].中国文化报，2016-07-30.

皇帝，配合着说唱的节奏，手舞足蹈地自拍、发朋友圈、QQ群互动，再搭配改编过的现代诗《但愿人长久，千里共VR》，让人看得停不下来。其中夹杂了动漫表情、智能硬件、游戏创意等元素，并且很好地诠释了故宫一贯的"卖萌"风格。

《穿越故宫来看你》其实并不是故宫第一次"藏品活化"的尝试，近几年来，故宫博物院一直都十分注重数字化的活化开发，不论是游戏创意，还是各种周边文创产品的设计和销售，故宫都有所涉猎。近两年来，故宫先后上线了"胤禛美人图""皇帝的一天""紫禁城祥瑞""韩熙载夜宴图""故宫陶瓷馆"和"清代皇帝服饰"等多款APP，都以制作精美而获得广泛赞誉。[1]这些数字应用融美学、趣味和学术性为一体，通过专业的深度解析和形式丰富的多媒体交互手段，"复活"文物中所蕴含的历史文化内涵，为更多的人提供了"零距离"品鉴名作和研习经典文化的可能。在充分利用技术展示文化的方面，故宫不仅在网站开设"虚拟展厅"，还制作了相当精彩的影像作品。故宫文化资产数字化应用研究利用尖端的数字化技术，以虚拟现实作品为载体，全面、直观地记录古建筑及文物的三维数据，完成了五部大型虚拟现实作品——《天子的宫殿》《灵沼轩》《养心殿》《倦勤斋》《三大殿》，从建筑场景的展示到非物质文化遗产的再现，再到文化氛围的表达，不断深入探索故宫的文化内涵。[2]故宫APP产品开发是借力互联网拓宽创意开发种类的重要方面。2017年故宫文创部线下收

---

[1] 裴燕.数字故宫：博物馆数字化2.0时代的领先者[J].IT经理世界，2015(12).

[2] 单霁翔，李文儒，宋玲平.最古老的和最现代的故宫博物院所属端门和大高玄殿计划建设数字博物馆[J].紫禁城，2013(1).

入近 1 亿元，线上淘宝网店收入近 5000 万元，全年文创产品总销售收入为 1.4 亿元左右。① 据故宫博物院文创部的习羽介绍，2013 年之后，故宫博物院的文创产品开始走红网络，文创产品收入连年走高。"2016 年文创部线上产品销售额 3000 余万元。2017 年文创部总收入较 2016 年增长 26.7%。"习羽补充，2017 年故宫博物院文创产品线上收入 5000 万元的销售额多来自 Q 萌版系列产品的销售。②

陕西数字博物馆是陕西省政府推出的一项文化惠民工程，是依托全省馆藏文物数据库资料和陕西历史博物馆的相关平台建设打造的一个文物数字化展示、保护与交流的专业平台，集合了虚拟现实馆、数字专题展、临展与交流展、精品文物鉴赏、讲坛与讲解等特色栏目。

第三节 文化产业与其他行业的融合发展

根据前述产业融合的相关概念，文化产业作为以附加值高、创新性强的精神产品和服务为主要生产对象的特殊产业，本身就兼有第三产业和第二产业的相关特点，渗透、交融是其天然属性。因此，文化产业融合是其与第一、第二产业之间边界模糊化。"文化创意+"加快文化产业与其他产业跨界融合发展的进程。例如，文

---

① 于奇赫. 中国博物馆数字资源传播与知识产权保护研究 [J]. 中国博物馆，2018（1）.

② 侯润芳. 故宫博物院文创部：2017 年部门线下收入近 1 亿元 线上收入近 5000 万 [EB/OL]. (2018-01-09) [208-06-21]. http://www.sohu.com/a/215588754_114988.

化创意+农业、文化创意+工业制造、文化创意+旅游融合发展，日益成为传统产业衍生出的新型产业形态。融合发展带来的文化渗透会对新型城镇化、特色小镇、美丽乡村、现代农业、康养产业及电子竞技等发展起到重要作用。同时，文化创意服务也逐渐进入关系国计民生的关键领域并与之融合，它能够加快文化产业和其他产业跨界融合的进度。作为新兴、交叉性产业门类，文化产业不再是"单兵作战"或边缘式发展，而是完全融入国民经济的发展体系中，成为长期性、固定性、先导性规划发展的重要组成部分。文化产业的综合性、渗透性、关联性较为突出，与多个产业存在天然的耦合关系，具有产业融合的深厚基础和广阔空间。文化产业不仅自身存在着各门类互相融合发展的趋势，与其他产业融合的趋势也日益明显，外延逐步扩大。一方面表明了文化对经济社会全局发展的重要意义；另一方面凸显了文化对相关产业的重要影响。[1]

一、文化创意产业与农业的融合

文化产业与农业的融合是指两者之间边界逐渐模糊，出现兼顾文化产业和农业特征的新型产业形态的过程。这种融合的主要表现是文化向农业进行渗透和扩散，将文化创意的特征嫁接到农业上，一般会形成生产辅助型、生产服务型的文化业态，比如观光休闲农业、创意农业、数字农业等。其中传统农业的生产要素土地、劳动力、农业技术等与知识、文化、休闲服务相结合，虽

---

[1] 范周. 文化改革发展的制度保障[EB/OL]. (2013-03-21) [2018-06-09]. http://theory.people.com.cn/n/2013/0321/c40531-20863389.html.

然依然进行农业产品的生产,但其生产目的、产品价值和需求定位发生了根本性变化,休闲文化提升了农业生产活动的文化附加值,改变了产业特征。

大力发展乡村、休闲、全域旅游已被写入2018年政府工作报告。推进全域旅游是我国新阶段旅游发展战略的再定位,是一场具有深远意义的变革。第一,全域优化配置经济社会发展资源,充分发挥旅游带动作用;第二,旅游扶贫是脱贫攻坚的重要抓手,能够推动生态文化旅游产业发展,做到"既有金山银山,又有绿水青山";第三,充分发挥"旅游+"功能,推进旅游与其他产业深度融合、共建共享。

农业与文化的融合,突破了传统农业的生产模式,实现了农业由外延型增长向内涵型增长的角色转变。一是延伸了农业的产业链。农业与文化创意的结合,可以加快第一产业向第二、第三产业转变,带动相关配套产业的发展,拓展农民就业与增收的空间。二是促进了农产品由实用功能型消费向文化审美型消费转变,从而产生较高的附加值。文化创意农业产品已超出农产品作为生存物质的特性,既具有满足精神需求的文化属性,更具有第三产业产品的特性,即丰富了人们精神需要的特性。三是提高了农业的产业地位和效益。立足于特色文化资源发展起来的特色农业,优化和提升了产业结构。[①]

乡村旅游产业的重要特征是产业边缘淡化,产业边界不强,这就需要乡村旅游与文化创意产业的融合发展为单一的乡村旅游

---

① 王春林.广西特色农业与农村文化产业融合发展的优势与策略[J].创新,2013(3).

产业起到保障作用。在进一步推动区域乡村旅游发展的进程中，可进一步考虑淡化乡村旅游产业边缘化的特点，以实现乡村文化旅游产业更为灵活的产业融合发展模式。与此同时，文化创意产业与乡村旅游的融合发展并不是无限度的持久的融合，针对不同发展阶段予以灵活地融合发展才能达到预期的效果。[①]

农业与文化的融合，丰富了农村文化产业的发展内涵，增强了农村文化发展的活力。农业是人类最古老的产业，也是人类与自然最亲近的产业，具有自然和人文的无穷魅力。农产品借助文化创意和科技创新，创造与提升了美色、美形、美味、美质、美感、美景，突出特色化、个性化、艺术化、景观化，使农产品成为具有美感的艺术品。农业园区通过文化创意改造后，使乡村田园美观化、农居个性化、农村景区化、农业旅游化、农村生活诗意化，使乡村成为美丽的花园。文化的助力能够促进农业品牌文化、生态文化、旅游文化、创意文化、养生文化、消费文化的繁荣，从而使农村与农业文化更具活力。

法国是仅次于美国的世界第二大农产品出口国，农业产量、产值均居欧洲之首。[②] 其创意农业以环保生态功能为主，以大田作物为主，采取较大规模的专业化农场生产，逐步减少小型农场。法国的创意农业突破了自给自足的生产模式，突出农业的生态功能，利用农业把高速公路、工厂等有污染的地区和居民分隔开，营造宁静、清洁的生活环境。利用农业作为城市景观，

[①] 赵华，于静.新常态下乡村旅游与文化创意产业融合发展研究 [J].经济问题，2015（4）.

[②] 马英哲，武艺."农业+文化"的必要性及其发展前景 [J].人文天下，2016（5）.

种植新鲜的水果、蔬菜、花卉等居民需要的产品,作为市民运动休闲的场所,或作为青少年的教育基地。例如,游客在法国葡萄园和酿酒作坊不仅可以参观,还可以参加农业体验之旅,参与酿制葡萄酒的全过程,亲自酿酒并将酒带走,享受不一样的乐趣。①

产业之间方便快捷的融合需要结合高新技术的运作,为产业融合拓宽发展思路,并增强乡村旅游产业的竞争力。新的产品与理念与融合后的新业态会改变乡村文化旅游产业的发展路径,科学技术的进步可以丰富乡村旅游文化产业的具体发展形式,从而使其发展融合获得不断的扩展和延伸。发展乡村旅游需从乡村的自身特色出发,对其现有文化资源、文化特色进行深度发掘,并将其打造成乡村的文化"名片"。切忌跟风、模仿,避免"千村一面"的现象出现。另外,从乡村自身的发展特点入手,有规划、切合实际地为乡村的可持续发展打下坚实的基础。将特色旅游休闲产品与乡村的优势产业融合,延长出特色的产业链发展。最后,与时俱进,充分利用科技资源。将乡村旅游休闲产品与互联网融合,建立线上线下同步的发展模式,使"互联网+旅游"、电子商务等商业形态真正融入乡村旅游的建设中。②

二、文化创意产业与康养产业融合

2013年至今,国务院先后颁布《关于加快发展养老服务业的若干意见》《关于促进健康服务业发展的若干意见》《关于印发中

---

① 马英哲,武艺."农业+文化"的必要性及其发展前景[J].人文天下,2016(5).
② 同上.

医药发展战略规划纲要（2016—2030）的通知》等多个指导性政策文件，鼓励加大力度建设养老服务体系、健康服务体系和中医药治理体系，这对康养产业的发展是极大的政策利好。国家"十三五"规划、中央一号文件等都对产业融合做出明确指示，国务院办公厅颁布的《关于加快发展生活性服务业促进消费结构升级的指导意见》，也对健康服务、养老服务、旅游服务等行业做出专门指示，鼓励相关产业融合创新发展，这是康养产业未来发展的必然趋势。

当前，首先，我国已经进入人口老龄化快速发展阶段。因此，康养产业的发展是一项惠民工程。其次，从"治"到"疗"，从"养老"到"养生"，从"护理"到"休闲"，康养产业的孕育与成熟也体现了观念的转变，它是消费升级的呈现。再次，康养产业有助于增加优质产品和服务供给，推动产业结构优化升级，培育新型产业形态，满足对健康、养老、养生的不同层次的市场需求，这也是供给侧结构性改革的内容之一。

一是文化创意有助于推动康养产业的内涵式发展。一方面，康养产业可从国学文化、中医药文化、武术太极、饮食文化、茶酒文化、艺术文化中挖掘资源；另一方面，文化产业也可在旅游、演艺、体育、数字出版、艺术、广播影视、创意设计等行业中凸显康养理念。[1]同时，科技创新有助于促进康养产业转型升级。未来，大数据、云计算、物联网、人工智能等科技的应用，将进一步提升康养产业的附加值。[2]

二是从产业链全景角度看，康养产业可容纳数十个行业，吸

---

[1] 张振鹏.文化+康养产业：融合发展如何实现[N].中国文化报，2017-09-09.
[2] 同上.

纳数以万计的就业人口。产业链上游主要从事研发生产，涵盖生物、医药、营养、保健、食品等行业；产业链中游主要从事服务消费，涵盖健康、养老、医疗、旅游、体育、农业等行业；产业链下游主要从事衍生体验，涵盖文化、艺术、科技、创意等行业。上中下游互相联动，整合资源，谋求跨界、跨域、跨境转型，带动康养产业的整体提升发展。[①]

三、文化产业与旅游产业的融合

2017年，"全域旅游"首次被写入当年的政府工作报告。2018年政府工作报告明确指出，要创建全域旅游示范区。2018年3月22日，《关于促进全域旅游发展的指导意见》的出台，使全域旅游再次成为产业升级的焦点。2017年，我国出境旅游人数为1.29亿人次，蝉联全球出境旅游人次世界冠军，与2013年相比，增长了3082万多人次。文化乃旅游之灵魂，文化元素的深度挖掘和有效利用是促进旅游业转型升级的关键所在。而创意不仅能融入现有的旅游要素中，使现有旅游产品品质得到提升，也能作为核心资源整合资本、科技等其他要素，形成新的文化旅游主题区。

近年来，新兴的文化创意产业园区、主题公园等创意旅游区越来越受到市场欢迎。2017年中国人最喜爱的全球十大热门景点中，香港迪士尼乐园名列首位，此外，新加坡环球影城、日本环球影城、好莱坞环球影城均榜上有名。这些主题公园充分体现了数字模拟、自动控制、声光电等高科技手段与知名动画或电影IP的完美结合，为

[①] 张振鹏.文化+康养产业：融合发展如何实现[N].中国文化报，2017-09-09.

游客创造了全新的梦幻体验。作为我国所开发的主题公园中的佼佼者，长隆主题公园则是以野生动物园为起点，吸收全球极致创意，先后开发了长龙大马戏、长隆欢乐世界等无法复制的产品，向世界主题公园发出响亮的"中国声音"。另外，"印象"系列、"山水盛典"系列、"千古情"系列等演艺项目也是集当地特色旅游资源和创意、科技于一身的典范。文化创意不仅能在最大限度上激活旅游资源，赋予传统旅游业新的活力，还能有效带动各大城市旅游经济的发展。

居民消费能力的提升、消费形态的革新与出行方式的变化，是全域旅游需求增长的内生动力。生产效率的提高意味着居民获得了相对较低的生产时间成本，相应地就获得了更多的剩余时间和资金结余，休闲娱乐的需求便随之增加。此时，受可出行时间和出行距离的限制，近郊出行与休闲出行成为旅游消费的主要选择。全域旅游产业内容的拓展丰富、全域旅游目的地的转型营造，既是产业升级的时代要求，也是文化旅游领域供给侧结构性改革的实现路径之一。

文化与旅游两个产业的融合度越来越高，既能利用旅游拓展演艺、数字创意等产业链，也能强化旅游中的文化体验和产业属性。新成立的文化和旅游部，也将统筹规划文化事业、文化产业、旅游业的发展，将加大文化产业挖掘力度，使硬件为内容服务，发展以内涵为主的文化和旅游产业。可以预见，未来将会出现更多有文化内涵的旅游目的地，文化旅游正在成为文化领域的风口行业。

文化与旅游的融合态势明显。文化是旅游的灵魂与核心要素所在，旅游是文化的载体和传播渠道，两者的融合是产业实现结构升级、提升竞争力、走向互促共赢的必然选择。文化产业与旅游产业在现代产业发展中的联动、互动、融合，可以体现在诸多方面，例如旅游娱乐、景区文化传播、文化纪念品等。通过文化产业的带动，旅游产业链得以拓展与丰富，文化产品得以走向市场，从而实现以文化提升旅游价值，以旅游促进文化传播，经济效益与社会效益实现共赢。①

体验经济的到来更是将文化旅游推向了新高度，其中融合了投影、LED、VR、AR、混合现实等技术的旅游演艺热度不减，这些数字技术的应用增加了视听的表现力和震撼性。同时，场景科技这一新技术手段也将在未来为旅游景区、博物馆打造新型游玩互动体验项目。可见，依靠科技营造浸入式体验，也将是未来数字信息技术在文旅行业的重要应用方向。

文化旅游营销的数字化，早已突破了传统的营销模式，融入新媒体的营销理念和方式。利用网络平台、手机移动平台、社交平台在线上推广，与旅游平台相融合；利用大数据等工具进行分析，实现精准营销。

人民对美好生活的新期待为文化发展提供了强劲的发展动力，催生出了一个巨大的文化消费市场。文化旅游、智慧旅游等新型消费业态将是未来数字经济开拓的广阔疆域，"文化＋旅游＋科技"的深度融合正在重构文旅产业链，这也将是文旅产业从浅层观光到深度体验转型升级的必由之路。

四、文化与体育的融合：体育赛事

2010年3月《国务院办公厅关于加快发展体育产业的指导意

---

① 范周. 文化改革发展的制度保障 [N]. 经济日报，2013-03-21.

见》指出:"推动体育产业与文化、旅游、电子信息等相关产业的复合经营,促进体育旅游、体育出版、体育媒介、体育广告、体育会展、体育影视等相关业态的发展。"2011年10月,党的十七届六中全会通过的《中共中央关于深化文化体制改革推动社会主义文化大发展大繁荣若干重大问题的决定》明确提出:"推动文化产业与旅游、体育、信息、物流、建筑等产业融合发展,增加相关产业文化含量,延伸文化产业链,提高附加值。"2014年3月国务院发布的《关于推进文化创意和设计服务与相关产业融合发展的若干意见》指出:"文化创意和设计服务活动与一、二、三产业都密切相关,体育产业被确定为其中的重点。体育产业开始与文化创意和设计服务这些高附加值的产业相融合。"2016年6月国务院印发了《全民健身计划(2016—2020)》,将全民健身计划置于国家重要发展战略层面,"明确到2020年每周参加1次及以上体育锻炼的人数达到7亿,经常参加体育锻炼的人数达到4.35亿"。多项政策的推出表明,文化与体育融合发展已经成为推动文化产业与体育产业繁荣发展的重要力量。

近年来,随着文化与体育的交融越来越密切和深入,体育文化产业发展的意义越来越重大,其不仅可以拉动消费,加速体育产业化的发展,成为国民经济的重要支柱之一,同时也满足了精神文明增长的需要,丰富社会文化内涵的客观需要。体育产业与文化产业的融合发展作为城市品牌的重要体现,也是提升国家文化软实力的重要途径。文化创意产业是战略性产业,体育产业与文化产业的融合发展是一桩相互促进、相互补充、共同发展的联姻。体育产业与文化产业融合产生新的体育文化物质产品和精神产品,满足不同人群的需求。

在国际上,体育和经济密不可分。数据显示,目前全球体育产业的年产值已超过1万亿美元。近年来,我国先后举办了各种国际赛事,特别是2008年北京奥运会以后,人们对各项体育赛事热情高涨,参与度也大大提升,健身房、瑜伽馆、游泳馆、羽毛球馆越来越多,体育本身所蕴含的巨大经济功能得到认同。体育是文化的重要组成部分,它集政治影响力、经济生产力、文化传播力、社会亲和力于一体,是建设社会主义先进文化的重要内容。① 促进文化与体育的融合,可以激活传统业态,更好地推动经济社会的发展;同时也可以弘扬我国的民族精神,推动社会主义文化的大发展大繁荣。

我国体育文化产业已具备相当惊人的规模,从事健身娱乐业、竞赛表演业、技术培训业的体育企业、体育产业经营型机构在2013年就已达到2万多家,总投资超过2000亿元人民币,年营业额超600亿元人民币;每年各地举办的商业性比赛和表演约500次,营业额为8000万元人民币。以浙江、福建为代表的体育用品业已经跻身世界体育用品市场,在奥运会、NBA赛场都能看到中国制造的产品。② 体育表演业、健身娱乐业、体育建筑业、体育广告业、体育经纪人业、体育旅游业、体育金融业等领域,都成为体育文化创意产业发展的落脚点,这其中蕴藏了巨大的商机。③

---

① 刘鹏. 贯彻落实十七届六中全会精神 发挥体育推动文化大发展大繁荣的重要作用 [J]. 体育文化导刊, 2011 (12).

② 唐栋. 对我国体育文化产业理论的探析 [J]. 体育世界(学术版), 2011 (3).

③ 刘悦. 我国体育文化创意产业的价值和发展探析 [N]. 体育科技文献通报, 2013-03-20.

2018年初发布的《2017中国马拉松大数据分析报告》显示，2017年中国各类规模马拉松赛事场次达到了1102场，参赛人次近500万，较2016年增加了78%；赛事举办地涵盖全国31个省、区、市的234个城市，较2016年增加了101个城市。2018年4月15日，全国就有43场马拉松赛事开跑，接近210700名来自全世界的跑者在中国各地奔跑。4月12日，文化与旅游部网站发文，重点关注四川广安的武胜乡村马拉松给这个人口不到100万的县旅游业发展带来的巨大机遇。包括马拉松赛在内的各种赛事往往能带动当地的旅游、住宿、餐饮等多个行业的消费。体育元素的融入，为传统旅游注入了新的内涵，对游客产生了更大的黏性，给城市带来了可观的收益。无疑，未来体育和旅游之间的互动会更加频繁。

五、文化创意产业与制造业的融合

"文化"与"中国制造"两个原本看似不相干的名词，其实渊源由来已久。早在2014年发布《国务院关于推进文化创意和设计服务与相关产业融合发展的若干意见》开始，就提出了通过将具有高知识性、高增值性和低能耗、低污染等特征的文化创意和设计服务等新型、高端服务业与实体经济融合发展，加快实现由"中国制造"向"中国创造"的转变；2015年，国务院印发了《中国制造2025》，提出了"创新驱动、质量为先、绿色发展、结构优化、人才为本"的基本方针，以及在"传统制造业、战略性新兴产业、现代服务业等重点领域开展创新设计示范，全面推广应用以绿色、智能、协同为特征的先进设计技术"。全面推进实施制造强国战略,提高创新设计能力的战略部署,也强调了文化、创新、设计在制造强国战略中的重要作用。随着"工匠精神"被写入政府工作报告,"鼓励企业开展个性化定制、柔性化生产,培育精益求精的工匠精神,增品种、提品质、创品牌"也成为强化中国制造、打造自主品牌的方向。2016年9月,国务院办公厅印发了《消费品标准和质量提升规划(2016—2020)》提出"文化+中国制造"融合发展的思路,强调培育和壮大一批自主品牌企业。当前,我国已跻身全球消费品生产、消费及贸易大国,消费品对于经济增长的基础作用日益增强。但是从目前的情况来看,消费品的标准和质量还难以满足整体消费需求,消费品供给结构不合理,品牌竞争力不强。因此,"文化+中国制造"融合发展的新思路,就是要在提升消费品质量的同时,增强消费品品牌的文化附加值,推动"中国制造"向中高端的方向发展。[①]

(一)动漫衍生品

我国的动漫产业发展迅速,但动漫原创和衍生品的设计开发仍处于低端行列。虽然近几年来,国产动漫的繁荣及企业主动与国际接轨的频繁,使动漫衍生品正呈现出高速发展的趋势,但是衍生品的质量、做工、设计仍然存在很大的问题。儿童用品市场在不断地繁荣,因此,儿童玩具的设计与动漫衍生品的结合将成为有利的发展空间。在这个过程中,应当强调开发过程文化要素的融入和产品设计与制作的质量,将原创形象的价值进行最大化开发,形成完整的产业链条。

[①] 文燕.重视"文化+中国制造"融合发展的时机已到[EB/OL]. (2016-09-23) [2018-06-10]. http://www.cssn.cn/wh/wh_cysc/201609/t20160923_3212339.shtml.

(二)旅游纪念品

文化可以提升产品的附加值,类似功能的商品由于不同的文化赋予其中,其价格可相差百倍。如品牌文具、服饰等强调的是通过提升创意、知识、美感、情感等方面的价值元素的方式使商品理念迎合消费者认同的心理价值需求。在旅游纪念品的设计中融入文化价值,关注其文化内涵和人文特征,通过其与文化情感体验的结合唤起消费者的购买欲望。如杭州的丝绸饰品,把丝绸和江南的风光以及工艺设计结合起来,极具地方文化特色。

(三)传统制造工艺

传统制造工艺类非物质文化遗产是我国优秀传统文化的重要部分,不但体现了精美的工艺,它还体现了博大的文化内涵和精神内涵。传统制造工艺类非遗作为知识产权,通过合理的产业化方式,其价值可以被充分开发。一方面,要将传统的工艺与现代的审美情趣和时代精神相结合,使传统工艺不再远离现代生活;另一方面,通过表演、教学、体验等创意开发方式使更多人了解手工类非遗,认识其魅力,打造品牌。

第七章 文化立法：中国文化产业发展的基本保障

第一节 草创未就 中国文化立法回顾

一、文化立法历程回顾

2017年10月18日，习近平总书记代表第十八届中央委员会在中国共产党第十九次全国代表大会上向大会做报告，深刻地分析了新时代文化的地位和作用，提出要坚持中国特色社会主义文化发展道路，激发全民族文化创新创造活力，建设社会主义文化强国。要实现这一目标，离不开文化立法工作的推行和文化法治建设水平的提高。

法律作为具有权威性、稳定性、强制性的社会规范，是实现文化建设的制度保障。中国的文化法律体系是以宪法为核心，以文化法为主要内容，横跨行政法、民法、商法、经济法、社会法、刑法和诉讼法等多部门多层次的规范体系。文化法是根据宪法制定的调整国家文化管理和社会文化生活中发生的各种社会关系的法律规范的总称[①]，是中国特色社会主义法律体系不可或缺的一部分。据不完全统计，自1949年中华人民共和国成立至今，国家已经制定了有关文化的法律、行政法规和文化行政规章400余件，其中包括《文物保护法》和《著作权法》等法律。[②]几十年来，文化领域长期依靠仅有的三部法律和行政法规来调整产业发展，维护市场秩序，文化立法进程缓慢。2016年，《公共文化服务保障法》《电影产业促进法》相继颁布，文化立法实现重大突破。至此，我国文化立法走向全面提速时期。

（一）缓慢艰辛：早期的文化领域立法

与发达国家相比，我国的文化立法起步较晚。1982年2月6日，国务院颁布《广告管理暂行条例》，第一次以行政法规的形式开始对文化相关的行业进行管理。此时，文化还未被赋予"产业"的地位，国家对文化相关行业的管理以行政法规管制为主。同年11月，《中华人民共和国文物保护法》在第五届全国人民代表大会常务委员会第二十五次会议正式通过，由此，拉开了中国文化立法的大幕。作为新中国第一部由国家制定并颁布施行的文化行政法，《文物保护法》为我国丰富的历史文化遗产的保护和文物事业的科学发展提供了法律保障。1985年4月，国务院办公厅批准了国家统计局《关于建立第三产业统计的报告》，文化艺术第一次作为第三产业的组成部分被列入国民生产统计项目中，肯定了文化艺术产业化发展的可能性。1990年9月7日，七届全国人大常委会第十五次会议通过了《中华人民共和国著作权法》，

[①] 何佩．我国公民文化权利保障立法研究[D]．长沙：中南林业科技大学，2017．
[②] 参见百度百科"文化立法"词条．

为我国知识产权的保护提供了法律依据，成为我国文化产业发展中的一部重要法律。1992年，《中共中央国务院关于加快发展第三产业的决定》第一次使用了"文化产业"的概念，文化产业成为第三产业中不可或缺的一部分。1994年10月，《中华人民共和国广告法》正式通过，同时，1982年的《广告管理暂行条例》废止。

1998年，文化部文化产业司设立，文化产业正式被纳入政府工作体系。同年，在《关于1998年国民经济和社会发展计划执行情况与1999年国民经济和社会发展计划草案报告》中，文化产业第一次被纳入国家发展计划的政策视野。两年后，随着改革开放的深入和人民生活水平的提高，人民群众对精神文化的需求日益凸显，文化产业发展道路上里程碑式的文件——《关于制定国民经济和社会发展第十个五年计划的建议》正式出台。《建议》指出，要积极发展文化事业和文化产业，完善文化产业政策，形成以公有制为主体、多种所有制共同发展的文化产业格局和民族文化为主体、吸收外来有益文化的文化市场格局。[①] 这是"文化产业"被正式写入中央文件，标志着我国对文化产业地位的认可，具有重要意义。

与《文物保护法》相比，《非物质文化遗产法》的出台过程则相对曲折。一方面是学界关于非物质文化遗产保护在认识上的分歧。一些人认为无形文化遗产消失是被历史扬弃的自然现象，不需要抢救，为此专门立法是在浪费立法资源；还有一些人认为目前财政困难，非物质文化遗产的保护需要耗费大量的人力、物

[①] 崔保国. 推进文化体制改革 探索报业创新之路 [J]. 中国报业, 2006（2）.

力,难以实现。另一方面,我国幅员辽阔,民族种类众多,各民族都有自己独特的文化传统和习俗,非物质文化遗产资源繁多,且比较分散,又没有物质载体,对非物质文化遗产的保护和立法难以进行。必须建立在全面资源普查、建立国家四级名录保护体系、加强传承人保护等一系列举措的基础上。面对重重阻力,2000年5月,在九届全国人大教科文卫委员会的共同努力下,云南省率先出台地方性法规《云南省民族民间传统文化保护条例》。随后,2004年我国加入《联合国教科文组织保护非物质文化遗产公约》,公约要求各国采取法律措施,确保非物质文化遗产得到保护和弘扬。我国对于非物质文化遗产的保护逐渐达到认识上的统一。2005年6月,文化部部署了全国非物质文化遗产普查工作,全面了解和掌握各地各民族非物质文化遗产的种类、数量、分布状况、生存环境、保护现状和存在的问题,随后国家四级名录体系建立,传承人的保护工作也陆续推行。终于,历经十余年的艰辛,在各界的共同努力下,2011年2月25日,十一届全国人大常委会通过了《非物质文化遗产法》,非物质文化遗产保护步入依法保护阶段,我国的文化立法工作在十余年的努力中取得重大突破。

在20余年的发展历程中,文化立法一直是中国特色社会主义法律体系中的短板。我国现行的法律有260余部,文化领域的法律仅有《文物保护法》《著作权法》和《非物质文化遗产保护法》3部,这与美国1790年就出台第一部《版权法》,至今针对各专业领域的文化立法已达百余部还有巨大差距。与国外完善的文化产业法律体系相比,我国早期的文化立法进程缓慢而艰辛。

（二）突飞猛进：文化立法驶入快车道

1999年，根据党的十五大确定的"依法治国，建设社会主义法治国家"的治国方略，文化部出台了《文化立法纲要》，该《纲要》提出要"在2010年形成在社会主义法律体系中以专项文化法律和行政法规为骨干，以部门规章和地方性文化法规为配套的有中国特色社会主义文化法律框架"。但是，文化立法长期以来进展缓慢，尽管在文化遗产保护方面已经形成比较完备的法律，国务院也陆续制定了包括印刷出版、电影、广播电视、营业性演出、娱乐场所、互联网信息服务和公共文化设施保护等方面的管理条例30件，文化产业其他领域的专业法律仍然存在许多空白，文化立法工作仍然存在立法总量偏少、层次偏低等问题。2004年，中宣部印发的《关于制定我国文化立法十年规划（2004—2013）的建议》在一定程度上发挥了积极作用，但是文化立法的实际实践效果依然不明显。直至2014年，党的十八届四中全会通过了《中共中央关于全面推进依法治国若干重大问题的决定》，将文化领域作为立法重点领域，并提出要"制定公共文化服务保障法，促进基本公共文化服务标准化、均等化。制定文化产业促进法，把行之有效的文化经济政策法定化，健全促进社会效益和经济效益有机统一的制度规范。加强互联网领域立法，完善网络信息服务、网络安全保护、网络社会管理等方面的法律法规，依法规范网络行为"①。由此，文化立法工作步入快车道。

2016年在中国经济社会发展阶段性战略布局中是一个特殊的

---

① 中共中央关于全面推进依法治国若干重大问题的决定[M].北京：人民出版社，2014.

年份,是深入贯彻创新、协调、绿色、开放、共享的新发展理念,全面建成小康社会决胜阶段的启航之年,也是把握和引领发展新常态、创造"十三五"时期新成就的开局之年。2016年3月,《中华人民共和国国民经济和社会发展第十三个五年规划纲要》提出,到2020年要将文化产业打造成为国民经济的支柱性产业。文化产业作为极具融合性和引领性的朝阳产业推动我国经济发展方式转变和经济结构调整的重要抓手,受到了国家的高度重视。文化立法工作也在这一年取得了历史性的突破,两部文化领域重要的法律接连出台。

一部是2016年12月25日经十二届全国人大常委会第二十五次会议审议通过的《中华人民共和国公共文化服务保障法》,它不仅是我国文化领域首部基础性、全局性、基本性的重要法律,也是全球第一部为保障人民群众基本文化权益、提供全方位公共文化服务而专门制定出台的法律,其保障范围之广、力度之强,举世罕见,是我国在全球保障公民基本文化权利方面提供了"中国样板"的一部法律。虽然《保障法》不是文化产业领域的法律,但其出台对文化产业仍然具有重要意义:一是《保障法》提出"推动公共文化服务社会化、专业化发展",鼓励和支持社会力量参与公共服务供给等一系列法律规定,将推动公共文化服务与文化产业的融合发展,为文化产业创造新产品、新业态、新模式提供法律基础。二是在国家公共文化服务和文化产业双轮驱动的战略部署下,《公共文化服务保障法》的颁布,必将加速文化产业促进法的出台。[1]

---

① 范周,熊海峰.文化产业政策供给分析[J].中国国情国力,2017(5):41—47.

另一部是 2016 年 11 月 7 日审议通过的《中华人民共和国电影产业促进法》，它作为我国文化产业领域第一部专门法律，为促进我国电影产业的健康繁荣发展，规范电影市场秩序，丰富人民群众精神文化生活提供了法律保障。这两部法律均在 2017 年 3 月 1 日正式实施，成为我国文化立法历程中浓墨重彩的一笔。

2017 年 6 月，在社会全面发展和进步、人民消费结构改善，李克强总理连续两年将"全民阅读"写入政府工作报告的背景下，国家新闻出版广电总局出台了《全面阅读促进条例（草案）》，将全民阅读上升为国家战略。这极大地适应了我国经济发展新常态，顺应了人民的思想道德素质和科学文化素质急需提高的现实需求，对于培育和践行社会主义核心价值观，传承中华优秀传统文化，推动社会文明程度显著提高具有重要意义。同时也对我国社会主义文化大发展大繁荣，培育创新动力，增强创新活力具有重要作用。[①] 同年 11 月 4 日，《中华人民共和国公共图书馆法》颁布，这部从 2001 年开始酝酿，历经 16 年制定出台的法律为我国图书馆事业和公共文化事业的提升起到了巨大的推动作用。

2012—2017 年，我国文化产业快速发展，一直保持 20% 左右的高速增长，远高于同期 GDP 增速。2016 年全国文化及相关产业增加值为 30785 亿元，占 GDP 的比重首次超过 4.14%，距"十三五"规划中提到的"国民经济的支柱性地位"日益接近，文化产业对国民经济发展的推动作用和新常态背景下的经济结构调整作用日益凸显。而为文化产业发展提供基础保障的文化立法工

---

① 徐升国，张文彦，张润莉.阅读立法与全民阅读法制化[J].科技与出版，2017（12）：4—9.

作仍然存在着数量不足、各领域立法不平衡、法律位阶层级低等特点。势头迅猛的文化产业正在倒逼着中国文化产业的立法加速。

(三)未来可期：文化立法或迎黄金期

2013—2018五年来，我国文化领域的立法成果尤其丰富。《电影产业促进法》《公共文化服务保障法》以及《公共图书馆法》先后通过，并修改了《文物保护法》和《档案法》，文化立法数量5年内翻了一番。截至目前，我国文化领域已经出台了《文物保护法》《著作权法》《广告法》《非物质文化遗产法》《电影产业促进法》《公共文化服务保障法》《公共图书馆法》7部法律。其中《文物保护法》先后经过了5次修订，文物保护方面已初步形成一个以宪法为基础，以《文物保护法》为主干的多级别多层次的文物保护法律体系；《著作权法》也经历了2001年、2010年的两次修订。在互联网整治方面，全国人大常委也先后发布了《关于维护互联网安全的决定》《关于加强网络信息保护的决定》。在各专业领域，国务院也发布了若干行政法规，如《博物馆条例》《广播电视管理条例》《著作权集体管理条例》《音像制品管理条例》等。截至2017年，我国立法总数近4万件，其中有关文化的法律、法规、规章和规范性文件数量1000余件，占全部立法不到3%。[①] 几十年来，文化领域从无法可依到有法可依，再到文化立法工作持续加强，文化法规环境日益成熟，已从国家层面初步建立起了覆盖文化遗产保护、公共文化服务、文化市场管理、知识产权保护等领域的法律法规体系，这些成绩改变了我国长期以来文化领域立法较为薄弱的局面。

---

① 胡芳.数说文化立法：蓄积势能驶入快车道[N].中国文化报，2018-03-20（05）.

2018年3月11日，十三届全国人大一次会议第三次全体会对十三届全国人大常委会今后五年的立法规划提出建议，《文化产业促进法》也在建议中。这也意味着，文化产业领域的具有统帅性、基础性的《文化产业促进法》也将于5年内出台。作为文化产业领域母法性质的法典，它将兼具社会性和经济性的双重属性，并为我国各行政部门颁布的行政法规和各领域的已出台的法律提供统一标准和价值参考。可以预见，未来我国将形成以《文化产业促进法》为基础，各种行业和关联法律法规为支撑的文化产业法律体系，为我国文化产业发展提供坚实的法律保障。[①]

党的十九大报告做出我国已经进入"中国特色社会主义新时代"的重大判断，我国的社会矛盾已经转化为人民日益增长的美好生活需要和不平衡不充分的发展之间的矛盾。"美好生活"也就意味着人民对于满足精神需求的渴望，意味着文化需求的升级；文化产业供给侧改革必须提质增效，推动新时代文化改革发展，这自然离不开法治建设的支撑保障。在中国文化产业迅猛发展，法治观念成为普遍共识的今天，未来我国文化领域的立法工作也必然顺道而行，形成定位明确、层级清晰、相互连接、体系完备的文化产业法律体系。

二、文化立法的突破的意义

（一）《文化产业促进法》

文化作为一种生产力，是我国综合国力的重要组成部分。随着与"互联网+"、金融、政治等的多方融合，当今世界，文化对

---

① 范周，熊海峰.文化产业政策供给分析[J].中国国情国力，2017（5）：41—47.

国民经济的推动和带动作用凸显，日益成为我国新常态背景下转变经济发展方式和调整经济结构的重要抓手。因此，必须深化文化体制改革，大力发展社会主义文化，建设社会主义文化强国。文化强国的建设离不开法治建设的支撑和保障，但我国文化产业领域母法性质的法典长期缺乏，文化建设缺少统帅性、基础性法律的指引和规范。随着"十三五"规划提出将文化产业打造成"国民经济的支柱性产业"，社会各界人士对颁布《文化产业促进法》的呼声越来越高。

早在2010年，国务院就在《关于文化产业发展工作情况的报告》中提出："加快文化产业立法进程，着手起草《文化产业促进法》……为文化产业发展提供法制保障。"但转眼8年过去，这部统一文化产业法律体系的重要法律却迟迟未至。终于，2018年3月11日的十三届全国人大一次会议第三次全体会议对十三届全国人大常委会今后5年的立法规划提出建议，《文化产业促进法》也在建议之中。这就意味着《文化产业促进法》有望在未来5年内出台。作为文化产业领域的基本法，这部兼具前瞻性、时代性、基础性、全局性、高层性的法律对于推动和促进我国文化产业的发展具有重要意义。

第一，《文化产业促进法》的出台，有助于厘清文化领域相关政府主体的内部关系。我国文化产业的管理方式一直以行政管制为主，重政策推动，轻法律规制。文化产业的包容性强，包括广播电视、新闻出版等十几个产业类别，文化产业的行政管制长年以分业管制为主；而且文化产业具有意识形态的特殊属性，管理文化产业的部门涉及中宣部、文化部、国家广电总局、工业和信息化部等多个部门，内部关系错综复杂，部门之间界限模糊，权利与责任不明晰，诸多工作难以推进。而体制机制问题在短时间内难以大幅度调整，《文化产业促进法》的出台，将为文化领域相关部门提供明确的法律边界并加以规制。

第二，有助于地区间的协同管理，解决地区间资源争夺的恶性现象。一方面，我国幅员辽阔，东中西部经济发展差异巨大，文化产业的发展也不均衡，《文化产业促进法》的出台，将为我国不同地区的产业管理提供统一的标准。另一方面，近年来，随着文化旅游的火爆，各地争夺历史文化资源的现象屡见不鲜，基本法的颁布将以法律的形式界定资源归属问题，从根本上规避争端。

第三，《文化产业促进法》作为基本大法，必然要对文化产业的概念和范围进行明确界定，有助于我国各地对于文化产业的内涵和外延具有更加清晰、准确的认识。文化具有丰富性和包容性的特质，近年来在"互联网+"的推动下，文化与经济、政治、体育、农业等相关领域深度融合，以至于有些人对文化产业的概念认识模糊，甚至产生"文化是个筐，什么都往里装"的想法，这与我国对文化产业的概念缺乏法律层面的界定有关，甚至到目前为止，全国各地对文化产业还采用不同的名称。

第四，有利于建立文化产业市场竞争秩序，优化文化产业发展环境。《文化产业促进法》的出台意味着我国文化市场将拥有规范化、标准化的市场规则，有利于文化市场的统一管理，敦促企业规范运营，建立完善、规范的现代企业制度体系；文化产业发展的大环境也必将得以优化和改善，文化产业将在法律的保护下茁壮成长。

第五，对文化立法本身而言，《文化产业促进法》是国家扶持文化产业发展的"主干法"和"一般法"，它的出台对于我国推行依法治国、完善法治建设具有重要意义，它将为我国之前出台的各项法律统一立法理念和价值定位，对于规范、完善法律体系具有重要作用。可以预想，未来我国将形成以宪法为根本，以《文化产业促进法》和《公共文化服务保障法》为主干，以新闻出版法、广播电视法、公共图书馆法、文物保护法、演出法、产业基金法、知识产权法等专门法律为配套的定位明确、层级清晰、相互衔接、体系完备的文化产业发展法律体系。

总之，《文化产业促进法》的出台将是我国文化产业发展几十年来的一个里程碑，对于我国推行依法治国方略、完善法治建设，深化文化体制改革，建设社会主义文化强国，实现中华民族的伟大复兴都具有重要作用。有了《文化产业促进法》的保驾护航，我国文化产业的发展也必将蒸蒸日上，欣欣向荣。

（二）《公共文化服务保障法》

1.《公共文化服务保障法》的出台过程

与文化领域的其他法律相比，《公共文化服务保障法》的出台要顺利和迅速得多。2014年10月23日，党的十八届中央委员会第四次全体会议《中共中央关于全面推进依法治国若干重大问题的决定》提出"制定公共文化服务保障法，促进基本公共文化服务标准化、均等化"[①]。2016年12月，《公共文化服务保障法》高票通过。2017年3月1日正式实施。两年多的时间，从决定草拟到通过实施，这在立法领域并不多见，这与我国公共文化事业建设的悠久历史分不开。

---

① 中共中央关于全面推进依法治国若干重大问题的决定[M]. 北京：人民出版社，2014.

新中国成立后，在中央政治局会议上，毛泽东同志明确提出"双百方针"，我国公共文化事业的文艺作品也呈现出数量多、作品多、题材广泛的特点。同时期的一些政策的出台，敦促我国文化事业建设飞速发展，逐渐改变了新中国公共文化场馆及公共文化设施极其匮乏、广大群众思想被封建思想束缚的现状。随后，随着对旧中国的图书馆的接管和改造，图书馆事业的法治建设迎来一个契机，在中共中央和总工会的共同努力和推动下，《全国图书协调方案》颁布，初步形成了我国图书馆立法领域的理论与实践基础。文博方面，由于新中国成立初期文物古迹破坏、古墓葬盗掘及文物走私倒卖等现象严重，《禁止珍贵文物图书出口暂行办法》《古文化遗址及古墓葬之调查发掘暂行办法》《关于保护古文物建筑的指示》等行政法规颁布，奠定了我国文物法制的基础。1961年，为了配合社会主义建设，解决农业合作化、农田水利建设与保护地下文物的矛盾、城市经济建设与保护地上文物的矛盾，国务院制定和公布了《文物保护管理暂行条例》，对文物工作的各个方面都做了规定，标志着我国文物事业开始向规范化、制度化迈进。图书馆事业和文物事业法制化的初步尝试为我国公共文化事业的发展奠定了初步的法治基础。改革开放之后，为了响应邓小平同志在中国文学艺术工作者第四次代表大会上提出的"提高全民族的科学文化水平，建设高度的社会主义精神文明"，地方的公共文化场馆不断建设起来。同时，政府也颁布了一系列促进公共文化事业发展和调动公民文化需求积极性的优惠政策。进入21世纪，在"文化强国"战略目标的推动下，公共文化法治建设也进入快车道。2005年，党的十六届五中全会首次提出要逐步形成覆盖全社会、比较完备的公共文化服务体系。

自此之后，公共文化服务的法治化建设以前所未有的速度推进。2016年，在万众瞩目下，这部我国文化领域首部基础性、全局性的法律出台，成为我国公共文化服务保障工作建设的里程碑，人民群众基本文化权益实现了从行政"维护"到法律"保障"的跨越。①

2.《公共文化服务保障法》的立法原则

第一，以保证公益性为首要原则。这是由公共文化服务的性质所决定的。公共文化服务是为社会全体成员提供免费或者优惠的公共文化产品和活动的服务体系，其成本由税收形成的公共财政进行基础保障，是社会公平正义的体现。公共文化服务立法首要保障的必须是文化利益和文化目标的公共性。②

第二，以保障公民基本文化权利为核心原则。保障公民基本文化权利是构建现代公共文化服务体系的出发点和价值基础。将保障公民的基本文化权益作为核心原则，强调在立法中要尊重和关注公民的文化需求，注重发挥公民作为文化主体的主观能动性，并促进公民的文化实践和文化参与，以不断满足公民的文化消费和文化发展诉求为出发点和归属。③

第三，以优化公共文化秩序为主线原则。立法当以优化公共文化秩序为原则，既强调通过法律规范引导公共文化服务活动，坚持以社会主义核心价值观为引领，始终代表社会主义先进文化

---

① 范周，熊海峰.文化产业政策供给分析[J].中国国情国力，2017（5）：41—47.

② 公共文化立法课题组，范周.创新驱动公共文化服务体系现代化探析[J].现代传播（中国传媒大学学报），2015，37（5）：55—61.

③ 同上.

的前进方向，不断积淀和塑造社会文化价值共识；同时要侧重于构建现代化的公共文化服务治理体系，健全多元主体参与公共文化服务的长效机制，营造活力有序的公共文化环境。①

第四，以促进均衡发展为关键原则。均衡发展是现代公共文化服务体系的基本特点。均衡发展原则强调通过法律规范和制度设计，保障地区间、城乡间、不同群体间的公民都能公平、平等地享有公共文化服务，实现其基本文化权益。②

3.《公共文化服务保障法》出台的意义

虽然《公共文化服务保障法》不是我国文化产业领域的法律，但其出台仍然具有重要意义。

首先，在公共文化服务领域，一方面，人民群众的基本文化权益得到了法律保障。《公共文化服务保障法》进一步明确"公共文化服务是指由政府主导、社会力量参与，以满足公民基本文化需求为主要目的而提供的公共文化设施、文化产品、文化活动以及其他相关服务"③。"满足公民基本文化需求"作为主要目标，通过建立基本公共文化服务标准制度和完善公共文化服务设施，法律作为制度性、强制性、权威性的社会规范，能够更有效地敦促政府和社会广泛参与来丰富公民的文化生活，保障公民的基本文化权利，这也落实了我国宪法保障人民公共文化权益的精神。另一方面，地方在实施和执行过程中做到了有法可依。《公共文化保

---

① 公共文化立法课题组，范周.创新驱动公共文化服务体系现代化探析[J].现代传播（中国传媒大学学报），2015，37（5）：55—61.

② 同上.

③ 中国人大网.中华人民共和国公共文化服务保障法[EB/OL].(2018-05-11)[2018-06-22]. http://www.npc.gov.cn/npc/xinwen/2016-12/25/content_2004880.htm.

障法》对各级政府的责任和义务做出了严格的规范，明确了政府在公共文化服务建设过程中的主导责任，并对监督检查工作做出规定，权责分工清晰明确。

其次，《保障法》提出的"推动公共文化服务社会化、专业化发展"对于文化产业的发展也起到了积极的推动作用。一方面，它为文化产业创造新产品、新业态、新模式提供了有利条件，公共文化服务体系的建设和丰富的公共文化产品的供给为培育创新动力、增强创造活力提供了孕育的土壤，这是我国文化产业发展的根本动力。另一方面，公共文化服务的丰富和提升对丰富公民精神文化生活、提升审美素养具有重要作用，从而以文化消费质量的提升倒逼我国文化产业供给侧结构性改革。

最后，它奠定了我国社会主义文化立法的基础。一方面，在国家公共文化服务建设和文化产业发展的双轮驱动下，《公共文化服务保障法》作为我国文化领域第一部全局性、基础性的法律[①]，它的出台也在一定程度上推动了《文化产业促进法》的加速出台。另一方面，《公共文化服务保障法》是一部综合性的法律，是根据十八届三中全会、四中全会的精神，要由人大主导，文化部门、新闻出版广电部门、财政部门、税收部门、发改委系统等多个部门来起草，这良好地协调了文化领域各部门和中央、地方到基层的关系，这一系列实践也为后续的《文化产业促进法》的出台积累了经验。

《公共文化服务保障法》的出台固然是我国公共文化事业建设

---

① 王晨.大力推动公共文化服务保障法的深入宣传和贯彻实施——在宣传贯彻公共文化服务保障法座谈会上的讲话[J].中国人大，2017（3）：6—9.

的一大喜事，但立法只是开始，如何推动法律实施落地，如何与时俱进调整修缮，如何推动公共文化领域形成成熟、完备、系统的公共文化法律体系，仍然是需要我们继续研究和探讨的。

（三）《电影产业促进法》

《电影产业促进法》是我国文化产业领域的第一部专门法律，2017年3月1日正式实施，这是我国文化体制改革的一座里程碑。其实早在20世纪80年代，这部法律就已经开始酝酿。2003年正式启动，最初名为《电影法》，后改为《电影促进法》，随着电影产业的经济效益日益突出，又加上了"产业"二字。随后，由于中国电影市场规模不断扩大，美国对于中国电影法制定频频施压；电影产业发展也不成熟，繁荣背后问题严重，电影法的制定条件还未成熟。同时电影产业兼具文化传播和展示功能，深受政府重视，因此，电影法的制定压力巨大，进展缓慢。直到2008年，经过多次修改的《电影产业促进法（草案）》才报送国务院法制办。2011年正式向社会公开征求意见。2016年11月7日，这部历时13年、备受行业关注的法律终于审批通过，成为中国电影法制化建设进程的新起点。

近几年，随着资本和人才大量涌入，电影产业井喷式发展，产业带动效应日益凸显。《电影产业促进法》的实施为我国电影产业的规范有序发展提供了法律依据。

《电影产业促进法》既是行业发展的促进之法，也是电影市场的规范之法。一方面，《电影产业促进法》从电影创作摄制、电影发行放映、电影产业保障、法律责任等各方面程序和问题进行了全面的规定，并将多年来实践中已经推行的行之有效的措施以法律的形式固化和升华，比如不仅未增设，同时还取消了电影制片单位审批、摄制电影片（单片）许可证审批等行政审批项目，简政放权，降低电影行业准入门槛，调动全社会参与的积极性，更大限度地激发市场活力，成为推动电影产业改革的重要举措。另外，将产业引导和促进措施以法律的形式固化，提出包括科技创新、知识产权、电影评论等方面的产业引导措施，并将电影产业纳入国民经济和社会发展规划，使电影产业成为拉动内需、增加就业、促进经济转型升级、推动国民经济增长的重要产业；给予电影产业以税收、财政、金融、用地等立体的制度支持，对推动我国电影产业持续繁荣发展，从电影大国向电影强国转换具有重要意义。另一方面，电影产业迅速崛起，繁荣背后乱象丛生，问题严重。《电影产业促进法》对贴片广告和票房核算等做出了详细规定，并对虚报瞒报票房收入等现象的法律责任和处罚方式进行了严格界定，对违法犯罪行为加大打击力度，严惩不贷，维护公平市场秩序，优化产业发展环境。

同时，电影产业兼具意识形态属性和经济属性，《电影产业促进法》在促进产业发挥经济属性带动作用的同时，也注重电影产业的社会属性，倡导经济效益和社会效益的双效统一，为全球化背景下国产电影的持续繁荣和中国电影"走出去"提供了全面的制度保障。《电影产业促进法》鼓励保护国产电影，繁荣电影创作领域；明确电影活动为人民服务、为社会主义服务，坚持社会效益优先的指导思想和创作原则；鼓励艺术家要德艺双馨，创作出人民群众喜闻乐见、贴近实际、贴近生活，兼具思想性、艺术性、商业性的优秀作品；鼓励传承中华优秀传统文化，创作出基于民族文化肌理，展现民族精神、民族风貌的作品；鼓励在平等互利的基础上，通过互办电影节展、合作拍摄影片、选送优质国产影片参加境外电影节（展）等方式，进一步提升中国电影的知名度和影响力，推动中国电影产业的国际化发展[①]；鼓励电影的正面导向作用，将弘扬社会主义核心价值观确定为《电影产业促进法》的立法宗旨，通过法律维护文化安全。

总之，作为我国文化产业的排头兵，电影产业对我国国民经济和社会发展具有重要作用。随着我国电影产业市场规模的不断扩大，从电影大国向电影强国转化，《电影产业促进法》的出台，不仅对电影产业的发展具有划时代意义，也是整个文化产业领域法治化建设的重要成果。作为文化产业领域的第一部专门法律，《电影产业促进法》的出台和实施，对我国正在紧锣密鼓进行的文化产业立法工作起到了积极的示范作用。

（四）《公共图书馆法》

图书馆是收集、保存和传递人类文化知识的重要场所。公共图书馆系统的设立和运行，为提高我国的国民素质，维护人民终身教育的权利提供了基本保障，但公共图书馆的设立与运行离不开法律的支持和规范。

我国对图书馆法治建设的期盼、呼唤和研究，从20世纪初就已经开始。1909年，清政府的学部拟出了《京师及各省图书馆通行章程》，并于1910年颁行，这是中国第一部图书馆法规，它规定按行政区划，即省、府、厅、州设立图书馆，同时规定学部各省提学使对图书馆的管理和拨款以及图书馆管理人员的设立等。[②]1910

[①] 周平浪.广电总局副局长：下放影片审查等行政审批项目[EB/OL]. (2016-11-07) [2018-05-04]. https://m.huanqiu.com/r/MV8wXzk2NDQ0NjRfMTI2NF8xNDc4NDk5NTQw.

[②] 王玉林.图书馆法律问题研究[M].合肥：合肥工业大学出版社，2009.

年9月21日,江南图书馆正式向读者开放。这是中国最早的公立图书馆,也是南京图书馆的前身。第二次高潮从20世纪80年代开始。1981年,随着高考制度的恢复,我国加强了对高校图书馆管理工作的重视,拟定了《高等学校图书馆工作条例》,次年《省、市、自治区图书馆工作条例》发布。1996年,《上海市公共图书馆管理办法》实施,这是我国图书馆方面第一部地方性政府规章;随后深圳、内蒙古、湖北、北京、山东等省、自治区、直辖市也相继制定了图书馆方面的法规或规章,作为规范和指导各地方图书馆事业发展的法律准绳。

作为图书馆事业的基本法,《中华人民共和国公共图书馆法》的立法进程始于2001。2004年中宣部印发了《关于制定我国文化立法十年规划(2004—2013)的建议》,该建议将图书馆法列入了前5年的立法规划中。2006年9月,中央政府颁布了《国家"十一五"时期文化发展规划纲要》,该纲要将"抓紧研究和制定图书馆法"列为"十一五"时期文化立法的任务之一。2008年11月,在"图书馆法"被纳入立法规划的第二类项目之后,文化部终于召开了《公共图书馆法》启动工作会议,成立了起草工作领导小组与课题研究组;2009年11月,根据立法课题研究的成果,文化部初步形成了《公共图书馆法》,并于2009年12月在中国图书馆学会年会上向专家征询了建议。2011年12月21日,经过反复讨论和修改,《公共图书馆法(草案送审稿)》向国务院报请审议。[①] 2017年11月4日,经过十几年的精雕细琢,我国的公共图书馆法终于有了阶段性的进展,在十二届全国人大常委会第三十

---

① 于琦. 中日图书馆法规比较研究[D]. 哈尔滨:黑龙江大学,2014.

次会议上表决通过了《中华人民共和国公共图书馆法》，这是党的十九大之后全国人大常委会通过的第一部文化立法，也是公共文化领域继《公共文化服务保障法》之后的又一部重要法律。①

我国目前的图书馆立法体系主要由4部分构成：一是地方性图书馆法规和行政规章，如《北京市图书馆条例》《深圳经济特区公共图书馆条例》《上海市公共图书馆管理办法》等；二是系统性行政规章，如《中国科学院文献情报工作条例》《高等学校图书馆规程》等；三是国家级标准，如《公共图书馆建设标准》《公共图书馆建设用地指标》《公共图书馆服务规范》等；四是行业自律规范，如《图书馆服务宣言》和《中国图书馆员职业道德准则（试行）》。②全国性图书馆专门法的出台标志着我国图书馆法律体系的初步形成，公共图书馆事业有了根本的法律保障。

《公共图书馆法》包括总则共六章五十五条，分别从公共图书馆的设立、运行、服务等方面进行了全方位的制度构建，对于加强公共图书馆服务体系建设、健全公共图书馆运行管理制度和新时代公共图书馆在坚定文化自信、推动社会主义文化繁荣兴盛的伟大事业中承担的责任，提出了明确规范。③

第一，加强公共图书馆服务体系建设。在我国社会主义主要矛盾转变的背景下，为了扩大和优化公共图书馆服务的有效覆盖范围，使更多人享受到公共图书馆服务，该法明确了政府的责任，

---

① 郑海鸥.《中华人民共和国公共图书馆法》出台，将于2018年1月1日起施行[J].大学图书馆学报，2017，35（6）：76.

② 于琦.中日图书馆法规比较研究[D].哈尔滨：黑龙江大学，2014.

③ 李国新.新时代公共图书馆事业发展的新航标[J].图书馆杂志，2017，36（11）：4—5.

从公共图书馆体系建设不充分、不完善的问题和各地发展不平衡的问题两个层面做出了规定。

第二，健全公共图书馆的运行管理制度。《公共图书馆法》总结和提炼了我国公共图书馆事业发展几十年来的实践经验，构筑了规范公共图书馆管理、运行的基本制度体系，为促进政府主导和社会参与的有机结合提供了新的思路。首先，该法要求根据功能、规模以及服务面积等因素配备相应的工作人员，且要求有专业技能和知识，提高公共图书馆管理的专业化水平。其次，建立健全法人治理结构，建立理事会制度，吸收专业人士和社会公众参与管理，贯彻共同治理的现代治理理念，进一步完善了原有法人、专家以及社会公众"三位一体"的管理体制，形成了完整的公共图书馆管理体系。最后，国家鼓励公民参与图书馆志愿服务，并要求政府对公共图书馆志愿服务提供必要的指导和支持，进一步推动群众积极参与到公共图书馆的建设和服务中，增强了人民的参与感。总之，在运行和管理方面，《公共图书馆法》的出台对于形成政府主导、社会参与的格局提供了法律标准，也对公共文化其他相关领域的管理改革提供了借鉴。

第三，《公共图书馆法》明确了新时代公共图书馆在坚定文化自信、推动社会主义文化繁荣兴盛伟大事业中的责任。[①]首先，该法提出要保障公民基本文化权益，提高公民科学文化素质和社会文明程度，传承人类文明，并将发展公共图书馆事业提升到了"坚定文化自信"的高度，这一规定在法律层面确立了公共图书馆

[①] 李国新.新时代公共图书馆事业发展的新航标[J].图书馆杂志，2017，36（11）：4—5.

的地位和作用，也反映出新时代社会发展对于公共图书馆的期待。其次，该法将图书馆的主要任务定位为推动、引导、服务全国人民阅读。坚持社会主义先进文化的前进方向，坚持以人民为中心，以社会主义核心价值观为引领，传承中华优秀传统文化，继承革命文化，发展先进文化。最后，鼓励和支持科技在公共图书馆中发挥积极作用，尤其是现代信息技术和传播技术的运用。① 在科技日新月异的今天，人工智能、大数据以及虚拟现实等技术运用在各行各业，要将其与图书馆的管理和服务进行深度融合。以弘扬中国特色社会主义文化为精神引领，以高新科技作为支撑，更好地满足人们的精神文化需求和对美好生活的追求。

作为新时代的第一部文化立法，《公共图书馆法》的出台弥补了我国文化立法数量偏少的短板，对于进一步健全我国文化法律制度、促进公共图书馆事业发展、保障人民群众基本文化权益具有重要意义。但是，与国外图书馆领域的立法相比，我国仍然有很长的路要走。

第一，要解决经费来源问题。图书馆经费是支持图书馆进行图书购买、场馆运营、提供服务的重要物质保障。中国的公共图书馆经费由政府直接拨付，并明确提出鼓励公民、法人和其他社会资本的进入，但对于社会资本投入的比例问题、资本投入之后如何分配等细节问题并没有提及。对比日本的图书馆，其经费来源是与其社会效益直接挂钩的，并且与不同种类图书馆法律相关的配套实施细则、法规等都明确规定了图书馆经费的投入和使用

---

① 《中华人民共和国公共图书馆法》为我国公共图书馆事业发展提供根本保障[J]. 国家图书馆学刊，2018，27（2）：3—7，13.

问题。总之,发达的图书馆事业离不开稳定的经费支持,我国图书馆在制定各项法规时应当明确图书馆经费的来源和投入比例问题,将经费问题作为法律条文中的重点内容。

第二,要完善法规内容的详尽性。对比日本的图书馆法,我国的法律规定都普遍存在着过于宏观、操作性不强的问题。我国现在刚刚出台了图书馆领域的专门法,后续应当加快配套的实施细则的制定,为图书馆经费、云上图书馆等不断出现的问题及时提供详细的补充和规定,为各项具体问题提供法律依据,真正做到有法可依。

第三,建立全国性的图书馆行业协会。行业协会作为非营利组织,对于监督和指导图书馆的运营、维护行业利益具有重要作用。目前我国的图书馆行业协会主要有中国图书馆学会和上海、北京等地方图书馆协会,其中中国图书馆学会的主要职能是学术研究,兼具行业协会的部分职能。我国仍然缺乏一个全国性的、权威性图书馆行业协会。美国作为世界图书馆事业的领航者,其行业协会在图书馆事业的发展中起到了举足轻重的作用。美国图书馆协会(ALA)建立了一套自主完善的标准规范管理机制,下属的子协会就根据各自的业务范围和服务对象制定相应的标准规范从而全方位地提高图书馆的服务能力。

《公共图书馆法》是国家层面公共文化领域的专门法律,法律职能的发挥离不开各级政府严格执法、有法必依,严格履行法律规定的保障和促进公共图书馆事业发展的责任,推进我国公共图书馆以更加优质的服务满足人民群众新时代的精神需要,促进公共图书馆事业的大发展大繁荣。

第二节　管窥端倪　中国文化产业发展的必然要求

文化强则国强，文化兴则国兴。随着党的十七届五中全会明确提出要推动文化产业成为国民经济支柱性产业，文化产业被提到了前所未有的高度。十八大以来，我国文化产业不断发展，对经济的驱动作用日益突出，其发展也呈现出新形态。文化产业的结构发生了重大变化，数字文化产业部门呈现爆发式增长，并成为国家战略性新兴产业；文化体制改革全面深化，文化发展的基础和动力机制从以产业政策推动为主，市场内生动力为辅的阶段，走向以开放市场、调动市场内生动力为主，以产业政策干预推动为辅的新阶段；文化政策体系创新发展，除了完善市场体系、改善市场环境的政策之外，还形成了适应"供给侧改革"新形势和文化科技融合新发展要求的新型文化政策系统。①

十八大以来，我国文化产业的增加值始终保持两位数的增长速度。根据对全国规模以上文化及相关产业5.5万家企业调查，2017年，上述企业实现营业收入91950亿元，比上年增长10.8%（名义增长，未扣除价格因素），增速提高3.3个百分点，继续保持较快增长。② 习近平总书记在十九大报告中充分肯定了十八大以来我国文化事业和文化产业取得的重大成绩，明确指出中国特色

---

① 范周，关卓伦，孙巍.回首与展望：新时代下文化产业发展新态势[J].出版广角，2018（4）：6—10.

② 国家统计局.2017年全国规模以上文化及相关产业企业营业收入增长10.8%[EB/OL].(2018-01-31)[2018-05-23].http://www.stats.gov.cn/tjsj/zxfb/201801/t20180131_1579206.html.

社会主义进入了新时代,做出了"我国社会主要矛盾已经转化为人民日益增长的美好生活需要和不平衡不充分的发展之间的矛盾"的重大决断,并提出要"健全现代文化产业体系和市场体系,创新生产经营机制,完善文化经济政策,培育新型文化业态",进一步明确了文化产业未来的发展形势,文化产业发展进入了历史新时期。

但是,我国文化产业仍然存在着发展不平衡不充分、文化人才结构性失衡、文化金融成熟度较低、文化资源集约化程度不高、文化科技含量有待提升等问题。此外,随着全球化和文化贸易的不断深入,文化安全引发关注;大数据和互联网发展,文化产品和服务的载体由传统媒体向互联网平台的新媒体转变,文化监管环境进一步复杂;人民生活水平不断提高和消费升级,公民的文化消费需求进一步凸显……文化产业在迎来新机遇的同时,也面临着许多挑战,这就进一步凸显了文化法制建设的必要性。随着经济和科技的快速发展,文化立法必须加快脚步,跟上社会进步的节奏,为文化产业的繁荣发展保驾护航。

一、新时代文化建设的要求

加快"文化立法",是新时代文化建设的要求。党的十九大上,习近平总书记明确提出中国特色社会主义已经进入新时代,并向全党全国人民发出了"坚定文化自信,推动社会主义文化繁荣兴盛"的伟大号召。文化建设离不开法治建设的保驾护航,文化法律体系建设是坚持高度的文化自信、推动新时代文化繁荣兴盛、加强思想道德建设、满足人民群众对美好生活的需要的基础保障。

首先,党的十九大报告进一步明确了文化建设在中国特色社会主义新时代的基本定位,并指出"中国特色社会主义新时代的社会主要矛盾是人民日益增长的美好生活需要和不平衡不充分的发展之间的矛盾"。这意味着当代中国从站起来、富起来向强起来转换,当代中国人的需求也在发生深刻变化,已经由主要满足物质需求,转化为主要满足精神需求。文化建设的核心就是满足人的精神需求。满足文化需求是满足人民日益增长的美好生活需要的重要内容。满足人民群众的美好生活需要,就要为人民群众提供更加多元化、多层次、多样化的精神文化产品,这就要求我国文化产业一方面要不断繁荣,另一方面要注重供给侧结构性改革,积极推动文化产业领域的基本法《文化产业促进法》的出台,为文化产业发展提供基本的法律保障。

其次,坚定文化自信离不开有力的法治保障。坚定文化自信是党的十九大报告中文化建设部分的关键词。党的十九大报告提到"没有高度的文化自信,没有文化的繁荣兴盛,就没有中华民族的伟大复兴"。文化自信来源于对本国文化的坚守与对文化安全的信任。要坚定文化自信,离不开有力的法治保障。一方面,我国在文化遗产保护方面,先后发布了《文物保护法》《非物质文化遗产法》等法律,来保护中国传统文化源远流长;另一方面,2017年3月实施的《公共文化服务保障法》的立法宗旨就是"加强公共文化服务体系建设,丰富人民群众文化生活,传承中华优秀传统文化,弘扬社会主义核心价值观,增强文化自信,促进中国特色社会主义文化繁荣发展,提高全民族文明素质"。并明确了几个重要原则:坚持以社会主义先进文化为导向,坚持以人民为中心,坚持以社会主义核心价值观为引领;并在政府责任、设施建设、管理和提高效能、公共文化服务提供、社会参与等方面建立了相关制度和规范。①这部法律的颁布有利于广大人民群众真正地感受到文化的力量与内涵,增强人民对中华文化的自豪感和荣誉感,提升广大人民群众的文化自信。

此外,文化建设是坚持"五位一体"总体布局的重要内容。党的十八大以来,习近平总书记反复强调,要坚持和发展中国特色社会主义,统筹推进经济建设、政治建设、文化建设、社会建设、生态文明建设"五位一体"总体布局,为实现中华民族伟大复兴奠定坚实的物质基础;协调推进"五位一体"和"四个全面"战略布局相互促进、统筹联动;强调要用"创新、协调、绿色、开放、共享"五大发展理念来引领,不断开创我国五大建设和党的建设新局面。"五位一体"总体布局要求5项建设同步发展,缺一不可,因此对于这5个方面的支持和保障也必须同步供应,但是作为文化发展的基础保障,文化方面的法制建设却远远不及其他几个方面。截至2017年,我国立法总数近4万件,其中有关文化的法律、法规、规章和规范性文件数量1000余件,占全部立法不到3%。其中现行的文化领域法律占全部现行法的比例不到2%。与之对应,经济领域法律、政治领域法律、社会领域法律和生态环境领域法律占全部现行法的比例分别约为32%、51%、7%和7%,文化立法成为短板,这与统筹推进"五位一体"总体布局、协调推进"四个全面"战略布局,建设社会主义文化强国的要求不相适应。②

---

① 朱兵.文化法治建设的重大进展[J].中国人大,2017(3):54.
② 胡芳.数说文化立法:蓄积势能 驶入快车道[N].中国文化报,2018-03-20(05).

二、与国际接轨的要求

在2014年10月召开的文艺工作座谈会上,习近平总书记提出期望:"文艺工作者要讲好中国故事、传播好中国声音、阐发中国精神、展现中国风貌,让外国民众通过欣赏中国作家艺术家的作品来深化对中国的认识、增进对中国的了解。要向世界宣传推介我国优秀文化艺术,让国外民众在审美过程中感受魅力,加深对中华文化的认识和理解。"但是,文化走出去,讲好中国故事离不开法律制度的保驾护航。

在文化领域,中国已经加入的公约包括《保护世界文化和自然遗产公约》《公民权利和政治权利国际公约》《经济、社会及文化权利国际公约》《保护非物质文化遗产公约》等。但目前国内的文化法规与国际公约未能很好衔接,开放度不够。根据"条约必须信守"的国际法原则,中国必须制定并调整国内的文化法律法规,与国际公约保持一致。[①]

在国际交往中,法律建设是重要环节。一方面,完善的法律体系可以保护中国文化产品和服务在国外的公平竞争和合法权利。例如在艺术品行业,由于中国没有对追续权立法,因而很多中国作品在欧洲被拍卖却无法得到在欧洲艺术品市场上产生的权利金,这对于中国艺术家的产权保护和创作积极性非常不利。追续权,即艺术品从第二次出售,通常为公开拍卖起,都要支付原创者部分酬劳,有效期是从作者去世开始的50年内。在国

[①] 范周.文化立法刻不容缓[N].光明日报,2014-05-12(02).

际上，只有双方国家都建立追续权，跨境艺术品交易时才能行使这一权益。目前，在全球艺术家拍卖成交总额排名的前十位中，中国艺术家占据6席，百万美元以上成交艺术品数量也远超美国、英国。但由于我国现行《著作权法》尚没有规定追续权，所以中国艺术家分文未得。[①] 由此可见，文化立法的完善是我国文化市场和国际接轨的重要方面。另一方面，随着全球化趋势的进一步深入，越来越多的中国企业走出国门，但是却由于缺少相关法律保障而面临着"有困难无法律"的尴尬境遇。而越来越多的外国企业进驻中国，和中国企业共同生产文化产品，但是文化产品具有强烈的意识形态性，它们在中国的权利保障和监督由于文化的缺位而处于灰色地带。因此，中国要想发展文化产业，推动文化产业走出去，就必须通过立法和法律手段来依法有效地保护我国的文化主权和文化安全，更平稳地推动中国文化走出去。

此外，文化立法是增进国际交流的助推器。随着对外开放范围的不断扩大，国际交往的日益频繁，文化贸易进程的不断加速，中国与世界的联系越来越紧密。文化立法工作的建设与发展无疑能为我们更好地走出去保驾护航。现在国际上许多文化组织，比如联合国教科文组织对中国的许多疑义就是因为其认为中国在文化多样性上、文化折扣上、文化保护上是一个封闭的缺少法律支撑的国家。所以我们加快文化立法这方面的工作也是为了在国际交流上有一个保证。[②]

[①] 许超.增加追续权是"文化走出去"的重要环节.光明日报[N].2015-12-14.
[②] 范周."十三五"文化规划应做好顶层设计[J].人文天下，2015（05）：15—25.

三、处理文化领域新兴事物的要求

加大文化立法覆盖面，补齐法律空白点是处理文化领域新兴事物的现实要求。[①] 当前，文化与科技融合已经成为实现文化产业整体转型升级的重要突破口。一个最显著的标志就是新兴文化业态的产生及其相关统计指标体系的更新。进入21世纪，由于高新技术被广泛应用，信息产业与文化产业相互渗透，文化产业的规模不断拓展，产生了一批以互联网、大数据等新技术为依托，以数字内容为主体的新兴文化业态，有效地提升了文化产品的附加值，带来了产业发展的全新变革。但是，与文化领域新兴文化产业业态、新兴文化经营模式、融资模式的层出不穷相对的问题就是，我国文化立法进程缓慢，现行文化立法内容的前瞻性和涵盖面不足，导致面对当前文化领域出现的新兴事物，在监管时往往存在法律的空白点或灰色地带[②]，权利和义务无法认定、无法律可遵守的尴尬境遇。

一方面，以移动互联、大数据、物联网、虚拟现实和人工智能等为代表的新技术，正在改变着我们传统的生活方式和产业发展形态。基于网络化、数字化的新兴业态蓬勃发展，例如移动电竞、网络出版、直播服务、社交平台节目等，正成为未来文化产业发展的核心增长极。有专家认为，未来数字文化产业将占到整个文化产业的70%。[③] 2016年12月国务院印发的《"十三五"国家战略性新兴产业发展规划》对数字创意产业发展进行了部

[①] 范周.坚定文化自信建设新时代社会主义现代化文化强国[J].前线，2017(11)：25—26.

[②] 范周."十三五"文化规划应做好顶层设计[J].人文天下，2015(5)：15—25.

[③] 范周，熊海峰.文化产业政策供给分析[J].中国国情国力，2017(5)：41—47.

署。需要注意的是，网络化、数字化、虚拟化的平台特点也增加了监管的难度，庸俗、低俗、媚俗的作品和娱乐内容充斥着文化市场，急需相关法律的管理和规制。当前政策对新技术、新业态、新产业更多采取的是引导、管理、监督等办法[①]，尽管我国出台了《互联网直播服务管理规定》《网络表演经营活动管理办法》等互联网文化传播的规范政策及条例，但还缺少成体系的法律统领，文化市场缺少法律红线，执法监管界限模糊，存在大量灰色地带。

另一方面，IP热潮的兴起，再次证明知识产权是文化产业的灵魂，知识产权保护成为文化产业生存和发展的关键。2016年，文化产业领域系列专项政策密集出台，对知识产权建设进行了全方位、立体化的部署。2016年3月，知识产权关联性政策《文化企业无形资产评估指导意见》出台，其根据文化企业的特点提出了无形资产评估方法，统一了衡量标准和评估规范。意见的出台进一步凸显了知识产权在文化企业运营中的重要价值。[②] 同月，国家知识产权局印发《2016年国家知识产权示范城市工作计划》，提出了扎实推进企业知识产权工作、积极开展知识产权运营等8项任务；5月，国务院办公厅发布《2016年全国打击侵犯知识产权和制售假冒伪劣商品工作要点》，强调要以网络（手机）游戏、音乐、动漫为重点，打击网络侵权盗版，组织查处违法违规互联网文化产品和经营单位；6月，国务院知识产权战略实施工作部际联席会议办公室出了了《2016年深入实施国家知识产权战略加快建

---

① 范周，熊海峰. 文化产业政策供给分析 [J]. 中国国情国力，2017（5）：41—47.
② 同上.

设知识产权强国推进计划》，强调要从严保护知识产权，加强知识产权创造运用；7月，国务院办公厅印发《〈国务院关于新形势下加快知识产权强国建设的若干意见〉重点任务分工方案的通知》，要求各相关职能部门深化知识产权领域改革，进一步明确知识产权工作规范，加快知识产权强国建设。知识产权是文化产业法律制度中不容忽视的一部分，知识产权的维护与监管离不开相配套的文化法律制度。

四、满足人民群众美好生活的需要

满足人民美好生活需求，离不开文化法律体系的建设。建设富强民主文明和谐美丽的社会主义现代化强国，需要满足人民群众多方面的美好生活需求，而其中最不能忽视的就是人民日益增长的精神文化需求，这也是我国社会主要矛盾发展转变的重要方面。[①] 党的十九大报告指出："满足人民过上美好生活的新期待，必须提供丰富的精神食粮。"而保障公民基本的文化权利，是实现为公民提供"精神食粮"的基础。

公民的文化权利与公民所享有的政治、经济和社会权利一样，都是公民作为国家和社会的主人翁应当享有的法律权益。保护公民的文化权利是国际社会的普遍要求。《经济、社会及文化权利国际公约》提出，"人人有权参加文化生活，享受科学进步及其应用所产生的利益，对其本人的任何科学、文学或文艺作品所产生的精神上和物质上的利益；享受被保护之利"，"公约缔约国为充分

---

① 范周. 坚定文化自信建设新时代社会主义现代化文化强国 [J]. 前线，2017（11）：25—26.

实现这一权利而采取的步骤应包括为保存、发展和传播科学和文化所必需的步骤",等等。中国政府于1997年正式签署了《经济、社会及文化权利国际公约》,并于2001年获得全国人大常委会的批准。[①] 在联合国教科文组织制定和发布的文件中也都肯定了文化权利的概念。

我国是社会主义国家,保护公民权利是社会主义事业一贯的宗旨。在我国,公民所享有的文化权利主要包括创作和表达自由、文化娱乐权利、文化商品和文化服务的经营权、受文化教育的权利以及文化交往方面的权利。现行宪法在总纲里强调,人民依照法律规定,通过各种途径和形式,管理文化事业。并且在条文中从多种角度对公民所享有的文化权利进行依法保护。[②] 但是,我国宪法中针对文化权利未能给出明确的界定和分类,保护公民的文化权利仍然需要具体的法律和制度的保障;在保障公民享有各种文化权利的同时,还要为公民实现文化权利创造各种条件,提供各种优质、丰富的公共服务。2017年3月1日实施的《公共文化服务保障法》落实了宪法中对公民文化权利的规定,我国公民享受公共文化的权利得到了基本的法律保障。这体现了我国深刻的文化自觉,对于提升人民群众的满足感和获得感具有重要意义。

五、维护国家文化安全的需要

加快"文化立法",是维护国家文化安全的需要。习近平总

[①] 嵇亚林,李娟莉. 公民文化权利与公共文化服务——对构建江苏公共文化服务体系的分析与思考[J]. 艺术百家,2006(7):121—125.
[②] 莫纪宏. 论文化权利的宪法保护[J]. 法学论坛,2012,27(1):20—25.

书记在十九大报告中回顾了五年来我们在思想文化建设中的成就：国家文化软实力和中华文化影响力大幅提升，我们的文化自信得到彰显。同时也指出文化领域存在的困难和挑战：社会文明水平尚需提高，意识形态领域斗争依然复杂，国家安全面临新情况。

文化安全是国家安全的重要组成部分，它主要是指一国的观念形态的文化（如制度文明、民族精神、价值理念、信仰追求、语言文字、风俗习惯等）外部不受异域文化的侵蚀、内部自身文化的延续和发展不受威胁的客观状态和主观感受。文化安全是国家安全的深层次内容，是社会制度、国家政权得以建立和维护的重要基础。十九大报告着重将"坚持总体国家安全观"作为我国特色社会主义基本方略之一，国家安全首次在党的报告中出现，显示出了我国维护捍卫国家安全的决心与信心。文化安全是国家安全的重要领域，是一个国家内部文化认同感的重要支撑。[①]

一方面，当今社会，在以信息技术为核心的科技、经济发展浪潮下，全球一体化的趋势日益加剧。国家、民族的界限及特征在相当程度上被不断打破和削弱，发达国家、发展中国家都被新技术和世界市场连为一体。文化作为一个国家、民族的身份象征和价值体现，其本质属性日益凸显的过程中，文化冲突也日趋激烈。[②]许多西方发达国家借助科技经济的优势，在全球极力推行西方文化及其相关的价值观念，在文化上推行"单边主义"，威胁了其他国家的文化主权和文化安全，我国也出现了马克思主义意识

---

① 范周.以文化精品检验文化改革发展成效[N].社会科学报，2017-11-02（06）.
② 朱兵.话说新形势下的文化立法[J].吉林人大，2015（17）：45—46.

形态泛化、弱化严重，社会主义核心价值观和传统观念正在被功利价值观消解，民族传统文化影响力逐渐弱化的危险，在这样的背景下，维护国家文化安全已经刻不容缓。

另一方面，网络文化安全不容忽视。网络文化安全是国家文化安全的重要组成部分，是与意识形态阵地建设密切相关的大事，也是当下国家文化安全问题矛盾最为突出、亟须面对与解决的重要领域。互联网技术更新快、发展普及快、信息扩散快，新型网络传播手段不断涌现，网络文化建设面临的形式异常严峻，在这种情况下，加强网上思想文化阵地建设，维护网络文化安全，成为文化建设的迫切任务之一。①

因此，文化立法要采取多种立法途径、方式维护和保障国家文化安全：一是在立法中坚定不移地把坚持弘扬社会主义核心价值观作为重要的立法原则，防范和抵制不良文化的影响，掌握意识形态领域主导权；二是立法保护我国文化遗产，建立传承弘扬中华民族优秀文化精神的制度规范；三是立法保障网络安全，保障网络信息的有序传播；四是立法对我国文化遗产出境、国外文化产品输入、外资进入文化领域等予以必要的限制；五是通过立法建立制度，促进我国文化繁荣发展，增强文化整体实力和竞争力，推动中华文化走出去，巩固文化安全的根基。②

六、文化立法是搞好文化治理的前提

党的十八届四中全会指出："法律是治国之重器，良法是善治

---

① 范周. 中央"十三五"规划建议的文化解读 [J]. 人文天下，2015（21）：13—16.
② 朱兵. 话说新形势下的文化立法 [J]. 吉林人大，2015（17）：45—46.

之前提。"如果文化治理没有法律的保障，只是依靠一些行政措施、文件来管理，这对于可持续发展是不利的。改革开放40年来，中国现代化建设一直处于高速发展的状态，成就斐然，达到举世公认的"黄金时期"。国家治理现代化这一新概念的提出堪称现代化的"第五化"。要实现国家治理现代化，除了需要强化制度、机制等硬手段外，更需要文化治理这样的软办法。"更少的强制，更多的同意""寓管理于服务之中""更多的对话协商沟通合作，更少的独断专行""更多的激发权能，更少的排斥和歧视"是人民群众所期待的。①

第三节　任重道远　中国文化法制建设问题

一、文化法律法规体系不健全

（一）文化领域立法数量总体偏少

长期以来，我国的文化管理主要采取行政手段管理，法律手段少，这归因于我国的文化立法总量偏少，立法工作明显落后于文化产业和文化事业繁荣发展的步伐和社会文化活动开展的要求，不能完全适应我国文化发展的新形势。据统计，截至2017年，我国立法总数近4万件，其中有关文化的法律、法规、规章和规范性文件数量1000余件，占全部立法不到3%。其中现行的文化领域法律占全部现行法的比例不到2%。与之对应，经济领域法律、

---

① 范周. "十三五"文化规划应做好顶层设计[J]. 人文天下，2015（05）：15—25.

政治领域法律、社会领域法律和生态环境领域法律分别占全部现行法的比例约为32%、51%、7%和7%①，文化立法成为短板。尽管近年来，随着依法治国方略的深入推进和文化产业支柱性地位的确立，我国国家层面文化法律法规制定的步伐明显加快，2016年达到11部，2017年有8部，但这仍然难以掩盖我国文化法治建设的短板。

（二）文化产业领域母法性质的法典仍欠缺

文化产业"母法"是在产业领域内起到统帅性、基础性作用的法律，制约和规范着该领域内的各项单行法规。在我国出台这样的母法有着特别重要的意义，因为目前我国文化产业属于分业管理，涉及中宣部、文化部、广电总局、工业和信息化部等多个部门，包括十几个产业门类；同时，我国东中西地区差距较大，各地发展情况不一，迫切需要基础性的法律出台。但到目前为止，我国还没有出台一部指导整个文化产业发展的全国性文化法律，并缺少新闻出版法、广播电视法、演出法、产业基金法、知识产权法等行业性、配套性法律，还未形成定位明确、层阶清晰、相互衔接、体系完备的文化产业法律体系，这与我国文化产业快速发展的法律需求是不相协调的。②对比国外，韩国几乎与我国同时提出要扶持文化产业，但与我国不同的是，韩国采取了"立法先行"的推进策略。1999年，韩国颁布了《文化产业振兴基本法》，并依据该法成立了韩国文化产业振兴委员会，搭建了文化产业资金支持体系和相关经济政策框架。③

---

① 胡芳. 数说文化立法：蓄积势能 驶入快车道[N]. 中国文化报，2018-03-20（05）.
② 范周，熊海峰. 文化产业政策供给分析[J]. 中国国情国力，2017（5）：41—47.
③ 阿计. 国外文化立法管窥[J]. 法治与社会，2016（9）：24—25.

（三）文化领域法律法规建设不平衡

我国国家层面的文化法律法规建设的不均衡现象极为明显。一方面，文化建设各领域立法严重失衡。健全的文化法律体系应是由公共文化事务法、文化管理法和文化行为法三类法律组成[①]，而就我国现存的文化方面的法律法规而言，不仅总体数量偏少，而且主要集中在文化产业发展和公共文化服务保障方面。另一方面，文化产业各内部分类中存在明显立法盲区。即使是占到89%比重的文化产业法律法规，其内部仍存在很多的立法盲区，致使某些领域甚至还存在着"无法可依"的情况。根据国家统计局最新印发的《文化及相关产业分类（2018）》，将文化产业分为文化核心领域和文化相关领域两大类，下设九小类，分别是文化消费终端生产、文化装备生产、文化辅助生产和中介服务、文化娱乐休闲服务、文化投资运营、文化传播渠道、创意设计服务、内容创作生产、新闻信息服务。现行有效的40部文化产业相关法律法规主要集中在内容创作生产、文化传播渠道、新闻信息服务、文化娱乐休闲服务、文化辅助生产和中介服务及创意设计服务，其中关于内容创作生产的法律法规达到22部，而对文化投资运营、文化装备生产和文化消费终端生产方面，立法仍缺乏及时回应。[②]

二、文化立法的层次性不够

与英美、日韩等文化产业较为发达的国家相比，我国文化产

[①] 王永浩.关于加强我国文化立法工作的思考[J].社会科学家，2006（6）：85—87.
[②] 段海霞.提升我国文化立法层级亟需消除多项盲区[EB/OL].(2018-05-14)[2018-06-01].http://www.ce.cn/culture/gd/201805/14/t20180514_29122788.shtml.

业法制建设的一个突出的问题,就是文化立法的层次性较差,这主要体现在两个方面:一是目前我国文化领域方面的管理多依靠部门规章、行政法规等,而具有权威性、全局性、基础性的法律则相对较少。截至2018年6月,我国现有的由全国人大常委会制定的文化法律只有6部,分别是《公共文化服务保障法》《公共图书馆法》《文物保护法》《著作权法》《非物质文化遗产法》《电影产业促进法》。而反观美国,单是文化产业的行业性法律就达到10部以上,更不用说包括版权保护、产业基金等方面单行法、专门法的总数目。

二是我国文化法律法规建设的层次性不够,有些行业的专门法甚至还处于空白状态。完整的文化法律体系应当是一个体系完备、层级分明、衔接得当的系统性工程,由宪法、文化产业基本法、知识产权保护法和各个不同行业的专门法律以及相配套的实施法令和实施细则五大部分共同构成,并且每部分都有各个省份因地制宜、更加细致具体的地方法规,构成既有全国的又有地方的,既有全局的、基础的又有细分的、专门的,架构清晰、层级清晰、相互补充、操作性强的文化法律法规体系。但是我国至今仍未出台一部真正意义上的母法性质的文化法典,新闻法、广播电视法、演出法、新闻法、出版法、网络法、文化事业法、文化产业法、文化市场管理法等在我国都尚属空白,更不必说完整的、系统的法律体系了。而近期陆续颁布的《公共文化服务保障法》《电影产业促进法》《公共图书馆法》等基础性或行业专门法,其法律政策架构都过于宏观,又缺少量化指标、执行细则和配套支撑体系,政策"空转"现象严重。

三、文化立法的滞后性严重

首先，从当前文化立法的现实状况看，文化立法难以与时俱进，与公共文化服务发展水平不相适应，与文化产业繁荣发展的要求也不相适应。一方面，文化产业与"互联网+"等行业融合发展的趋势不断加深，催生了一批如网络直播、知识付费、共享经济等新兴的文化业态和文化经营模式，并且在互联网、大数据、人工智能等新技术迅猛发展的加持下，新兴业态迅速更新迭代，而法律作为相对稳定、长期性的制度规范，制定起来往往需要花费相当长的时间，难以跟上产业更新和新事物迭代的速度。另一方面，我国文化管理阶层的立法观念相对落后，对于长期性、打基础的法制建设的积极性、参与度不高，难以提出高水平、高质量的法律草案，导致文化立法的进度缓慢。

其次，文化立法的科学性难以保障。当前，我国产业政策在制定过程中，主要采取"政府领导+智库团队+专家评审"的模式，在大数据等新技术支撑、大众参与度和宣传推广度上还不够，在制定过程中仍存在一定的领导意志和经验主义，科学化程度尚待提升。[①] "良法是善治之前提"，立法的科学性即法律的质量是文化法治建设的基础，它包括制定出的法律能否满足现行的国家文化事业和文化产业发展的需要，在执行中遇到的不符合发展需要的方面能否及时反馈和修改，能否跟随时代的发展对遇到的新形式、新问题时及时完善和补充，这就要依赖三个方面的力量。一是能够了解全局、高瞻远瞩的制定者，即国家立法机构，它必须

---

① 范周，熊海峰.文化产业政策供给分析[J].中国国情国力，2017（5）：41—47.

有能力通过高瞻远瞩的战略与战术有效地驾驭市场，引领产业走向繁荣与发展，并且具有文化、经济、法律等综合知识和法律制定的专业化水平。二是独立于立法之外，能够评估法律制定出来后的草案是否存在问题的第三方，即质量评估机制。三是在法律制定结束推广实施和执行阶段，能够及时反馈问题并更正修改的反馈机制。以上三方力量的集合才能制作出科学、民主、有效的法律体系，这就要求国家立法机构、执法部门、专家学者和社会民众的广泛参与。但是，我国立法过程中存在着"关门立法""部门立法"的现象，社会参与程度不高，难以保证法律的科学性和有效性。

最后，法律制定的可操作性不强。这个问题是与立法的质量和科学性一脉相承的，科学的法律本身才能推动法律的实施，但同时也需要更加相关配套的执行细则。目前，我国的法律建设或是存在政策架构过于宏观，缺少量化指标、执行细则和配套支撑体系导致政策空转、法律难以落地的问题；或是由于法律规定难以与时俱进，不符合新兴事物的需要而实用性不强，导致法律法规的可操作性不强。而韩国在解决这个问题的时候就做出了很好的示范。在韩国，《图书馆法》是由国家主管图书馆的部门——文化体育观光部制定的，内容较为宏观，为了便于实施，韩国就制定了与之配套的《图书馆法实施令》和《图书馆法实施规则》，法律条文具体、细腻、实用性强，成为图书馆事业发展的有力保障，提升了法律的科学性和可操作性。为了增强立法的现实适应性，促进法律的实施，韩国曾先后31次以总统令的形式颁布了"图书馆法实施令"，15次以部令的形式颁布了"图书馆法实施规则"。[①]

---

① 段明莲. 韩国最新图书馆法研究 [J]. 大学图书馆学报，2014，32（3）：35—38.

四、文化执法的保障仍不充分

法律的生命在于实施，法律的权威也在于实施。美国著名行政学者 G. 艾利森曾指出："在实现政策目标的过程中，方案确定的功能只占 10%，而其余的 90% 取决于有效的执行。"[①] 目前我国文化执法方面存在着三方面的问题：一是法律本身过于宏观、笼统，操作性不强，影响法律的执行；二是文化综合执法队伍的法律身份仍然没有通过法律法规得到确认，执法的有效性受到影响；三是文化执法队伍不懂法，不能严格按照法律的规定依法有效执行。

但是，从未来中国文化法治进程来看，改进行政执法将是中国建设文化法治国家的重要手段。事实上，有法可依只是第一步，而中国未来面临的最大问题可能是要加大执法力度。2016 年 11 月 7 日，全国人大常委会第二十四次会议表决通过了《电影产业促进法》；12 月 25 日，常委会第二十五次会议表决通过了《公共文化服务保障法》。[②] 2018 年 1 月，《公共图书馆法》也颁布实施。可以说，中国文化法治领域无法可依的局面已得到改观。因此，中国文化法治未来的挑战在于改进行政执法体制。

五、专业化的文化法制队伍不健全

专业化的文化法制队伍不健全，是我国文化法治建设中的重

---

① 施从美. 政策执行失灵视角下的政府执政能力提升 [J]. 湖北社会科学，2005（12）.

② 魏晓阳. 日本文化法治及其对中国的启示 [J]. 北京大学学报（哲学社会科学版），2017，54（1）：142—149.

要问题。无论是立法滞后,还是立法质量不高,归根结底是人才队伍问题。文化法治队伍不健全主要体现在两个方面:(1)文化立法层面,缺乏懂文化、法律、经济交叉领域的高素质人才;(2)执法过程中,执法队伍不懂法的问题严重。立法层面,我国偏向于"政府主导+智库团队+专家评审"的模式,但是在文化法治建设方面的专家数量要明显少于文化政策研究、公共文化服务等其他领域。最直观的体现就在于我国文化立法理论研究极为薄弱,无论是关于文化立法发展史的研究,还是文化领域与其他领域的协调性、对接性研究,或是与国际上其他发达国家的文化法制的对比研究,数量都明显不足。在中国知网上以"文化法制"为关键词,搜到的学术论文仅有200余篇,这与"文化体制改革"的8000余篇和"文化产业"的4万余篇有明显差距。另一方面,执法层面不懂法,难以保证法律的实施也是我国文化法制执法水平低弱的症结所在。

此外,对比国外,我国缺少专门机构负责文化产业政策的制定和引导。韩国政府为了有效地扶持文化产业的振兴和发展,在《文化产业振兴基本法》中规定,设立韩国文化产业振兴院,文化产业振兴院为法人单位,振兴院以外的个人或团体不得使用韩国文化产业振兴院的名称,专门负责研究策划促进文化产业振兴的政策与制度,进行文化产业实际情况的调查与统计并制定文化产业专业人才的培育计划,成为韩国文化法制队伍建设中的重要一环。[①]

[①] 卢超.比较法视角下我国文化行政法制的建构挑战[J].中共浙江省委党校学报,2018(1).

第四节　多措并举　大力推进文化领域法制化进程

一、健全文化法律法规体系，兼具完整性和层次性

首先，加快文化立法工作进度，建立完整的文化领域的法律法规体系，实现文化建设各领域的"有法可依"。积极探索符合我国实际情况的科学合理、层次分明的中国特色社会主义文化法律体系。尽快出台全局性、基础性的《文化产业促进法》，为文化领域的法制建设保驾护航。针对文化立法不完善、不健全、进展较为缓慢甚至出现停滞的领域，应该努力加快推进文化立法工作，统筹相关部门，做好立法规划。其次，要注重文化立法的层次性。建立以全国人大制定的基本法律为主干，以国务院及地方政府制定的行政法规为支撑，以部门性规章为辅助，以实施细节和实施法令为配套的完整的、系统性、多层次的文化法律法规体系。切实及时强化、补充实施细则，并且根据执行过程中的实际情况，有针对性地制定和修改，深入提升文化立法的有效性。

二、文化立法要尽快与国际接轨

随着全球一体化趋势的进一步加剧，文化竞争力日益成为国际竞争中的重要力量，文化立法对于促进文化产业的繁荣发展、推动中国文化产业走出去提供了基础性保障。我国文化领域的法律法规体系建设，也不能局限于眼前，要积极借鉴外域经验，尽快与国际社会接轨。一方面，要充分利用WTO规定的国际贸易

规则，结合本国实际和国际国内出现的新情况、新问题、新趋势，不断更新立法理念，与我国目前加入的《保护世界文化和自然遗产公约》《保护非物质文化遗产公约》《公民权利和政治权利国际公约》《经济、社会及文化权利国际公约》等一系列国际公约尽快做好立法衔接工作；另一方面，要有选择地借鉴外域经验，推动我国立法观念和立法形式的不断更新。例如，日本、韩国同样作为以政府为主导促进产业发展的国家，出台了一系列如《文化产业振兴基本法》《文化产业促进法》等引导、促进文化产业发展的基本法，而日韩两国在文化监管体制与产业发展模式上有我国与许多相似之处，我国在立法时可以借鉴在日韩的法律体系中政府是如何发挥有效作用的；而美国在版权保护方面具有突出的经验，自1790年第一部《版权法》出台以来，已经经过了200多年的完善和修改，形成了适应性强的知识产权保护屏障，是非常值得我国学习和借鉴的。

三、提高文化执法水平，加强市场监管

严格执法是法治的基本内涵。因此，必须践行依法治国的理念，提高文化执法水平，加强市场监管，及时执法，正确执法，严格执法。首先，要大力深化文化市场综合执法改革，明确文化领域综合执法机构法律地位问题，大力提升执法能力，推行公正文明执法。其次，要组织执法人员学法、懂法、用法。2016年以来，我国陆续出台了《公共文化服务保障法》《电影产业促进法》《公共图书馆法》，可以说在这些领域基本做到了有法可依，那么下一步随着我国新法律的不断颁布，也要组织行政执法人员积极

学习，对于法律理念、法律相关条文做到了然于心，提高执法人员的专业化水平。最后，要加快跨区域的文化监管与服务综合信息系统平台的建设，推广信息系统平台的应用，为市场准入、动态监管、综合执法和公共服务等提供技术支撑。[1]

四、提高立法过程中的社会参与水平

文化法制建设是一个系统工程，不仅需要政府的高瞻远瞩、明智把关，也需要专家团队、人民群众等社会力量的参与。目前，我国传统的立法模式是法律法规起草多由主管的行政机关负责，然后提交人大常委会进行表决[2]，这在一定程度上容易产生立法腐败、"闭门造法""立法打架"等问题。虽然目前我国的法律制定过程中对于社会公众的参与存在着如立法听证、征求意见方面的规定，但是社会参与的程度仍然较低。因此，必须继续提升社会参与水平，提高立法质量，增强立法的科学性和民主性。一方面，要借助外脑，充分听取高校、研究机构等智库团队的意见，提高立法的专业化；另一方面，要建立独立于立法机关、行政机关之外的第三方团队，科学、客观地评价法律的科学性和有效性，并及时做好立法机关、专家团队、执法机关、社会公众之间的沟通工作。此外，还要提高社会民众、文化企业的参与程度和参与水平，提高立法的现实适应性。

---

[1] 欧广远.文化法治建设：原则与战略[J].中共郑州市委党校学报，2015（6）：59—63.

[2] 喻文光.通过第三方参与立法 保障立法的科学性与民主性[J].行政管理改革，2015（2）：45—49.

五、加强文化系统的法制人才队伍建设

文化和旅游部部长雒树刚在全国文化法治工作会议上指出,"各级文化行政部门中,具有法律专业背景的人员偏少,而且其中一些人长期不从事法律工作,在政府职能转变的大背景下,难以满足文化发展对文化法治工作的需求"[①],要"建立一支高素质、懂法律、能力强的文化系统专门的法治人才队伍"[②]。因此,加强文化系统的法制队伍建设应当从两个方面入手:一是要加强专职化的队伍建设,在人员招收方面,要尽可能地选择懂文化、法律、经济交叉领域的高素质人才;对于入职工作多年的行政部门的工作人员则要加强培训力度,尤其是要结合近年来出台的重点文化法律和文化市场的热点问题,塑造文化法治建设的中坚力量。二是通过专家讲座、互联网文化法治信息平台等多种方式,培养文化系统中领导干部和行政人员的法治思维,将法治观念的学习常态化。

---

① 韩业庭.5年内改变文化法治滞后局面[N].光明日报,2015-05-20.
② 蔡武.大力推动文化法制建设开创文化工作新局面[J].行政管理改革,2014(12):13—17.

第八章　田野调查：中国文化产业研究的基本范式

进入新时代，中国文化产业的发展已经从专业化、集约化和规模化发展转向数字化、产权化和高质量发展阶段，因此，需要从产业的整体布局和战略思路出发，在较高的起点以传统经典的调查方式对未来文化产业的发展路径进行新思考。在这一转折时期，一是以城镇化为契机的文化产业结构性转型研究；二是以产业集约为机缘的文化企业和园区产业升级研究；三是依托田野调查和比较研究的文化产业实务研究，都离不开田野调查。既关注全球文化产业发展中的创新理论，又关注中国村域社会中产业转型的基层实践；既以对比研究的方式审视全球文化产业发展，又以田野调查的方式介入城镇乡村文化地景再造，赋予文化产业发展以人文关怀。

第一节　文化产业研究必须采取的方法：田野大调查

一、文化产业研究通常采用的研究方法

文化产业随着实践的推动，正在向理论化的层面发展。当前文化产业在调查中有四种常见态度和相应的方法。第一种是产业

间横向历史比较。这种做法在政府、文化创意产业园中最为常见。采取这一做法的学者往往会找几个发生在不同国家或者地区的案例进行比较，其目的是寻找造成案例之间某些差异（或相似）的结构性原因。他们的问题可以是"为什么在现代化过程中日本内容产业发展比较好，而中国发生版权问题突出"，"为什么英国产生了'一臂之距'但是中国却没有"等。对于大多数采取这类研究方法的学者来说，实践的重要性仅仅在于它能为我们揭示某些文化产业结构和相应的文化产业机制的作用。西方社会学这类研究中出现了大量的名著。第二种是文化产业的纵向比较。做这类研究的目的往往是为了研究文化政策和文化制度的重要作用和规律，或者说是为了指出实践过程中不变的一面。文化产业必须要靠某种权力所维持的制度才能延续。第三种是社会进步史观驱动下的文化产业研究。进步史观的类型很多，包括自由主义的、社会达尔文主义的等各种类型。文化产业与文化事业的关系很紧密，我们有时会做进步主义的道德假设，即认为历史规律会把文化产业带入一个美好的未来，而他们研究的目的就是论证某一个关于美好的理论在经验上的正确性。在各种进步史观中，影响最大的是黑格尔的历史发展辩证法；文化产业在外延发展的同时，要深入哲学、深入历史去挖掘它自身的世界观。第四种是多元文化观。多元文化观促进了文化产业在研究中与社会学的融合。

　　文化产业定量研究为调查文化产业某一领域在整体产业中的情况，依托社会学研究方法，在抽样框中随机抽取一定比例的样本，通过描述和统计等一系列具体方法，得到所调查样本中不同变量的关系，并以此为依据推论总体中这些变量的状况。而以大数据为经验材料的研究不涉及随机抽样的问题，而是将全部总体纳入分析的框架内，得出的变量的关系也无须参数检验，而直接用于反映总体趋势。例如，2015年12月，淘宝联合第一财经商业数据中心推出的《淘宝大数据解读中国消费趋势》系列报告，并不是将用户做随机抽样形成样本，然后调查他们的性别、地理位置、购物倾向等，而是直接将3.86亿淘宝用户这一总体作为分析的对象，描述总体的消费状况并预测未来的消费趋势。一方面，大数据不同于传统问卷调查依靠被研究者的主诉来获得资料，而是直接利用技术手段对被研究者的行为进行检测。另一方面，大数据的获取不依赖传统的社会统计部门。例如，全国性人口普查是关于人口的最"大"的数据，理论上涵盖每一个个人的信息，体量巨大，却不能被称为"大数据"，因为人口普查数据通过接触被调查者直接获取，并依赖传统的社会统计部门逐级上报。大数据往往基于现代科技手段，采取实时监控、测量、存储的方式整合海量信息，例如交通流量监控、气象水文监测数据、环境监测数据、商业物流的数据记录，尤其是近年来基于互联网的浏览、搜索引擎、上传下载等行为的大数据，更是成为大数据的主流——甚至几乎成为"大数据"的同义词。传统的定量研究先提出假设，并设计基于假设的待检验模型，进而通过分析数据证明或证伪假设及相关统计模型。而大数据方法是通过对海量的数据进行分析，寻找变量的关系，而后建立模型。正如张晓强等所说："数据科学以海量的数据为研究对象，通过数据挖掘等手段来寻找海量数据中潜在的规律。它研究各个科学领域所遇到的具有共性的数据问题，通过对数据规律的研究来实现对科学问题的解答。"这也就意味着通过大数据方法建立的模型并不反映必然规律，而是在非实验控制的条件下，一系列影响因素综合作用的结果。虽然这种模型具有模糊性与偶然性,却可以在一定程度上预测现象发展的趋势。

舍恩伯格等认为,大数据"不是因果关系,而是相关关系"。定量研究的目的是为变量的变异性提供因果解释,用其他变量解释所要研究的变量的变异性。而应用大数据,尤其在文化产业领域,目的是销售文化商品,这种情况下商家需要了解用户的行为与销售额的相关关系,并以此作为决策依据,向用户推荐其可能需要的文化商品,指导商业活动,而不需要为这种相关性做出解释。这并不是说大数据不能为因果解释提供数据基础,只是说在一些大数据广泛应用的领域,人们并不探究因果,而是利用大数据呈现现象,预测现象发展的趋势,为决策提供依据。

二、田野调查与项目策划的关系

田野调查是项目策划的基础,"没有调查就没有发言权"。2017年4月1日,中共中央、国务院印发通知,决定设立河北雄安新区。4月11日,中国传媒大学党委同意设立雄安新区发展研究院,旨在强调教学科研要紧紧围绕国家战略,通过政产学研一体化发展,构建崭新的协同创新平台,探讨教学科研融合的创新路径。4月22日,中国传媒大学雄安新区发展研究院揭牌仪式暨首届雄安新区发展研讨会成功举办。研究院成为教育部直属高等院校中第一个以服务国家战略为导向,以推动雄安新区建设为中心而设立的新型智库机构,致力于打造具有国际影响力与中国特色的新型资政智库。6月2日,《雄安新区发展研究报告》(第一卷)正式出版,这是我国首部以雄安新区规划建设和创新发展为主题的学术性研究文集。本书围绕雄安新区战略构想、城市规划、产业布局、政策创新、新城治理、文化发展、区域协同等问题进行思考和探讨，就新区未来发展提出富有见地的研判和展望。

研究院先后七进雄安，开展实地调研和采访座谈，深入了解实际情况，获得了大量一手资料。从2017年的4月初到7月末，研究院组织了7次调研，共计300余人赴雄安进行实地考察，走访三县48个村庄，27家企业（含工厂），召开35次座谈会，采访了当地农户、渔民、企业家、手工业者、教师、医生、小商贩等231人，完成200余篇调研手记，形成30余篇调研报告，拍摄8000余张影像资料。事实上，能够如此快速认识到新区价值，如此快速响应，绝非偶然。是因为过去十多年以来，中国传媒大学依托区域地缘优势和高校资源优势，深度服务京津冀，与河北省大部分市县缔结了紧密的事缘、业缘和人缘。其中与保定市建立了全面战略合作关系，与新区建设所涉及的雄县、容城、安新以及周边区域有着系列的项目合作。早在2012年的2月5日至10日，中国传媒大学文化发展研究院受河北省委宣传部委托，由40名师生组成的"河北省文化创新发展"调研团队，兵分六路，开展了针对河北省石家庄、唐山、邯郸、保定、沧州、邢台、廊坊、承德、张家口、衡水、秦皇岛11个市区和38个县的实地调研。并与保定市签署全面战略合作协议，这其中包含曲阳县、易县、安新县等县的全域、园区、项目规划，为雄安新区发展研究院成立后开展新区调研工作形成良好铺垫。2016年年初，中国传媒大学文化发展研究院承担了《文化部"一带一路"文化发展规划（2016—2020）》编制工作。该规划的目标是深入贯彻落实《丝绸之路经济带和 21 世纪海上丝绸之路建设战略规划》，加快我国"一带一路"所涉重点区域的文化建设，促进与"一带一路"沿线国家和地区的文化交流与合作，发挥文化在中国特色大国外交和对外经贸往来中的独特作用，促进文明互鉴，实现民心相通。2016 年年底，中国传媒大学文化发展研究院承担了《京津冀文化产业协同发展规划纲要》编制工作。该纲要的目标是深入贯彻落实习近平总书记重要讲话精神，加强三地文化产业协同发展的顶层设计，明确三地文化产业功能定位，优化京津冀地区文化产业空间布局，研究疏解非首都功能，构建高精尖经济结构，推进京津冀文化市场一体化进程。

2017 年 4 月 1 日雄安新区成立后，研究院就展开了调研，4 月 5—6 日，研究院 3 名研究生赴雄安新区开展首次调研。虽然第一次只是匆匆走完新区及周边县城，但还是形成了直观的认识。让研究院能够绕开众多媒体报道与资料，初步了解了一个真实的雄安新区。5 月 5—8 日，研究院组织 14 名教师赴雄安新区开展覆盖 3 县（含白洋淀区域）、4 村、2 处历史文化遗存的先期调研工作。通过考察三县民风民俗民情、历史文化遗存、公共文化服务建设，并在河北省文化厅等各级政府部门的协调安排下，与当地村民、基层文化工作者进行座谈交流，掌握了一手资料，发现了一些亟待解决的问题，对新区未来发展形成初步思考。5 月 16 日，研究院根据先期调研情况，将撰写的"雄安新区未来文化发展"专题研究报告呈送文化部部长雒树刚同志并获得批示，之后刘延东副总理、张高丽副总理两位中央领导同志分别对报告给予批示。5 月 24—30 日，研究院组建了由 42 名教师，121 名本科、硕士、博士生组成的跨学科联合调查研究团队，开展雄安新区百人大调研活动。调研队伍分为雄县、安新、白洋淀、容城4个小组,分赴雄安新区开展地毯式田野大调查。此次调研活动4个组共计走访了28个村庄,15家企业,百余名受访者涵盖了当地农户、渔民、企业家、教师、医生、手工业者、城市居民、小商贩等各类人群。基于这次田野调查成果的《雄安新区发展研究报告》(第二卷)、《雄安新区发展研究报告》(第三卷)在9月出版。7月5—6日,研究院陪同文化部政策法规司司长饶权、副司长蔡萍一行赴雄安新区,拜会新区临时党委副书记党晓龙,共同研究雄安新区文化工作,并深入三县开展实地调研。文化部、河北省文化厅、中国传媒大学雄安新区发展研究院相关工作人员参加了此次活动。此次调研过程中,研究院针对新区文化规划编制、文化保护与开发利用、公共文化服务、文化创意产业四个方面,与文化部、新区管委会进行了深入探讨。7月11—23日期间,研究院组织师生分两批赴容城县马庄村、白洋淀地区开展调研,"留下乡愁·放飞梦想"雄安新区村史建设行动正式开启,这也将成为研究院的一项持久工作。乡村不能因为城市建设而消亡。乡村有些东西需要记录与传承下来,写村史是最好的记载办法。通过村史编撰工作,一是把遗散在乡村中的历史文化、风情人物、变迁演进抢救性、延续性地保存记载下来;二是引导广大农民群众崇德向善、勤奋上进;三是让群众述史、知史、写史,提高群众的归属感、社会责任感。7月25—29日,研究院组织师生开展雄安新区公共文化服务专题调研,实地考察了雄县、容城、安新三县的公共文化服务现状、存在问题及诉求,收集了大量基础材料。

围绕服务雄安新区发展的建院方向,研究院从国内、国际、新区自身三个维度进行了研究,以期提供决策参考。

第一,对国内18个国家级新区进行调研。国家级新区是由国务院批准设立,承担国家重大发展和改革开放战略任务的综合功能区。在2017年4月雄安新区设立之前,国家已经先后批准设立了18个国家级新区。20多年来,这些新区在开发建设中取得了显著成效,积累了宝贵的发展经验。"他山之石,可以攻玉。"这次对国家级新区的调研目的,即是通过资料收集与实地考察,对当前国家级新区的发展现状进行梳理,存在问题进行剖析,建设经验进行总结,从而为雄安新区更好更快发展提供参考和借鉴。2017年7—8月,利用学校小学期实践的时间,研究院师生已经完成了对国内18个新区的调研。

第二,对国际(境外)新城进行调研。研究院与文化部外联部门合作,选择了当前较具创新性和可借鉴性的15个国际(境外)新城新区,就其城市规划建设、特色产业发展、文化政策创新、创意阶层培育等领域开展深入考察(表8-1)。

表8-1 国际(境外)新城新区调研一览表

序号	国家或地区	城市
1	美国	哥伦比亚新城
2	美国	尔湾新城
3	意大利	拉奎拉
4	法国	拉德芳斯新城
5	英国	坎伯诺尔德
6	英国	利物浦
7	新加坡	新加坡

续表

序号	国家或地区	城市
8	澳大利亚	堪培拉
9	日本	六本木新城
10	中国澳门	澳门新城
11	日本	筑波科学城
12	日本	千叶新城
13	日本	多摩新城
14	韩国	世宗市
15	印度	古尔冈

第三，承担国家部委对雄安新区的专项研究课题。包括文化部委托的《京津冀协同发展战略下雄安新区公共文化服务体系建设研究》以及《雄安新区文化发展战略研究》等。课题从国家文化发展战略与区域协同发展的高度，试图为雄安新区的文化建设提供参考。

在对雄安新区的调研与思考过程中，我们形成六点感受，并将其转化为未来项目策划的基础。

感受一：雄安新区的历史文脉、传统文化、特色资源需要进行系统梳理、集中提炼和文化萃取，将文化作为新区可持续发展的动力源和能量场。雄安新区乃古代雄州、安州之地，历史悠久，人杰地灵。做好雄安新区的发展建设，首先要加强新区文物资料整理和档案收集，做好史志编纂和族谱记录，推进文史档案数字化。要全面系统、科学、严谨地记载雄安三县和白洋淀地区的自然地理、河湖水系、土地物产、自然资源、民俗风情、社会文化等内容,尤其是对核心区57个自然村落,要做好系统性村史整理工作,通过建立文化数据信息平台的方式,实现文化资源数字化。要加强文化与科技融合,推动传统文化传承。运用现代新技术手段,为文物遗址、文化资源、民间民俗、传统技艺等制定创新引领又合理可行的数字化保护和发展战略,切实推动文化和自然遗产的科学传承与可持续发展。

感受二:雄安建设"文化之城",要注重顶层设计,以历史大视野规划雄安文化发展,将雄安建成中华民族文化传承与创新发展的示范区。雄安新区建设是一个庞大、长期、复杂的系统性工程,一旦开始建设就难以在短时间内修正改变。而文化是城市发展不可或缺的因素,更是城市传承的灵魂所在。因此,要充分做好顶层设计,既要延续文脉,以华北文化积淀为背景,以白洋淀地区文化为核心进行传统文化的传承;又要海纳百川,吸收世界各国先进文化之精粹,顺应时代文化发展之潮流,融会贯通,自成格局,打造一种基于创新性传承和创造性转化的新型文化,将雄安建设成为中华民族文化传承与创新发展的示范区(见表8-2和表8-3)。

表8-2 雄安新区的核心文化资源一览表

类别	文化资源
文化遗存	新石器时代梁庄遗址
	商周时期晾马台遗址
	春秋战国时期南阳遗址
	唐代明月禅寺
	宋辽古战道

续表

类别	文化资源
文化名人	"三贤文化"(孙奇逢、杨继盛、刘因)
	"荷花淀派"(孙犁)
	"白洋淀诗歌群落"(根子、芒克、多多)
红色文化	抗日战争时期白洋淀雁翎队(小兵张嘎)
	狼牙山五壮士(容城籍烈士胡德林、胡福才)
民俗文化	节日类民俗
	生产类民俗
	生活类民俗
	礼仪类民俗
生态文化	"华北明珠"白洋淀

表 8-3 雄安三县民间文化资源一览表

节日类民俗	庙会	庙会期间,四面八方的人都来赶庙会,艺人聚会,商贩云集。布匹、百货、土特产品一应俱全,且有武术、戏班、高跷、杂耍、音乐会、马戏团、说书、变戏法等民间艺术表演
	民间花会	容城县乡土文化,各地都有民间花会。2000年狮子会获北京市"龙潭杯"第十四届花会大赛银奖,2008年参加中央电视台歌舞晚会。此外还有高跷会、吵子会、南乐会、五虎会、叉会等
	端午习俗	端午节吃炸糕、包粽子,门前挂艾草
	放河灯	中元节风俗,用榆树皮与植物油做成河灯,晾干后点燃放在荷叶或荷花瓣上,放在河里,祈求平安吉祥
生产类民俗	捕鱼	捕鱼方式有:拉大网、下地龙、下篓子、扣花罩、放鱼鹰、扎箔、下卡子等,孩子最喜欢的捕鱼方式是卷苲捕鱼、响板捕鱼
	织网	织网分粘网和地龙两种,大淀头村曾经是织丝网、卖丝网、输出丝网捕鱼技术的核心地区

续表

生产类民俗	苇编	用芦苇编席、织篓、打苇箔、打帘、制作手工艺品
	渔谚	"鲇鱼抠鳃,鲤鱼拿头,泥鳅一抓一出溜";"紧抢鱼,慢抢虾,不紧不慢抢蛤蜊"等
生活类民俗	建筑文化	水乡村寨,房子多依水而建,小桥流水人家风格
	饮食文化	民俗文化宴"全鱼宴""半蒸半煮""小虾糊饼",特色物产茶纹松花蛋、红心老腌蛋、卤煮野鸭、田螺、螃蟹、圆鱼、熏鱼、红白莲子、白花菜等
	鱼舱文化	渔船有四个船舱,头舱放置生产用具、渔网渔具;二舱当地人叫活舱,盛放捕捞上来的鱼虾;三舱为休息舱;四舱放置生活用品
礼仪类民俗	婚丧嫁娶	迎亲彩船,鲜红的花轿放在船头,大队盛装的迎亲队伍布满整个水淀,成为一道亮丽的风景
	高腔戏	容城地区非物质文化遗产,起源于清乾隆年间,现流传于北城村及拒马河沿岸部分村庄。唱腔朴实平缓,易于上口,为叉会表演前奏曲目
	音乐会	圈头音乐会:供奉药王扁鹊及中国历代名医,乐队有笙、管、笛、云锣、鼓等乐器,曲目41首,已列为国家级非物质文化遗产
		雄县古乐:起源于宋元,兴盛于明清时期,与宫廷音乐有极深的渊源,为典型的北乐派系民间鼓吹乐,是历经几百年得以保存的古曲

感受三:雄安应当以产兴城,打造高精尖的产业体系,创造以价值链创新为主导、聚焦消费结构变化的改革创新之路。在文化门类中,应重点关注数字创意经济。在雄安新区的整体布局中,"文化"无疑应当是重要组成部分。在京津冀的协同发展和北京非首都功能的疏解中,规划高精尖产业结构体系,在文化产业的发展布局中,应当重点设计有利于加快补齐区域发展短板,提升河

北经济社会发展质量和水平,培育形成新的区域增长极的战略产业,特别是数字创意产业。

当前,数字与信息科技正改变着我们传统的生活方式和经济形态,全球城市及新城发展日益重视数字经济。国际上提出了"iGDP"概念,即数字经济占GDP的水平。iGDP主要包括两大方面:一是发展数字产业,开发数字硬件产业、软件产业以及服务业;二是应用数字技术,将数字技术渗透到各行各业,大幅度提升产业附加值。加大这两块比重将大大提升iGDP的水平。iGDP超过50%,表明数字经济已占主导地位(见图8-1)。

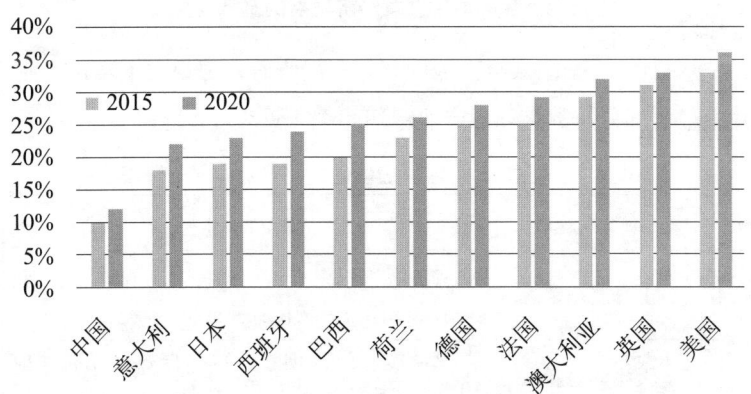

图8-1　2015年与2020年数字经济规模占各国GDP的比例①

我国是世界上互联网用户最多的国家,占全球网民总数的1/5。这为数字经济的发展奠定了基石。目前,数字创意产业已经成为我国文化产业的核心组成部分(见图8-2)。

---

① 数据来源:埃森哲战略与牛津研究院.

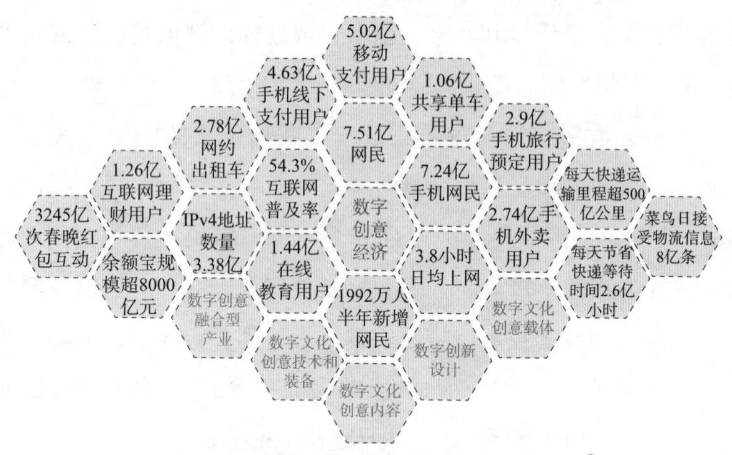

图 8-2 我国数字创意经济发展的基础支撑[①]

从目前 18 个国家级新区的产业布局来看,都规划了文化产业,其中很大部分与数字创意产业密切相关(见表 8-4)。

表 8-4 我国 18 个国家级新区文化产业布局一览表

序号	国家级新区	文化产业布局
1	上海浦东新区	数字出版、网络游戏、动漫、新媒体、影视、文化休闲体验、文化服务贸易
2	天津滨海新区	影视动漫、设计创意、数字传媒、互联网应用、文化旅游、文化用品制造
3	重庆两江新区	艺术商业、会展产业、文化旅游业、影视产业
4	浙江舟山群岛新区	文化旅游、节庆会展
5	甘肃兰州新区	文化旅游业、生态休闲业

---

① 数据来源:根据中国互联网络信息中心 2017 年 8 月 4 日在京发布的第 40 次《中国互联网络发展状况统计报告》等相关资料整理.

续表

序号	国家级新区	文化产业布局
6	广州南沙新区	动漫游戏、文化软件、影视传媒、移动互联网等
7	陕西西咸新区	数字创意产业、文化旅游业、节庆会展
8	贵州贵安新区	文化旅游业、"生态＋互联网"产业
9	青岛西海岸新区	影视传媒、节庆会展、版权交易
10	大连金普新区	节庆会展业、文化与高端装备制造、休闲娱乐
11	四川天府新区	商务会展、休闲度假旅游和现代都市农业
12	湖南湘江新区	创意设计、演艺娱乐、影视传媒、动漫游戏
13	南京江北新区	文化装备制造业、动漫游戏
14	福建福州新区	文化旅游、动漫游戏、影视传媒、文化会展
15	云南滇中新区	文化旅游业、特色文化产业等
16	黑龙江哈尔滨新区	现代传媒、演艺娱乐、创意设计
17	吉林长春新区	文化装备制造、旅游休闲、养老健康
18	江西赣江新区	文化创意、文化旅游

感受四：雄安新区应当以人为本，创新公共文化服务方式，创造文化发展范式，以完善的公共服务和优质的公共平台吸引全球人才，将雄安打造成最吸引中国乃至全球有梦想年轻人的热土，创客的天堂。当前雄安新区公共文化服务处于初级阶段，城乡差异明显，百姓期盼更多的文化获得感。而未来入驻雄安新区的产业精英、创客人才、智库机构则对雄安新区的公共文化服务提出了更高的要求。因此，要对比国际新区新城公共服务建设的先进

经验和做法，对雄安新区现有以及未来的人口结构、文化消费特点进行分析，推进公共文化服务多样化，要让各类人群在新区中都可以获得优质的公共文化服务（见表8-5）。

表8-5 雄安新区各人群对公共文化服务需求的分析表

人群	身份	特征	文化需求分析
原有居民	农民、手工业者、小商人、小企业家	知识层级较低，对低价文化产品、传统文化活动热情较高	基础公共文化服务、传统文化活动
城市新民	高端服务者（科技、金融、法律等）	知识层级较高，有较强文化消费力，对精品文化、时尚文化热情高	增值型文化服务、高品质文化产品
国际人士	科技、金融、文化、教育等人士	国际视野，文化品位较高，消费意愿与能力强	增值型文化服务、国际文化服务项目

同时，雄安新区应积极构建创新环境、创新机制和创新界面协同的网络，实现创意阶层、创新环境营造者的汇聚。并通过创新科技成果转化制度、留学制度、企业创投制度等系列制度，积极营造一个适合创新创业的城市生态体系，吸引全球顶级的企业、机构、创新人才集聚，成为创客天堂。

感受五：从研究院的标识体系设计中，感到雄安新区的标识、建筑设计也要系统思维，与城规融合。根据系统经济学家、研究院昝廷全教授的观点，雄安新区应当是一个系统（有机整体）。不同建设模块之间不能相互独立，而应当根据疏解功能建立特定的相互联系，形成相互支撑。雄安新区作为全球未来城市典范，是新发展理念创新示范区和新文化业态的实验区。雄安新区应当进行完整的城市标识系统设计，在提炼新区文化元素、把握新区文脉精髓、深耕新区文化内容的基础上，进行系统的设计。同时，标识设计不能离开城市总规，要与总规紧密融合，成为总规理念和思路的重要表现形式。

感受六：创新校区合作形式，关心和利用好高校力量，让高校成为雄安发展的不竭动力。国内高校对雄安新区建设非常关注。据不完全统计，目前已经有近10家高校与新区建立了合作关系，或成立了智库（见表8-6）。

表8-6　国内高校与新区合作或成立智库一览表

序号	学校	合作／智库
1	北京大学	在雄安新区建立一流医学中心。光华管理学院在雄安新区建立培训中心。北京大学与国家有关部门合作建立PPP中心，在雄安新区部署优质教育资源，与河北省继续加强合作
2	北京理工大学	在京津冀协同发展、军民融合发展等重大战略中发挥积极作用。加快做好相关规划编制和对接；设立分校区取决于中央对雄安新区的规划
3	北京师范大学	将在教育、文化、生态、健康等领域与河北省开展战略合作，通过校地协同创新发展
4	北京林业大学	北林将结合白洋淀生态研究院和京南花谷等项目，继续为雄县提供科技和人才支撑
5	北京服装学院	推进北京服装学院基地建设，推进保定分院在容城落地
6	北京体育大学	为推进雄安新区体育与健康事业发展、经济社会发展和创新型城市建设贡献力量
7	中国传媒大学	成立雄安新区发展研究院，以推动雄安新区建设为中心，致力于打造具有国际影响力与中国特色的新型资政智库
8	中国社会科学院	在"中国社会科学院京津冀协同发展智库"的基础上加挂"中国社会科学院雄安发展研究智库"

雄安新区与高校的合作内涵不只是办学。新区可推动"高校+"科技园区、特色小镇的发展模式，联合打造出如硅谷（斯坦福大学）、中关村（清华大学、北京大学）、剑桥科技园（剑桥大学）、筑波科学城（筑波大学）、新竹科技园（台湾工业技术研究院、交通大学）等世界级的创新创业高地。为此，中国传媒大学也提出了通过建设"特色校区＋特色小镇"的模式，校区联合构筑"世界文化传媒智谷"的设想。同时，雄安新区应高度重视青年学子特别是博士的力量。建议邀请博士走进雄安、了解雄安、爱上雄安、扎根雄安。在雄安建设一批博士创业小镇，提供一流的工作环境，让梦想在雄安生根发芽、开花结果。研究院在2017年9月17日举办"百名博士话雄安"的主题论坛，有50多所高校、100多名博士接受了邀请，参加了论坛。根据对雄安新区文化建设的调研与思考，研究院提出了5个建议。

建议一：实施"村史建设计划"。习近平总书记高度重视雄安新区历史文化传承和保护工作，把文化发展放在新区建设的重要位置。"无文化传承，无雄安未来。"雄安新区的开发建设，必然涉及村庄的拆迁，但村庄不能因城市建设而消亡。因此，非常有必要在拆迁之前，对新区及周边约600个村庄的历史沿革、地理环境、古今人物、文化遗址、民间习俗等进行系统化、多媒体的整理，通过访谈、口述历史、老照片翻拍、现有村民拍摄等形式，记录村庄的发展历史，并进行系统存档。以村史建设为契机开展文化抢救工程，打造中国乃至世界文化记录的一个典范样板。参考以前一些政府部门或研究机构对村史建设的做法，研究院将收集内容概括为五大主导方面：一是集体记忆与乡土情怀。包括乡村生产生活组织、基层干部队伍、家族沿袭、邻里乡情等人文记忆。二是文化资源与文化传统。包括文化遗址、非物质文化遗产、文化礼仪、民间传说、文学创作等文化内容。三是乡村经济与村庄生产。包括村庄中的村民就业、家族企业、村办企业、经济形态等经济社会现状。四是农耕大地与渔乡人家生活。包括农耕生活造就的文化、生活形态，以及以白洋淀为核心的渔民生活。五是民居风貌与乡村建设。包括民房、道路、教育设施、体育设施、卫生设施、公共活动场所等内容。2017年5月至7月，研究院师生已经赴容城县马庄村等10余个村庄进行了试调研，围绕村庄的历史沿革、地理环境、民俗风情、组织建设等15个主题，进行了资料收集和影像记录，目前已经完成村史初稿和数据库建设。

建议二：实施"文化造心计划"。文化化人，艺术养心。建议构建雄安文化传承图谱，塑造城市核心价值体系，养成城市独特的精神与气质，让习近平总书记治国理政思想实践在雄安、活化在雄安。让雄安成为中国城市精神文明建设的第一堡垒。雄安不仅要有"中国脸"，更要有"中国心"。事实上，新加坡的文化建设经验可以给我们启示。新加坡是一个新移民国家，华人、马来人、印度人和其他人分别占76.8%、13.9%、7.9%、1.4%，其信仰、语言、习俗都不相同。如何避免族群冲突，实现共生共荣，成为新加坡面临的重大现实问题。因此，新加坡在文化建设中积极实施了"造心"工程，推行和养成"国家至上，社会为先，家庭为根，社会为本"的共同价值观。其以中华儒家伦理为主导，又吸收了马来、印度和其他族裔的文化精髓，还借鉴了西方文明中的有益元素。共同价值观的确立，增进了新加坡民众的国家意识和国家认同感，促进了民族融合和社会的和谐发展。针对雄安新区实施"文化造心计划"，我们建议主要应重视以下两个方面：一是积极构建雄安文化传承图谱。在新区建设中，需要尊重历史传统，对区域文化历史资源进行梳理、整理与保护，对非遗技艺与传承人进行扶持。同时积极保护与开展特色的文化娱乐活动，例如灯会、小车会、踩高跷等，丰富城市居民的文化生活，留存与活化文化基因，留住地域文化之根。二是建议提炼、推行和养成城市核心价值体系。雄安不是物理城市，而是有温度、有表情、有深度、有魅力的世界城市群中的示范新城。不仅要有"中国脸"，其内在核心价值体系也要有中国基因与特色。建议以社会主义核心价值观为引领，活化改革开放以来各地成功经验，集中体现习近平总书记治国理政思想，创新构建雄安的城市核心价值体系，将雄安建设成为中国城市精神文明建设的第一堡垒和典范标杆。

建议三：实施"产业造星计划"。文化产业是国民经济中极具先导性、战略性和支柱性的朝阳产业。随着我国经济社会发展进入新常态，文化产业在推动经济结构调整、促进创新创业发展和丰富国民精神消费等方面的作用日渐凸显。雄安新区产业发展，文化产业是其中的重要组成部分。根据我们的经验，建议打造一批高识别度的文化产业门类，集中引入和培育一批明星型文化企业、项目、品牌和创业团队，构建产业发展生态系统，形成雄安文化产业发展的闪亮星图。一是加大对文化产业的研究和专项规划的制定。把握互联网、大数据、人工智能等新技术环境下的文化产业发展特征与趋势，借鉴国家级新区以及国际新城文化建设经验，加快编制文化产业发展的专项规划。从产业门类选择来看，建议重点推进以数字创意为核心的数字内容服务类、数字文化装备制造类与文化融合类产业发展。需要指出的是，新区的文化产业发展不仅要关注自身成长，也要积极发挥其对雄安服装加工、纸塑包装等传统产业的改造与提升作用。要将文化创意和设计服务融入工业生产，提升工业产品附加值，推动产业环节向"微笑曲线"两端延伸。例如，江苏南通将创意设计与传统蓝印花布结合，每年推出数万种花型，成为继纽约第五大道和法兰克福之后的世界第三大家纺交易中心，为南通赢得了"中国蓝印花布之乡"的美名。二是积极构建现代文化产业发展生态圈，将雄安打造成最能吸引中国乃至全球有梦想年轻人的一片热土，创客的天堂。事实证明，哪里有创业者，哪里的经济就活跃。例如深圳特区的发展，就得益于一批充满激情、梦想改变世界的创业者，其影响直到今天。因此，建议以互联网思维为指引，以数字创意、智能媒体等新兴文化产业为重点，以服务创意阶层为中心，打造一个众多利益相关者共同创造和分享价值的开放型生态系统（如创业小镇），吸引全球顶级的孵化机构、创投机构、众创空间运营机构落户雄安，吸引全球有梦想、有创意的精英集聚雄安（见图8-3）。

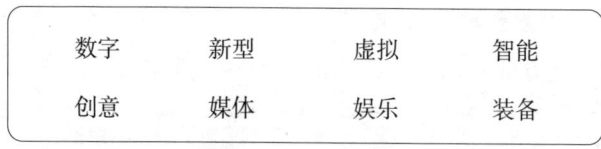

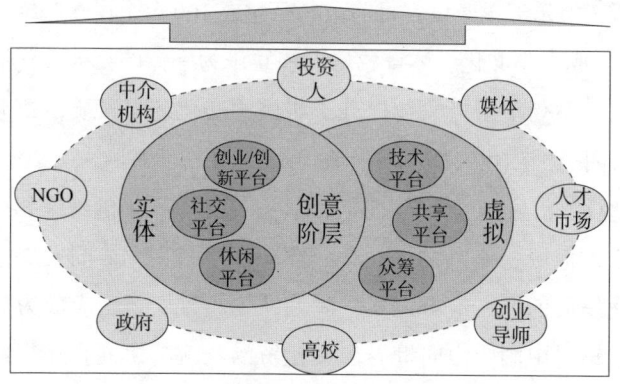

图 8-3 雄安新区现代文化产业发展生态圈

建议四：实施"文化共享计划"。在雄安新区的文化建设中，建议注重文化设施、文化教育和社区文化建设，注重文化服务的多样性和丰富性。同时积极通过文化艺术提升原有居民文化素养，提升他们的幸福感、获得感与自豪感，让文化凝聚起新区建设的磅礴动力。一是建议科学规划公共文化基础设施。利用数字、虚拟、共享等新技术特征，建设一批适合现代城市文化需求、与世界对标的场馆设施，推进均等化、数字化、共享化、社会化，构建起具有世界水准、中国特色、符合新区发展需求的公共文化服务体系。需要注意的是，未来的雄安居民将包括原有居民、城市新民、国际人士等多种类别的人群，他们各有不同的生活追求与价值诉求。因此，需要增加公共文化服务的多样性和产品供给的灵活性，以便有效满足不同人群的公共文化服务需求。二是强化社区文化建设。以社区文化建设为切入点，做好100多万原有居民的综合素质提升工程，提升村民文艺素养，增加他们的获得感、幸福感。这方面新加坡的经验值得借鉴。其实施了"全民艺术的社区计划"，鼓励新加坡人深入参与艺术文化活动，并推动了民众联络所（俱乐部）建设，目前全岛已建成100余个民众联络所（俱乐部），成为集文化、体育、培训和娱乐为一体的社区文化活动中心。这一系列举措极大地提升了居民的文化艺术素质，塑造了新加坡文明、国际化大都市的形象。

建议五：实施"文化协同计划"。京津冀三地的地缘相接、人缘相亲、地域一体、文化一脉，推动京津冀文化协同发展，是雄安文化发展的题中应有之义。我们认为，雄安新区应成为立足京津冀、辐射中国、面向世界的文化贸易物流与协同合作高地。对此，主要有三点建议：一是增强与京津冀的协同合作。以《京津冀文化产业协同发展规划纲要》为指导，发挥新区在交通、区位、人才等方面的优势，成为区域文化贸易、电子商务、现代物流的重要节点，提升新区的服务与辐射能力。二是对接北京文化链条延展，承接产业功能转移。积极研究北京文化功能和文化产业方面的疏解，加强在公共文化服务领域的共建共享。例如，可以探索两地在文化贸易、文化装备制造、文化物流方面的合作，在公共文化服务、文化旅游与演艺项目上的合作，以及两地在文化人才教育培训、产业载体共建等方面的合作。三是协同建设大运河文化带。习近平总书记指出：大运河是祖先留给我们的宝贵遗产，是流动的文化，要统筹保护好、传承好、利用好。张高丽副总理批示要搞好总体规划，扎实推进大运河文化带建设，再现千年运河内涵，打造中华文明名片。河北是大运河的重要段落，白洋淀过去也与天津连通。因此，建议积极参与到大运河文化带的规划与建设中。建议连通白洋淀和大运河水系，构筑水网连通的文化传承体系，丰富"水城共融"的美丽景观和旅游休闲空间，推动区域文化协同发展，推进南北文化交流，将雄安打造成"一带一路"上重要的文化节点城市。

第二节　田野大调查的思考维度

一、田野大调查的原则

文化人类学的田野调查是科学认识社会和文化的一种方法，它虽然与一般意义上的社会调查不同，但与社会学、经济学等其他人文社会学科的调查有共同的原则，因此，必须遵循科学调查研究的一般原则。离开科学研究一般原则的田野调查，是不可能获得真实可靠的资料的。关于人类学田野调查的一般性原则，学术界也有不同的看法，通常有四大原则：客观性原则、科学性原则、系统性原则和尊重性原则。

（一）客观性原则

客观性即客观实在性，是指文化的客观存在。客观性原则包括文化的真实性和可靠性两方面。文化的真实性要求调查资料必须与调查事实的实际状况相一致；文化的可靠性要求做到不偏不倚，以调研的客观的文化事实为依据，不为主观意志所左右。文化产业的田野调查者必须客观地观察事物，在调查中不附加任何主观成分。调查的材料必须反复核对，对文化的理解不能只凭一人所说为根据，同一文化问题应该向多人了解，如果各人所说均一致，说明材料具有一定的客观性。调查材料不求其多，但不能有假，以免假材料流传，贻误他人。调查者必须以文化事实为依据，让事实和文化数据"说话"。人的文化行为和文化心理现象是复杂多样的，不同族群或民族的文化行为和文化心理是各不相同的。必须克服形形色色的文化主观主义，既不能给各种客观事物注入自己主观臆想的成分，也不能被传统或流行的老框框禁锢，同时也不能根据某种理论或某"权威"人士的理论观点，任意歪曲文化调查事实。文化客观性原则要求在田野调查中做到文化内容真实、文化调查数字准确和文化资料可靠，杜绝为了达到某种目的而对文化数据和文化概念捏造、伪造和弄虚作假。

（二）科学性原则

科学性原则是指文化调查研究结论的逻辑性和普遍性。科学结论所依据的文化事实必须是可靠的、真实的，具有内在的文化逻辑联系，重视因果关系、相关关系的文化调查和分析，在文化调查中多问"为什么？"此外，文化调查资料和结论必须具有普遍性，不是个别的或偶然的。不具有文化普遍性和逻辑性的事实，不能作为文化科学的根据。文化资料的收集必须全面系统，不能东抓一把、西抓一把，以偏概全，否则就不可能获得科学、全面的文化资料。有些人为了说明自己的观点或理论，在调查中随意摘取不具有逻辑性的部分文化事实或只言片语作为例证，不是科学的文化态度。坚持科学性原则，应该注意五点：一是要把握文化信息的全面性，切忌依据片面的文化信息做结论；二是把握文化信息的关联性，即因果关系、相关关系、结构功能关系等方面的文化调查；三是尊重客观文化事实的差异性，例如同一个民族、不同支系、不同地区的语言和文化习俗均不相同，忌用一个文化标准、一种文化方法、一种文化模式解释不同的文化现象；四是坚持文化理论与文化调查相结合，既重视以现有文化理论指导调查，也注重从文化调查中探讨新的文化理论；五是坚持文化人类学"参与观察""深度访谈"等基本原则，重视吸收社会学等学科定量、定性调查，促进文化产业调查与人类学、社会学的融合。科学性原则要求调查文化资料具有信度（reliability）和效度（validity）。一个具有信度的调查文化研究成果，无论该项文化调查研究过程由谁操作，或进行多少次同样的实践操作，其结果总是一致的或稳定的。信度系数越高即表示该研究的结果越一致稳定与可靠。效度调查文化研究成果的有效性，即研究成果的真实性和准确性。效度与调查研究的文化目标密切相关，调查研究结果与客观文化事实越吻合，则效度越高；反之，则效度越低。

（三）系统性原则

系统性原则是文化调查研究的重要法则。任何一种社会和文化现象，都是具有特定功能的、由相互间具有有机联系的许多元素所构成的系统。每一个相对独立的文化都作为一个系统而存在。例如在宗教中，原始宗教中的图腾崇拜、自然崇拜、祖先崇拜等都是相对独立的文化系统；现代宗教如佛教、道教、伊斯兰教和基督教等，其文化独立性更强。在系统中，各种文化元素的性质和文化行为影响到系统的性质和行为。相反，系统的文化性质和文化行为也影响各种文化元素的性质和行为。因此，文化系统并不是各种文化元素之和；各种文化元素在孤立状态下没有任何功能，只有在相互联系的文化系统中，才能发挥文化的功能和特性。文化系统中的各种联系形成纵横交错的文化网络，任何一种文化元素的变化都会影响文化系统的功能和其他元素。文化系统的整体性是文化的根本属性，在文化产业田野调查研究中，必须自觉遵循文化整体性。文化系统性原则在田野调查中的运用必须注重四点：其一，调查构成文化系统的结构要素。一个文化系统通常是由若干要素构成的，因此，首先必须调查构成事物的各种文化要素。例如，民间的祭祖习俗通常由祭品、仪式、禁忌、时间、主持和参与人员等要素构成，必须调查清楚这些基本的构成要素。其二，调查文化系统的内部结构，即各种构成要素的排列组合方式。研究证明，文化系统的性质和功能，既与构成义化系统的各种文化要素密切相关，也与各种文化要素之间的结构密不可分。如婚礼习俗，各地文化要素构成结构不同，有些地区较简单，有些地区较复杂。因此，文化调查研究各种文化要素的排列组合方式是认识和了解文化系统的关键一环。其三，文化调查研究系统的整体特性和功能。文化系统的整体功能并不等于各种构成文化要素功能的总和,文化系统的整体功能主要取决于系统的总体联系、协调和控制。因此,必须深入文化调查和认识系统的文化整体特性和整体功能。其四,必须调查文化系统的外部文化环境。人类社会的万事万物都是相互关联的,每一个文化系统都不是封闭和孤立的体系,都与外部文化环境和其他系统存在紧密的联系。各个文化系统自身的生存和发展,必须与外界及其他文化系统进行物质、能量和文化信息的交换。例如传统的非物质文化遗产,南北差异较大,均与文化地理有关。因此,在调查研究中,客观、完整地认识文化系统,既要注重文化系统内部结构和相互关系,也要注重文化系统的外部环境及其与其他系统的关系。

(四)尊重性原则

尊重被调查者,尊重调查所在区域的文化和习俗,也是文化田野调查的重要原则之一。尊重对方,是文化田野调查者的职业道德。其一,必须尊重当地人的礼仪、习俗、禁忌和宗教信仰等。尤其是禁忌,调查者必须首先了解清楚,绝不能伤害当地人的感情。其二,不做不利于调查对象的任何事情,尊重他们的人格。前往观察或访谈必须征得当地人的同意,不能随意进入比如厨房、姑娘卧室等,是部分民族不让外人进入的。有些民族甚至认为,如果男子坐在未出嫁姑娘的床上,表示愿与该姑娘成婚,有时甚至会引起纠纷。其三,尊重当地人的个人隐私权,本人不愿意公开的事,有义务为之保密,如果需要该材料说明问题,则应隐其真实姓名,以其他名称代替。其四,对当地古老的习俗要尊重和理解。

二、田野大调查的方法

文化产业的田野大调查的类型可以从不同角度划分。综合有关内容，将其分为五组基本类型。

（一）文化综合调查

田野调查从研究对象和内容划分，可分为文化综合调查、文化专题调查和文化个案调查三类。文化综合调查是传统的、典型的田野调查，不少学者称之为"民族志调查"或"社区调查"。文化产业学者普遍把文化社区当作一个社会单元，认为一个村落或村镇就是"完整"的社会系统，影响个人行为的许多重要变量和因素都可以在这个系统内找到。因此，研究者以其专业素养，长期居住、生活于研究对象所在地，参与和观察当地居民的生活，做深入、系统、细致的调查，全面了解其文化和社会系统及其运行过程，收集第一手资料作为分析的依据。文化综合调查通常是对当地社会、文化和生活各个方面进行全面、系统的调查，既调查其物质文化，也调查其制度文化和精神文化；既调查其自然环境，也了解其与其他社会的联系和交往；既调查其文化的功能和结构，也探讨其变迁和发展。总之，凡政治、经济、宗教、婚姻、家庭、语言、文学、艺术等，均在调查之列。例如我国民族学研究者在20世纪50年代进行的民族大调查，大多是综合性调查。

（二）文化专题调查

文化专题调查即集中调查文化的某一个部分而不是文化整体，也就是对一个或几个群体或地区做文化专题调查，以了解某一问题的现状和发展趋势，或用以验证、检验某一理论的真伪。例如宗教信仰、婚姻家庭等调查，都是专题性调查。或者更小的专题，如宗教仪式、婚姻习俗等文化专题调查。

（三）文化典型调查

文化典型调查是从调查总体中有意识地挑选出少数具有代表性、较有特色的地点进行全面、深入的调查，以达到了解整体的特征和本质的调查形式。文化典型调查要求全面性和深入性，搞清所调查的地区的各方面情况，并做系统、细致的解剖。文化典型调查具有鲜明的目的性和应用性。文化典型调查一般采用参与观察、深度访谈和问卷等方法进行资料收集，实施文化典型调查的主要步骤分为以下几步：首先是根据调查目的，通过多种途径了解研究对象的总体情况；其次是从总体中初步选出备选单位，加以比较，慎重选出有较大代表性的典型；然后进入文化典型调查地点或单位进行调查，具体收集第一手资料；最后分析研究第一手资料，从感性经验资料中归纳、总结，使之上升为理性认识。

（四）文化个案调查

文化个案调查是以某一个特定的社会单位作为对象而进行的详细深入的调查研究。文化个案调查可以是个人，也可以是家庭或家族。文化个案调查是一种定性的分析研究方式，在方法上强调细致、深入、全面，强调研究人员与调查对象之间的协调与合作。在文化个案调查中，一般采用参与观察、访谈和文献研究等方法来搜集资料。文化个案调查的主要优点主要有：一是可以做深入的定性分析，彻底把握对象的全貌；二是调查方法上不拘一格，可以灵活掌握；三是调查时间安排上不受限制，有一定的弹性。有不少学者就某一个宗教神职人员做过专门的调查研究，也有一些学者就某个具有特殊技术的家庭或家族进行专门的调查研究。

四类调查各有特色，但并不是各自孤立的，而是彼此关联的。文化综合调查也往往包含文化专题调查和文化个案调查，而专题性调查也通常涉及文化整体的内容。台湾人类学者唐美君在"文化人类学田野工作"词条中称："文化人类学田野工作之新趋势为：逐渐着重于特定问题及理论之试探，而渐少做传统之整体性研究。"

（五）理论假设的文化调查

关于文化田野调查是否需要理论指导，是否需要有假设，学术界也有不同的看法。一种观点主张文化田野调查没有必要以某种文化理论作为指导，也没有必要为文化田野调查构建假设。进入文化田野之后，完全融入当地人的社会和生活中，客观观察各种现象，在充分熟悉和掌握当地的社会文化的基础上建构自己的理论或假设。另一种观点认为，没有理论支撑的田野调查是盲目的调查，主张必须以理论或假设作为指导，否则不可能获得较好的田野调查资料。文化事实必须是科学观察的结果，文化假设必须能够解释这些事实，并且必须接受更深入、更广泛的文化检验，从而能够解释普遍存在的文化同类现象。

（六）多点文化调查

一点调查是传统的田野调查，一般选择一个文化产业园进行长时间的调查，探究园区中人们的文化生活、态度和行为模式，以切身经验来理解他们的文化。多点调查即选择多个园区调查，并进行比较研究。这种调查大多以文化专题调查为主，带着问题进行调查。不仅文化产业园区如此，类似大运河文化带、"一带一路"文化调查都要进行多点调查。我国著名人类学家费孝通关于《云南三村》的调查，包括《禄村农田》《易村手工业》《玉村农业和商业》。其中的"禄村""易村""玉村"分别是指位于禄丰、易门、玉溪的3个村庄。关于3个村庄的调查报告超过30万字。该书详细描述了20世纪三四十年代的农村社会生活，包括农作活动、土地利用、家庭消费、农村金融，甚至成年男子年产人粪、上门姑爷的经济因素等农村社会生活的方方面面，以翔实的数据、生动的实例、科学的剖析具体而入微地调查出来。其中的细致程度，令人叹为观止。譬如在调查干田冬作物的劳力费用时，社会学家们列表细分蚕豆种植过程中的拨豆、挑豆、打豆、挖沟、按豆等多项工序，每道需要多少男工，多少女工，每天工价多少，工食多少；计算嫁娶费用时，回婚、吃大箩、压定、过大礼、酒席各要多少钱，男方收支多少，女方又是多少；介绍土纸的制造时，甚至将舀纸房、炕纸房的全套工具，标明尺寸绘制下来。多村落的田野调查超越狭小的村落社会，使人类学的视野从单个的村庄转向了对更大范围的区域社会的关注，从而为人类学提供了进行比较研究的可能，也为理论建构和问题探讨提供了更为丰富的资料。

（七）历时与共时性文化调查

从时间的角度来划分，文化田野调查可分为历时性文化调查与共时性文化调查两大类。历时性文化调查主要是根据当地文字记载、家谱或族谱、口耳相传的历史、家族史或个人史、文化交流和传播等，重构当地的文化历史。共时性文化调查主要围绕当地文化现状做静态的调查，包括调查文化的结构、功能或象征意义等。文化产业的田野调查，大多是历时性与共时性文化调查相结合的。[①]

[①] 何星亮，杜娟. 文化人类学田野调查的特点、原则与类型[J]. 云南民族大学学报，2014（4）.

三、田野大调查应注意规避的问题

当前和今后的田野调查，应注意如下几方面的问题：第一，面面俱到的综合性调查不适合当代中国社会。文化专题调查和文化个案调查调查比较适合我国的国情，这两种调查方式有利于较深入地研究某一问题，可以避免空泛议论。第二，带着问题的文化调查有利于撰写高质量的调查报告。一是可以围绕该文化问题进行调研，全面收集与之相关的有价值的文化资料；二是可以集中精力思考该文化问题，并进行深入的文化分析，以调查文化资料论证自己的观点。文化调查结束后，很快就可以写成论文或专著。第三，带着理论假设进行文化调查有利于检验理论、修正理论或创建新文化理论。通过文化调研，可以检验该文化理论是否科学，是否适合文化产业研究。如发现该文化理论不符合中国社会时，可以提出修正理论或独自创立与之完全不同的理论假设。第四，多点文化调查有利于归纳理论或法则。在当代社会，一点文化调查已失去优势，难以归纳出具有文化普遍性的规律或法则。而多点文化调查可以进行比较，比较差异，归纳规律或法则。比如，在我们调查新东古县村时，虽然无法全面地去描绘整个新东古县村的文化图谱，但是却清晰地勾勒出了该村的文化生态。从土地流转、农家乐的兴起、教育、文化、婚恋、空巢老人、创业等问题中可以看出这个典型的北方农村的人文品质。或许这只是中国农村的一个缩影，但是所暴露出来的问题却值得我们深思。2004年以来，中央每年都把"农业、农村、农民"问题作为一号文件的主题，对其高度重视。当前，新型城镇化成为国家的发展战略，各省已经投入如火如荼的实践中。就文化而言，新型城镇化到底要建什么?乡村文化如何引导,农民与土地关系究竟怎么界定,农村文化消费如何进一步得到激发等,这些都是当前农村问题的重要热点。①

(一)新型城镇化到底要建什么

当前,新型城镇化已经进入如火如荼的实践中。新东古县村的发展无疑会卷入这场空前的历史洪流中。未来的城镇化是以城乡统筹、城乡一体、产城互动、节约集约、生态宜居、和谐发展为基本特征的城镇化,更是城市建设与文化协调发展的城镇化。像新东古县村这样的乡村,在中国有成千上万个。对于这样的农村,新型城镇化到底要建什么是未来中国农村发展的重要命题。新型城镇化重在人的城镇化,这就必须把"幸福乡村"建设作为首要目的,要提升农民的生活水平,提升他们的幸福感,只有在这个前提下完成的城镇化,才是真正的新型城镇化,才是人民满意的城镇化。②

(二)乡村文化信仰应该加强引导

人的城镇化要求人的全面发展,而观念的发展是全面发展的首要。当前农村最大的贫瘠不在于资源的贫乏,而在于观念的贫瘠。新东古县村的情况如是。落后的教育使目前大部分中老年老乡思维守旧,面对一成不变的贫困生活,多数人虽然在口头上有所抱怨,但是在行动上却没有太多的想法。调研中,不少老乡提出希望能学门手艺,增加收入的来源;希望大伙集体投资办个企业共同致富,可是都不愿意自己当带头人;希望本村多些文化活

---

① 范周.中国文化产业新思考 II[M].北京:光明日报出版社,2014.
② 同上.

动,但是一旦村上举办活动,却都不太愿意去参加等。这种矛盾的根源就在于观念的守旧和僵化,随之带来目光的短视——习惯了旧有的生活模式,既希望有所变化,却又惧怕变化打破了现有的平静生活。于是就出现了不少问题。比如,全村140来户,很少有人关心时政,全国瞩目的十八大的召开在该村几乎没有引起什么反应。比如,有乡民见到别的村子有寺庙,于是在本村也建起个小寺庙,在屋里的墙上画上一个与日本动漫形象八成像的卡通人物就算是佛像了,领着一群所谓信徒开始了对佛祖的供奉。因此,对于农村区域,引导乡村百姓的信仰和文化问题是新农村建设,也是新型城镇化需要重点关注的问题。

(三)农民与土地关系的新问题需要妥善处理

调研中,新东古县村的百姓大多都认为贫困的根源在于土地少。然而,不论是村民李树军的致富,还是村民郝建的创业,都说明了新时代农民的致富和土地并没有直接关系。中国两千年封建社会,农民被深深地束缚在土地上,农民依赖土地,土地成为农民的生存之本。新的时代,随着新的生产关系的变动,农民与土地不再是依附关系。多元化经营为观念先进的农民提供了广阔的天地,不论是入城打工,或是在家开展新式农业活动,都让农民看到了土地之外的财富。当然,农民虽然不依赖土地,但是作为紧缺资源,土地依然是农民最直接的财富。土地之于农民不仅仅是生产资料,更是一种可以走上市场获取利益的资本。新型城镇化的发展中,尤其是就地城镇化的建设中,这些土地的价值将可能得到数倍的放大:由于经营权的可转让,或许土地会越来越集聚在少数专业的新型农民手中,实现现代化的种植;也可能被用来发展非农业的产业活动等。因此,在新的历史阶段,土地之于农民,不再是简单的耕种关系,而是要将其作为一种产业资本投入到新的商业圈中去实现土地的最大利益。①

(四)乡村文化消费的潜力需要深入挖掘

调研中,不少百姓反映了本地文化活动少的现状;而村上却指出村里建有农家书屋,春节等大的节日也组织群众文化活动;有百姓也提出希望村里多举办文化活动;而村上却说不举办活动是因为村民参与度不高。婆说婆有理,公说公有理。首先,其根源就在于目前政府所提供的公共文化服务活动不接地气,没有很好地满足群众的文化需求。其次,由于传统的消费观念等问题,文化的支出从来都不曾纳入农村家庭的消费计划。随着农民生活的富裕,农村文化消费的潜力巨大。2012年,我国城镇化率达到52.6%,但若仅按城镇户籍人口统计,城镇化率在36%左右。未来20年左右,中国城镇化将会保持一个较快的速度,届时城镇将新增3亿多人口,这意味着3亿多人消费观念的更新和消费结构的升级,意味着巨大消费潜力的释放。据有关专家测算,每增加1个城市人口可带动城镇固定资产投资50万元,新增3亿人口将会带动新增投资150万亿元。如果加上目前在城市的2.6亿没有户籍的农村转移人员,全部做实,都变为城市人口,将带动更多量的新增投资。城镇化带来庞大内需的释放,一方面将为我国经济未来20年的发展提供持续动力;另一方面关注农村文化消费,加快培育农村文化市场也是未来新型城镇化的重要课题。②

---

① 范周.中国文化产业新思考II[M].北京:光明日报出版社,2014.
② 同上.

第三节　田野大调查的后续影响

一、河北大调研

2012年2月，经河北省委常委、宣传部部长艾文礼同志批示同意，受河北省委宣传部委托，中国传媒大学文化发展研究院"河北省文化创新发展"调研组赴河北省属重点文化企业集团以及11个设区市开展专题调研，并完成两万多字的《河北省"文化创新发展"调研报告》。通过运用问卷调查报告、案例分析、量表分析、文化资源区位分析以及比较研究等学术手段，该报告系统地总结了河北省文化创新发展的区域现状、产业结构基础、文化资源和发展模式，初步建立了以河北特色文化产品以及县域文化发展为主的研究分析体系，从学术研究的角度为河北省文化创新发展提出了有价值的意见和建议。

河北地处华北，向来为京畿重地，又被称为"燕赵之地"。河北省具有丰富、独特、历史悠久的文化资源。京津冀协同发展战略和"千年大计"的雄安新区建设提出之后，河北的发展已纳入国家战略层面，为其文化发展提供了广阔的市场。回过头去思考六年前的河北省大调研，针对河北文化创新发展总体分析、河北省县域文化发展研究、河北省特色文化产品发展研究、河北省文化园区和重大项目发展研究以及河北省文化发展等所提出的问题和建议，在今天仍有借鉴意义。

据2012年统计，河北省各级政府积极关注文化发展、寻求改革先锋，颁布了《河北省文化事业发展"十二五"规划》等一系列政策文件。"十一五"以来，河北文化发展有了较大的进步，在文化事业方面，文化基础设施建设加大力度，全省共有群艺馆、文化馆155个，全省共有公共图书馆146个，博物馆、纪念馆92个，全省有具备一定规模和功能的文化广场500余个。文化产业初具规模，文化产业增加值从2009年开始平均增速达到31.7%；比同期GDP年平均增速高出21.6个百分点，对经济增长的贡献率达到3.3%。文化创意、网络游戏等新兴业态不断涌现，大型文化集团和文化产业集群纷纷涌现，提升了河北文化产业发展的规模化、集约化和专业化水平。

（一）以企带村，一县一业，打造特色品牌

河北历史悠久，文化灿烂，是名副其实的文化资源大省，有着发展文化产业的有利条件。基于丰富的文化资源形成的县域文化产业，是河北文化产业发展的典型特色。在市场经济调节下，很多县形成了"一县一业"的产业格局，例如宁晋县的工笔画、蔚县的剪纸文化产业、曲阳县的石雕文化产业、武强县的乐器产业、吴桥县的杂技等，各县都有鲜明的特色产业、特色产品或特色品牌，成为县域文化产业发展的龙头，带动县域文化产业的整体发展。

这些县域文化产业注重集聚效应，大多选择了以园区为载体集聚发展的道路，例如曲阳雕塑文化产业园区、磁县的磁州窑文化产业园、永年县广府生态文化园区等。同时，县域文化产业大多为劳动密集型产业，不可避免地存在大量非正规市场主体的家庭手工作坊，如蔚县的剪纸、宁晋的工笔画、藁城宫灯、曲阳石雕等。通过产业发展过程的自然集聚和产业辐射，呈现"以企带村"的发展状况。

通过对各地县域文化产业发展的特点、模式进行归纳梳理，

并进行分析归类，将河北县域文化产业分为四种类型：文化旅游产业，特色手工艺品创意制作产业，与一、二产业深度融合的文化生产型产业，通过招商引资等逐渐发展形成的文化产业。

从产业布局、政府管理等角度，调研组发现河北县域文化产业存在缺乏科学客观的整体规划、龙头企业缺乏、创意设计水平较低、缺乏高层次的专业人才等问题。因此，在河北省下一步的产业发展中，首先，应高端规划，协调发展。不论从省域还是县域，针对不同类型的文化产业的发展特点，制定切实可行的整体规划和分类扶持政策。其次，建立文化名品认证体系，树立特色文化品牌。再次，探索文化产业投融资政策和配套细则，完善河北文化产业投融资体系。最后，设立文化产业人才培养专项资金，全面培养河北文化产业专门人才。

（二）创新继承传统技艺，寻求特色产业支撑

河北省拥有丰厚的历史文化遗存，代代相传的传统手工艺技艺保护得较好，其特色文化产品包括：传统工艺、现代工艺、传统工艺与科技结合产生的一些新工艺产品，特别是以非物质文化遗产为依托的民间民俗手工艺品，例如武强木版年画、衡水内画、剪纸（蔚县剪纸、丰宁满族剪纸）、曲阳石雕等。河北省大力发展特色文化产品，在传统特色文化产品的基础上，积极探索新的生产方式和技术，添加一些科技和时代元素，让传统技艺焕发出新的光彩。

但在特色文化产业发展中，仍存在一系列的问题。首先，产品设计过于传统，创新性不足，对新技术、新创意的重视程度不够。其次，传统工艺的传承存在断代。例如，大厂花丝镶嵌制作技艺多为父子独传，面临失传和断代的危险，发掘、抢救、保护

花丝镶嵌工艺迫在眉睫。再次,产品营销手段单一,缺乏与影视、动漫等产业的结合,市场潜力有待挖掘。另外,管理体系不完善等问题仍制约着特色文化产业的发展。

针对此类问题,第一,发挥政府公共管理职能,全力扶持、培育特色文化产业发展。第二,加强特色文化产品同现代科技、创意的融合力度,提高产品的附加值。第三,注重品牌打造,运用新型的营销方式,打开更为广阔的市场。

(三)打造重点项目,以园区为载体,建设优势产业集群

河北省各地对文化项目、文化园区的建设非常重视,谋划实施了一批重大文化产业项目,开工建设了一批特色鲜明的文化产业园区,结合自身优势,形成了不同的发展路径。按照发展模式可分为内生型(即本身有丰富的文化资源作为依托,通过融合文化创意、现代科技、文化旅游等新兴因素形成的重要文化项目与文化园区)和外生型(即与自身现有文化资源关联不紧密,通过搭建平台、招商引资等形式发展形成的文化项目和文化园区)两种。

同时,在发展过程中也存在一系列的问题。第一,文化项目与园区的基础设施建设不配套,在道路交通、旅游食宿方面都存在问题,制约着其向规模化发展。第二,缺乏专业性人才制约了文化项目与文化园区的发展。第三,资源整合不足,没有凸显核心带动作用和产业辐射作用。第四,项目规划和包装能力较弱。第五,政府在文化项目与文化园区发展中发挥的作用不够。

河北省文化项目与文化园区的建设与发展进入了一个新阶段,如何适宜地解决这些问题并最大限度地发挥文化项目和文化园区的优势,是河北省文化发展需要突破的重要课题。

第一,统一思想认识,实施文化绩效考核。对县市两级党政主要干部进行培训，从思想上使其认识到文化发展对于我国、我党未来发展的重要性，对于政治建设、经济建设、社会建设甚至对于国际关系、国家稳定、民族复兴的重要意义。改革县市党政主要干部的考核机制，增加文化发展工作在干部考核中所占的权重，激励各级干部从主观上加大对文化工作的投入。

第二，加强规划制定，强化规划审核。特别针对以文化产业为重要产业的县市，要高度重视规划的制定，出台对地区文化产业规划、园区规划的指导意见。省委宣传部要对各市县的文化产业规划进行审核，在全省范围内对项目合理布局，避免重复建设，避免项目的"一窝蜂"。

第三，整合文化资源，鼓励特色文化产业集群和大型文化集团建设。根据阿尔弗雷德·韦伯的产业集聚理论，各企业之间协调分工，形成上下游的产业链关系，可以使原来企业的内部分工变得外部化与社会化，产生协同效应、范围经济，降低了单个企业的经营成本，提高了企业经营的效率、效能、效益。

第四，加强资本扶持，建立文化产业投资基金。目前，河北省设立的首支省级文化产业引导股权投资基金——河北汇洋文化产业股权投资基金，对于推动全省文化资源整合和产业结构调整，支持骨干文化企业跨地域、跨行业发展，加快文化产业转型升级、优化调整具有重要意义。[①]

第五，加强产业培训，以项目和比赛平台助推人才培养。宣传文化部门是文化产业的推动者，应加强文化产业经营管理培训。

---

① 张晶.我省首支省级文化产业引导股权投资基金揭牌[N].河北日报，2016-06-03.

同时设立河北文化产业人才培养专项资金，全面培养河北文化产业的经营管理、策划、规划、创意、营销等专门人才。

据《河北经济年鉴2017》数据显示，随时代发展，河北省文化产业政策不断完善，印发了《河北省文化产业发展"十三五"规划》，构建了以京津冀文化产业协同发展区为龙头，以大运河文化带等为支撑的"两区四带"发展格局。规划了创意设计、动漫游戏、网络文化等11大重点产业，积极推进文化消费试点工作，通过示范园区创建、人才培训等措施不断促进河北省文化产业的发展。

二、全国文化企业30强

截至2018年，"全国文化企业30强"的评选已经走过了十年历程，上百家骨干文化企业总体规模实力和综合效益进一步提升，市场竞争力和盈利能力持续增强，取得了社会效益和经济效益的双丰收，体现了新时代文化产业良好的发展势头。早在2012年到2014年三年的时间里，中国传媒大学文化发展研究院便连续三年联合《光明日报》推出"全国文化企业30强"的专题调查报告，发布了年度文化企业研究和文化产业趋势预测分析，引起社会各界的高度关注，其内容在今天仍有许多可探讨的空间，在此整理以飨读者。

（一）"文化企业30强"体现对文化产业发展的新要求

目前中国经济发展进入新常态，经济发展方式正从规模速度型增长转向质量效率型增长，以高知识性、高增值性、低资源消耗、低环境污染为特征的文化产业成为新常态下经济发展的重要推动力。随着我国推动文化产业成为国民经济支柱性产业和建设社会主义文化强国战略目标逐步实施,骨干文化企业发展状况已经成为衡量国家文化产业发展水平的重要标志,在创造社会财富、吸纳社会就业、带动中小文化企业发展等方面发挥了重要作用。

国家统计局发布了 2017 年文化产业统计数据,据有关部门和单位最新统计数据分析,随着文化改革发展的深入推进,我国文化产业继续保持快速发展的良好势头,整体规模实力,特别是文化核心领域的竞争力、影响力进一步提升。2017 年文化及相关产业增加值 35462 亿元,占 GDP 比重 4.29%,比 2016 年占比 4.14% 增加 0.15 个百分点,其中,新闻信息服务、文化投资运营、创意设计服务、内容创作生产等文化核心领域的 4 个类别实现两位数增长,继续向国民经济支柱性产业迈进。①

2018 年,为了适应当前我国互联网时代文化新业态不断涌现的新形势,满足文化体制改革和文化发展规划的需要,国家统计局发布了颁发了《文化及相关产业分类(2018)》的通知,这次的新标准根据国民经济行业分类,对《文化及相关产业分类(2012)》进行修订,将原来的大类由 10 个修订为 9 个,中类由 50 个修订为 43 个,小类由 120 个修订为 146 个。其中,将以"互联网+"为依托的文化新业态及时纳入了统计范围,适应了文化发展产业格局调整的要求。②

文化产业结构不断调整,新业态争相涌现,资本市场板块更

---

① 张玉玲.2017 文化产业最新"成绩单":增速保持两位数增长 [N]. 光明日报,2018-05-30.
② 中国政府网.国家统计局解读《文化及相关产业分类(2018)》[EB/OL].(2018-04-23) [2018-06-27]. http://www.gov.cn/zhengce/2018-04/23/content_5285149.htm.

加稳固,总体融资规模不断扩大,让越来越多的人看到了文化产业的发展潜力和蓬勃的发展势能。随着社会资本的参与、现代市场的培育以及文化消费的升级,文化产业正呈燎原之势,与相关产业深度融合,为中国经济贡献新动能。其中骨干文化企业快速发展,有利于进一步优化产业结构,促进我国文化产业融合,树立文化品牌,激发文化消费潜能,推动中华文化走出去。"全国文化企业30强"的评选始终把社会效益放在首位,骨干文化企业以高度的文化自信,肩负起时代所赋予的责任和使命,促进经济发展的提质增效和新兴业态的转型升级,辐射和带动作用已初见效果。

(二)"文化企业30强"彰显文化产业发展的新亮点

骨干企业是文化产业发展的重要载体,也是引领行业整体跨越式发展的重要引擎。第十届"30强"主营业务收入3768亿元,净资产4569亿元,净利润421亿元,三项指标全部创历史新高,且净资产首次突破4500亿元大关,净利润首次突破400亿元大关。相比于2012年、2013年、2014年三年来说,达到了翻倍式增长,反映出骨干文化企业在总体规模和综合实力方面再上新台阶,我国文化产业实现了跨越式的发展和蜕变。[①]

1. 从所有制结构来看,国有文化企业始终保持优势地位,民营文化企业数量有所增加,迸发活力,多种所有制共生发展格局形成

综合来看2012年推荐认定的30家企业中,2003年以来转企改制的企业共19家,占总数的63.3%;国有或国有控股24家,占总数的80%。2014年,"文化企业30强"中,国有或国有控股

---

① 吕绍刚.第十届"全国文化企业30强"发布[N].人民日报,2018-05-11(06).

企业共有21家，占总数的70%，主营收入和净资产占入选企业主营收入和净资产总和的80%左右。[①]2018年的"文化企业30强"，除了华强方特、宋城演艺、完美世界、华策影视之外，均是"国家队"成员。由此可见，国有企业在文化产业格局中占有主导地位和绝对优势，体制机制创新成果得到进一步显现，发展活力和市场竞争力进一步增强。

与此同时，民营企业的数量变化很小，2012年民营企业有6家，占"30强"比重达1/5，在新兴业态领域中表现出相对优势；2013年民营企业有7家，占总数的23.3%，为历届最高。[②]这反映出近年来在国家积极引导社会资本投资文化产业的政策环境下，民营文化企业正逐步成为推动文化产业发展的重要力量，反映了当前我国文化产业多种所有制类型共同发展的良好格局。

2. 从经济总量和规模来看，各项指标均呈大幅增长趋势，企业总体实力不断增强，经济效益突破性增长，总体实力和发展水平不断提高

2012年推荐认定的30家企业主营收入总和、税前利润和净资产分别为1595亿元、225亿元和1693亿元。2013年文化企业"30强"主营业务收入总和首次超过2000亿元大关，达到2047亿元，比上届增长28%。2014年"30强"主营收入总和为2451亿元，净资产为2076亿元，净利润达到316亿元。到2018年"30强"主营业务收入达到3768亿元，净资产4569亿元，净利润421亿元，

[①] 光明日报，中国传媒大学联合调查组. 铿锵前行的时代脚步[N]. 光明日报，2012-05-21（15）.

[②] 光明日报，中国传媒大学联合调查组. 打造中国"文化航母"[N]. 光明日报，2013-05-21（15）.

三项指标全部创历史新高,且净资产首次突破4500亿元,净利润首次突破400亿元。①从时间维度来看,骨干文化企业的规模、总体实力和发展水平持续提高,市场竞争地位和盈利能力不断增强。

3. 从产业结构来看,传统文化企业创新思变,新兴文化企业跨界发展,文化与科技走向深度融合

2012年"文化企业30强"入围企业共有67家,其中文化艺术类9家,广播影视类14家,新闻出版类28家,新兴业态类16家。在最终认定的30强企业中,文化艺术类6家,广播影视类7家,新闻出版类10家,新兴业态类7家。2013年,首次有工艺美术企业、新媒体企业和跨领域、跨行业经营的综合性文化企业等入选,及时反映了2012年国家统计局对《文化及相关产业分类》的修订情况。随着"文化+科技""文化+金融""文化+旅游"等产业发展新模式的形成,在文化创意、数字出版、移动多媒体、动漫游戏、主题公园等新型文化业态领域涌现出一批高速增长的骨干企业。2018年的"30强"从产业类别看,出版发行类15家,广播影视类10家,事实上这两块近年来表现一直都很强势。26家国有企业,大部分都经过了文化体制改革,并在互联网冲击下开展起多元业务,产业链更趋于完善。4家上榜的民营企业无意外地都集中在了文化科技与文化艺术类上,不管是动漫游戏还是主题园区,都属于新兴文化产业,民营企业展现了更快的决策力与市场敏感度。

4. 从综合效益来看,社会效益第一原则得到坚定贯彻,文化积累和品牌塑造意识普遍深入,文化走出去步伐也更加坚定

自2008年首届"全国文化企业30强"推荐评定开始,推荐

---

① 范周. 奏响转型升级与创新发展时代强音[N]. 光明日报,2014-05-20(11).

活动始终坚持社会效益至上,要求企业切实担负起社会责任,重视提升文化产品质量,努力创作生产无愧于时代、无愧于人民的文化精品,在指标设置上参考了获得全国性奖项的数量。例如,2017年,为庆祝党的十九大胜利召开和纪念建军90周年,华夏电影发行有限责任公司发行了《空天猎》《十八洞村》等一批优秀国产影片,在取得优异票房成绩的同时,也收获了良好的社会反响。东方明珠新媒体股份有限公司积极探索社会主义网络新媒体平台建设方向。旗下尚世影业投拍的电视剧《平凡的世界》《海棠依旧》、电影《建军大业》荣获第十四届精神文明建设"五个一工程"奖。① 从文化走出去来看,不断依托平台化、实体化出口布局国际市场。例如,完美世界旗下《完美世界国际版》取材于中国古经《山海经》,在游戏人物设计、场景设计中融入了大量中国元素,已畅销国外12年,深受玩家的喜爱。完美世界作为一家文化企业,在"走出去"的过程中,精耕细作,通过蕴含中国文化的游戏产品,在海外获得了巨大成功,展现了中国文化魅力。②

(三)"文化30强"指引文化产业发展的新道路

1. 加强顶层设计,推进深化改革

改革是发展的根本动力。党的十八大以来,习近平总书记高度重视文化建设,将其纳入"五位一体"总体布局和"四个全面"战略布局进行谋划,制定《深化文化体制改革实施方案》,编制

---

① 李丹.看,文化担当的"领头雁"[N].经济日报,2018-05-11(01).
② 中国新闻网.央视报道文化企业三十强,完美世界展现中国文化魅力[EB/OL].(2018-05-22)[2018-6-27]. http://www.chinanews.com/business/2018/05-22/8519879.shtml.

《国家"十三五"时期文化发展改革规划纲要》，搭建起文化制度体系的"梁"和"柱"。文化经济政策的颁布和顶层设计是"两个效益"相统一，构建社会主义现代化公共文化服务体系、现代化文化市场体系、现代化文化产业发展体系的有力保障。目前，我国文化产业发展正在进入实质性拐点和一个新的发展周期，即从"政策红利期"走向深化改革的"制度红利期"。骨干文化企业必须尽快跳出政策依赖、资本导向和传统企业发展思维，充分把握当前产业发展所面临的内外部机遇和挑战，真正做到向改革要红利、从市场找动力、由品牌出效益，成为导向正确、机制灵活、主业突出、实力雄厚、管理规范、运行高效、竞争力强的骨干文化企业。

2. 优化产业生态，促进模式创新

一方面，在加大力度支持和壮大国有或国有控股文化企业的同时，鼓励和引导各种非公有制文化企业健康发展，努力形成公有制为主体、多种所有制共同发展的产业格局。另一方面，努力营造有利于文化企业发展的良好政策环境，提高政策引导和扶持的针对性、实用性和可行性，在财政、税收、金融、用地等方面研究出台更加优惠的政策措施。进一步完善市场准入政策，在确保国家文化安全的前提下，逐步降低资本准入门槛，充分调动社会资本发展文化产业的积极性，构建一个健康、有序、互动的产业生态系统，形成公有制为主体、多种所有制共同发展的文化产业新格局。

3. 激发内生活力，增强科技创新

"全国文化企业30强"评选从第三届开始，首次将新兴业态类企业纳入评选范围，从第四届"30强"名单中，文化与科技融合已经成为我国近年来文化产业发展的一个突出特色和未来发展的新趋势。随着数字化技术优势争夺日益激烈，文化产业发展已经开始从"规模优势"向"范围优势"转化。必须牢牢把握住文化与科技融合这一历史性的战略机遇，将高新技术作为推动文化建设、提高文化创新能力和传播能力的新引擎；掌握技术传播和产业升级的主动权和引导权，改造传统文化产业，培育新兴文化业态，强化文化产业发展的科技带动作用，让科技发展成为文化发展的重要引擎，不断推动文化企业的转型升级与持续创新，进而有效促进文化产业结构的优化升级，促进文化产业又好又快发展。

4. 加快企业转型，打造行业航母

由于统一开放竞争有序的现代文化市场体系的构建有待完善，因而即使有一定基础的国有企业也难以做大做强。在"一带一路"倡议及京津冀协同发展等国家重大战略提出背景下，打造一批具有国际竞争力的综合性航母级文化企业尤为重要，对内能促进我国经济发展和产业调整，对外有利于增强综合国力，展示文化自信和文化软实力。因此，针对扭转文化企业散、弱、小局面，要采取必要的财政、税收、金融等方面的措施，构建起文化企业并购重组的促进体系、服务体系和保障体系；培育一批主业突出、产业链完整、市场控制力强大的大型文化企业或企业集团，引领我国文化产业结构战略性调整和转型升级，积极推动传统文化业态向高附加值、高增长潜力和高产业关联度的新型高端文化服务业转型，与实体经济深度融合，保持和发挥产业控制力、影响力和带动力，尽快打造我国文化产业领域的旗舰型和航母级骨干文化企业。

三、光明大调研

2011年8月,《光明日报》、中国传媒大学联合组成20余人的调研组围绕"文化体制改革""公益性文化事业""经营性文化产业""精品工程""文化走出去"等专题,深入安徽、山东、江苏、广东、北京5个典型省市进行了集中调研,在"光明调查"版连续推出5个整版调研报告,在社会上引起较大反响,被多家中央媒体全文转发;李长春等中央领导同志先后做出重要批示,有关报告被印发中央相关部门研究。

经济发展面临着新旧动能迭代,中国经济发展步入了新常态,信息技术革命正在颠覆和重构文化产业,推动文化产业结构性调整,催生文化产业新兴业态,文化产业发展前景更为广阔。从京津冀协同发展战略提出到《推动共建丝绸之路经济带和21世纪海上丝绸之路的愿景与行动》发布,从《长江经济带发展规划纲要》正式印发再到2017年4月具备"千年大计、国家大事"高度的雄安新区设立,区域发展重大战略继续深入实施,对于培育形成新的增长极和增长带而言意义深远,我们已经进入推动文化产业成为国民经济支柱产业的决定性阶段。在此背景下,回顾2011年的光明大调研,以史为鉴,显得尤为必要,有着特殊意义。

(一)断臂扼腕促改革——安徽[1]

作为一个农业大省,安徽是一个经济条件、文化条件并不突出的省份,在文化体制改革中却出人意料地异军突起,成为全国的典型。"拥有全国第一家组建时就实现整体转制的出版企业,第一家

---

[1] 范周. 真改革,真发展,真受益 [N]. 光明日报,2011-08-30(15).

以IPO（首次公开募股）方式整体首发上市的发行企业，第一个设立保税区的文化企业；在全国第一个完成全省所有院团的转企改制任务，在广电系统第一个设立产业基金，省属文化企业经营性资产由改革前的不足30亿元增加到300多亿元……"安徽被评为全国文化体制改革工作先进地区，以敢为天下先的勇气，创造了文化体制改革的众多成功经验。

从宏观上，安徽改革具有壮士断腕的气概，力求改革彻底，采取的是"分类指导、重点突破，全面展开、梯度推进"的方针。立足地方客观实际，针对广电、演艺、出版、发行、报业等不同行业的特点制定有针对性的改革方案，做到了实事求是、科学改革。从中观上，破旧立新、整合资源，营造适合长远发展的环境，培养改革对象自身的"造血"能力，使其可持续发展，并用可持续发展的成果来巩固改革。从微观上，用策略激发创作热情，用计划提高考核业绩。例如，黄梅戏剧院采取"员工入股"、成立培训中心等措施，使青年演员有了发展的舞台，中年演员有继续发挥价值的讲台，老演员有了退休的保障，所有参与者都成为改革的受益者。

从安徽文化体制改革的经验，我们可以得到以下启示。

第一，文化体制改革应该是以人为本的和谐改革。文化建设是以人为本的建设，文化改革的核心是人的改革。文化产品生产将社会效益放在首位，实现社会效益与经济效益的有机统一，推出了电视剧《三国》、电影《第一书记》、动画片《黑脸大包公》、话剧《万事根本》等一大批引领先进文化发展方向，又为老百姓喜闻乐见的文化精品。

第二，文化体制改革应该是尊重规律的科学改革。改革是按规律办事的科学改革。要认识、尊重、把握社会经济发展规律、文化发展规律以及不同文化行业和部门的特有规律，并在此基础上制定科学务实的改革方案，实施正确的改革途径。

第三，文化体制改革应该是解放思想的创新改革。安徽文化体制改革成果斐然，观念创新、制度创新、模式创新、方法创新是重要因素。思想僵化、故步自封搞不好改革，只有解放思想、勇于创新、突破常规、富于创造，才能破解改革难题，为文化创新发展创造条件。

（二）解民之忧、助民之乐——山东[①]

实现中华民族伟大复兴的中国梦，必须是物质文明和精神文明相互促进、均衡发展。公益性文化事业的核心是满足人民群众日益增长的精神文化需求、更好地保障人民基本的文化权益。如何为百姓提供高质量、高效率的文化服务，让百姓在安居乐业中享受文化之乐，成为公共文化服务工作中最大的忧虑和难点。

让百姓成为舞台主角，让文化服务形式人性化、多样化、高质量、高效率，使老有所养、老有所为，使志愿者队伍成为公共文化服务的重要力量，山东省积极从这几个方面积极采取措施，迅速破题。在文化事业管理者"为了人民、依靠人民，诚心诚意为人民谋利益"的清醒认识和科学把握中，在组织者"从人民群众中汲取智慧和力量"的服务方式创新中，在服务者"把对群众的真挚情感转化为服务群众的内在动力"的服务精神中，山东公益性文化事业迎来了全面发展，也为其他地区文化的创新和发展积累了宝贵经验。

第一，公共文化服务的发展需要"以人为本"。要始终把最广大人民群众作为文化服务的对象，扎根基层、奉献基层，激励更多的人关注基层、投身基层、服务基层，才能够创造出受人民群

---

① 范周. 公共文化服务的"忧与乐"[N]. 光明日报，2011-09-06（15）.

众欢迎的文化产品和文化服务。让文化改革发展成果更好地惠及人民群众,公共文化的参与者享受了高效率、高质量的文化服务,安居乐业;工作者不断适应广大人民群众日益丰富的文化消费需求,拓宽文化服务的渠道,深感其乐,实事求是、因地制宜地解决文化消费中的基本性、保障性需求。

第二,公共文化服务的发展需要"升级转型"。公共文化服务的质量不仅取决于对文化产品的创作生产能力,还取决于是否有完善的服务渠道和多元的服务方式。只有顺应百姓的消费习惯,适应百姓的文化需求,才能够让公共文化服务发挥更大的作用;只有在公共文化服务中及时问政于民、随时问需于民、定时问计于民,以人民群众丰富多样的文化需求为出发点和着眼点,才能使文化设施的建设、文艺作品的创作、文化活动的开展避免流于形式,从而发挥其最大化的文化价值效能。

第三,公共文化服务的发展需要"人才助力"。鼓励、引导和支持各界人士志愿参与公益性文化服务,让更多的文艺院团文艺工作者、志愿者、高校毕业生到基层、农村从事文化服务工作,培养大学生村官,创新志愿者服务方式,激发文化服务工作者艺术活力,不断提高公共文化服务从业者的整体素质,优化从业人员的组织结构。把对群众的真挚情感转化为服务群众的内在动力,是确保公益性文化事业发展的关键所在。

(三)转观念、推创意、促发展——江苏[①]

江苏省以新理念为引导,以科技创新为支撑,以创意设计为

---

① 范周. 重科技 抓创意 塑品牌——关于江苏省文化产业发展的调查[N]. 光明日报,2011-09-13(15).

驱动,以品牌竞争力为核心,不断提升文化产业内涵,实现了跨越式发展,也为各地推进文化产业的科学发展提供了经验和借鉴。

第一,发展文化产业的核心是转变发展观念。文化发展观念决定着文化发展的高度,发展文化产业的核心是观念的转变。只有不断丰富文化产品和服务的内容与形式,摒除文化发展的思维障碍和体制瓶颈,接轨国际文化产业生产和流通方式,推动文化产业的多元嫁接和广泛融合,才能进一步明确文化产业可持续发展的市场逻辑。

第二,发展文化产业的关键是优化产业结构。产业结构决定着产业发展的质量与水平,单纯依赖投资拉动和传统文化资源初级开发的发展方式已然无法将文化产业推向更高层次,唯有不断创新才能为文化产业提供无限发展空间。科技创新能有效提高文化产业的竞争力。高新技术在文化产品生产、传播、销售等环节中的应用,将有利于降低绝对成本和相对成本。尤其是数字技术和信息技术在文化领域的应用和扩散,将带来更多的新业态。数字出版、互动电视、文化物联网不仅是产业功能的拓展,更是新一轮文化产业发展的核心。

第三,发展文化产业的路径是塑造龙头企业。以大型文化企业、文化集团为龙头,以大项目带动资源整合是文化产业发展的基本途径。小而散的文化企业只能分散已有的文化资源,造成恶性竞争。文化产业在未来发展中除了做加法,也要学会做乘法。通过跨区域、跨行业的资源整合,凝聚核心优势,做强做大一批文化企业,提升市场竞争力和影响力,打造强有力的文化品牌是文化产业实现可持续发展的有效路径,也是合理配置文化资源的重要方式。

第四,发展文化产业的目标是满足文化需求。科技与创意的应用是为了创造更多老百姓喜闻乐见的文化产品。要实现文化产业的可持续发展,必须走拉动内需的道路,通过不断扩大广大人民群众的文化消费来推动文化产业的成长。把好百姓喜好的脉,把好市场供求的脉,为广大群众提供丰富的文化产品、多彩的文化内容、多样的文化形式和便捷的文化消费是产业发展的"必修课"。这就需要文化产业的市场主体不断创造出内容和形式丰富的文化产品和文化服务,从而形成新的文化消费高潮,让文化产品成为包容性增长的重要组成部分。

(四)他地取材、精品导向、文化根基——广东

广东省在文化实践中,从精品之源、精品之法、精品之本三个维度,探索出了一条"发掘他地资源打造精品""利用精品推动文化建设""得奖的同时也要走市场"的精品发展之路,书写了文化大发展、大繁荣的"广东故事"。

第一,把握文化创作导向,彰显文化精品的引导力。在实践"文化大发展大繁荣"理念下,广东找准了路子,以精益求精的态度,从理念、路径和效益上勾勒出"文化粤军"的前进蓝图,演绎着广东文化力作的群体性繁荣,也为"精品工程"推进城市文化建设、促进文化产业发展提供了有益的启示。

第二,深挖思想和创作源头,增强文化精品的辐射力。精品之所以"精",一方面是因为其把握了艺术发展与创作的规律,艺术水准达到了一定高度;另一方面是因为其顺应了当时社会发展的规律和趋势,满足了人民群众日益增长的精神文化需求,有效地引导了文化风尚。在社会效益和经济效益之间达到平衡,这是

目前很多文艺作品所欠缺的。只有在思想源头、创作源头上体现"引导力"这一"高地战略",才能在市场运营等战术运用上游刃有余。

第三,尊重艺术和市场规律,挖掘精品背后的产业力。文化精品的生产是没有地域性的。"文化拿来主义"并不意味着就要抛弃当地的文化资源,而是要依托本地文化,敞开胸怀,拥抱世界。通过创意和资本连接起文艺作品创作、生产和传播的所有环节,整合一切可以整合的力量来发展自己。正如东莞,因地制宜、因时制宜地将"音乐剧"这种外来艺术与本地优势资源嫁接,孕育了一个文化丰收的"新东莞"。只有跳出本地文化的藩篱,摆脱"为文化所累"的包袱,才能找到群众文化需求的共性因子,抓住市场的需求,创作出既叫好又叫座的文化精品,而这样的精品才能走出本地,走向全国甚至世界。

第四,重视培育文化土壤,激发精品创作的内动力。文化精品的意义,在于为人民群众提供一种经典的文化消费产品,只有被消费了,才是体现精品的价值。从这个意义而言,精品也是商品。在新的市场经济条件下,精品就是品牌,品牌就是效益,效益就是金钱。付出大量劳动和心血的文化精品,不仅仅是为了得奖,更应该在品牌的号召下,充分展开产业链的运营。珠江电影集团在这方面已经摸索出了一条成功的道路。体制改革后的珠影集团,并不希冀通过精品直接产生经济效益,而是以文化精品创作为龙头,通过精品形成一定的品牌,将文化精品的品牌影响力和个性魅力发挥到极致,以品牌带动物业等其他辅助产业的发展,赢取其中的商业利润。之后,将其中的一部分利润再投入精品的制作中,形成良好的产业循环。

(五) 文化走进生活、文化走向世界——北京[①]

文化"走出去"要在文化交流中深入他国民众的生活，要在文化产品中融入国际标准，要通过文化投资掌控属于自己的渠道。作为一座国际化都市和全国文化中心，北京的文化交流和文化贸易一直走在全国前列。

第一，统筹规划，引导扶植。北京市委、市政府统一部署，对推进"文化走出去"制定了相应的战略规划，明确了中长期发展目标，出台了政策支持体系，对"走出去"的重点企业和项目设计实施线路图，下好"走出去"一盘棋。

第二，国际语言，世界标准。文化产品真正被外国消费者购买，文化交流真正被外国民众接受，承载的中国文化被异域群众理解，需要文化"走出去"的推动者与实践者尊重并遵守国际规则，尊重并理解文化习惯，尊重并发现心理需求；生产外国人乐于消费的文化产品，开展外国人乐于参与的文化交流，真正使中国文化"走进人心"。

第三，树立品牌，建立渠道。中国软实力与目前所处的国际经济政治地位不相适应。中国文化"走出去"，需先树立自己的品牌，从"中国制造"到"中国智造"；建立渠道，才能提升我们的国际形象，表达中国声音，影响国际话语；"树立品牌，建立渠道"才能帮助我们的民族文化站起来。

第四，"走出去"与"引进来"双向发力。中国的发展需要更加客观、公正、全面的国际舆论，中国城市的形象也需要更加有效、系统、多元的国际传播。文化贸易也是一种国际传播，文化交流也是一

---

① 范周. 走进生活 接轨国际 掌控渠道 [N]. 光明日报，2011-10-13 (13).

种公共外交。文化"走出去",是为了让消费文化产品、参与文化交流的外国民众把目光投向中国、关注中国、了解中国、感受中国,并能逐步地接触中国,甚至走进中国、喜爱中国。北京通过文化"走出去",将成为"世界的北京、包容的北京、和谐的北京"。

第四节　雄安新区村史大调研①

2017年4月,雄安新区设立,这是以习近平同志为核心的党中央做出的一项重大的历史性战略决策,对解决北京"大城市病"问题,推进京津冀协同发展,探索区域经济发展,打造中国经济社会发展新的增长极具有重大意义。中国传媒大学雄安新区发展研究院曾七进雄安新区,组织了雄安新区三县百人大调研活动、雄安新区村史建设调研及公共文化服务调研。2017年5月第一次发起雄安新区百人大调研活动,经管学部41名教师、121名学生分赴新区建设范围内的雄县、安新县、容城县和白洋淀地区开展田野大调查,利用系统调研、深度观察、口述历史、访谈等多种调研方式,形成了25篇田野调查报告,集结成《雄安新区发展研究报告》(第二卷),这是国内第一本雄安新区田野调查报告。

28个村庄、15家企业、200多篇调研手记、4000多张照片……这些珍贵的素材真实地记录了最初的雄安模样,也诠释了雄安的雄心和梦想。作为继深圳经济特区和上海浦东新区之后又一历史性

---

① 范周.雄安新区研究的新理论增长点——基于文化、产业、民生的现实维度[J].山东大学学报(哲学社会科学版),2017(5):1—14.

战略选择,立足于改革开放大布局和京津冀协同发展大战略的历史背景,调研针对雄安新区的文化遗脉、产业结构、民生现状展开深入的研究、记录和剖析,并对雄安新区的未来提出建议和畅想。从教学价值上,我们实践着"把论文写在大地上"的学术理想。从科研价值上,我们发挥了智库的责任和担当,为雄安新区的未来发展、为"千年大计、国家大事"的顺利推进建言献智,提出了学术思考。

"雄安新区"的设立是以习近平同志为核心的党中央做出的一项重大的历史性战略选择。雄安新区的建设,着眼于党和国家发展全局,立足大历史观,深入推进京津冀协同发展战略,探索人口经济密集地区优化开发的新模式,谋求区域发展的新路子,打造当代中国经济社会发展新的增长极。随着新区建设的有序进行,现有县域的产业形态、社会空间、生活方式、治理模式、文化生态、城乡风貌等各方面都迎来了颠覆性的转变,而与之相应的是一系列亟待深入研究的重要议题及相关理论的系统建构。基于对雄安新区辖域内的雄县、容城县与安新县的实地调研,从文化资源、产业与民生三方现实维度,我们在田野调查后系统梳理了雄安县域文化遗脉、产业结构与民生现状。目前,雄安新区面临公共服务落后、经济基础薄弱、利益主体多元等棘手"考题"。这需要在把握新区自身发展基础与发展特点的前提下,将雄安新区的学术研究置于经济社会发展的宏观系统中予以统筹考量,以期建构雄安学术研究的理论体系,为当代中国社会发展贡献新的理论增长点。

一、文化资源:保护与活化

雄安新区的历史使命与高点定位,决定了文化是立区之魂和立城之本。在雄安新区的建设和发展中要体现文化先行的理念，努力把雄安新区建设成中华优秀传统文化传承示范区，守住安全红线、生态红线，更要守住文化底线。田野调查和翔实记录描绘了关于雄安这个城市最原始的文化记忆和城市文脉。

（一）历史古迹：让历史古迹成为新区文化地标

雄安新区历史文脉悠长，承载着超过千年的历史文化资源。雄县、容城、安新三县最早在汉代就已建县。三县目前拥有全国重点文物保护单位2处，省级文物保护单位8处，市县级文物保护单位40余处，登记在册的不可移动文物点140余处，尚未核定公布为文物保护单位的不可移动文物数量更多。雄县境内，古时雄州是边关要塞，宋军为抵御辽军修筑的堪称"地下长城"的大型地下防御工事蜿蜒十几千米，气势恢宏，如今依旧可辨；容城境内，商周时期的晾马台遗址、春秋战国时期的南阳遗址均保存完好，并出土了大量陶器，具有重要的历史和学术价值；安新县内的"两塔一庙"历经沧桑，如今已经成为重要的爱国主义教育场所，具有深厚的文化底蕴和光荣革命传统。这些只是雄安新区丰富深厚的历史文化遗产的冰山一角。经过系统梳理，我们发现文物保护区范围内的遗址保存相对完整，这里的文物挖掘和保护工作正在展开，文化遗存的修复与保护工作也已经被列入计划。一处处历史遗迹记录着千百年来这片区域的发展轨迹，在时空变换、新陈交替的过程中，恰恰是这些不同时代、不同维度的遗址构成了新区独特的魅力，并世代延续。

历经千百年时间沉淀的文化古迹不仅见证着这座城市的历史变迁，构成了这座城市的历史文化空间，更塑造了这座城市特有的文化基因，代表着城市独有的文化精神。正因为这样，我们才要精心地保护文物建筑、城市历史，建设众多的博物馆来保护这些可移动和不可移动的文物。关于雄安新区未来的城市建设，文化自然不能缺失，其中历史文化更要重点保护，而作为历史文化重要载体的历史古迹则应该成为雄安新区的文化地标。

要让历史遗迹成为雄安新区的文化地标，首先，必须系统梳理新区的历史文化，并进行保护与活化，让原有居民能够记住新区的历史，让外来移民能够深入了解与感悟新区的历史积淀。其次，要借鉴国际经验，让古迹在新区复活。用丰富多彩的方式，提高名胜古迹的利用率，从新的角度诠释文化遗产在现代生活中的作用，并产生可观的经济效益。在这一过程中，严格遵守文物保护规定，不使古迹受损是底线。再次，统筹古迹内外环境，延续历史氛围。只有完善基础研究，熟悉内外环境，才能有的放矢探索保护与活化的措施。除此之外，要将先进的科学技术引入文物与遗迹的保护中，用现代化的措施与手段提高修复、建设与保护的能力。

（二）非遗传承：让非遗传统"活"在当下

非物质文化遗产记录了雄安新区人民从古至今的生活常态和精神传承，是新区文化发展的宝贵财富。雄县共有非遗项目21项，其中国家级非遗项目2项，县级以上非遗代表性传承人23人；安新县共有国家级非遗项目2项；容城县共有市级非遗项目2项。

随着雄安新区建设的推进，非物质文化遗产的保护必然会面临生存环境变迁、传承人断代以及外来文化的冲击等问题，这些问题的出现将给非遗保护带来一定的阻碍。就目前来说，雄安新区的非物质遗产保护存在着关于传承意识与传承主体两方面的问题。

首先，基层文化部门对于非遗的认识及重视程度有限，一些非遗项目或散落民间，或未能发掘。例如"容城八景"是已挖掘的两处市级非遗项目之一。据《容城县志》记载，该非遗项目原为容城县的8处景观，流传下来关于它们的8个传说，但该项目已没有传承人，只有三贤文化研究会的一些会员可以完整讲述这8个传说。除此之外，尽管还有一些类似于酒曲制造等地方特色传统技艺存在于新区，但并未收录进非物质文化遗产名录。

其次，非遗的传承与保护主要由中老年人承担。例如，容城的市级非遗项目高腔戏，起源于清代乾隆年间，为飞叉会表演前奏曲目，代表作有《五鬼拿刘氏》等。但由于目前高腔戏的传承人年事已高，受身体原因所限，传承活动基本已经不再开展。在雄县，起源于宋元时期的雄安古乐是国家级非物质文化遗产，是民族古典音乐研究的宝贵文化资源。但目前的表演队伍半数以上是年过半百的中老年人，年轻学员数量稀少。在雄安新区，曾经家家户户编苇席的盛况早已不再，苇编这项技艺甚至只由60岁以上的老人们掌握，有些耄耋之年的老人仍然孜孜不倦地致力于非物质文化遗产的传承。传承人逐渐老去，年轻的传承力量却断代严重，为非遗传承带来了一定难度。

因此，让雄安新区的非遗传统"活"在当下，要从以下几个方面入手：首先，要尊重客观规律，从高层至基层树立起保护非物质文化遗产的意识。要着重观察这些非物质文化遗产在当代社会的生存情况、生存环境，既要注重维护非物质文化遗产的具体形态，更要保护其根本的生命力。其次，针对传承人，应该形成政府主导与社会力量共同参与的局面。一方面要依靠政府的资金与政策扶持；另一方面要鼓励社会力量与民间资源的参与，尤其是要在未来一批高等院校进驻雄安新区之后,加强与高校的通力合作,为民间传统技艺输送一批专业管理人才。再次,激活非物质文化遗产,增强其竞争力与知名度。要突破单纯封闭式、抢救式的保护模式,在某种程度上与市场接轨,用更开放的思想拥抱市场、实现传承,不断增强非物质文化遗产的竞争力与生命力。

(三)红色文化:铭记红色历史,弘扬革命精神

燕赵大地多慷慨悲歌之士,雄安新区这篇革命热土,曾涌现出许多可歌可泣的英雄故事,孕育了深厚的革命精神。以红色文化为着眼点,与其他文化资源糅合,创造雄安新区的文化金名片。

总体来说,雄安新区的红色文化资源类型丰富且历史价值高,影响广泛,文化基础厚重。就历史价值层面而言,茂密葱茏的白洋淀里,一道道芦苇形成天然"水长城",为抗击日寇发挥了重要作用。一支神出鬼没、骁勇善战的抗日武装——雁翎队,智取十方院岗楼、夜袭大淀头岗楼、巧用矛盾端岗楼等对日抗战的英雄事迹至今广为流传。岁月平息了多少辉煌一时的往事,而雁翎精神却伴随着历史的发展教育了一代又一代人。白洋淀人民在长期抗战过程中,逐渐形成了敢于斗争、机智灵活的雁翎精神,体现了中华民族的民族性格和民族气节。就影响范围而言,很多文学作品和影视作品例如《小兵张嘎》《荷花淀》等,对历史上发生在白洋淀这片红色土地上的事迹都进行了很好的宣传与弘扬。白洋淀既是革命圣地,又是华北明珠,这些在碧波荡漾的芦苇之间生长出来的红色文化,与绿色的绝美景致构成了白洋淀文化更广阔的想象空间。

相比于其他文化,红色文化有更加特殊的历史与现实意义,它带有鲜明的民族性、时代性与人民性,体现着中国文化的先进

性，具有传承历史和教育人民的作用。对红色文化的发掘既要注重实体性遗产的保护利用，更要注重精神内涵的提炼升华，这些红色文化不能只是被动地承载传统、反映历史，更要成为培育先进文化的酵母，为社会实践活动提供思想源泉、精神养分和创新动力。

基于此，在雄安新区未来塑造红色文化名片时，要做到以下两个方面：第一，红色文化资源要与个体、群体环境形成互动。白洋淀的革命文化经过战争年代血与火的淬炼，包含众多人、事、物、魂等具体内容，要挖掘红色文化中生活化、大众化的内容，适应群众需要，真正将红色文化渗透到人民群众的生活中。第二，红色文化资源要与经济功能形成合力，不论是物质形态还是非物质形态的红色文化资源，在具有政治与教育功能的同时，还应具有市场经济功能。要充分利用良好的知名度和现有的品牌效应，科学规划，合理开发，将红色文化与历史文化、民俗文化、生态文化等进行整理，打造品牌，多元融合，形成一张独特的城市名片，做到铭记历史文化，弘扬历史精神。

（四）民俗文化：延续文化生态，为雄安留住乡愁

美国人类学家罗伯特·雷德菲尔德提出了"大传统"和"小传统"的理论模式。所谓"大传统"是指一般所说的占统治地位的文化，所谓"小传统"是指民间文化、民俗文化。民俗与民众的生活须臾不可分，是伴随人的生活产生的日常生活文化，展现了这个地方民众的生活智慧，传承了独有的文化基因。但同时，民俗文化又是一个城市、一个地区的根脉文化，为这个地方的精英文化、典籍文化甚至外来文化提供母体，奠定基础。雄安新区的人民长期以来伴水而居，相对封闭的生活环境为其生活方式打上了浓郁的地方烙印。

第一,民风民俗淳朴,文化发展方式传统。雄安三县历史悠久,早在新石器时代就有人类生息繁衍,在长期的生产生活中,民间形成了独具特色、丰富多元的民俗文化。容城县的民间花会年年举办;中元节时用荷叶或荷花制成河灯放在水中的习俗流传至今;捕鱼、织网、苇编和那些朗朗上口的渔谚都表现着雄安新区与众不同的文化气质。

第二,传统观念影响深远,移风易俗初期受到阻碍。这种情况在乡镇和农村地区表现较为明显。以白洋淀为例,其周边各村村民生活经营方式较为传统,主要以捕鱼、手工业、服装业为主,至今这个片区还有水葬的风俗习惯。村民们的传统观念不容易改变。

第三,文化名人的精神影响世代传承。无论是来源于生活的传统民俗,还是植根于心灵的文化精神,在雄安新区这片热土上,都以其最淳朴的方式影响着祖祖辈辈生活在这里的人们。容城三贤之一杨继盛第十四代传人杨四合老先生曾为了感念祖先的无畏精神,号召组织村民捐款复原重建了杨继盛祠堂。祠堂逐渐受到政府和各界的关注,吸引全国各地的人汇聚于此。杨继盛的精神得以流传,渐渐成为容城这一方土地的文化象征。

我国在城镇化发展的过程中取得了世界瞩目的成就,但也产生了许多问题,例如造城运动带来农村空心化,传统民俗文化大量消亡。雄安新区的城市建设,不能只看未来而抛弃过去,要保护传承优秀的民风民俗,要让雄安人民即使在很多年后也能感受到"乡愁"的温度。对于民俗文化的保护和传承,要遵循其发展的内在规律,在保护的基础上对其进行合理利用,激活其内在活力和生命力，积极有效融入当代元素，使民俗文化在活态传承中得到保护。保护和传承民俗文化，并不是"原汁原味"地将民俗文化作为标本进行保护，而是要保护其文化内涵、文化基因、核心工艺，把它们变为现代生活文化的一部分，变成"活"在我们身边的必不可少的活态文化。

（五）文学流派：荷花淀派与白洋淀诗群

雄安新区坐拥被称为"华北明珠"的白洋淀，其既是华北平原水文湿地的自然遗产，也是在人类文明史上人与自然和谐共处、相融相济的文化遗产。

以"荷花淀派"为代表的文学流派是新中国的第一个文学流派，在中国文学史上有举足轻重的地位。荷花淀即白洋淀，"荷花淀派"以孙犁为代表，起源于孙犁1945年写作的《荷花淀》。在创作上，"荷花淀派"主要描写白洋淀地区农村日常生活，语言清新、朴素，富有诗情画意，有"诗体小说"之称，主要作家还有刘绍棠、从维熙、韩映山等。孙犁是白洋淀地区的文化名人，孙犁纪念馆也成为该地区的文化地标，这里完整收录了孙犁的主要作品、生平思想和创作历程，具有珍贵的文化遗产保护和研究价值。

"白洋淀诗群"为新诗潮的形成起了奠基作用，使安新县成为20世纪80年代朦胧诗全面复苏的发源地。"白洋淀诗群"形成于"文化大革命"时期，主要创作群体是1968年底大规模"上山下乡"运动期间到白洋淀地区插队的北京知青，包括根子、芒克、多多、依群、方含、宋海泉、林莽等，他们自发地组织民间诗歌文学活动，以其创作高度把"文革"时期的"地下诗歌"推向高潮，被称为新诗潮在潜流期最具典型意义的诗歌群体，为20世纪80年代朦胧诗的全面复苏唱响先声。

白洋淀不是独立存在的单一生态体，它令人心醉神驰的自然风光与其浓重深厚的文化色彩，延续着雄安新区悠长的历史文脉，承载着新区的文化价值。这里是人文的热土，是历史的积淀，是创意的起点，如何在新区建设中雕琢这块瑰宝，使其在新时期绽放光芒，是值得深思的问题。

二、产业现状：机遇与挑战

雄安新区将成为"创新、协调、绿色、开放、共享"集中施展的平台，但目前区所辖范围内整体业态发展水平比较低，产业结构以劳动密集型为主，未来新区产业布局挑战和机遇并存。

（一）产业现状

1. 雄县四大产业支柱：纸塑包装、乳胶制品、压延制革、电线电缆

雄县产业发展以民营经济为主。民营企业起步于20世纪70年代末80年代初，经过近40年的积累发展，逐步形成了以塑料包装、压延制革、乳胶制品、电线电缆为支柱，箱包加工、制帽、机械制造等为主门类的比较齐全的工业体系。目前全县共有民营经济组织15723家，从业人员121020人。2016年，年营业收入432亿元，利润43.2亿元。其中规模以上企业118家，从业人员7520人，年营业收入219亿元，占当年总营业收入的50.7%；利润6.8亿元，仅占当年总利润的15.7%。这些数据切实说明雄县的民营经济是切切实实的富民产业（见图8-4和图8-5）。

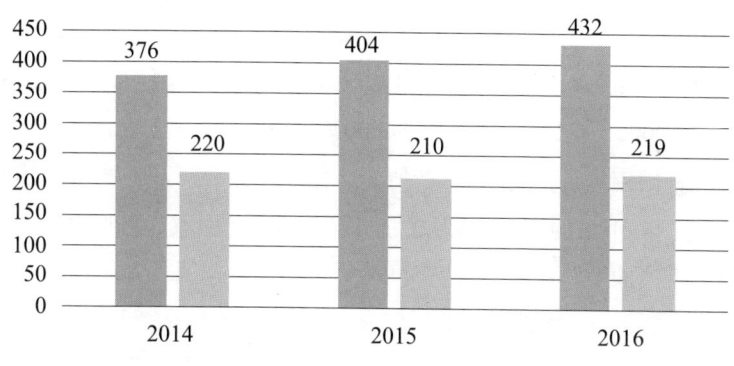

图 8-4　2014—2016 年雄县民营经济组织营业收入（单位：亿元）

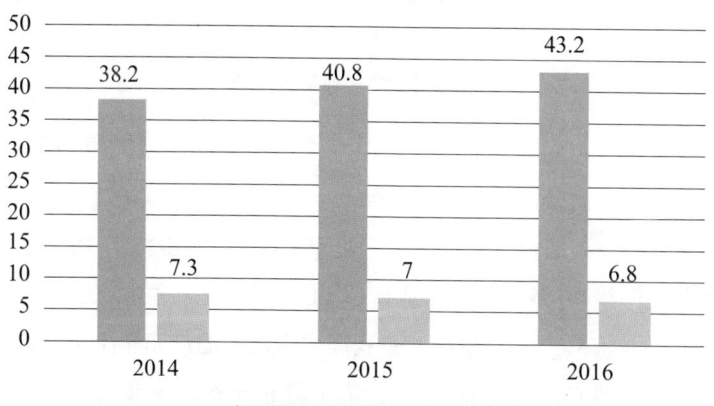

图 8-5　2014—2016 年雄县民营经济组织利润（单位：亿元）

2016 年，雄县生产总值完成 101.14 亿元，年均增长 7.92%，超过全国平均发展水平；固定资产投资完成 69.86 亿元，年均增长 13.5%；规模以上工业增加值完成 72.74 亿元，年均增长 19.7%，发展迅速。

塑料包装企业主要分布于雄州镇三街、县城周边专业村以及龙湾乡。塑料管材企业主要集中在昝岗镇、米北乡、张岗乡等专业村。据官方统计，雄县现有塑料企业 20000 余家，行业协会数据为 80000 余家，从业人员 80000 余人。塑料行业资产总额 110 亿元，固定资产 55 亿元，产值 367 亿元。主要产品占国内市场的 8%，国际市场的 4%，已形成原材料、生产、回收、再加工、生产与再生产的塑料产业链（见图 8-6）。

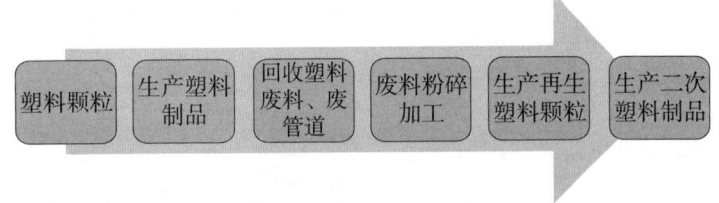

图 8-6　塑料包装产业链

压延企业主要集中于雄县县城至白沟镇路两边的革塑工业园区。现有压延制革企业 670 余家，其中有一定规模的中小企业 20 余家，产业链条相关配套小微企业 650 余家，从业人员 7000 余人，拥有生产线 70 条。压延行业产值 1105 亿元，利税 60 亿元。产品占国内市场 30% 左右份额，是我国北方最大的灯箱布生产基地。

雄县现有乳胶企业 75 家，集中分布于龙湾大步村、昝岗镇。其中气球生产企业 70 家，安全套生产企业 3 家，乳胶手套生产企业 4 家，从业人员 30000 余人。拥有乳胶手套生产线 590 条，气球生产线 660 条，手指套生产线 80 条，医用手套生产线 10 条。乳胶行业资产总额 35 亿元，固定资产 25 亿元。年产值 56 亿元，利税 6 亿元。其中气球产品占全国市场份额的 80% 以上，占国际市场的 60%，而雄县大步村更被称为"中国气球第一村"。

目前雄县拥有电器电缆企业 350 余家，从业人员 3000 余人，主要设备包括成缆机、压胶机、连流护套生产线等。雄县有优质聚乙烯塑料产业生产区，可满足塑料外皮包装所需阻热阻燃阻电的特种塑料的生产。行业固定资产21亿元，产值169亿元，利税7亿元。主要产品占国内市场的6%。

从整体来看，雄县四大支柱性产业起步之时正值改革开放后民营经济的兴盛期，以"轻小集加"（轻工业、小企业、集体经济、加工业）为代表的乡镇工业异军突起，支撑起了雄县经济的半壁江山。21世纪以来，这些民营经济一方面为我国以房产和汽车为代表的第二次消费升级提供了各种生产材料和配件；另一方面为快速发展的物流、电商、娱乐、体育等现代服务业提供了产品，所以在很多地区民营经济低迷的当下，雄县的民营经济仍然保持了不错的发展态势和发展空间。

2. 容城县：服装业

目前，容城县共有服装企业945家，服装加工户2000余家，已经形成龙头企业带动、骨干企业支撑、服装加工户遍地开花的产业格局。全县年产各类服装4.5亿件（套），2016年完成产值256亿元，产品涵盖衬衫、西服、休闲、棉服、内衣、裤装六大系列上千个品种。服装企业引进了先进的专业生产设备，制作工艺达到国内一流水平。全县共拥有设备7万余台（套），95%以上生产设备采购于日本重机和兄弟、德国杜克普、意大利迈埠及国内先进设备生产企业，其中国外进口设备5万余台（套），占设备总量的70%以上。在服装业的带动下，纺织、印染、拉链、制线、纽扣、包装、装潢等服装配套行业得到迅猛发展，服装产业化程度进一步增强，产业链条进一步延伸。2016年，配套产业完成产值65亿元。

目前，全县初步形成了"一城、两园、三区"的发展布局，服装配套产业专业村建设成效明显，产业聚集程度进一步提高。规划占地10.4平方千米的服装工业园一期工程已有21家企业入驻，大河服装工业园已有企业60家。通过实施"建名企、出名品、创名牌、塑名城"四名战略，全县涌现出一批省著名商标和省名牌产品。目前，服装产业拥有国家精品1个，国家免检产品1个，18个省级名牌，25个河北省著名商标，位居全省前列。容城服装产业被河北省政府命名为"十大特色产业"。容城被中国纺织工业协会和中国服装协会命名为"中国男装名城"和全国纺织产业集群试点，成为闻名全国的北方服装名城和服装出口基地，与浙江义乌、诸暨并称全国三大衬衫生产基地，行业内素有"南石狮、北容城"之誉。

3. 安新县：服装业与制鞋业

安新县的服装产业主要集中在大王镇北六村，不少村民利用自家大院作为厂房进行服装加工生产；部分村民则作为雇工参与服装生产。作坊式的服装加工生产使百姓早早地走上了致富道路。20世纪80年代初期，趁着改革开放的新机遇，北六村的服装产业迅速发展，全村进入服装生产行业。当时的服装产业以衬衣、裤子和童装为主打，背靠京津做内销。后来，随着中国与苏联关系的缓和，中苏边境贸易逐渐恢复和发展，此后中苏边境贸易遵循"自找货源、自找销路、自行谈判、自求平衡、自负盈亏、自主经营"的方针，步入了稳步发展阶段。从20世纪80年代末期到90年代初期，随着市场需求的增大，北六村乃至安新县服装产业逐渐走上规模化生产的轨道——以家庭作坊式为主开展大批量的订单贸易。现在村内有企业和工商户200多家，生产成本低廉，形成了辅料、扎围、包装、缝纫、绣花、印花、制版的完整产业链，发展势头良好，大部分产品远销俄罗斯、乌克兰等地。

安新县的另一个核心产业——制鞋业，主要集中在三台镇。制鞋业从家庭小作坊逐渐发展成为现代化的制鞋公司，这些企业主要经营外贸和内销，外贸产品主要销往中东、欧洲、美国、日本等地，大多是在给国外制鞋公司做生产加工。以欧洲为例，制鞋企业根据欧洲公司的要求选购材料并按照对方提供的设计样式完成鞋子制作，质量检测报告达标后贴牌运回欧洲市场销售。当前，也有一些当地公司独立开发自有品牌和款式，例如华北地区的双星鞋基本都是由三台镇生产。

（二）面临困境

1. 领军企业：兴奋与隐忧并存

目前，雄安新区内代表性产业的装备较为领先，自动化程度也在不断提高，产业链条相对完整，领军企业也进行了管理变革，部分乡镇自发形成了产业集聚区，产品的国内市场占有率较高，在海外也有一定销路。然而，在一张张闪亮名片的背后，这些企业还面临着新区规划的诸多不确定性与变化，对于未来的它们如何适应雄安新区的建设目标，是充满挑战的。对这些领军企业来说，新区建设所带来的机遇令其兴奋不已，而与兴奋并存的则是对未来的隐忧。这些企业在新区产业格局中如何布局，其产业业态如何转型升级需要进一步思考。

首先，"高能耗、高污染、低投入"是河北目前经济运行的现实，也是以"塑料包装""乳胶制品""服装加工""制鞋产业"为主要产业的部分领军企业共同面临的问题，这与"构建蓝绿交织、清新明亮、水城共融的生态城市"目标显然还存在着较大差距，基于此,这些企业势必要尽快做出相应调整。

其次,新区成立后,对现有的建筑、户籍等进行了管控,尤其是基于拆迁考虑而做出的未完成工程都必须停工的要求,直接造成了订货单和生产能力的不确定。在未来一段时间内,基于政策的不确定性,产业收益或将受到较大影响。

最后,当地部分领军企业虽然"摊子"够大,却管理混乱。主要问题是缺乏从全区角度着眼产业系统谋划,导致产业发展在产业形态或是产业分布方面表现出散乱无序的状态。这直接导致大企业内部缺少必要的合作意识,大型生产企业各自为盟,难以形成推动产业有效升级和相互促进的机制。

2. 中小微企业:夹缝中如何生存

对于中小微企业来说,在雄安新区建设的关键时期,它们面临的形势则更为严峻。面对"疏解非首都功能"的战略新要求,中小微企业可能很难通过新区产业和环境的遴选标准。尤其是在当前新区各项规划与相关政策还尚未明朗的敏感时期,转型的路往何处走是当地中小微企业最感困惑的问题。

相较于当地的龙头企业,这些中小微企业大多以家庭小作坊式生产为主,资金流入少,产业链短,抗风险能力低;上有政策严密管控、大企业垄断市场的现实,下有市场规模小、生产价值不大、市场控制力低的限制,即使是微小的政策调整也会对其产生巨大的影响。面对未来可能的厂房拆迁问题,中小微企业如果重租厂房,则费用昂贵,如果放弃产业,则面临失业。此外,中小微企业搬迁过程中的赔损问题、企业的贷款问题、合同问题、土地问题等都需要站在新区发展战略的高度谋划全局。

3. 劳动密集型，品牌附加值低

雄安新区的主要支柱产业，如服装产业、制鞋产业、塑料包装产业等皆属于劳动密集型产业，存在产品科技含量较低、附加值不高、财富贡献率低的问题。以服装产业为例，当地的服装产业以贴牌、代加工生产为主，几乎不存在真正意义上的自主设计，服装产品附加值极低，极大地压缩了产品利润。这样以"走量不走质"为主要特点的服装制造行业，面对人口红利向东南亚转移的现实，其生存本身就面临挑战。而在雄安新区的建设背景下，其低端的产业定位必定与新区发展格局格格不入。

与之紧密相关的是人才问题。人才难留也是当地产业品牌附加值低的重要原因之一。无论是打造自主品牌的服装企业，还是一流的生产加工企业，都必须依托于人才。现阶段，雄安新区服装业从业人员规模庞大，但质量不高，一线员工受教育程度普遍在初、高中水平，设计人员更是形同虚设，多是负责打版、成衣等工作，基本不具备设计水平。雄安三县作为县级城市，在人才引进方面还有着诸多限制。

4. 面临失业的产业工人

产业的问题即"人"的问题，产业变迁与民生问题高度关联。以雄县为例，雄县目前有12万产业工人，占雄县总人口的32%，其中大多数都在中小企业工作。这些中小企业可能很难通过新区的产业和环境遴选标准，那么十多万的雄县产业工人将面临失业、再就业、技能培训的问题，这将涉及雄县各家各户的生计。当地许多从业者在某一行业从事多年，职业技能有限，很难重新进入其他行业。安新县三台镇约有90%的本地人都从事跟制鞋相关的工作，一旦面临产业转移或搬迁，这些人及其所在的家庭都将受到极大的影响。

(三)未来机遇

根据规划纲要,雄安新区将建设成为一座有着新发展理念的实践之城、示范之城,也是人们宜居宜业的理想之城、幸福之城,迎来了巨大的历史机遇。从产业角度来讲,雄安新区也迎来了千载难逢的历史性机遇。

1. 农业现代化转型升级

按照"蓝绿交织、清新明亮、水城共融的生态城市"发展要求,三县传统农业应该向现代农业、特色农业转型。实行区域化布局、专业化生产、规模化建设、系列化加工、社会化服务、企业化管理,形成种养加工、产供销、贸工农、农工商、农科教一体化经营体系,使农业走上自我发展、自我积累、自我约束、自我调节的良性发展轨道,构建起现代化经营方式和产业组织形式。其中具有"地热+互联网+农业"特色的智慧生态循环农业示范园区,集花卉科研、培育、展示、交易、观光等全产业链于一体的鲜花港等项目在新区建设中迎来了全新的发展机遇。

2. 工业转型升级

当地传统加工业自身实现产业转型升级的需求与雄安新区定位的转变的叠加,使得新区工业转型升级迫在眉睫。一方面,传统产业面临升级转型,合理地疏散"散小乱污"企业,加强产业集聚,有助于推动当地制造业向高端化迈进、向智能化升级、向服务化转型、向绿色化发展;另一方面,作为非首都功能疏解集中承载地,可以瞄准承接京津产业转移,把央企、知名民企、世界500强、国内500强作为主攻方向,把引进高附加值、高税收项目作为主要目标,有机会引进具有带动能力的重大产业项目。同时,也可以与迁入当地的各高等院校、科研院所通力合作,开展全方位产学研联盟，打造自主品牌。一方面，要通过知识共享不断优化生产流程，科学指导企业管理实践；另一方面，要用高校与科研机构的技术资源促进生产设备技术更新，推动产业科技创新。

3. 现代服务业迎来高速发展契机

目前，雄安新区的文化旅游、电子商务、现代物流、健康养老等现代服务业刚刚起步。在雄安新区的规划带动和资源聚集下，一方面乘借现代服务业东风，服装制造等传统产业将进一步壮大规模、提升档次；另一方面，依靠系统布局，现代服务业也将利用产业集聚打造整体合力。大量央企、上市民企、互联网公司将会在雄安布局，共同推进在文化旅游、电子商务、现代物流、医养服务等领域的建设，这些合作也会大大提高当地的教育、医疗、物流等服务水平。

三、民生现状：安乐与隐忧

在新区建设的国家战略背景下，保障与改善民生是一切工作的前提与出发点，必须始终贴近群众最关心的最直接、最现实的利益问题，让人民群众共享新区建设发展的成果，做到时刻关注人的生存和发展，满足人的物质生活需要，维护人民的根本利益，改善人民群众生产生活状况。

雄安新区成立的消息公布以来，一方面，人们对新区未来建设充满殷切期盼；另一方面，人们心中逐渐萌生出故土难离、乡情难去的复杂情绪。"安居"和"就业"成为老百姓在这个时期最为关心的问题。新区的成立不仅是产业转型升级的问题，同时还触及当地居民的民生问题，增强新区"民生温度"建设是题中应有之义。

（一）居民就业与收支：产业转型中的民生温度

雄安新区规划范围内的雄县、容城、安新三县覆盖557个行政村，总人口数约110万。2016年，三县城镇居民人均可支配收入实现1.8万元，其中，雄县作为三县经济实力最强的地区，城镇居民人均可支配收入已经达到2.8万元。三县的服装制作、纸塑包装、乳胶制品、压延制革、电线电缆、毛绒玩具制作、箱包制作、制鞋业等多种产业，技术完备，产业链条完整，从业人员众多，普遍属于"富民行业"，老百姓因此生活富足。

第一，家庭手工作坊带动就业，自产自销。三县通过大力推进产业结构调整，产业转型升级步伐加快，传统产业活力迸发，新兴产业蓬勃发展。目前容县每个村都有较大型箱包生产家庭手工作坊，为村民就业搭建了渠道，已形成较为完整的产业链条，自给产销。

第二，集体资产带动村庄建设，服务村民。雄安三县的部分村庄都拥有集体资产，一部分集体土地用于县城开发，改建成了蔬菜市场和批发市场。一方面，村民有自己的摊位，即有了长期收入来源；另一方面，由于土地征收，可获取部门补偿款。

第三，先富带动后富，携手致富。以容城县城子村为例，当地村主任及村支书在带领村民摆脱贫困的路上发挥了重要作用。还通过帮助村民贷款、开拓市场等举措，带动村民走上了致富之路。

（二）公共文化：供需错位，发展受限

雄安新区公共文化服务处于初级阶段，城乡差异明显，百姓期盼更多的文化获得感。受限于县级财力基础，公共文化服务能力也参差不齐，大部分内容仍未达到国家相应标准。县乡公共文化设施虽有一定基础，但建设层次、规模数量与运营情况不尽如人意，乡镇以下公共文化建设资源紧缺。基层政府虽然重视对民间文化能人和文化爱好者的培养，但受限于资金和管理能力，目前群众文化活动多处于自发状态，文化凝聚力不足，缺乏具有号召力的文化领军人物。

第一，文化部门机构设置不够完备。由于历史原因，雄安三县文化主管部门设置不完备、人员不齐全等问题普遍存在，程度不一。雄县、安新县设有专门的文广新局，统筹本县的文化发展；雄县文物保护及遗存整理由地方志办公室负责；安新县的文化资源梳理则更多交由作家协会承担；容城县设有文体教育局，但从目前已开展的工作内容来看，教育管理工作占据主要方面。

第二，公共文化基础设施利用率低。从公共文化基础设施质量的指标来看，新区所辖三县城乡公共文化服务工作不容乐观，县城虽已建有可供市民休闲娱乐的大型文化场所，但所提供的公共文化服务种类传统单一，文化场馆使用效率也有待提升。询问县级图书馆，出现若干百姓无人知晓的境况；"农家书屋"书目种类齐全，但书屋形同虚设，乏人问津；对每月开展的"电影下乡"活动，村民反应冷淡，观影热情不高；剧团转企改制后，下乡公益演出活动也随之停止。三县现有公共文化服务内容几乎乏善可陈。

第三，公共文化服务的"功利性"问题亟待解决。享受公共文化服务是提升个人文化素养、促进人的全面发展、丰富百姓精神食粮的手段。当前三县老百姓的文化素质水平相对较低，物质生活与精神生活的失衡问题日益严重。农村公共文化服务的功利性和指向性较强，往往把文化作为务农及婚丧嫁娶的附属品，让文化失去了提升村民整体素质的价值，容易造成文化服务的物质化和工具化。

（三）文化消费：形式单一，消费低迷

雄安所辖三县文化消费市场具有巨大潜力，但从实际情况看，这种潜力并未得到充分的发挥。相对较低的文化消费会对文化市场的发展形成制约。一方面雄安三县居民收入水平较低，成为影响文化消费的主要因素；另一方面，文化创新产品的匮乏，导致新兴文化消费品和传统文化消费品发展的不平衡。此外，文化产品的供给较为滞后，产品的数量和质量都影响了文化消费的发展。

一方面，老百姓文化消费意愿低迷。雄安三县村民普遍没有形成文化产品付费的习惯，有偿文化消费匮乏，享受公共文化设施和服务并自发组织参与活动是当地人满足精神文化需求的主要方式。目前三县的经济发展水平参差不齐，比较富裕的村庄文化消费场所较多，人均文化消费支出在可支配收入中占据一定的比例，但是在经济欠发达的村庄，文化消费几乎是一张白纸。经济收入的高低直接影响着文化消费的能力，也成为养成文化消费意愿的必要前提。除此之外，广场舞与电视节目可以一定程度上满足一些村民的消费欲望。中老年人对新生事物的接受度普遍较低，年轻人忙于工作无暇顾及，导致出现文化断层，消费意愿低迷。

另一方面，文化消费市场喜忧参半。雄安新区所辖白洋淀地处九河之尾，早在金代就已经成为皇家的游览胜地，其作为京津冀地区重要的文化旅游消费胜地，吸引了众多游客前来观光休憩。但是雄安新区以白洋淀为核心的旅游产业未来发展也面临着诸多问题：一是水位不稳定。从20世纪80年代开始，白洋淀容水量以每年60万立方米的速度递减,连续干淀,为了生存,渔民在淀中种了麦子。水是白洋淀旅游发展的前提,水位不稳定是其致命的制约因素。二是白洋淀水质污染未得到根本治理。由于上游来水较少,对水污染物的稀释、净化能力下降,同时伴随着淀周边地区经济的发展,大量未经处理的生活污水、工业废水、生活垃圾直接入河进淀。近年来,安新、雄县政府也对白洋淀的污染做了大量治理工作,但由于污水源头问题没有解决,水质污染状况仍很严重,淀区的生物多样性遭到了严重破坏。三是旅游项目内容缺乏,文化特色不够凸显。人们到白洋淀旅游,往往都是以"水"为中心。城镇景区都是从码头乘游艇到淀里游览,来回不足3个小时,整个旅游线路走马观花,有当地文化特点的景点匮乏。村镇景区旅游项目多是游船、劈苇叶、下网捕鱼,内容贫乏简单,无法长时间地留住游客。整个白洋淀的旅游项目产业吸引力不够,限制了白洋淀景区旅游经济效益的提高。四是白洋淀旅游管理不到位。白洋淀周边有安新、雄县、任丘、容城、高阳5个县市,从这些地方都可以进入白洋淀观光游览。各县市在对各自所属景区的管理上缺乏协调和统一,景区存在着多头管理、体制不顺和"政出多门"等问题。

(四)民众心理:欣喜与忐忑交织

筹建时期的雄安新区临时党委、筹委会高度重视群众工作,对认真做好110万群众的思想工作进行了全面的安排部署,共有1560名驻村干部进村入户,557个村实现了驻村工作组全覆盖。各级干部进村入户、走访企业,宣讲政策、了解诉求,合理引导群众的心理预期,激发起群众参与新区建设的热情。

雄安新区建设过程中,坚持以人民为中心,注重保障和改善民生，是建设初期解决一切问题的根本前提。驻村干部坚持"管控"和"摸底"工作，对新区内一砖一瓦实行每日检查，全面了解居民情况，变等待"上访"为每家每户主动"入访"，梳理了涉及户口、房屋与就业安置、迁坟、承包期限、村公产分配等关系到老百姓切身利益的问题。即便如此，老百姓心中仍然欣喜与忐忑交织。

第一，民众心理变化周期性波动。在雄安新区建立短短两个月的时间里，雄安新区老百姓起初激动和自豪的情绪随着所有工厂、在建房屋全部停工，一些人面临失业等现实问题的产生，而被浮躁和迷茫的情绪冲淡。关乎切身利益的大事，如何处理？所谓产业即民生，单就雄县而言，解决好这里的1500多家民营企业、12万产业工人、无数的产业家庭在新区建设中合理安置的问题，是民生的底线，是新区民生问题解决的重中之重。

第二，阵痛转型中的企业家、劳动者。随着新区的设立，雄县产业也面临"脱胎换骨"的改造。一方面，传统制造业正面临着转型升级的巨大机遇；另一方面，一些不适应规划发展的产业和项目或将面临淘汰危机。针对传统行业的"散、小、乱、污"企业，河北省也出台了相关政策进行整治和改善。毫无疑问，随着新区建设的推进，雄县传统产业优胜劣汰，企业将会面临转型升级的机遇和挑战。转型既需要成本，也要关注企业下岗人员再就业问题。

第三，民众获得感亟待提升。产业转型升级，民生为要。雄安新区作为北京疏解非首都功能的重要承载地，绿色、生态、智慧、人文、创新是雄安新区发展的关键词。然而雄县原有企业不符合新区的产业发展定位，传统产业在政策的管控中如何转型升级？企业和劳动者又应该怎么面对转型阵痛期？政府如何化解新区建设的阵痛，守住民生的底线，增强居民的获得感，都是新区建设的重中之重。

四、建设思路：顶层设计与底层关怀

（一）以人为本，谋定后动

雄安新区要始终将"人"放到新区建设的首位，动态深入地了解民情民生民意，让雄安成为人们生产、生财、生活的理想之地。一个城市的价值就是该城市每个市民的价值，只有将人研究透彻，所有的政策、对策和顶层设计才能找到有效的出口。未来的雄安人主要将包括原有居民、城市移民、国际精英人群等多种结构和层次的人群，他们各有不同的生活追求与价值诉求，因此需要提前全盘谋划与考虑。以人为本，谋定而后动。

当前最重要的是解决好原有居民的问题，他们是新区的见证者与贡献者，而非"包袱"。要解决好拆迁补偿、异地安置、就业转岗、持续收入、社会保障等问题，让他们在雄安建设中拥有更多的幸福感、获得感与认同感，能在雄安体面地生活，而不是成为新区建设中的边缘人。

其中重点和关键是要解决好拆迁补偿和群众的民生保障问题，结合陕西西咸新区的经验，雄安可以探索建立"五金制度"，全面保障拆迁群众的未来生活。即在房屋拆迁、土地征收与流转时，群众可以领到补偿"现金"；回迁后可以利用闲置或空出的房屋收取"租金"；政府在安置区为回迁群众预留商业用房，群众以房入股，村经济组织统一经营后，群众可以获得"股金"；通过开展劳务用工对接、加大就业创业培育等，推荐群众到新区企业进行工作，参与新区建设，让群众获得"薪金"；通过合理提高社保和养老标准，让群众获得足够的"保障金"，进而减少其后顾之忧，保障新区的长治久安。

（二）塑造文化特色，树立传承创新示范区

以历史大视野规划雄安文化发展，塑造文化特色，将雄安建设成为中华民族文化传承与创新发展的示范区。文化是一个城市的灵魂与精神之所系，魅力与竞争力之所依。但凡名城，无不与其独特的文化魅力联系在一起。事实上，一个新区发展水平越高，对文化的追求也越迫切，深圳市、浦东区皆是如此。因此，作为"千年大计、国家大事"的雄安新区，从一开始建设，就应强化文化意识，做好顶层设计，让城市拥有独特的文化气质与魅力。如果千城一面，则失去了文化之魂。

首先是要将文化发展专项规划纳入新区"1+N"的总体规划体系中，强化新区在文物保护、文脉传承、创意经济、文化服务和社区营造等方面的部署，推动"文化+"建筑、设计、旅游、健康等领域的融合发展。其次，要明确文化发展使命与特色。在实现中华民族伟大复兴中国梦历史背景下建设的雄安新区，其文化必须站在全新的历史高度进行规划。既要延续文脉，以华北文化积淀为背景，以白洋淀地区文化为核心进行传统文化的传承，又要海纳百川，吸收世界各国先进文化之精粹，顺应时代文化发展之潮流，融会贯通，自成格局，打造一种基于创新性传承和创造转化的新型文化，将雄安建设成为中华民族新文化的创新实验区和发展引领区。再次，要加快设立雄安新区文化发展专家咨询小组（专家咨询委员会）。雄安新区的建设，是贯彻落实新发展观、推

动"五位一体"的建设，不仅需要城市规划、区域经济、产业研究、交通景观等领域的专家参与，同时也需要文化领域的专家进入，因此建议邀请国内外文化领域的顶级专家，组建雄安新区文化发展专家咨询小组（专家咨询委员会），为雄安新区文化发展建言献策。

（三）汇聚高端要素，实现"双轮驱动"

新区建设以世界眼光汇聚高端要素，出台特色政策，实现高新产业的蓬勃发展与在地产业转型升级的"双轮驱动"。高新产业是雄安新区发展的新动能，在地产业涉及雄安百万群众的生计，需要统筹安排。

一是要瞄准"发展高端高新产业，积极吸纳和集聚创新要素资源，培育新动能"的战略任务，把握全球高新产业发展的最前沿，结合雄安新区的地域优势、资源优势与承载能力，大力发展新一代信息技术、高端装备、新材料、新能源、节能环保、数字创意等战略性新兴产业，将新区打造成具有全球影响力的战略性新兴产业发展策源地和技术创新中心。

二是要立足当前新区产业发展的实际，推动传统服装、纸塑包装、乳胶制品、压延制革、电线电缆等产业的淘汰、迁移或升级。其中要充分重视文化的力量，将文化创意和设计服务融入工业生产，提升工业产品附加值，推动产业环节向"微笑曲线"两端延伸。例如江苏南通将创意设计与传统蓝印花布相结合，每年推出数万种花型，成为继纽约第五大道和法兰克福之后的世界第三大家纺交易中心，为南通赢得了"中国蓝印花布之乡"的美名。

三是创新产业发展政策。产业政策是一个国家的中央或地区政府为了其全局和长远利益而主动干预产业活动的各种政策的总和。在中国特色的市场经济体制下,政策对我国产业的发展发挥了巨大的引导和推动作用,例如深圳特区、浦东新区、滨海新区的快速发展,无不得益于特殊的政策支持。因此,新区政府应积极争取国家支持,制定新区特色的优惠政策,助推产业培育与升级。

(四)鼓励"双创",打造创客天堂

新区建设要鼓励创新创业,将雄安打造成最吸引中国乃至全球有梦想年轻人的一块热土,创客的天堂。哪里有创业者,哪里就有活跃的经济。深圳特区的发展,得益于一批充满激情的创业者,其影响一直持续到今天。建议雄安新区制订"创客计划",创新科技成果转化制度、留学制度、企业创投制度等系列制度,积极营造一个适合创新创业的城市生态体系,吸引全球顶级的孵化机构、创投机构、众创空间运营机构落户雄安,全球有梦想有创意的精英集聚雄安。

一是建议积极打造"双创"载体平台,大力发展各类众创空间。例如浙江舟山群岛新区为了推动科技创新创业,建立了国家大学科技园、青年创业园、山海云间—智库创客总部、科学城创客码头、普陀湾众创码头等众多载体平台。二是应创新"双创"的培育方式。例如,滨海新区以腾讯为龙头推动创业,具体而言,即是依托腾讯资源,线上为创业者提供云存储、广点通开发、应用宝分发、QQ物联智能硬件开放平台等运营服务;线下开放创业基地,定期举办腾讯公开课、开发者沙龙、创业训练营等活动,通过龙头带动创客集聚。三是要做好创业服务。针对创新创业企业不同阶段的现实需求,提供全程化、全链化的管家式服务。例如,滨海新区建立了"首问负责、专人对接、一管到底、全程代办"的管家式服务机制,为创业者提供设立、金融、运营、市场四类专业化服务，同时开通了"双创通"线上平台，集成企业在线注册、生成服务订单等功能，不断完善创业服务。

（五）探索发展新模式，落实发展新理念

新区建设要不断探索城市建设与发展新模式，打造全面贯彻落实新发展理念的创新发展示范区，绿色智慧的生态之城。一是要积极探索基于新一代城市雨洪管理概念的海绵城市建设模式，从机构设施、制度建设、技术研讨、工程建设、产业扶持等方面着手，推动海绵城市建设理念在新区的落地实施，打造海绵城市建设的全球典范。二是应创建基于信息时代的智慧城市营建模式。通过千兆光网、下一代物联网和5G网的提前布局，推动智能交通、电网、建筑、医疗、教育等智慧应用，构建智慧生活的全球示范城市。三是要探索土地开发与市政基础设施建设的PPP模式，充分调动社会各方面的力量，减少政府财政负担，提升设施的建设与运营效率。例如湘南新区、贵安新区、西咸新区等新区，都在PPP建设模式上积累了不少经验，雄安新区可以参考借鉴。四是要探索基于公共交通导向（TOD）的空间布局模式。吸收东京、首尔大都市圈等地新城建设的经验，避免传统"摊大饼"式的城市发展，发挥公共交通的带动作用，形成多中心、多组团的空间格局，同时要重视优美特色小镇的建设。五是探索基于经济与生态和谐共进的发展模式，以科技创新为核心驱动力，着力发展新一代信息技术、高端装备、节能环保、数字创意等污染小、附加价值高的战略新兴产业，通过生态一票否决、负面清单管理等方式，从产业源头上减少生态破坏与污染。六是要探索基于产业链和价值链的区域协同模式，立足"北京非首都核心功能疏解集中承载地"的战略定位，积极承载北京转移过来的经济、科技、教育、医疗等方面的功能，打造区域创新驱动发展的新引擎，促进京津冀地区协同发展。七是探索基于多中心治理理论的公共治理模式，建立"小政府、大市场、大社会"的基本格局，发挥市场在资源配置中的决定性作用，同时更好地发挥政府作用，激发更多力量参与新区建设。

（六）制定城市根本大法，奠定千年发展基石

要推进制定城市根本大法，为雄安新区奠定千年发展之基石。良法才有善治。新区建设不仅要有坚实、现代的城市基础设施，更需要有可供遵循的城市根本规则。从管束效力来说，制定城市根本大法，无疑是保障新区发展有序性与持续性的重要措施。在国际上，通过立法推动新城建设也有重要经验可供参考。例如，英国政府颁布了大伦敦建设的《新城法》（1946）；日本政府制定了《首都圈整备法》（1956）；韩国先后颁布了《首都圈管理法》（1982）、《新行政首都特别法》（2003）、《关于世宗市设置等的特别法》（2010）等。对于雄安而言，也应积极谋划新区法律或条例的制定，从法律上确定新区的基本定位、发展方向和重大任务等，强化新区建设的法律基础，用良法推动善治，用善治实现千年雄都之梦想。

参考文献

一、普通图书

1. 〔美〕约瑟夫·熊彼特.经济发展理论〔M〕.何畏,易家详,等译.北京:商务印书馆,1990.
2. 〔英〕约翰·霍金斯.创意经济:如何点石成金〔M〕.洪庆福,孙薇薇,刘茂玲,译.上海:上海三联书店,2006.
3. 范周.中国文化产业新思考 II〔M〕.北京:光明日报出版社,2014.
4. 范周.言之有范:读屏时代的文化思考〔M〕.北京:知识产权出版社,2016.
5. 范周.雄安新区发展研究报告(第一卷)〔M〕.北京:知识产权出版社,2017,6:228—230.
6. 范周.雄安新区发展研究报告(第二卷)〔M〕.北京:知识产权出版社,2017.
7. 胡彬彬,李向军,王晓波.中国传统村落蓝皮书:中国传统村落保护调查报告(2017)〔M〕.北京:社会科学文献出版社,2017.
8. 王玉林.图书馆法律问题研究〔M〕.合肥:合肥工业大学出版社,2009.
9. 张森.文化治理理论演进、西方模式与中国路径〔M〕.北京:中国政法大学出版社,2017:19.

二、科技报告

1. 范广达.国际文化产品贸易中的知识产权保护制度研究〔R〕.学术论文

联合比对库，2016（3）.
2. 范周.国家文化产业创新实验区如何成为"一基地、三中心"［R］.学术论文联合比对库，2015-08-24.

三、学位论文

1. 杜捷.创意产业的知识产权保护的研究［D］.上海：华东师范大学，2008.
2. 何佩.我国公民文化权利保障立法研究［D］.湖南：中南林业科技大学，2017.
3. 刘鹏.全面深化改革视域下的新型城镇化建设研究［D］.南京：南京师范大学，2017.
4. 沈姮.我国非物质文化遗产知识产权保护研究［D］.重庆：西南大学，2010-04-28.
5. 谭侠.文脉传承载体［D］.重庆：重庆大学，2008.
6. 薛华.我国现代会展业发展的对策研究［D］.南昌：南昌大学，2007.
7. 于峰.基于城市集体记忆的街区界面重塑［D］.广州：华南理工大学，2010.
8. 于琦.中日图书馆法规比较研究［D］.哈尔滨：黑龙江大学，2014.

四、期刊中析出的文献

1. 阿计.国外文化立法管窥［J］.法治与社会，2016（9）：24—25.
2. 蔡武.大力推动文化法治建设 开创文化工作新局面［J］.行政管理改革，2014（12）：13—17.
3. 池青.老年人"占领"KTV，需求和市场的共赢［J］.小康，2017（12）.
4. 褚劲风.上海创意产业园区的空间分异研究［J］.人文地理，2009（4）.
5. 崔保国.推进文化体制改革 探索报业创新之路［J］.中国报业，2006（2）：1—1.
6. 段明莲.韩国最新图书馆法研究［J］.大学图书馆学报，2014，32（3）：35—38.

7. 范建华.中国特色文化与特色文化产业论纲［J］.学术探索，2017（12）.
8. 范周.学科与人才：推动文化产业可持续发展［J］.同济大学学报（社会科学版），2010（2）.
9. 范周，齐骥，杨剑飞.论"十二五"时期文化产业的发展路径［J］.山东社会科学，2010（8）.
10. 范周.建设文化强化国必须加快发展文化产业［J］.人民论坛，2011（33）.
11. 范周.杨剑飞.新时期文化产业发展的"三要"和"三切忌"［J］.学习与探索，2012（1）.
12. 范周.关于我国城镇化与文化发展的思考［J］.现代传播（中国传媒大学学报），2013（8）.
13. 范周，张苊.新时期中国文化产业发展面临的几大问题［J］.北京联合大学学报（人文社会科学版），2014（4）.
14. 范周."十三五"文化规划应做好顶层设计［J］.人文天下，2015（3）.
15. 范周.加强公共文化服务供给推进公共文化与科技融合［J］.人文天下，2015（3）.
16. 范周，杨剑飞.产销不对路——文化产业人才培养的问题到底在哪里？［J］.人文天下，2015（13）.
17. 范周.转型＆融合：文化创意设计发展的新趋势［J］.人文天下，2016（1）.
18. 范周.转型＆融合：文化创意设计发展的新趋势［J］.人文天下，2016（1）.
19. 范周，周洁.正确理解文化领域供给侧结构性改革［J］.东岳论丛，2016（10）.
20. 范周."一带一路"战略中的文化建设与交流若干思考［J］.大陆桥视野，2016（11）：32.
21. 范周.关于文化产业供给侧结构性改革的几点思考［J］.人文天下，2016（12）.
22. 范周.文化产业发展的六个新态势［J］.中国国情国力，2016（12）.
23. 范周，周洁."一带一路"战略背景下的中国文化软实力建设研究［J］.同济大学学报（社会科学版），2016，27（05）：40—47.
24. 范周.浅谈传统文化传承与创新［J］.人文天下，2017（02）.

25. 范周,关卓伦.让传统文化闪光,点亮中华文化传承[J].人文天下,2017(4).
26. 范周.深度解读《文化部"十三五"时期文化产业发展规划》[J].人文天下,2017(10):2—7.
27. 范周,王若晞.群策群力,共话大运河文化带建设未来时[J].人文天下,2017(18):55—57.
28. 范周.雄安新区研究的新理论增长点——基于文化、产业、民生的现实维度[J].山东大学学报(哲学社会科学版),2017(05):1—14.
29. 范周,熊海峰.文化产业政策供给分析[J].中国国情国力,2017(05):41—47.
30. 范周.创新驱动公共文化服务体系现代化探析[J].现代传播(中国传媒大学学报),2015,37(05):55—61.
31. 范周.雄安新区研究的新理论增长点——基于文化、产业、民生的现实维度[J].山东大学学报(哲学社会科学版),2017(05):1—14.
32. 范周.坚定文化自信建设新时代社会主义现代化文化强国[J].前线,2017(11):25—26.
33. 傅才武,陈庚.论文化创新战略的确立与文化管理体制的转型[J].华中师范大学学报(人文社会科学版),2010(11).
34. 弓慧敏.媒介融合视野中电视媒体的未来发展[J].中国广播电视学刊,2010(5).
35. 何星亮,杜娟.文化人类学田野调查的特点、原则与类型[J]云南民族大学学报,2014(4).
36. 何琦,高长春.我国文化产权交易市场的形成与功能研究[J].兰州学刊,2011(08):57—60.
37. 洪振强.我国文化产业博览会的现状、作用及特征[J].江汉大学学报(人文科学版),2011,30(03):12—18.
38. 黄蓉.移动直播在新闻报道中的运用——以新华社"现场云"直播为例[J].新媒体研究,2018(3).
39. 嵇亚林,李娟莉.公民文化权利与公共文化服务——对构建江苏公共文化服务体系的分析与思考[J].艺术百家,2006(07):121—125.
40. 金正昆.习近平外交思想初探[J].中共贵州省委党校学报,2015(01):5—9.

41. 李国新.新时代公共图书馆事业发展的新航标[J].图书馆杂志,2017,36(11):4—5.
42. 李金显.以文交所为例谈文化产权交易及投融资途径[J].人文天下,2017(03):21—25.
43. 李庆英,周经纬.2017年理论视野中的10大热点[J].前进,2018(1).
44. 梁郁郁.论阿多诺与本雅明的文化工业理论对我国文化产业发展的意义[J].音乐天地,2011(5).
45. 刘锦宏,赵雨婷.我国文化产业发展专项资金绩效提升对策研究[J].出版发行研究,2018(01).
46. 刘俊杰.当代全球性城市的产业转型:理论和趋向[J].城市,2009(10).
47. 刘旷.万亿市场的广场舞未来在哪里[J].商业观察,2018(1).
48. 刘鹏.贯彻落实十七届六中全会精神 发挥体育推动文化大发展大繁荣的重要作用[J].体育文化导刊,2011(12).
49. 刘伟辉.湖南文化创意产业发展现状和对策分析[J].特区经济,2009(3).
50. 卢超.比较法视角下我国文化行政法制的建构挑战[J].中共浙江省委党校学报,2018(1).
51. 吕正春.在城市化进程中加强工业文脉保护与传承[J].党政干部学刊,2015(6).
52. 马树颜.城市文化产业博览会常年设展的对策研究——以山东省济南市为例[J].中共济南市委党校学报,2017(06):118—124.
53. 马英哲,武艺."农业+文化"的必要性及其发展前景[J].人文天下,2016(3).
54. 莫纪宏.论文化权利的宪法保护[J].法学论坛,2012,27(1):20—25.
55. 欧广远.文化法治建设:原则与战略[J].中共郑州市委党校学报,2015(6):59—63.
56. 裴燕.数字故宫:博物馆数字化2.0时代的领先者[J].IT经理世界,2015(12).
57. 彭璟玮.中国文化创意产业:现状、特征及问题[J].经济师,2017(10).
58. 齐骥.依托乡土文化实现"就地城镇化"的"荻浦样本"——浙江桐庐县荻浦村的调查与思考[J].中国发展观察,2014(1).

59. 祁述裕.党的十九大关于文化建设的四个突出特点[J].行政管理改革，2011（11）.

60. 单霁翔，李文儒，宋玲平.最古老的和最现代的故宫博物院所属端门和大高玄殿计划建设数字博物馆[J].紫禁城，2013（1）.

61. 施从美.政策执行失灵视角下的政府执政能力提升[J].湖北社会科学，2005（12）.

62. 石曦.文化产业保险发展的制约因素与对策[J].中国经贸导刊，2015（05）.

63. 石亚萍.探索"建、管、用"三位一体农家书屋工程建设新型模式[J].宿州教育学院学报，2012（2）.

64. 孙俊桥，孙超.工业建筑遗产保护与城市文脉传承[J].重庆大学学报（社会科学版），2013（5）.

65. 孙舒凡.深入贯彻十七届六中全会精神 推动民族地区文化产业跨越式发展[J].实践（思想理论版），2011（12）.

66. 孙新文.回顾与展望：2006—2016中国数字出版[J].山东理工大学学报（社会科学版），2018（3）.

67. 孙悦.2017年中国版权发展及热点问题回顾[J].新闻战线，2018（01）.

68. 唐栋.对我国体育文化产业理论的探析[J].体育世界（学术版），2011（3）.

69. 王晨.大力推动公共文化服务保障法的深入宣传和贯彻实施——在宣传贯彻公共文化服务保障法座谈会上的讲话[J].中国人大，2017（03）：6—9.

70. 王春林.广西特色农业与农村文化产业融合发展的优势与策略[J].创新，2013（5）.

71. 王卉，张瑞静.人工智能技术在数字出版中的应用现状与发展趋势[J].出版发行研究，2018（2）.

72. 王济远，宁秀丽.关于文化产业管理专业实践教学的几点思考[J].中国市场，2016（31）.

73. 王建军.文化创意产业 领航经济发展[J].洛阳师范学院学报，2012（10）.

74. 王维逸.把握金融危机下的新契机——从文化产业的口红效应谈起[J].中国商界（上半月），2009（10）.

75. 魏晓阳. 日本文化法治及其对中国的启示［J］. 北京大学学报（哲学社会科学版），2017，54（01）：142—149.
76. 向勇. 学科范式的转换与身份认同的构建——文化产业学科建设的目标与对策［J］. 学术月刊，2010（08）.
77. 邢明旭. 行走在硝烟与光环间［J］. 出版人，2015（2）.
78. 徐升国，张文彦，张润莉. 阅读立法与全民阅读法制化［J］. 科技与出版，2017（12）：4—9.
79. 杨毛毛，朱洪兴. 文化创意产业对杭州市经济发展影响的实证研究［J］. 技术与创新管理，2018（1）.
80. 于奇. 赫中国博物馆数字资源传播与知识产权保护研究［J］中国博物馆，2018（2）.
81. 喻文光. 通过第三方参与立法 保障立法的科学性与民主性［J］. 行政管理改革，2015（2）：45—49.
82. 张从健. 文化娱乐行业转型升级探析［J］. 文化创新比较研究，2017（22）.
83. 张立，王飚，李广宇. "十三五"开局之年的中国数字出版——2016—2017中国数字出版产业年度报告主报告（摘要）［J］. 出版发行研究，2017（7）.
84. 张配豪. 企业"新宠"——工业旅游［J］. 人民周刊，2017（1）.
85. 张喜德. 试论习近平的中国传统文化观［J］. 中国延安干部学院学报，2016（9）.
86. 赵华，于静. 新常态下乡村旅游与文化创意产业融合发展研究［J］. 经济问题，2015（4）.
87. 赵瑞熙，吴亚丽. 文化企业如何做好"双效统一"？［J］. 人文天下，2015（13）.
88. 郑海鸥.《中华人民共和国公共图书馆法》出台，将于2018年1月1日起施行［J］. 大学图书馆学报，2017，35（06）：76.
89. 周正兵. 我国文化产权交易市场发展问题研究［J］. 中国出版，2011（17）：25—28.
90. 周正兵. 我国文化产权交易所发展状况、问题与趋势［J］. 深圳大学学报（人文社会科学版），2017，34（01）：75—80.
91. 朱兵. 话说新形势下的文化立法［J］. 吉林人大，2015（17）：45—46.
92. 朱兵. 文化法治建设的重大进展［J］. 中国人大，2017（03）：54.

五、报纸中析出的文献

1. 范周. 真改革,真发展,真受益[N]. 光明日报,2011-08-30(15).
2. 范周. 公共文化服务的"忧与乐"[N]. 光明日报,2011-09-06(15).
3. 范周. 重科技 抓创意 塑品牌[N]. 光明日报,2011-09-13(15).
4. 范周. 走进生活 接轨国际 掌控渠道[N]. 光明日报,2011-10-13(13).
5. 范周. 我国文化发展的"三驾马车"[N]. 经济日报,2012-11-22.
6. 范周. "中国创造",文化繁荣的基石[N]. 人民日报,2013-11-15.
7. 范周. 文化立法刻不容缓[N]. 光明日报,2014-05-12(02).
8. 范周. 奏响转型升级与创新发展时代强音[N]. 光明日报,2014-05-20(11).
9. 范周. 保护传统村落 守望精神家园[N]. 经济日报,2014-11-13.
10. 范周. 文博会告诉了我们什么?[N]. 中国出版传媒商报,2014-12-23(13).
11. 成琪. 动文创产品开发版权资源是核心[N]. 中国文化报,2016-05-30.
12. 范周. 培育特色小镇,文化附加值才是价值所在[N]. 中国出版传媒商,2016-08-09(15).
13. 范周. 以文化精品检验文化改革发展成效[N]. 社会科学报,2017-11-02(06).
14. 方可. 中国展览业转型升级将持续[N]. 国际商报,2014-01-28(A08).
15. 黄小希,姜潇. 凝聚心力量 铸就新辉煌[N]. 中国文化报,2017-10-24.
16. 胡芳. 数说文化立法:蓄积势能 驶入快车道[N]. 中国文化报,2018-03-20(05).
17. 刘悦. 我国体育文化创意产业的价值和发展探析[N]. 体育科技文献通报,2013-03-20.
18. 赖名芳. 腾讯向网易转授150万首音乐版权[N]. 2015-10-14.
19. 赖名芳. 数读2017版权工作成果[N]. 中国新闻出版广电报,2017-12-21.
20. 李丹. 看,文化担当的"领头雁"[N]. 经济日报,2018-05-11(01).
21. 李果,郭婧玉. 11城文创产业比拼,杭州稳居文创第一城[N]. 21世纪经济报道,2017-08-02.
22. 林昌华. 培育新型文化业态 打造现代文化产业体系[N]. 福建日报,

2017-11-20.

23. 刘传军. 文化与科技"结缘"应摸清开发模式［N］. 中国文化报，2016-07-30.

24. 吕绍刚. 第十届"全国文化企业三十强"发布［N］. 人民日报，2018-05-11（06）.

25. 孙海悦. 总局将推九大举措助力国家音乐产业促进工程［N］. 中国新闻出版广电报，2017-11-06.

26. 汪昌琴. 成立 2 年收购 4 家公司 曾单部作品创造 5 亿次的点击量 专访广东畅读信息创始人潘炳亮［N］. 消费电子，2018-03-05.

27. 王家新. 文化产业在经济萧条时期的独特作用［N］. 光明日报，2009-01-20.

28. 王海珍. 青年要做文化传承与创新的重要力量［N］. 中华儿女，2018-02-20.

29. 伍策，高峰. 京津冀签约 106 个重点旅游投资项目千亿级 3 个［N］. 中国网，2018-06-08.

30. 薛晓光，高秀春，李忠伟. 新型城镇化要重视文化产业发展［N］. 经济日报，2013-12-27.

31. 颜苗娟. 让文化产品"适销对路"［N］. 中国文化报，2016-03-02.

32. 张红兵. 突出网络监管健全侵权查处机制［N］. 法制日报，2017-07-28.

33. 张晶. 我省首支省级文化产业引导股权投资基金揭牌［N］. 河北日报，2016-06-03.

34. 张南燕. 中国展览业步入高质量发展轨道［N］. 国际商报，2018-05-31（08）.

35. 张鑫. 网络自制节目对电视媒体的冲击和应对策略［N］. 视听，2016-04-15.

36. 张玉玲. 2017 文化产业最新"成绩单"：增速保持两位数增长［N］. 光明日报，2018-05-30.

37. 张振鹏. 文化+康养产业：融合发展如何实现［N］. 中国文化报，2017-09-09.

38. 周志军. 今年上半年我国网络文化市场营收破千亿元［N］. 中国文化报，2016-08-10.

39. 邹银娣."转授权"，音乐版权之争的解药［N］. 中国文化报，2017-09-23.

六、电子文献

1. 段海霞. 提升我国文化立法层级亟需消除多项盲区［EB/OL］.（2018-05-14）［2018-06-01］. http://www. ce. cn/culture/gd/201805/14/t20180514_29122788. shtml.
2. 范周. 文化改革发展的制度保障［EB/OL］.（2013-03-21）［2018-06-16］. http://theory. people. com. cn/n/2013/0321/c40531-20863389. html.
3. 范周. 雄安新区：学术担当的未来思考［EB/OL］.（2017-06-05）［2018-06-27］. https://mp. weixin. qq. com/s? __biz=MzAxNTEwMjcwMQ%3D%3D&chksm=807f5675b708df63f618468706a54a817614768295c76e6e16a16bee3d8b34fe79bd0a651b88&idx=1&mid=2650984951&scene=21&sn=2d76befdbbde92a31d0b648c886290a5.
4. 范周. 雄安新区：开辟中国文化产业蓝海［EB/OL］.（2017-04-22）［2018-06-27］. http://www. sohu. com/a/135731601_182272.
5. 范周. 京津冀协同发展，文化不能缺席［EB/OL］.（2015-08-25）［2018-06-27］. https://mp. weixin. qq. com/s? _biz=MzAxNTEwMjcwMQ%3D%3D&idx=1&mid=207590337&scene=21&sn=7eff32ff2bd354d4f7fa52a3f68a3bbd.
6. 范周. 权威解读"十三五"中国文化产业发展新势［EB/OL］.（2017-03-23）［2018-06-16］. http://www. sohu. com/a/129405327_488901.
7. 韩业庭. 5年内改变文化法治滞后局面［EB/OL］.（2015-05-20）［2018-05-28］http://epaper. gmw. cn/gmrb/html/2015-05/20/nw. D110000gmrb_20150520_1-04. htm.
8. 侯润芳. 故宫博物院文创部：2017年部门线下收入近1亿元 线上收入近5000万［EB/OL］.（2018-01-09）［208-06-21］. http://www. sohu. com/a/215588754_114988.
9. 刘峰. 英国文化创意产业发展概况及其启示［EB/OL］.（2014-06-18）［2018-06-27］. http://fanwen. jianlimoban. net/541420/.
10. 文燕. 重视"文化+中国制造"融合发展的时机已到［EB/OL］.（2016-09-23）［2018-06-10］. http://www. cssn. cn/wh/wh_cysc/201609/t20160923_3212339. shtml.

11. 许超. 增加追续权是"文化走出去"的重要环节［EB/OL］.（2015-12-14）［2018-05-23］. http://epaper. gmw. cn/gmrb/html/2015-12/14/nw. D110000gmrb_20151214_6-02. htm.
12. 张占斌. 新型城镇化的战略意义和改革难题［EB/OL］.（2013-07-30）［2018-06-12］. http://theory. people. com. cn/n/2013/0730/c217905-22382404. html.
13. 周平浪. 广电总局副局长：下放影片审查等行政审批项目［EB/OL］.（2016-11-07）［2018-05-4］. http://www. huanqiu. com/r/MV8wXzk2NDM3NDlfMTI2NF8xNDc4NDk5NTQw.
14. 邹银娣. 解救音乐"版权混战"转授权打开音乐产业新局面［EB/OL］.（2017-09-06）［2018-06-28］. http://www. prcfe. com/finance/2017/0906/192295. html.

后　　记

随着中国特色社会主义进入新时代，党中央、国务院高度重视文化产业，将文化产业发展纳入国家整体发展战略，对文化产业发展做出一系列具体部署，明确了新时代文化产业发展的指导思想、发展战略和目标任务。新时期，供给侧结构性改革持续深化，文化产业结构布局逐渐优化，新型文化业态不断涌现，现代文化产业体系加快构建，一批文化企业和品牌做大做强，文化产业发展对国民经济增长的贡献率不断上升，成为经济增长的新动能和新引擎。

伴随着文化产业的快速发展，文化产业实践和理论研究不断向纵深发展，需要从战略性产业的整体布局和宏观思路出发，对文化产业的发展路径进行新思考。本书立足新时代经济和产业发展特点，以创新为着眼点，从文化产业的价值取向、发展动力、核心问题、有效途径、基本立足点、发展趋势、基本保障以及文化产业学科研究的基本方法和途径等方面，梳理了文化产业发展中产生的问题和现象，对文化产业发展中的突出问题进行了研究和探讨。

事实上，本书所研究的主题正是多年来我在文化产业教学和实践上最为关注的一些问题。在众多朋友的建议和帮助下，我一方面将《中国文化产业新思考》《中国文化产业新思考Ⅱ》

以及见诸期刊、报纸和相关采访的内容进行重新整理，进行再次总结、提炼和反思；另一方面将近年来文化产业发展出现的新问题以及我在文化产业教学和科研工作中观察到的新问题进行思考。当然，还有一部分内容与我带领的研究团队以课题组形式进行的"团队作业"有关，如第五章关于"一带一路"倡议、大运河文化带建设、京津冀文化产业协同发展和国家文化产业创新实验区建设的思考，以及第八章对部分地区的田野调查，大多是受政府部门或企事业单位委托，以课题组为单位，由我组织协调，通过长时期跟踪研究和持续关注而完成的成果，凝结了集体的智慧。在此，向参与过上述研究工作的各位老师、同学表示感谢。

本书从选题到最终成稿历经了近一年半的时间，写作思路和整体框架反复调整。本书在写作过程中先后进行了四次集体讨论和多次分组讨论，对核心观点、重要案例和数据进行了反复推敲和论证，并多次邀请相关专家学者参与研讨。在此，感谢为这本书成稿付出艰辛努力的谭雅静、李晓飞、高飞、孔瑞洁、郝兰芝等同学；感谢刘京晶老师、李石华老师、杨裔同学、刘迪同学等对书稿进行了详细的修改与审阅；感谢参与书稿编辑的所有工作人员，以及为本书付出辛苦和努力、提供关心和帮助的学者、老师、同事、朋友及家人。

作为一名从事文化产业人才培养的教育工作者，一名进行文化产业理论探究的科研工作者，我始终要求自己怀着学者的人文情怀，恪守学术真诚，践行文化产业学者的责任，也一直试图在教学和科研中触碰文化产业发展的深层次问题并加以探索性的解决；但就目前而言，我对一些问题的观察和研究还不够细致，还不够深入。我期待未来能够始终如一地以科学的态度和问题意识深入调查研究,保持独立而冷静的"新思考","把论文写在大地上"!

2019 年 6 月